《汉学大系》学术委员会

学术委员会主任

傅　刚

学术委员：（以姓氏笔画为序）

卜　键　　左东岭　　朱青生　　刘玉才

刘跃进　　汪小洋　　周绚隆　　赵化成

赵宪章　　党圣元　　高建平　　常绍民

傅　刚　　詹福瑞　　锺宗宪　　魏崇新

《汉学大系》编辑委员会

编辑委员会主任

曹新平

副主任

任　平　　徐放鸣　　华桂宏　　周汝光

编辑委员会：（以姓氏笔画为序）

王　健　　冯其谱　　任　平　　朱存明

华桂宏　　岑　红　　周汝光　　张文德

郑元林　　赵明奇　　徐放鸣　　顾明亮

曹新平　　黄德志

主编

朱存明

副主编

王怀义

汉学大系丛书

雕文刻画

汉画像艺术学研究

朱存明 主编

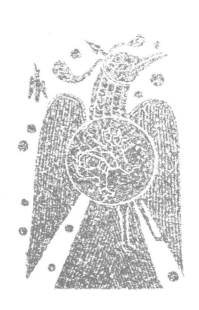

生活·讀書·新知 三联书店

Copyright © 2019 by SDX Joint Publishing Company.
All Rights Reserved.
本作品版权由生活·读书·新知三联书店所有。
未经许可,不得翻印。

图书在版编目(CIP)数据

雕文刻画:汉画像艺术学研究/朱存明主编.—北京:生活·读书·新知三联书店,2019.6
(汉学大系)
ISBN 978-7-108-06256-7

Ⅰ.①雕… Ⅱ.①朱… Ⅲ.①画像石-研究-中国-汉代 Ⅳ.①K879.424

中国版本图书馆CIP数据核字(2018)第054541号

责任编辑	成　华
封面设计	米　兰
责任印制	黄雪明
出版发行	生活·讀書·新知 三联书店
	(北京市东城区美术馆东街22号)
邮　编	100010
印　刷	常熟文化印刷有限公司
版　次	2019年6月第1版
	2019年6月第1次印刷
开　本	720mm×965mm　1/16　印张　25.25
字　数	362千字
定　价	69.00元

"汉学大系"总序

世界总是在不断地变化。历史上,有些文明消失了,有些文明则不断壮大,逐步形成了现代世界的格局。进入21世纪,世界格局面临新的调整。美国人塞缪尔·亨廷顿的《文明的冲突与世界秩序的重建》认为,不同文明的冲突将导致未来社会的对抗。这个观点值得警惕,也值得研究。做好中国自己的事,勇敢面对挑战是我们面临的任务。

中国文明发展了几千年,历史上曾经有过自己的辉煌,但是清朝后期,由于没有科学民主的现代理念,曾经落后挨打,令多少志士仁人痛心疾首。新中国成立后,经过一个甲子年的现代发展,中国又迎来了一个快速崛起的历史新时期。

中国文化现代性的发展,一方面要学习国外的先进经验,促进科学技术的发展与社会的进步;另一方面要不断回溯历史,在历史的记忆中寻求民族之根。当今世界的寻根与怀旧实际上都有现实的基础,它是民族凝聚力的根源。在回溯历史的新的阐释中,一个新的历史轴心期即将来临。

编纂"汉学大系"丛书就是为了探求中华文化的历史起源、学术源流、基因谱系、思维模式、道德价值等,为实现中华文化的历史复兴奠定基础。

"汉学",是一个历史的概念,因时间与空间的不同而发生变化。究其变化之因,皆因对"汉"字的理解与运用不同所致。"汉"字既可指汉代,也可指汉族,还可以作为中华民族的代称。"汉文化"可以指两汉文化,也可以代指中国传统文化。所以"汉学"一词在不同的语境中有不同的内涵,可以指两汉的学术文化，可以指清代的汉学流派，也可以指中国及海外关于中国文化的研究。具体来看，汉学研究范围以经学为中心，而衍及小学、音韵、史学、天算、水地、典章制度、金石、校勘、辑佚等，引证取材多集于两汉。"汉学"一词在南宋就已出现，专指两汉时期的学术思想。清朝汉学有复兴之势，江藩著《汉学师承记》，自居为汉学宗传。汉学又称"朴学"，意为朴质之学。"朴学"重考据，推崇汉儒朴实学风，反对宋儒空谈义理。现代"汉学"或称作"中国学"，自 20 世纪 80 年代以来，或称"海外汉学"，是国外的学者对有关中国方方面面进行研究的一门学科。

梁启超在《清代学术概论》中提出清代汉学的复兴是对当时理学思潮的反动，其学术动力就是来源于复汉学之古；钱穆在《清儒学案》中认为，汉学的兴起是继承与发展传统的结果；侯外庐在《中国思想通史》等著作中认为，清代汉学思想的发展动力是"早期启蒙思想"。

在国外，相关的研究称为 Sinology（汉学），有的称为 Chinese Studies（中国学）。Sinology 或 Chinese Studies 是国外研究中国的学术总称，它们具有跨学科、跨文化的特征，反映着世界范围内的学术变化及学术发展趋势。

在西方，主要是欧洲，严格意义上的汉学研究已经有 400 多年的历史。这一学科的形成，表明了中国文化所具有的世界历史性意义。从汉学发展的历史和研究成果看，其研究对象不仅仅是中国汉民族的历史和文化，它实际上是研究包括中国少数民族历史和文化的整个中国的学问。由于汉民族是中华民族的主体，而且汉学最初发轫于汉语文领域，因而学术界一直将汉学的名称沿用下来。汉学只是一个命名方式，丝毫没有轻视中国其他民族的含义。经过几百年的发展，西方汉学已经形成三大地域，就是美国汉学、欧洲汉学和东亚汉学。

21 世纪以来，随着全球一体化的进程，国内外汉学的研究，又形成了一个热潮。在新的历史条件下，中国学术界也需要发出自己的呼声。海外汉学与中国本土学术只有进行跨文化对话，才能洞悉中国文化的深层奥秘；中国学人向世界敞开自己，才能进一步激活古老的传统和思想的底蕴。

因此，汉学是继承先秦诸子文化在汉代统一性国家建立基础上形成的中华民族的学术。"汉学"的研究中心是以中华民族统一性的价值观为主体，以汉语言为基础，以汉字为符号载体的文化共同体。汉文化是融合了不同民族、不同区域文化而形成的一个文化统一体。从人类文明发展史来看，这个文化与基督教文化、佛教文化、伊斯兰教文化有着不同的发展模式与价值体系。"汉学"作为中国传统学术流派的称谓，常常与"国学""经学"相混，也有人赋予"汉学"以新内涵，将国内的中国学研究也称为"汉学"，这可以称为"新汉学"。汉民族是历史上多民族长期交流融合的结果，历史上形成的汉语、汉字及独特的汉文化对中国文明以至世界文明都产生了巨大影响。汉学就是对建立在汉语、汉字、汉文化基础之上的中华民族的学术传统的学理性探讨。

中华文化在历史上就对世界产生过影响，中外文化交流一直是世界历史的一部分，16世纪以来，中华文化进一步引起了西方的注意，西方汉学研究也随之兴起。西方人的汉学研究是基于他们的文化立场，研究虽然取得了一些成果，但是也有一些误读。目前，时代赋予了我们新的历史使命，本课题就是基于目前中国的现实需要对"汉学"学术内涵进行的基础研究。

由于历史原因，一段时间内汉学研究在国外得到发展，国内研究反而滞后，国内外有些研究机构因此把汉学仅仅看成外国人对中国的研究，这无疑缩小了汉学的视域。西方有些国家从自身战略利益出发，正在通过各种渠道争夺中国的学术资源。今天我们有责任对民族文化进行深入系统的研究，为中华民族的现代复兴打下深刻的话语基础。文化是一个民族生存的基础，保护民族文化基因就是我们面临的一个重要的历史任务。

"汉学大系"丛书的编纂意在促进汉学的历史回归，它既是对汉学内涵的理论建构，也是对汉文化研究成果的学术汇编；既是对"国学"基因谱系的深度描述与重新阐释，也是对国外汉学研究历史的重新定位，更是在新的历史形势下对中国传统文化价值进行的一次新发掘。

目前中国的发展到了一个历史的转折点。过去我们大量翻译了西方的学术著作，促进了中国对国外的了解，也给新中国的建设奠定了基础；但是,长期以来,我们对传统文化否定破坏的多,肯定继承的少,中国传统学术在西学的影响下逐渐式微。现在中国面临一个新的发展机遇,就像西方的文艺复兴时代回归古希腊罗马文明一样,中国新的历史复兴将在恢复传统文化的基础上,指向科学民主繁荣昌盛的未来。

"汉学大系"丛书是关于汉文化学术成果的集约创新,既是对"汉学"内容的研究,又是对"汉学"内容的确定;既有深入的学术探讨,又有普泛性的知识体系;既有现代性的学科划分与学术视野,又有现代性的学术理念与学术规范。"汉学大系"旨在恢复汉代经学的原典传统,对经典进行现代性的阐释,从经学原著中深入挖掘对现代社会普遍有效的思想资源;明确中国汉学的智慧传统,为中国文化的复兴寻找历史的深度;以汉代汉学为正统,以清代朴学与海外汉学为两翼,深入探讨汉文化之源。

丛书将对汉学的内涵进行发掘、整理、探讨。将汉学历史的考据与研究同步进行;经典阐释与主题研究并重;历史的考据与新出土的文物相互发明;古典文献与出土简牍对应解读。以汉代的现实生活与原典为基础,兼及汉代以后的发展,参以海外汉学的不同阐释,通过比较来探讨汉学的真正内涵,寻求中华文化的话语模式,进而形成自己的话语权。同时,发掘中国的智慧,促进新观念的变革,促进社会进步,最终实现大同世界的美梦。

朱存明

2014 年 7 月 8 日

导言

汉画艺术，格高韵古，深沉雄大，中国一绝。

汉画依托其建筑材料而存在，它是雕刻在汉代建筑，如祠堂、石阙、墓室及棺椁上的图像。在汉代它绝不是为了艺术而创造的，而只是丧葬习俗的一部分，表现的是汉代人对死后世界的想象或生前生活的追忆。

今天看来，汉画作为艺术的存在，有其独特的特殊性。可以说是今天艺术的概念，或者说由于艺术学独立学科的产生与发展，成就了汉画艺术。也就是说汉画是在艺术的接受中，获得了自身艺术的合法性。

从另一方面看，汉画像石本来就具有艺术的特性，正是它自身具有成为艺术的特质，才使其在两千年历史发展的长河中，成就了自身。

汉画是一个图像学的概念，指雕刻在石头或制模印在砖头，或铸造在铜镜背面上的图像。它可以被称为"图案"，也可以被称为古代的一种设计艺术。它是古代的能工巧匠根据建筑的不同，根据当时概念表达的需要而设计制造出来的。它极好地适应了其艺术存在所依凭的媒介，适应了制造工具的特性。因此，汉画像的制作，无疑是有极高的艺术性的。艺术应该是人类为了表达一个意象而人工制造出来的一个具有表现审美理想的人工作品。从艺术与现实的关系看，艺术是可以表现生活、模仿生活存在的一种样式；从艺术表现理念看，人不仅生活在一个客观的生活世界中，还生存在一个由理想构成的想象世界里，艺术不仅反映生活而且可以创造生活,把人类的想象世界,按照理想的样子加以描绘。当这两样"再现"与"表现"的艺术成为经典的时候,它便是"古雅"的美。艺术的实用性,往往因为历史的长度而消退,当实用性的工具器皿装饰、图案、描绘渐渐淡化,终于成为我们欣赏把玩的"纯形式"时,艺术使其从束缚中脱颖而出,成为纯粹的欣赏对象。它承载的是一个民族的历史记忆、一个社会理想的要求、一个曾经存在过的生活世界的揭秘、一个令现代人产生疏离感的陌生化的世界——虽然是陌生化的,又是似曾相识的。

有时我们欣赏的是其独特的艺术形式、艺术技巧、雄浑的艺术风格、夸张的造型、细致的雕刻、刀凿斧剁的痕迹、轻描淡写的随意、轻如流云的线条、音乐般的节奏、点线面的奇妙搭配、八卦般排列的构图。汉画艺术,真如一曲宏伟的交响乐给我们以极大的美感。

汉画艺术,又是一种再创造的艺术。其实,汉画像石、画像砖基本上不是绘画,其形式是雕刻,有浮雕、圆雕、半圆雕、减地平面雕等多种技法,砖有雕刻与压膜等制作技巧。汉画像在没有摄影、录像、数码、现代印制等手段以前,是不能大量传播与流行的。因此也不能进入大众文化的欣赏中,成为艺术审美的对象。清末的知识人,对它的喜爱达到了痴迷的程度,但是广泛流传还是不容易,金石学家努力使其流传,只是用木刻、石刻来翻印汉画像,翻印的汉画像只是一个"模仿的模仿",往往失真。虽有失真,却也显示出一种戏仿式的拙稚的美。

中国人比较早地学会了造纸,这真是一种伟大的发明,不知何时,汉画像的欣赏已不在石头上,而是在"拓片"上。当古代的匠人把一张薄薄的纸放在石头上,喷上水,用棕刷打实,待机用墨或朱砂把其拓印下来时,一种最古老的印刷形式出现了,冰冷僵硬的汉画像石、画像砖,便转化成了一个黑与白的"拓片"世界。

汉画像的流传与鉴赏,大多是对汉画拓片的鉴赏。拓片的制作也是一种艺术的再创造。一个好的拓工知道怎样制作出一种恰如其分的拓片。好的拓片重点突出,详略得当,形神兼备,知黑而守白,见形而起意,阴阳而和谐,似虚而朴实,真正是气韵生动,应物象形,传移模写,神采奕奕。

对汉画像的艺术研究,可因人、因事、因图、因类、因形等等而不同。阐释其内容,可以从天文、地理、生活、民俗、吃、喝、玩、乐、衣、食、住、行开始,也可以从神话、传说、信仰、宗教、图腾、巫术、礼仪等展开。研究其形式,可以看其造型的古朴,也可以观其雕刻的多变;既可以把其作为独幅的画面,也可以研究其图像的搭配呼应。既可以分析其形式美的法则,也可以研究其象征的符号。

中国文字中,为什么"美"与"善"都与"羊"有关,羊的有用性使羊的形象成为"美""善""吉祥"的象征。榆林地区的汉画像为什么都集中在墓门,因为墓门代表了进入另一个世界的通道,是对生与死不同空间的诗性描绘。徐州的白集汉墓,虽然有独立的画面,但祠堂汉画像与墓室汉画像却有内在的图像搭配关系,因为两者本来就互有关联的。

汉画像的主体是一种墓葬艺术,它当然与宗教信仰有关,宗教的信仰需要艺术的表现形式来强化与美化。汉画像艺术中的儒、道、释、俗的内容需要研究者去深入探讨,把它们从各种图像中剥离出来。汉画像作为一种视觉艺术,与当时的文学表现,如汉赋、汉乐府、汉代的著作之间都有千丝万缕的内在关联性,汉画像艺术的研究,就是从图像的阐释中真正深入汉代人思想的根柢。

汉画像艺术,一个时代的形象史诗,一个民族的梦幻世界,一个亦真亦幻的永恒记忆,一个中国艺术的丰富宝藏,一个需要深入阐释的艺术杰作。

目录

- **001 汉画像中"羊形象"研究**　刘　丹
  - 002　一、汉画像羊形象图像志研究
  - 008　二、汉画像羊形象的审美艺术研究
  - 035　三、汉画像中羊形象的文化观念研究

- **058 榆林地区汉墓墓门画像研究**　高　洁
  - 058　一、榆林地区汉墓墓门画像的源流
  - 079　二、榆林地区汉墓墓门画像的构成
  - 099　三、榆林地区汉墓墓门画像的审美特质
  - 111　四、结语

- **113 白集汉墓画像配置意义研究**　史胜翠
  - 113　一、白集汉墓研究综述以及研究方法与难点
  - 125　二、白集汉墓建筑复原
  - 134　三、白集汉墓墓室形制及画像配置意义
  - 168　四、白集祠堂的功能及画像配置意义

183	五、墓室画像与祠堂画像的关系
186	六、结语

188	**汉画像石线刻类技法的艺术风格**　杨晓霞
188	一、汉画像石线刻类技法综述
197	二、汉画像石线刻类技法的艺术形式
241	三、汉画像石线刻类技法的艺术风格
259	四、结语

261	**汉画像中道教因素研究**　刘振勇
261	一、道教与汉画像的关系
281	二、汉画像中道教长生久视的追求
307	三、汉画像中道教祈禳的愿望
326	四、结语

328	**《列女传》与汉画像列女图的图文关系**　刘丽娜
329	一、列女图像与汉代女德的形成发展
342	二、汉画像中的列女图
359	三、《列女传》和列女汉画像的互释
387	四、图文并茂对列女文化的影响

391	**后记**

汉画像中"羊形象"研究

刘 丹

汉画像作为汉代艺术的杰出代表,包罗万象,内涵丰富,其中,羊形象出现频繁,在很多场景中都能看见它,可见汉代人对羊的青睐。

汉画像里的羊形象,扮演着诸多不同的角色,承担着不同的功能。它可以作为饮食、狩猎的对象,祭祀的用品,还可以作为祥瑞的象征,以及墓主人升仙时候的工具等。这不仅反映了汉代某些社会生活的真实场景,描绘了汉代人对生活的热爱,对吉祥、祥瑞的喜爱及向往,且它所展现的现实与浪漫共具的风格美、寓教于画的教化美、与万物相处的和谐美等,使它成为汉代人祈求长生、表达美好愿望的象征。

汉画像里的羊形象具有深厚的文化、思想基础。它是原始先民羊图腾崇拜在汉代的遗绪,加上汉代祥瑞思想的盛行及谶纬的泛滥,让羊形象多多少少被附上些迷信色彩,然而除下这层迷信的外衣,汉画像里的羊形象依然表达着汉代人对吉祥文化深深的喜爱,对幸福生活的期望。此外,自先民造字初始,以及在汉字之后的发展过程中,羊就与"美""善""祥""义(義)"等字有着紧密的联系,汉画像里的羊以艺术化的手段向我们形象地呈现了这些美好汉字的丰富意蕴。

汉画像里的羊,姿态各异,生动活泼,散发出独特的艺术魅力,是我国"羊文化"里极具特色的一景!

一、汉画像羊形象图像志研究

汉画像，也称汉画，通常包括汉画像石、画像砖、壁画、帛画、漆画、铜镜上的纹饰、玉饰等图像资料。它内容丰富，包罗万象，以其独特的艺术形式将汉代的精神面貌在一块块石板上铺展开来。在汉画像的世界里，现实和想象交相辉映，不仅再现了汉代社会生活的诸多方面，也反映了汉代人的宗教信仰、审美精神、理想追求等，散发出浓厚的人文美。总之，汉画像作为汉代艺术的杰出代表，在千年后的今天，亦具有别样的艺术魅力。

翦伯赞先生曾对它作了极高的评价，他说："除了古人的遗物以外，再没有一种史料比绘画雕刻更能反映出历史上的社会之具体的形象。同时，在中国历史上，也再没有一个时代比汉代更好地在石板上刻出当时现实生活的形式和流行的故事来。……不仅可以令人看见古人的形象，而且几乎可以令人听到古人的声音。这当然是一种最具体真实的史料。……假如把这些石刻画像有系统地搜辑起来，几乎可以成为一部绣像的汉代史。"[1]

（一）汉画像中羊形象的图像志

在丰富浩瀚的汉画像世界里，"羊"的图像是比较常见的题材。在笔者搜集到的70余幅汉画像图片里，羊都在其中或为主角，或为配角，占有一席地位。从发现这些羊图像的地域来看，以山东、陕西和山西地区出现的数量为多。从时间上来看，从东汉早期到晚期一直都有出现，可见其流行之盛。

从羊图像所出现的整幅图的内容来看，包括了从表现世俗生活的庖

---

[1] 翦伯赞：《秦汉史》，北京大学出版社1999年版，第5—6页。

厨、宴饮、狩猎等场面到表现祭祀、升仙、祥瑞的神圣仪式等丰富场景,真正是将《鲁灵光殿赋》中"图画天地,品类群生"之说诠释了个淋漓尽致。

从羊形象的构图上来看,也存在着多种方式。有以羊头为主,其他祥禽异兽为辅来构图的;有立羊的图,也有卧羊的形式;有与鹿相对而立的羊,也有羊背上立鸟的图像;有肩生双翼的翼羊,有出行拉车的羊……真是千姿百态,生动活泼!

从与羊题材有关的画像在墓葬中的位置来看,一般多位于墓室门楣、墓门立柱、墓室壁上,在四川地区亦发现有雕刻在棺侧的。

总体情况统计如下表所示:

表1.1 汉代画像石中常见"羊"一览表

序号	画像题名、题材内容	出土、发现地区	年代	羊在其中的形象
1	杂技、庖厨画像	山东邹城市师范学校附近	东汉早期(25—88年)	图中建鼓底座为卧羊式
2	周公辅成王、庖厨画像	山东嘉祥县蔡氏园	东汉早期(25—88年)	庖厨场景中,一人赶羊走来
3	乐舞、建鼓、庖厨画像	山东嘉祥县城西十里铺	东汉早期(25—88年)	庖厨场景中,一人牵羊走来
4	西王母、玉兔、云车、狩猎画像	山东嘉祥县城南嘉祥村	东汉早期(25—88年)	羊与骑羊者皆肩生双翼
5	绥德王得元墓室横额画像	陕西绥德县	东汉永元十二年(100年)	画面里放牧场景中,有羊群
6	孔门弟子、狩猎画像	山东邹城市面粉厂	东汉中期(89—146年)	狩猎对象中有羊
7	西王母、人物、牛羊车画像	山东滕州桑村镇大郭村	东汉中期(89—146年)	羊拉车
8	前凉台墓庖厨画像	山东诸城市前凉台村	东汉顺、桓帝时期(126—167年)	杀羊
9	城前村墓前室东壁门楣正面画像	山东苍山县城前村	汉桓帝元嘉元年(151年)	羊拉车
10	燕子埠墓墓门左侧柱画像	江苏邳州市燕子埠乡尤村	汉桓帝元嘉元年(151年)	羊旁刻有题榜"福德羊"
11	朱雀、捧盾者、瑞羊画像	安徽宿州褚兰镇墓山孜	东汉建宁四年(171年)	卧羊,臀部立一小鸟
12	朱雀、背棒者、瑞羊画像	安徽宿州褚兰镇墓山孜	东汉建宁四年(171年)	一只翼羊跪在树下

(续表)

序号	画像题名、题材内容	出土、发现地区	年代	羊在其中的形象
13	朱雀、执棒者、瑞羊画像	安徽宿州褚兰镇墓山孜	东汉建宁四年（171年）	一只翼羊跪在树下
14	辟邪、青羊、天禄、鸟头兽画像	安徽濉溪县古城	东汉光和五年（182年）	青羊与辟邪、天禄、鸟头兽
15	兽、人物、连理树画像	山东微山县两城镇	东汉中晚期（89—189年）	羊在连理树下
16	安丘汉墓后室东间东壁画像	山东安丘市董家庄	东汉晚期（147—220年）	翼羊在一列祥兽中
17	安丘汉墓后室东间室顶东坡画像	山东安丘市董家庄	东汉晚期（147—220年）	翼羊与翼鹿相背而行
18	安丘汉墓后室隔梁西面左段画像	山东安丘市董家庄	东汉晚期（147—220年）	有翼的卧羊
19	沂南汉墓前室南壁横额画像	山东沂南县北寨村	东汉晚期（147—220年）	一侍者牵祭羊
20	沂南汉墓中室南壁横额东段画像	山东沂南县北寨村	东汉晚期（147—220年）	庖厨场景中，剥羊
21	神怪、异兽画像	山东济宁市喻屯镇城南张	东汉晚期（147—220年）	二羊交颈
22	羽人、怪兽、羊头画像	山东嘉祥县满硐乡宋山	东汉晚期（147—220年）	羊头
23	水榭、庖厨、人物画像	山东滕州岗头镇西古村	东汉晚期（147—220年）	一人牵羊欲宰
24	西王母、讲经人物、建鼓画像	山东滕州桑村镇西户口村	东汉晚期（147—220年）	羊拉车
25	庖厨画像	山东临沂市吴白庄	东汉（25—220年）	杀羊
26	人物、人面兽画像	山东临沂市吴白庄	东汉（25—220年）	人骑羊
27	人物、异兽画像	山东临沂市吴白庄	东汉（25—220年）	人骑羊
28	祥禽瑞兽画像	山东临沂市吴白庄	东汉（25—220年）	人骑卧羊
29	瑞兽、树画像	山东临沂工程机械厂	东汉（25—220年）	树下卧一羊
30	羊、虎、鹿画像	山东莒南县大店	东汉（25—220年）	羊、虎、二鹿排列
31	羊头、朱雀、鱼画像	山东临淄乙烯厂	东汉（25—220年）	羊头，额部刻十字穿璧纹
32	三羊画像	山东临淄	东汉（25—220年）	三羊头，额部皆刻十字穿璧纹
33	羊头、车骑出行画像	山东桓台县唐山镇唐一村	东汉（25—220年）	羊头，额部刻十字穿璧纹

(续表)

序号	画像题名、题材内容	出土、发现地区	年代	羊在其中的形象
34	羊头、龙、凤画像	山东济南市历城区黄台山	东汉(25—220年)	羊头,额部刻穿璧纹
35	羊头、人物画像	山东济南市大观园	东汉(25—220年)	羊头
36	羊头、鸟、猴画像	山东济南市	东汉(25—220年)	羊头,额部刻穿璧纹
37	瑞兽画像	山东济南市	东汉(25—220年)	羊形瑞兽,背上立一鸟
38	黄土崖墓门楣背面画像	山东章丘市黄土崖	东汉(25—220年)	羊头,额部刻穿璧纹
39	黄土崖墓中室前门楣正面画像	山东章丘市黄土崖	东汉(25—220年)	羊头,额部刻穿璧纹
40	黄土崖墓中室前门楣背面画像	山东章丘市黄土崖	东汉(25—220年)	羊头
41	孟庄墓后室门中立柱画像	山东平阴县孟庄	东汉(25—220年)	建鼓底座为羊形
42	羊头、狐、人面兽画像	山东平度市马戈庄	东汉(25—220年)	三羊头,额部刻穿璧纹
43	异兽、拜谒、车骑画像	江苏徐州市洪楼	东汉(25—220年)	有羊、白虎等珍禽异兽
44	七力士画像	江苏徐州市洪楼	东汉(25—220年)	其中一力士抱一羊
45	乐舞画像	江苏徐州市铜山区苗山	东汉(25—220年)	有羊、三足乌等祥禽瑞兽
46	抚琴、玄武、讲学画像	安徽宿州符离集	东汉(25—220年)	有羊、仙鹤等祥禽瑞兽
47	羊头画像	安徽淮北市	东汉(25—220年)	羊头刻于门额正中
48	榆林古城滩墓门楣画像	陕西榆林市牛家梁乡古城滩村	东汉(25—220年)	画面边饰中有羊、鹿等
49	榆林陈兴墓门楣画像	陕西榆林市上盐湾乡陈兴庄	东汉(25—220年)	围猎场景中有羊
50	米脂墓门右立柱画像	陕西米脂县	东汉(25—220年)	羊背上立一朱雀
51	米脂墓门右立柱画像	陕西米脂县	东汉(25—220年)	羊、朱雀、鹿等一起
52	米脂墓门楣画像	陕西米脂县	东汉(25—220年)	羊等祥禽瑞兽
53	绥德延家岔墓前室西壁右侧画像	陕西绥德县延家岔	东汉(25—220年)	以羊为主题
54	绥德延家岔墓前室北壁组合画像	陕西绥德县延家岔	东汉(25—220年)	边框的纹饰间有羊等
55	绥德墓门左立柱画像	陕西绥德县	东汉(25—220年)	农耕图上方有羊、马等

(续表)

序号	画像题名、题材内容	出土、发现地区	年代	羊在其中的形象
56	绥德墓门楣画像	陕西绥德县	东汉(25—220年)	羊在中间,旁有羽人骑鹿等
57	绥德墓门左立柱画像	陕西绥德县	东汉(25—220年)	牧场图中,有羊羔、牛等
58	绥德墓门左立柱画像	陕西绥德县	东汉(25—220年)	羊、鹿等占据画面左下一格
59	绥德墓门右立柱画像	陕西绥德县	东汉(25—220年)	羊、羽人骑羊
60	绥德墓门楣画像	陕西绥德县	东汉(25—220年)	羊、鹿、翼龙、翼虎等
61	绥德墓门楣画像	陕西绥德县	东汉(25—220年)	羊、鹿相向站立
62	绥德墓门楣画像	陕西绥德县	东汉(25—220年)	放牧图中,有羊、牛、马群
63	绥德墓门楣画像(残)	陕西绥德县	东汉(25—220年)	阁楼侧有羊、马群、狐等
64	绥德墓门楣画像(残)	陕西绥德县	东汉(25—220年)	妇人宰羊,后有羊、鹿群等
65	绥德墓门楣画像(残)	陕西绥德县	东汉(25—220年)	围猎场景中有羊、鹿、兔等
66	绥德四十里铺墓门右立柱画像	陕西绥德县四十里铺	东汉(25—220年)	盘鼓舞与羊、鹿
67	神木大保当墓门楣画像石	陕西神木县大保当乡	东汉(25—220年)	狩猎场景中有羊、鹿等
68	横山孙家园子墓室壁组合画像	陕西横山县党岔乡孙家园子	东汉(25—220年)	横额画面中,有挤羊奶、羊羔的场景
69	靖边寨山墓门楣画像	陕西靖边县寨山村	东汉(25—220年)	狩猎图中有羊、狐、鹿、兔
70	南阳沙岗店 百戏·升仙	河南南阳市卧龙区沙岗店	东汉(25—220年)	羊、马、虎、龙、羽人等
71	成都曾家包汉墓 农作·养老图	四川成都市郊曾家包	东汉(25—220年)	双羊位于图上方
72	南溪二号石棺 西王母·养老图	四川南溪城郊长顺坡	东汉(25—220年)	一羊一鸟位于一老妪身后

资料来源:俞伟超主编,《中国画像石全集》1—8卷,山东美术出版社、济南美术出版社2000年版。

从表中对羊形象的图像志的整理来看,我们可以看到羊所涉及的汉画像题材分布是极其广泛的,仙界、现实生活中的诸多场面中都有羊的身影出现。

而对于汉画像的综合研究来说,根据画像石的题材内容,其中,李发林将其分为四类[1]:(1)反映社会现实生活的,包括:农业劳动;手工业劳动;狩猎、捕鱼;车骑行列;人物聚会、谒见、讲经;战争;庖厨,包括炊爨、切割、汲水、和面、屠宰;收租;百戏、乐舞、杂技、武士格斗;建筑物,包括楼台亭阁、仓房、桥梁、阙等;禽、兽、鱼、虫等。(2)描绘历史故事的:如帝王将相、"圣贤"人物、"高士"、烈女、孝子等。(3)图画祥瑞、神话故事的:如伏羲、女娲、东王公、西王母、九尾狐及各种奇禽异兽、瑞兽瑞禽等。(4)描绘自然景物的:如日、月、星、云等。蒋英炬和吴文祺在《山东汉画像石选集》的序言中,将汉画像石的题材内容分为四大类:(1)描绘社会生产的内容;(2)表现社会生活的内容;(3)描写历史故事的内容;(4)表现神话传说及鬼神信仰的内容。

信立祥先生也曾将汉画像石的题材内容分为八类。然而信立祥先生在其著作《汉代画像石综合研究》中又曾指出,"这种对汉画像石题材内容的直观的分类方法,不仅忽略了画像内容与其所属建筑之间应有的关系,而且完全无视画像的配置规律,人为地割断了各类题材内容画像之间的有机的内在联系,因此不可能从整体上正确地理解和把握汉画像石的题材内容"[2]。因此,他认为要根据画像内容的本来意义去进行分类才是汉画像石题材内容唯一正确的分类原则。

然而,综观汉画像的整体内容,不管是按照题材内容的直观分类,还是按照汉画像的本来意义来对其分类,都有其存在的合理性和不可忽视的优点。直观的分类,让我们可以对呈现在眼前的汉画像内容有一个直接的、形象的认识与把握,然后在具体认识的基础上,对其进行整体的探讨,同时,对汉代的社会生活、观念信仰、风俗礼制等进行全面的考察,从而挖掘

---

[1] 李发林:《山东汉画像石研究》,齐鲁书社1982年版,第25页。
[2] 信立祥:《汉代画像石综合研究》,文物出版社2000年版,第59页。

其本来的意义。这样才能做出关于某一具体形象在整个汉画像体系中的正确理解和阐释,才能更深入地理解其中所体现的汉代人的审美观、生死观等思维观念。

因此,在本文中,笔者决定综合以上两种分类方法的依据,对汉画像中的羊形象进行研究,按照汉画像中羊形象在构图上的一些共同规律和特点对其进行分析、考察,但又并非孤立地进行,同时也联系羊与其他一些形象组合后的整体含义,从整体构成的意义系统中来探求羊形象在其中的意义,并进一步地挖掘羊形象意义背后的深层的思想渊源。

二、汉画像羊形象的审美艺术研究

审美虽然是一个现代的概念,但我们人类关于美的认识、欣赏却是由来已久,可以说是源远流长的。"美"的形式和内容,伴随着人类历史的脚步共同发展,都有着深厚的历史积淀。然而,令我们遗憾的是,至今的美学和艺术理论还未能给"美是什么"这个最基本的问题提供一个确切的答案,郑元者先生认为:"一个很关键的原因就是对审美和艺术的发生史缺乏切实的了解。"[1]

许慎《说文解字·羊部》释美:"美,甘也。从羊从大,羊在六畜主给膳。"由此,有了风行至今的"羊大为美"说。今人萧兵先生则在《楚辞审美观琐记》中提出,美的原来含义是冠戴羊形或羊头装饰的大人,由此提出"羊人为美"说,与"羊大为美"形成分庭抗礼之势。在此,先不论两种观念的正确与否,从这两种颇为流行的观念中,我们都可以看出,我国对美的传统认识和羊是有着密切联系的。汉画像中多处出现了"羊"的形象也深刻地印证了这一点。

如表1-1所示,羊形象在汉画像中出现次数之多、场景之多、形态之

---

[1] 郑元者:《图腾美学与现代人类》,学林出版社1992年版,第2页。

多等特征,不能不引起我们的重视,对羊在汉画像中所呈现的表面意义进行分析,对其隐藏在画面之下的深层意义进行挖掘,能使我们对汉代人的审美理想有一个更深层次的了解,对美在这个历史阶段的发展有一个更明晰的认识。然而正如郑元者先生所说,"我们应该具有一种回溯眼光,去探视审美意识和艺术发生的黎明时期"[1]。笔者赞同这一说法,我们首先应该对汉画像中羊形象的"黎明时期"做一番探讨,这样,将更有助于我们认识其后来的发展。

对于审美的发生,或者某种程度上可以说艺术的起源,学者们有不同的认识,有"劳动说""积淀说""模拟说""工具说"等等。而不管学者们站在什么样的角度来阐释自己的观点,他们对动物在整个人类关于"美"意识的发生、发展的过程中所起到的作用,都给予了肯定。恩格斯说:"人在自己的发展中得到其他实体的支持,但这些实体不是高级的实体,不是天使,而是低级的实体,是动物,因此,就产生了动物崇拜。"[2]

在原始时代,动物本身是对人的生存生活最具影响力的实体,它们的肉可以充饥,它们的皮毛可以御寒……那时,动物身上的自然属性和实际效用成为原始人类追求的第一性的东西。"原始先民的审美意识并非凭空产生的,而是来自长期的劳动实践,并且首先是着眼于功利、实用的目的。"[3]及至现在,包括动物在内的物质对于人类来说,其有用性总是在人们心中占据重要地位的。

随着原始人类思维意识的进步,对动物的认识不再只局限于其能果腹的阶段,开始思考其背后的意义,动物拥有原始人所不具备的本领,有的可以在天上飞,有的可以在水里游,有的善奔跑……它们在某种程度上比原始人类更能抗拒自然灾害的侵袭,这些都引起了原始人的敬畏和崇仰,由此产生了动物崇拜、自然崇拜及图腾崇拜。

原始人"将所有能想到的灵性力量以及那些作为人的灵性体化物的自

---

[1] 郑元者:《图腾美学与现代人类》,学林出版社1992年版,第2页。
[2] 《马克思恩格斯全集》第27卷,人民出版社1995年版,第63页。
[3] 敏泽:《中国美学思想史》上卷,湖南教育出版社2004年版,第49页。

然对象全部归结为某一特定的自然对象,终于以幻想的形式达到了人与自然的一般的同一,而这个作为人的灵性的一般体化物的对象,就是人所具有的图腾"[1]。"人和这种超自然灵力的相互交感,互相转化,构成了图腾文化的哲学根柢。"[2]

但在图腾崇拜的阶段,被作为图腾的物既是一个自然实体,又是一个文化实体,它把自然属性和文化属性汇于一身。图腾物对于原始人来说,是亲属,是祖先,是图腾神。[3] 在这里,原始人类开始"出现了非常模糊不清的原始宗教观念"。人们以图腾物为中介,崇拜自己的图腾亲属、图腾祖先与图腾神,在这过程中,渐渐形成了献祭的仪式,人们通过分享神圣祭物的血肉而在神与其崇拜者之间进行交流。及至人们意识到自己的祖先也是人,而不是动物、植物等,于是祭祀的对象演变为了人,图腾崇拜渐渐向祖先崇拜过渡。虽然崇拜的对象不一样了,但祭祀的仪式却演进并传承了下来,且人们一般仍用动物作为祭品,称之为"牺牲"。牺牲,古称"牢"。牢有太牢和少牢之分,以牛、猪、羊三牲齐备为"太牢",猪、羊二牲为"少牢"。

为什么要用动物作为奉献给神灵和祖先的祭品？这里从张光直先生著《商周神话与美术中所见人与动物关系之演变》及《商周青铜器上的动物纹样》两篇文章中的分析出发,求得一些启示:

> 在商周之早期,神话中的动物的功能,发挥在人的世界与祖先及神的世界之沟通上……在古代的中国,作为与死去的祖先之沟通的占卜术,是靠动物骨骼的助力而施行的。礼乐铜器在当时显然用于祖先崇拜的仪式,而且与死后去参加祖先的行列的人一起埋葬。因此,这些铜器上之铸刻着作为人的世界与祖先及神的世界之沟通的媒介的

---

[1] 郑元者:《图腾美学与现代人类》,学林出版社1992年版,第20页。
[2] 朱存明:《灵感思维与原始文化》,学林出版社1995年版,第135页。
[3] 何星亮:《中国图腾文化》,中国社会科学出版社1992年版,第55—56页。

神话性的动物花纹,毋宁说是很不难理解的现象。[1]

也就是说,中国古人相信"以动物供祭也就是使用动物协助巫觋来通民神、通天地、通上下的一种具体方式"[2]。同时,这也简要解释了商周时的青铜器上为什么会刻有大量的动物纹样,其中典型的例子有众所周知的"饕餮"纹。这些青铜器大多被用作祭祀时的礼器,它们被人们诚惶诚恐地顶礼膜拜,这应该是青铜器在当时存在的意义。然而,不可否认的是,它们也有着审美的目的,尽管在当时是非自觉的、无意识的。如敏泽先生所说:"没有这一意识的主体的审美观念,就不会,也不可能把它铸造得这样精美。……这时人们发展起来的审美意识是深深潜藏在原始宗教观念厚厚的淤积层之下的。"[3]

由此,我们梳理了原始时代审美发生的一个简要历程,并主要探讨了动物在这之中发展的意义,而羊作为其中的一个典型代表,同样也经历了一段这样的历史过程。汉画像中羊形象的审美,在很多方面也体现出了原始审美发生的内涵和特质。

(一)审美发生:羊的有用性

羊是最早被原始先民狩猎、驯化和畜养的动物之一。在我国,自古以来,羊肉就可以供人食用,羊的毛皮则被广泛地用于御寒。羊对于人类来说,首先是因其作为自然物的有用性而得到青睐的。

笠原仲二先生在研究古代中国人的美意识时,首先便从考察羊的自然属性开始:"在人们生活中,由所谓'羊大'而引起的直接的意识和感情,'美'字所内含的最原初的意识,其内容是:第一,视觉的,对于羊的肥胖强壮的姿态的感受;第二,味觉的,对于羊肉肥厚多油的官能性的感受;第三,

---

[1] 张光直:《中国青铜时代》,生活·读书·新知三联书店1983年版,第424页。
[2] 同上,第435页。
[3] 敏泽:《中国美学思想史》上卷,湖南教育出版社2004年版,第37页。

触觉的,期待羊毛羊皮作为防寒必需品,从而产生一种舒适感;第四,从经济的角度,预想那种羊具有高度的经济价值即交换价值,从而产生一种喜悦感。……通过以上的考证,对中国人原初的美意识的内容或本质,我们可以一言以蔽之,主要是某种对象所给予的肉体的、官能的愉悦感。"[1]

1. 羊与饮食

许慎《说文解字》释美:"甘也。从羊从大,羊在六畜主给膳也。"王筠则曰:"羊大则肥美。"段玉裁曰:"甘者,五味之一,而五味之美皆曰甘。羊大则肥美。"在这里,首先是将"味觉的,对于羊肉肥厚多油的官能性的感受"与美的享受联系在了一起,"那肥厚多油的肉,使人们联想到'甘'字,引起人们一享口腹之欲的欲望"。这里我们对这种仅从美味享受方面来解释"美"的观点的对错与否,且先不论,在前文梳理了审美的发生史后,我们应该可以理解许慎的"羊大为美"是有其存在的合理性的,这体现了我国古代一定历史时期审美认识的特点。

杨爱国先生对汉画像中的庖厨图进行了考察,认为汉代人的肉食品可以分为畜、禽、鱼三大类,畜类包括猪、狗、羊、牛、兔等,其中的羊因其肉质鲜美的特质,成为人们喜爱的食物之一。及至今天,烤羊肉、涮羊肉等依然广受民众的欢迎,徐州地区甚至还有专门的"伏羊节"。

因此,在汉画像中,反映社会生活场景的庖厨图像中便常常可以看见杀羊以备酒宴或祭祀的情景。山东诸城前凉台墓出土的庖厨图画像(图1.1),表现了庞大、复杂而忙碌的庖厨场面。宰羊画面位于整幅画像的右中上部,烤肉串图和棰牛图之间。画面上右边之人右手持棒,左手抓羊尾;左边之人左手握羊角,右手持尖刀正欲刺羊。羊在奋力挣扎。羊头下有一盆,可能是用来接盛羊血的。这幅图中,羊面临的是即将被宰的命运,与此羊同样遭此"厄运"的还有沂南北寨村画像石墓中室南壁上横额东段上庖厨图中的羊,正被人倒吊在架上剥皮。

---

[1] [日]笠原仲二著,魏常海译:《古代中国人的美意识》,北京大学出版社1987年版,第3页。

图 1.1 前凉台墓庖厨画像摹本

资料来源：任日新，《山东诸城汉墓画像石》，《文物》，1981 年第 10 期，图 7。

2. 羊与狩猎

羊不仅给汉代人以口腹之欲的享受，还常在汉代人喜欢的狩猎活动中作为被猎对象之一，使狩猎者享受到征服的快感、刺激的体验。汉代尚武，围猎是尚武精神的体现。汉赋中就经常出现田猎的题材。司马相如的《上林赋》、扬雄的《长扬赋》《羽猎赋》都有对田猎情景的生动描写。司马迁的《史记·货殖列传》中也有这样的描述："游闲公子，饰冠剑，连车骑，亦为富贵容也。弋射渔猎，犯晨夜，冒霜雪，驰阬谷，不避猛兽之害，为得味也。"

在山东、陕西等地出土的汉画像石常有狩猎的图像。在狩猎场面中出现的羊，如庖厨图中的羊命运相似，是人活动的对象，画像中的人或徒步、或策马,均弯弓追射仓皇逃脱的羊、虎、兔、鹿等动物。图 1.2 是陕西靖边县寨山村出土的墓门楣画像石,左半部分生动地刻画了两猎手围追瞄射狂奔惊逃的鹿、兔、狐、羊的场景。此外,陕西榆林市上盐湾乡陈兴庄出土的陈兴墓门楣画像石,陕西绥德县征集到的绥德墓门楣画像石,陕西神木县大保当乡以及山东邹城市面粉厂出土的孔门弟子、狩猎画像石,都有狩猎羊的场景出现。

图 1.2　靖边寨山墓门楣画像

资料来源:汤池主编,《中国画像石全集》第 5 卷,山东美术出版社 2000 年版,图 231。

3. 羊与畜牧

当富人豪强、游闲公子等肆意宴饮、畅快围猎时,农牧民却在辛勤劳作。图 1.3、图 1.4 是陕西绥德墓门楣上的画像,这些羊羔或奔跑,或伸腰。画面中的禽兽千姿百态,生动地表现了牧场广阔兴旺的景象。

图 1.3　绥德墓门楣画像(左半部)

资料来源:汤池主编,《中国画像石全集》第 5 卷,山东美术出版社 2000 年版,图 124。

图 1.4 绥德墓门楣画像(右半部)

资料来源:汤池主编,《中国画像石全集》第 5 卷,山东美术出版社 2000 年版,图 124。

绥德墓门楣上的另一幅放牧图(图 1.5、图 1.6)中有牛、羊和马群,羊群后面一人戴尖顶帽双手捧物,还有一人挑担与之背向而行。

图 1.5 绥德墓门楣画像(左半部)

资料来源:汤池主编,《中国画像石全集》第 5 卷,山东美术出版社 2000 年版,图 149。

图 1.6 绥德墓门楣画像(右半部)

资料来源:汤池主编,《中国画像石全集》第 5 卷,山东美术出版社 2000 年版,图 149。

从这些画面中,我们能体会到不同于庖厨、狩猎画像石中那些紧张、热烈的气氛,这里安详宁静、怡然自得,充满浓厚的生活情趣和劳动气息,农牧民们虽然辛苦,却亦有收获的满足与喜悦。在这里,羊群等畜群是社会财富的一种形式,正如之前所述的"从经济的角度,预想那种羊具有高度的经济价值即交换价值,从而产生一种喜悦感"[1],我们仿佛能感受到牧群的拥有者向世人炫耀自己的财富时那种自豪、自得的喜悦感!

4. 羊与祭祀

《礼制·王制》规定:天子祭祀社稷皆太牢,诸侯祭祀社稷皆少牢。牛、猪、羊三牲齐备为"太牢",猪、羊二牲为"少牢"。在祭祀活动中,羊常被作为供奉给天地神灵、祖先的祭品,它是祭祀仪式中很重要的角色。

汉代人极为重视孝道,且相信灵魂不死,因此在汉画像中,自然少不了对祭祀先人场面的刻画。即使是前面所述庖厨、狩猎的画像,也有学者认为它们虽在某种程度上反映了汉代的一些社会生活状况,但其本身作为墓葬艺术的组成部分,所存在的更重要的意义应该是为"祠主受祭"而服务的。[2]

图1.7是沂南汉墓前室南壁横额上的画像,详细且生动地绘刻了一幅汉代人向祠庙祭祀的场景。其中,有侍者牵着作为祭品的羊等候在一旁,还有另外两只担负着同样使命的羊被拴在树干上。

综上所述,从这些能够反映现实生活场景的汉画像中,我们可以清楚地了解到,羊首先以其自然物的有用性特点得到了汉代人的喜爱,然而它

图1.7 沂南汉墓前室南壁横额画像

资料来源:汤池主编,《中国画像石全集》第1卷,山东美术出版社2000年版,图187。

---

[1] [日]笠原仲二著,魏常海译:《古代中国人的美意识》,北京大学出版社1987年版,第3页。
[2] 信立祥先生在《汉代画像石综合研究中》持这一观点,他认为汉画像中,狩猎图表现的是与宗庙祭祖典礼密切相关的礼制活动,庖厨图表现的则是墓地庖厨准备和制作奉献给祖先灵魂的祭食的场面。

受欢迎的原因又绝非止于此,被绘刻在汉画像里的羊,还在很大程度上体现了汉代人的信仰观念、审美理想和人生追求。

(二)审美拓展:羊的文化性

伴随着物质生产活动的萌芽、发展,精神生产也开始在其中孕育、生长。当人类的各种感觉器官、思维意识等开始普遍发展,就逐步摆脱了动物的本能和无意识,当人们学会制造工具,使生产成为具有主体性的、创造性的活动,其生产活动的对象就有了人类活动的痕迹,而一旦与人类的社会活动相接触,这些活动对象就不会再仅仅以自然物的身份存在着,而同时也被打上了文化的烙印,具有了文化的属性。

当第一只羊作为对象,开始进入原始人的思维活动中;当第一只羊,开始被刻画在原始岩壁上;当第一只羊,开始被作为崇拜的对象;当第一只羊,开始成为图腾物存在着;当第一只羊,开始作为祭品被奉献给天地宗亲;当第一只羊,开始被描绘在神话故事里……羊逐渐被人们赋予了丰富的文化内涵,形成了拥有深厚意蕴的羊文化,成为中国传统文化的一部分。羊得到了高度的赞美,黄杨先生称:"羊是真正能够象征华夏祥和循法与礼仪之邦本质的灵物!"[1]

汉画像中的羊形象,不仅在某种程度上反映了汉代社会现实生活的情景,它们在更深一层的意义上,体现了汉代人们的信仰观念和人生理想。探析汉画像中羊形象的文化属性,有助于我们更好地认识中国传统文化,特别是汉代人的审美追求。

1. 羊与吉祥

甲骨文中"祥鸟"写作"羊鸟",直到秦汉,人们还把"吉祥"写作"吉羊"。

---

[1] 黄杨:《论羊是华夏祥和循法的象征灵物——"羊文化"的发掘及其现代意义》,《延边大学学报》1999年第1期。

许慎《说文解字·羊部》云:"羊,祥也。"刘熙《释名·释车》:"羊,祥也。"毕沅注:"羊者,祥也。汉碑每以吉羊为吉祥。"《汉元嘉刀铭》:"宜侯王,大吉羊。"《马王堆汉墓帛书·十六经·行守》:"骄溢好争,阴谋不羊。"湖北鄂城出土的"尚方四神博局镜"上的铭文中有"左龙右虎辟不羊"。在这几处,"羊"与"祥"都是通用的。王国维《观堂集林》:"祥,古文作羊。"由此可知,在汉代"羊"是"吉祥"的意思,羊亦成为吉祥的象征物。

发现于江苏邳州市燕子埠乡尤村的,带有明确榜题为"福德羊"的画像石(如图1.8)是羊代表吉祥的最佳写照。该画像位于燕子埠墓墓门左侧柱上,画面分为四层,第三层刻有两只瑞兽,左边榜题为"福德羊",右边题榜为"麒麟",羊背上停一只鸟。第四层刻有三只禽兽,上为一狗头、兽足、长身、大尾的异兽,榜题为"□禽";左下为一鸟,尖喙长颈,榜题为"朱鸟";右下为龟蛇相交,榜题为"玄武"。仅从该幅画像石中羊的榜题

图1.8 燕子埠墓墓门左侧柱画像局部

资料来源:汤池主编,《中国画像石全集》第4卷,山东美术出版社2000年版,图138。

来看,"福德"二字就蕴含了无限美好的意蕴。《说文解字》释福:"佑也。"释德:"升也。"

汉画像中对于羊的配置,有不少是与这幅画像石相似的。图1.9是山东莒南县大店出土的羊、虎、鹿画像,画面上下排列一羊、一虎、二鹿向左奔跑,雕刻线条虽粗糙,但却生机勃勃,洋溢出质朴的美。图1.10的异兽、拜谒、车骑画像石发现于江苏省徐州市洪楼,画面分为三层,第一层上刻着珍禽异兽,目前可辨识出的有白虎、麒麟、羊等。在这些画像石中,麒麟、朱鸟、玄武、白虎以及鹿等都是汉画像中常见的祥瑞题材,汉代人将羊与它们配置在一起,可以见人们对羊所具有的祥瑞意义的肯定。

图1.9 羊、虎、鹿画像

资料来源:汤池主编,《中国画像石全集》第3卷,山东美术出版社2000年版,图98。

图1.10 异兽、拜谒、车骑画像

资料来源:汤池主编,《中国画像石全集》第4卷,山东美术出版社2000年版,图39。

2. 羊与德行

羊是一种温顺的动物，令人容易亲近，羊羔有跪乳的习惯，这些都是羊的自然属性，然先民在"仰观俯察"的一步步发展过程中，将其人性化，羊被华夏先民赋予仁、义、礼、德、孝等诸多美好品德。《毛诗正义·羔羊》曰："召南之国，化文王之政，在位皆节俭正直，德如羔羊也。"《后汉书·王涣传》："故洛阳令王涣，秉清修之节，蹈羔羊之义，尽心奉公，务在惠民。"《谯子法训》曰："羊有跪乳之礼，鸡有识时之候，雁有庠序之仪，而人取法焉。"《春秋繁露》曰："羔有角而不任，设备而不用，类好仁者；执之不鸣，杀之不啼，类死义者；羔食于其母，必跪而受之，类知礼者。"民间习俗中亦有"送羊劝孝"的传统。

汉代，深受儒家学说影响的人们对人的德行尤为重视。而在以"彰显功德"及"恶以诫世，善以示后"为目的之一的汉画像里，自然少不了对羊的品质的刻画，借以粉饰自己和教化后人及观者。

成都曾家包汉墓后室壁上雕刻的"农作·养老图"，（如图 1.11），画面上部为双羊图，中部为养老图。左为仓房，房右侧挺立一棵树，树旁席地手扶鸠杖者为一老人，房内走出一人捧送食物。右为一双层楼房，有回廊，一衣冠整饬者（似为墓主人）倚栏侧坐，伸手接过侍女送来之物。两只羊被高高地刻在画面的最上方，似乎在告诫观者，羊尚有"跪乳之义"，何况人乎？很明显，墓主人意在借这样的画面教育后人要对父母尽孝，且不仅要生前尽孝，死后也要尽孝。《中庸》云："事死如事生，事亡如事存，孝之至也。"

山东嘉祥县武梁祠东壁画像的第三层，刻有"义（羲）浆羊公"的故事，画面两人，中间有一陶罐和水勺，表现羊公正在让启浆者饮水，羊公头部右上方卧着一只神态安详的羊，左侧有榜题"義浆羊公"。一个"義"字已传达出了对羊公无私奉献精神的赞美！此处羊通杨，羊公即《搜神记》中的杨伯雍。羊公笃孝，且为行人作义浆，终得仙人相助，使其在陋田种石产玉，得娶佳妇，最终官拜大夫。通过对羊公大公无私品德的颂扬，也刻画出了古人质朴的心态：做好事必有好报。

图 1.11　成都曾家包汉墓　农作·养老图

资料来源：汤池主编，《中国画像石全集》第 7 卷，山东美术出版社 2000 年版，图 46—48。

3. 羊与升仙

　　祈求升仙与永生，是汉画像所表达的一个永恒主题。汉代国力强盛，经济发展，生活舒适，使得人们极度贪恋现世的生活美好，人本能地增长了对死亡的恐惧和对长生的渴望，这给道教的产生和发展提供了最好的温床。汉代人结合老庄道家的想象与方士的实践，创立了一套满足当时人们心理需求的宗教理论。道教既提倡现实的享受，又为死者寻得了心理的安慰——死后升仙，这恰恰迎合了汉代人对生与死的心灵渴求，于是道教很快便成为汉代众生的宗教信仰。升仙，也成为汉代人所狂热追求的人生理想。

　　因此，作为墓葬艺术的汉画像石，充满了对升仙的主题刻画，求取灵药,神灵接引,借助于珍禽瑞兽,等等,都是人们升仙的方式。其中,羊和羊车在汉画像里,便被刻画成升仙的工具之一。

图1.12是山东嘉祥县城南嘉祥村出土的小祠堂西壁上的画像,它是用羊车升仙的代表,该画面共有五层。第一层,西王母正面端坐,左右各一跪献仙草者,另左侧有披发立者也持仙草,其后有两只鸡首人身兽亦持仙草向西王母跪献。第二层,左刻着由三只仙禽牵引的云车,正风驰电掣般自左向右驶来,车前一仙人披长发骑兔举幡导引;中间两只伶俐可爱的玉兔正在捣制着不死之药;右边是前后两头共身的怪兽,兽背上仙人吹竽;双

图1.12 西王母、玉兔、云车、狩猎画像

资料来源:汤池主编,《中国画像石全集》第2卷,山东美术出版社2000年版,图125。

头兽右边一长发仙人手牵三足乌和九尾狐。以上这些形象十分明确地都是作为西王母所在仙界的象征而描绘上去的。第三层,羊拉车出行,骑羊者、乘车者皆肩生双翼。在这里,祠主是希望借助仙禽以及羊、羊车,在仙人的导引下到达西王母的仙境里。山东滕州桑村镇大郭村也出土了类似的羊拉车向西王母仙境行进的画像石,安徽宿州褚兰镇墓山孜出土含有翼羊的画像石(如图1.13、图1.14),徐州地区也有出土羽人乘翼羊的石雕,这些都是将羊神化,作为升仙工具来刻画的。

图1.13 朱雀、执棒者、瑞羊画像
资料来源:汤池主编,《中国画像石全集》第7卷,山东美术出版社2000年版,图160。

图1.14 朱雀、执棒者、瑞羊画像
资料来源:汤池主编,《中国画像石全集》第7卷,山东美术出版社2000年版,图161。

羊作为仙人的坐骑,作为升仙的工具是有其历史渊源的,可以上溯至周王朝。清屈大均《广东新语》载:"周夷王时,南海有五仙人,衣各一色,所骑羊亦各一色,来集楚庭。各以谷穗一茎六出留与州人,且祝曰:'愿此阛阓,永无饥荒。'言毕,腾空而去,羊化为石。"这也是今天广州被称为羊城的由来,这里的羊寄托了人们对美好生活的向往。《列仙传》里记载有骑羊升仙的故事:"葛由者,羌人,周成王时,好刻木羊卖之。一旦骑羊而入西蜀。蜀中王侯贵人追之,上绥山。绥山在峨眉山西南,高无极也,随之者不复还,皆得仙道。"

4. 羊与辟邪

汉画像中羊的形象各式各样,其中雕刻有羊头的画像石最为引人注目。目前,笔者搜集到的含羊头的汉画像图片有12幅,占本文所搜集到全部含羊的汉画像图片的比例也最大。这些画像石的画面都以羊头为主体,其中有一幅画面只以羊头为装饰,如安徽淮北市出土的羊头画像(见图1.15),该羊头刻于门额正中。其余画像石以羊头占整个画面的主要位置,四周多饰以其他珍禽异兽,如图1.16,画面中部为一羊头,羊头下面为对鱼,左右为雌雄朱雀相对。图1.17,三羊头均匀地分布在画面中上部,中间一头稍大,羊头间一对朱雀衔绶带。图1.18,中部高浮雕一大羊头,嘴两边有凤鸟一对,左右各有二龙翻腾,空间繁星点点,祥云朵朵。还有配以车马出行图的,如图1.19,上边中间刻以一羊头,下面为车骑出行图。

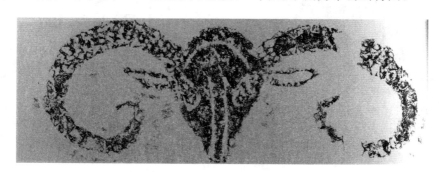

图1.15 羊头画像

资料来源:汤池主编,《中国画像石全集》第4卷,山东美术出版社2000年版,图160、161。

图 1.16 羊头、朱雀、鱼画像

资料来源:汤池主编,《中国画像石全集》第 3 卷,山东美术出版社 2000 年版,图 152。

图 1.17 三羊画像

资料来源:汤池主编,《中国画像石全集》第 3 卷,山东美术出版社 2000 年版,图 154。

图 1.18 羊头、龙、凤画像

资料来源:汤池主编,《中国画像石全集》第 3 卷,山东美术出版社 2000 年版,图 158。

图 1.19 羊头、车骑出行画像

资料来源:汤池主编,《中国画像石全集》第 3 卷,山东美术出版社 2000 年版,图 155。

这些羊头雕刻精美,大都被刻画于墓室门楣的位置上。为什么汉代人要做这样的安排,这些羊头反映了人们怎样的思想意识？李发林先生认为:"其用意可能有二：祭祀或祈求吉祥。……在许多礼仪场合中,都要用羊牲或羊头。羊牲在画像中可以用羊头。用羊祀神以求福,乃是当时人们惯常的思想、习惯和做法。"[1]

张从军先生认为:"土羊是土地的精髓,因此具有主宰土地的权力和职能,将其刻画在墓葬中,特别是在墓门或门楣之上装点以羊头的形象,就是想借助土羊的势力以保障墓葬的安全。羊头其实就是辟邪的一种手段。……将羊头刻画在墓室门楣上的做法。就是辟邪,其作用和铺首等图像是完全一样的。……墓门上的羊头图像所包含的意义既有辟邪的一面,也有起死回生的企求和希望。"[2]

但怎样来理解羊所具有的辟邪含义呢？在人们的印象中,能够用来辟邪的动物,应该是比较凶恶威猛的,能给人以震慑感的,而羊是温顺美丽的动物,如何能起到辟邪的作用,从而保护墓主人的安宁呢？

《山海经·南山经》记载:"东三百里,曰基山,其阳多玉,其阴多怪木,有兽焉,其状如羊,九尾四耳,其目在背,其名曰猼訑,佩之不畏。"《杂五行书》载:"悬羊头门上,除盗贼。"这些说明,古人相信羊形怪兽有辟邪的功能,羊头有威慑盗贼的作用,能保家宅平安。

《述异记》中载:"獬豸者,一角之羊也,性知有罪,皋陶治狱,其罪疑者,令羊触之。"《后汉书·舆服志》云:"獬豸,神羊,能别曲直。"《晋书·舆服志》云:"獬豸,神羊,能触邪佞。"

"獬豸——神羊在我国的神话中,是最古老的。……神羊的出现,是吉祥,但对罪恶者来说,是不吉祥的,因为神羊獬豸,有打击邪恶者的特性。……(神羊)赐予吉祥或降下灾殃,是以人类行为的善恶为准则的。"[3]对于不好的人或事物,神羊是有威慑力的。

---

[1] 李发林:《汉画考释和研究》,中国文物出版社 2000 年版,第 149 页。
[2] 张从军:《黄河下游的汉画像石艺术》,齐鲁书社 2004 年版,第 241—243 页。
[3] 印顺导师:《中国古代民族神话与文化之研究》,正闻出版社 2005 年版,第 392 页。

汉画像里的羊头，周围饰以珍禽异兽，已向观者表明这羊是异于普通羊的，它应该是神羊的化身，所以具有神羊的效力。人们认为羊头在世间能起到保家宅平安的作用，且汉代人事死如生，所以他们相信在地下的世界，羊头应该也具有同样的作用，于是将它雕刻在墓室门楣上。同时，墓门作为从地上世界进入地下世界的入口，其本身所具有的最重要的意义，就是保护墓主人的地下世界不被打扰，在地下世界生活的安宁平和。所以悬刻在门楣上的羊头，人们对其是赋予了保护墓主人安宁、为墓主人辟邪的期望的。

（三）审美内涵及价值

作为汉画像中一类个别的图像符号，羊形象既有着作为整体的汉画像艺术所具有的普遍审美内涵，又有着自己独特的审美价值。

1. 现实与想象交相辉映的风格美

秦汉是一个大融合的时代，时势的发展必然对社会的各方面造成影响。"秦汉文化的博大与辉煌，都建立在对各种文化的包容、吸收与融合上。秦汉时期这种特有的文化氛围……决定了秦汉美术的基本格局。这个格局就是：由以强盛的大帝国为背景的大一统美术、以儒教思想为背景的礼教美术和以人生享乐为背景的神仙美术所建构起来的秦汉美术。"[1]

汉画像作为刻在石头上的汉代美术作品，其发展状况也很好地符合了这个判断。深受儒教思想影响的汉画像创作，更加注重对现实生活和礼教的反映，其艺术风格倾向于写实，如汉画像中有不少对社会生活、历史故事的描绘。

此外，汉承秦制，"在意识形态的某些方面，汉却依然保持了南楚故地的乡土本色。……楚汉浪漫主义是继先秦理性精神之后，并与它相辅相成

---

[1] 顾森：《秦汉绘画史》，人民美术出版社2000年版，第1页。

的中国古代又一伟大艺术传统。它是主宰两汉艺术的美学思潮"[1]。这又使得汉画像石艺术同时富于浪漫主义色彩。

汉画像艺术将现实与浪漫极好地融为一体,向我们呈现了一个丰富多彩而又美妙奇特的世界!在这里,"生者、死者、仙人、鬼魅、历史人物、现世图景和神话幻想同时并陈,原始图腾、儒家教义和谶纬迷信共置一处……从而,这里仍是一个想象混沌而丰富、情感热烈而粗豪的浪漫世界"[2]。汉画像中羊形象的刻画,就是汉画像艺术整体所具有的现实与想象交相辉映的风格美的一个缩影。

庖厨宴饮、狩猎骑射、农耕畜牧图中的羊,都真实反映了羊在汉代人社会生活中的作用及地位。被宰杀的羊,羊肉做成的烤肉串,悬挂在食物架上的羊腿,让我们知道了羊是汉代人所喜爱的肉类食品之一,再现了汉代人饮食习俗的一个侧面,反映了汉代人对现实生活的热爱。畜牧图中出现的大量羊群,让我们知道了汉代畜牧业的发达,对羊的占有是拥有社会财富的表示。这些都是汉代人社会生活的真实刻绘,具有现实风格的羊形象向我们传达出了汉代人热爱、留恋现实生活的美好心愿。

然而,汉代雕刻师们在进行汉画像的创作时,对羊形象的塑造,不局限于对自然羊的刻画,同时,为迎合社会主流思潮的期待,如民众对升仙的渴望、企盼吉祥的心愿,工匠们在创作时便加入了丰富的想象力,将羊神化、变异,如为羊加上"想象的翅膀",让羊成为升仙的工具。

此外,现实中我们常用"羊入虎口"来比喻实力悬殊的两方在一起相斗,弱势的一方几乎是送死,基本没有生还的可能。而汉代工匠师们不循常理,大胆地将羊与虎并置一处(如图1.9),在温良恭顺的羊的衬托下,凶猛的虎仿佛也少了一分暴戾,而多了一丝憨态。这样超乎常理的组合,不仅使羊的形象更具艺术魅力,也为汉画像艺术增添了一些浪漫主义色彩。

总而言之,以羊形象为代表的汉画像艺术反映了汉代的时代艺术精神

---

[1] 李泽厚:《美的历程》,广西师范大学出版社2001年版,第95页。
[2] 同上,第99页。

和气质,它体现了汉画像中多层次、多方面的社会生活画面。汉画像里的羊形象既是汉代人对现实生活的肯定,也是人们对神仙天界向往的表达。汉代人通过以羊为代表的艺术形象,在汉画像里创造了一个神奇美好的世界,反映出了汉代人们积极进取的时代精神和美好的理想追求。

2. 寓教于画的内涵美

汉画像中的一项重要内容是表现人间现实世界事物,这体现在对历史故事和宗庙祭祀活动场面的刻画上。但其中对这些题材的刻画并不是雕刻者自由选择及任意创作出来的,而是有着严格的社会意识形态在制约和规范。也就是说,汉画像中的题材及形象都有着明确的目的性。《鲁灵光殿赋》有言:"恶以诫世,善以示后。"可以说是对汉画像艺术所希望达到的目的之一的最好概括。

汉高祖建政到汉武帝初年这一段时间,为使社会休养生息、生产力得以恢复,统治者在政治上奉行"黄老思想",采取"无为而治"的政策,然而对社会风俗方面影响最大的仍是儒家学说。及至"罢黜百家,独尊儒术"后,儒教被推崇为国教,儒家学说在社会意识形态领域的影响更加深入。儒家学说重道德规范,重伦理塑造,希望通过对社会各阶层进行道德教育,为封建统治服务。儒家学说作为这一时期的主流意识形态,必然对汉代的艺术及审美造成影响。汉代在绘画美学领域,也自觉遵守寓褒贬、别善恶的教化原则,成为统治者用来歌颂功业、彰显政绩的工具。

汉代皇帝们也充分地运用了此工具,《汉书·李广苏建传》云:"甘露三年,单于始入朝。上思股肱之美,乃图画其人于麒麟阁,法其形貌,署其官爵、姓名。"大臣、儒生皆以能被挑选入画为莫大殊荣。汉武帝在甘泉宫画金日磾母亲休屠王阏氏的像,以示其教子有方。汉成帝时在未央宫画赵充国和霍光的像。汉光武帝时在南宫云台画二十八个有功勋的将军的像。汉明帝在宫殿中画上经史故事。

"汉代石刻画像的题材,与当时绘画的题材完全相同。惟今日所有的石刻画像,皆系装饰墓阙祠堂之作,含有纪念死者之意。所以在图绘故事时,除一般通常流行的封建主义宣传画以外,还有一种表现死者身份及其生前行事的图画,如文官则图其德政,武官则图其战功是也。"[1]因此,入选汉画像中的历史题材大都颇具劝诫主义味道。按照儒家道德规范的要求,对表现正面的题材加以褒扬和赞赏,对反面的题材加以批评和斥责,对世人有所启发和警醒。曹植曾对这些寓教于画的作品评价说:"观画者,见三皇五帝,莫不仰戴;见三季暴主,莫不悲惋;见篡臣贼嗣,莫不切齿;见高节妙士,莫不忘食;见忠节死难,莫不抗首;见放臣斥子,莫不叹息;见淫夫妒妇,莫不侧目;见令妃顺后,莫不嘉贵。是知存乎鉴戒者,图画也。"[2]曹植的这段话可谓将汉画的教化作用阐释得淋漓尽致。

众所周知,在汉代,孝是很重要的伦理道德范畴,两汉以孝治天下是历代为人所公认的。《孝经·圣治章》载:"父子之道,天性也,君臣之义也。父母生之,续莫大焉。君亲临之,厚莫重焉。故不爱其亲而爱他人者,谓之悖德;不敬其亲而敬他人者,谓之悖礼。以顺则逆,民无则焉。"在农业社会基础上的宗法观念中,基于孝的观念重于其他伦理观念,君权观念如果没有孝的观念作基础,也就成了无本之木、无源之水,连自己父母都不爱的人,也不可能真正仁爱别人、忠于君上。所以,孝在两汉,被抬到了至高无上的地位:"夫孝,天之经也,地之义也,民之行也。天地之经,而民是则之。则天之明,因地之利,以顺天下。是以其教不肃而成,其政不严而治。先王见教之可以化民也,是故先之以博爱,而民莫遗其亲,陈之德义,而民兴行。"[3]

汉代人崇尚孝,正是希望通过这条教化途径来培养忠君的人才。因此,从汉惠帝开始,就不断推举孝悌之人,用物质手段进行奖励或授予官职,实行"举孝廉"的人才选拔制度。两汉人也自觉地认为:"忠者,其孝之本与。"[4]认为一旦具备了孝的品德,忠君也就自然而成了。"夫孝,始于

---

[1] 翦伯赞:《秦汉史》,北京大学出版社1999年版,第577页。
[2] 曹植:《画赞序》,载俞剑华编著《中国画论类编》上卷,人民美术出版社1956年版,第12页。
[3] 《孝经·三才章》。
[4] 《大戴礼记·曾子本孝》。

事亲,中于事君,终于立身。"[1]这成为汉代人信仰和自觉遵守的法则。

而羊因为有"跪乳之义",所以成为"孝"的最佳代言形象。汉画像里的羊充分展示了汉代人对劝人尽孝的重视。如前文所展现,四川出土的名为"农作·养老图"的汉画像石中的双羊图像,可以说是汉代人劝孝的最好例子。

3. 约定俗成的民俗美

汉画像石作为一种民间艺术,其关注对现实生活的描绘,其形制规定和传承发展都与汉代的民俗有着十分紧密的联系。因此在某种程度上,在它所呈现的画面上,我们可以领略到一些汉代民风民俗的真实表现,从而探析汉代人共同的文化心理,领略这一特殊民间艺术的独特的美。

"'俗'从诞生那天起就浑身浸透着'美',二者原为一体,是人类母亲所生的同一个婴儿……离开了民俗观念,就无所谓'美'或'美感';离开了民俗观念的外化载体——民俗事项,'美'或'美感'就失去了它所得以存在的客体。"[2]汉画像中的羊形象蕴含着丰富的文化意蕴,这主要体现在:首先,羊在汉代被视为吉祥的象征;其次,羊在汉代一些具体礼俗活动中的应用,使它成为某些特定民俗观念的载体。

羊在汉代是吉祥的象征,所谓"象征一般是直接呈现于感性观照的一种现成的外在事物,对这种外在事物并不直接就它本身来看,而是就它所暗示的一种较广泛较普遍的意义来看"[3]的。汉代人对羊的喜爱,是同时关注于它本身和它所代表的意义的。羊在汉代的祭祀活动、社会交往、婚俗礼仪中被广泛使用,这在汉画像中都有鲜明的体现。

羊被视为沟通天、地、神灵的使者,因此常被作为祭品而奉上神圣的祭坛,奉献给祖先,表达了汉代人感恩守孝、趋吉祈福的心理。

同样,在汉代的婚俗礼仪中,也有用羊作为礼物的习俗。在婚礼中用

---

[1] 《孝经·开宗明义》。
[2] 曲金良:《民俗美学发生论》,《文艺研究》1989年第2期。
[3] [德]黑格尔著,朱光潜译:《美学》第2卷,商务印书馆1982年版,第10页。

羊,有两层寓意:一是原始生殖崇拜的余绪,羊易于繁殖、驯养,送礼给主人,以喻主人子孙昌盛。汉画像中有"二羊交颈"的形象,而交颈、交尾在汉画像中通常是生殖崇拜的隐喻表达,传达出了汉代人对创造生命的渴望,以及对后世子孙繁盛的期待。二是"借助交感巫术的原理,希望女子如羊一样温顺,贤而不妒,能与家人和睦相处"[1]。

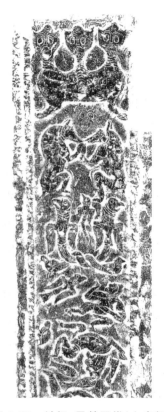 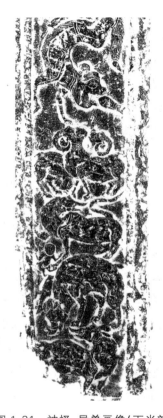

图 1.20 神怪、异兽画像(上半部)　　图 1.21 神怪、异兽画像(下半部)

资料来源:汤池主编,《中国画像石全集》第 3 卷,山东美术出版社 2000 年版,图 155。

资料来源:汤池主编,《中国画像石全集》第 3 卷,山东美术出版社 2000 年版,图 155。

---

[1] 李跃忠:《试论元曲中"羊""酒"的婚俗文化功能》,载《中南大学学报》2007 年第 1 期。

在不同的活动中,羊扮演了不同的角色,表达了不同的意义,但在这些差异的背后,是基于一个共同的心理愿景,那就是对吉祥和美好的渴望!羊在汉代民俗中所具有的特殊作用,使这些民俗更增添了一丝具象和感性的美!羊在汉画像里"作为一种文化存在的表达方式,汉画所蕴含的民俗特质和人文精神既是它发挥历史存储和民俗引领功能的条件,也是它全部意义和价值得以实现的基础"[1]。羊代表吉祥的观念和文化,已成为汉代人民共同认可的社会文化,及至今天,吉祥文化也仍然是我们整个华夏民族所共同期待的美好事物。

恩格斯说过,每个民族,无论其大小,都有自己的、只属于它而为其他民族所没有的本质上的特点,这些特点便是每一个民族在世界文化上的共同宝库中所增添的贡献。羊及汉画像中的羊形象所体现出的民俗美,已成为羊文化乃至我国传统文化中极具特色的一个景观!

4. 羊与人共处的和谐美

中国的传统文化是一种'天人合一'的宇宙观,它把自然与社会、人心与外物视为一个整体。崇尚以人为本,强调人与自然的统一、主观与客观的统一。《易·乾卦·文言》要求人"与天地合其德,与日月合其明,与四时合其序"。儒家"致中和",孟子认为唯有"尽心知性以知天",方能"上下与天地同流"。道家认为人是天地自然的一部分,老子提出"万物齐一"。汉代帝国的建立,大一统的封建统治,使思想领域也渐趋融合,儒、道、阴阳五行等学说互相影响、交融,形成了汉代包容万象的宇宙观。董仲舒天人感应说的提出,使得汉代人更加注重人与天、人与自然的和谐相处。

这些思想反映在汉画像里,就是我们所见的画面经常呈现一种和乐融融的氛围,特别是汉画像在对人与兽的关系描绘上,它没有使两者经常处在对立、剑拔弩张的两端,即使是表现人与兽斗的场面,也更多呈现出的是一种游戏之态,如羽人戏龙、羽人戏虎、羽人戏凤等。

---

[1] 刘克:《南阳汉画像与生态民俗》,学苑出版社2008年版,第403页。

张光直先生在考察商周神话与美术中人与动物关系之演变时，指出在东周之际，人变成了主人或至少是动物的挑战者。然而，随着人类对自然界、对动物的认识加深，至汉代时，"艺术品中表现人兽对抗的场面减少了，人类以强力降服动物的情形渐渐被平静和谐的场面取代。大体而言，动物不再被认为是需要降服的威胁，而是多被表现为与人类命运协调的祥瑞形象"[1]。

汉画像里的羊与人的关系更亲密，两者在某种程度上，甚至呈现出一种共生共存的关系。汉画像中的羊被人类宰杀、猎捕以作为食物、祭品，然而，人又通过辛勤劳动对羊进行喂养，羊因为人的照顾而茁壮成长，最终又为人的活动、需要而牺牲。两者之间展现出一种万物有序、相辅相成的生态和谐关系，体现出"天人合一"朴素的生态美思想。

图1.22 喂羊

资料来源：徐州师范大学汉画像石（砖）特色数据库。

---

[1] [美]巫鸿著，柳扬、岑河译：《武梁祠：中国古代画像艺术的思想性》，生活·读书·新知三联书店2006年版，第94页。

三、汉画像中羊形象的文化观念研究

（一）时空观主导下的升仙

升仙是汉画像艺术所表达的永恒主题之一，相信灵魂不死的汉代人，认为升仙是灵魂最好的归宿。画像石中出现的许多珍禽异兽，大多被赋予了引魂升仙的功能，羊在这里也是如此。它们被大量地刻画在墓室、祠堂里，深刻地反映了汉代人希望在时空流转中，寻求一条吉祥的升仙路的理想信念！

汉代画像石中大量或真实或虚拟羊形象的出现，是图腾崇拜在汉代的间接反映，这一方面是原始思维的遗存，另一方面是汉代人宇宙观的真实反映。图1.19等羊头形象中，羊额部饰有穿璧纹。前面我们已论证过，羊头在这里是作为镇墓辟邪的守护神的。实际上，它还担任着引领墓主人在茫茫宇宙间寻求一条最佳的升仙路径的职能，其额部所饰的穿璧纹，为其增添了更加丰富的文化意蕴。

而璧、穿璧纹在汉画像石里，本身就具有丰富的象征意义。璧，《尔雅·释器》："肉倍好谓之璧，好倍肉谓之瑗，肉好若一谓之环。"汉画像中常见璧的形象，据考证，它是玉璧逐渐演化而形成的具有象征意义的图案。玉璧是《周礼》中记载的"六瑞"之一，在古人眼中，它是通天、礼天的灵物。《周礼·春官·大宗伯》："玉作六器，以礼天地四方，以苍璧礼天，以黄琮礼地。"可见，玉璧还是通天的"六瑞"之首。古人还常以玉喻天，王充《论衡·谈天》中有言："天乃玉石之类也。"

"玉璧圆圆的形状，玉石纹路流动，滑腻如脂的神采，很容易使原始先民产生与天的联想。"[1]玉璧与天的相类，使人们将其作为沟通天、人的灵

---

[1] 陈江风：《汉画中的玉璧与丧葬观念》，《中原文物》1994年第4期。

物,进而发展为天门的象征。赵殿增先生在《天门考》中,从大量出土实物出发,对玉璧与天门的联系做出了精确的考证:"凡用汉隶刻写着'天门'二字阙楼都有一个显著的特点,即都饰有玉璧与瑞兽。可见,饰以玉璧的门阙就相当于天门。璧与天门连接成为天门的标志,区分天人两界的界标。"古籍《三辅黄图》也有记载:"宫之正门曰闾阖,高二十五丈,亦曰璧门。"屈原《离骚》:"吾令帝阍开关兮,倚闾阖而望予。"又有注曰:"闾阖,天门也。"也由此证明,饰有玉璧的璧门也可作为天门,灵魂通过它,才可以进入天国。因此,汉画像中所刻的玉璧形象应该具有"供墓主灵魂升入天国的通道"的意义。

那么汉画像中的穿璧纹,就可以表示"灵魂通过这一关口进入天国"的意思。这应是墓主人升仙途径里的关键一步,表示墓主灵魂最终进入仙界,达到死者和生者最理想的境界。穿璧纹的形象,多由玉璧和祥瑞动物的形象组合而成,表达了汉代人认为灵魂飞升还要借助珍禽异兽等神物,包括羊的引领。在羊头的额部饰以穿璧纹,是对羊所具有引领人升仙功能的肯定,也表达了汉代人祈求吉祥且顺利升仙的理想!

此外,"在人们的思想和情感中,'璧'代表着吉祥与美好:它象征着生活的和顺和圆满,寓示着生命的再生和永生、内含着天地相通、阴阳相合的象征意义,体现着辟除不祥、富贵大昌的吉祥祈盼"[1]。在汉画像中与璧相联系最常见的,是龙的形象。李立先生在《汉墓神画研究》中对龙璧形象作了考察,而借助于他对龙璧形象所做的研究,[2]我们可以对饰有穿璧纹的羊头作这样的阐释,羊头沉稳厚重的形象特征与璧的稳固的圆形特点,使二者彼此支撑,更加深了本身的意义,在二者的组合中,"羊"的功能和象征意义,通过"璧"的象征意义得到了进一步的强化,而"璧"所寓意的吉祥美好、生命永生的神性,又通过"羊"的祥、善、公平与正义等品德而获得形

---

[1] 李立:《汉墓神画研究》,上海古籍出版社 2004 年版,第 32 页。
[2] 龙璧画像中龙的飞动的形象的特征与璧的稳固的圆形特点,构成了相互依存而相辅相成的结构模式。在这一结构模式中,"璧"的内在本质和象征意义,通过"龙"的形象特征获得了外化式的体现,而"龙"的著阴秉阳、联通天地的哲学属性和神性特点,又通过"璧"的稳固的圆形结构而获得形象再现的可能。见李立《汉墓神画研究》,上海古籍出版社 2004 年版,第 31 页。

象的再现。

对于穿璧纹,朱存明先生在其著作里曾有一个很形象的命名,叫"十字穿环"。他把汉画像中的"二龙穿璧"及"十字穿环"进行对比考察,他认为这两种图案呈现了一致的内涵,表现了相同的文化母题,只是一个具象些,一个抽象些。"十字穿环"是"二龙穿璧"截取下来的一部分:

> 两龙相交,中间以圆环加以突出,内含有性的隐喻。其广阔的背景仍然是中国的古宇宙论。……二龙穿璧象征着天地交感,化育万物的原始母题。同时又象征着阴阳合气,人神沟通、祖先崇拜、生殖崇拜的文化原型。……作为十字穿环中的环或璧,抛开其具象,在原型上即是天圆的象征。环与璧以其圆的形式,代表了天、天上的太阳,及万古不变的道,因而它是完满的象征,是生命力的来源,是宇宙的秩序和美的本源。……如果说"十字穿环"中的环是天的象征的话,那么"十字穿环"外面的方形就是地的象征。因为在中国古代的宇宙学说中,一个基本的观点就是"天圆地方"。[1]

由此,璧与天的相类,使得汉画像里的穿璧纹中也融入了人们"天圆地方"的宇宙观念。

我们再来看一下古人的宇宙观,《淮南子》云:"往来古今谓之宙,四方上下谓之宇。"宗白华先生说:"我们中国古人是用心灵的俯仰的眼睛来看空间万象,我们的诗和画中所表现的空间意识……是'俯仰自得'的节奏化的音乐化了的中国人的宇宙感。"[2]《周易·系辞》云:"仰则观象于天,俯则观法于地,观鸟兽之文与地之宜。近取诸身,远取诸物。"仰观俯察即成为古人观照世界的方式,且在这一仰一俯之间,古人渐渐萌生并发展了自己朴素的时空观。汉代人的时空观,更注重在天地时序的发展中,寻找并定位人自身的位置。

---

[1] 朱存明:《汉画像的象征世界》,人民文学出版社2005年版,第251—266页。
[2] 宗白华:《美学散步》,上海人民出版社1981年版,第98页。

汉画像中，高悬于墓门门楣上的羊头，就平行的空间位置来看，它处于阻隔现实世界和地下世界的墓门上，它被赋予为死者、生者祈福和为墓主人辟邪的含义，就上下的空间位置来看，它处于象征天的墓顶和象征地的墓地中间位置，而从前文所述，我们知道羊是可被视为沟通天、地的神灵之物。这种形制的安排，是汉代人仰观俯察这一观照世界观念的体现。在这里，它联系着上下，沟通着过去与未来。羊形象在汉画像里的刻绘，是汉代人审美活动在天、地、人之间的打开，它不仅打开了汉代人理想中的时空世界，更是打开了汉代人的内心世界。

综上，汉画像中璧与穿璧的形象，已具有如此丰富的内涵，当它们再被刻绘在羊头上时，这么多"有意味的形式"的叠加、组合，让我们在感叹汉代人构思的精巧之余，也为他们博大精深的智慧所折服。不过，在与羊头的组合里，是以羊头为主体，穿璧纹为辅，显然羊在这里被汉代人赋予了时空中主体的地位。由此，也更突出了羊在墓主升仙路中所具有的作用：其一，羊本身作为祥、善、公平正义等的代表，可向天界证明墓主具备了升仙的资格。其二，镇墓辟邪，引领并确保墓主在升仙路上的平安。

（二）祥瑞思想

汉画像中有不少表示祥瑞的形象，如凤凰、麒麟、连理树等，"羊"字与"祥"相通，汉画像中有带着明确榜题的"福德羊"形象，羊常与其他表示祥瑞的动植物形象组合在一起，因此，羊应是祥瑞的一种。

祥，《说文解字》释曰："福也。……一云善。"段玉裁注："凡统言则灾亦谓之祥，析言则善者谓之祥。"瑞，《说文解字》曰："瑞，以玉为信也。"段玉裁注曰："典瑞，掌玉瑞玉器之藏……瑞，节信也。"《论衡·指瑞》曰："异物见则谓之瑞。"瑞为圭璋宗璧的总称，可引申为祥瑞。

"祥瑞"一词虽最早在刘向的《新序·杂事》中提出，"成王任周召，而海内大治，越裳重译，祥瑞并降。"在这里，"祥瑞"可被解释为"吉祥的征兆"。然而有关"祥瑞征兆"的观念早在先秦的典籍中，就有记载。所谓"天命玄

鸟,降而生商",就是这一观念的写照。《礼记》载:

> 国之将兴,必有祯祥。
> 天降膏露,地出醴泉,山出器车,河出马图,凤皇麒麟,皆在郊椒。

至西汉,董仲舒为顺应统治者政治统治的需要,将祥瑞观念进一步系统化、政治化,使祥瑞思想与国家的治理、统治者的仁德等联系在了一起:

> 王正则元气和顺,风雨时,景星见,黄龙下。……五帝三王之治天下……天为之下甘露,朱草生,醴泉出,风雨时,嘉禾兴,凤凰麒麟游于郊。[1]
>
> 国家将有失道之败,而天乃先出灾害以谴告之,不知自省,又出怪异以警惧之,尚不知变,而伤败乃至。[2]

董仲舒借"祥瑞"来标榜与劝诫统治者应像三皇五帝那样治天下,才会国泰民安、风调雨顺,而如果统治混乱、政治腐败,上天就会降下灾难来警告。因此,这符合了统治者的需要,加上它也顺应了民间百姓的期待,于是便在汉代盛行起来。汉画像中出现的许多珍禽异兽,便是祥瑞思想的反映。而汉代祥瑞思想盛行的背后原因,我们所不能忽略的是董仲舒的"天人感应论"和汉代谶纬学说在其中的推波助澜。

董仲舒引春秋战国以来的阴阳五行学说,以天道附会人事,将天与人的关系进一步神学化,提出了风行两汉的"天人感应说"。他认为天是有意志的、至尊无上的人格神,"天者,百神之大君也"(《春秋繁露·郊语》)。他处心积虑打造天之结构与地上之王之间的联系,以天的运行结构及秩序来为封建统治保驾护航,将天道与人道相联系、沟通起来:

[1]《春秋繁露·王道》。
[2]《汉书·董仲舒传》。

> 王者配天,谓其道。天有四时,王有四政,若四时,通类也,天人所同有也。庆为春,赏为夏,罚为秋,刑为冬。庆赏罚刑之不可不具也,如春夏秋冬之不可不备也。[1]
>
> 天人之征,古今之道也。[2]

董仲舒甚至进一步将天的结构与人体相类,进行了详尽的描述:

> 人有三百六十节,偶天之数也;形体骨肉,偶地之厚也;上有耳目聪明,日月之象也;体有空窍理脉,川谷之象也。[3]
>
> 天地之符,阴阳之副,常设于身,身犹天也,数与之相参,故命与之相连也。天以终岁之数,成人之身,故小节三百六十六,副日数也;大节十二分,副月数也;内有五藏,副五行数也;外有四肢,副四时数也。占视占瞑,副昼夜也;占刚占柔,副冬夏也;占哀占乐,副阴阳也;心有计虑,副度数也;行有伦理,副天地也。[4]

同时,将人的精神、思想及感情与天相比,也是董仲舒"人副天数说"的一个重要方面:

> 人之形体,化天数而成;人之血气,化天志而仁;人之德行,化天理而义;人之好恶,化天之暖清;人之喜怒,化天之寒暑;人之受命,化天之四时;人生有喜怒哀乐之答,春秋冬夏之类也。[5]

董仲舒之所以将天与人进行如此详尽的比附,仍是重在描绘天与人是相类相通的,人与天可以互相感应,人可以积极主动地体会、领悟天的性情

---

[1]《春秋繁露·四时之副》。
[2]《汉书·董仲舒传》。
[3]《春秋繁露·人副天数》。
[4] 同上。
[5]《春秋繁露·为人者天》。

与义理,而上天降之以异象,毋宁说还是因人事的变化而引起的。所以,天所降之于人的祥瑞、灾异就更主要的还是与人事行为有关,甚至就取决于人事行为。

《白虎通义·灾变篇》指出:

> 天所以有灾变何?所以谴告人君,觉悟其行,欲令悔过修德,深思虑也。

《太平经》亦记载:

> 王者行道,天地喜悦;失道,天地为灾异。
> 凡天下灾异,皆随治而起。

也因此,对于汉代的个人来说,他们注重自我修养,希望以其至诚至精品德来感动上天。而对于统治者来说,则应为有道之君,多行仁德,才能国泰民安。由此,上天才会被感化,从而降之以祥瑞。

董仲舒《春秋繁露》所宣扬的"天人感应"思想,还成了汉代另一股文化思潮——谶纬神学的先导,"董仲舒的著作是谶纬的先导,谶纬是董仲舒思想论著的继承和发展,甚至援用董子之文,不改易一字"[1]。所谓谶纬,《说文解字注》曰:"谶,验也。有征验之书,河洛所出书曰谶。"而《易传》有曰:"河出图,洛出书,圣人则之。"因而,谶常有图有文,亦称图谶。《四库全书总目提要·易类六》解谶为:"诡为隐语,预决吉凶。"所以综上所述,谶或谶语是神用隐语或启示给人们预言吉凶祸福、治乱兴衰。纬则是与经相对而言,指用图谶等神秘隐语对儒家经典进行阐释。

金春峰先生认为:"谶纬内容庞杂,从残存篇籍看,主要是天宫星历、灾异感应、谶语符命,也有对经学的发展和解释,以及天文地理、风土人情、自

---

[1] 钟兆鹏:《谶纬论略》,辽宁教育出版社1991年版,第127页。

然知识、文字训诂,旁及驱鬼镇邪、神仙方术及神话幻想,可谓光怪陆离,无奇不有,是今文经学迅速政治化、庸俗化并和汉代神学迷信相结合而孕育的一个怪胎。……主要内容是把一些平庸的粗浅的政治图谋,披上神学的外衣,变成神的旨意。"[1]顾颉刚先生在《汉代学术史略》中谈到谶纬时,也多是与汉代政治活动相联系的。

的确,谶纬活动在两汉之际,大多是与政治联系在一起的,成为被各方政治势力利用以达到其目的舆论工具。王莽、汉光武帝都曾利用谶纬为自己上位制造条件。汉光武帝尤其迷恋谶纬,曾宣布"图谶于天下"。由于上位者的大力倡导,且"谶纬的中心思想,是阴阳五行,是灾异祯祥,这正是极合汉代经学家的脾胃的"[2],加之"图谶本已迎合民众的迷信心理"[3],因此,谶纬之风在汉代愈演愈烈。葛兆光先生也认为,谈汉代思想时是不能不谈谶纬思想的。在谶纬的推动下,汉代人更加喜爱,甚至是迷恋象征祥瑞和吉祥的事物。

一个社会的思想意识不可避免地会对文化艺术产生重大影响,祥瑞观念作为两汉时期一种重要的社会思想意识,在"天人感应"和谶纬思想的推动下,对汉画像这种民间艺术就产生了深远的影响。汉画像中大量的升仙、珍禽异兽的出现,就是这一思想的生动写照。

综上所述,"祥瑞思想主要反映了占统治地位的儒家学说的天人感应论和谶纬学说。它的流行基于多方面的原因,在最高统治者,是为了借其标榜自己的仁德,以证明得天下之顺天意;在王公大臣,则是为了歌颂最高统治者,标榜自己吏治清明,以谋取富贵;在广大的社会中下层群众,则更多的是希望遇到有道明君,天人祥和,过上安康的生活"[4]。

而祈求吉祥的同时,汉代人亦注重驱邪以辟不祥,这在汉画像中亦有反映,其中刻绘了许多辟邪图像就是证明,这也是从另一面印证了祥瑞思

---

[1] 金春峰:《汉代思想史》,中国社会科学出版社1987年版,第349页。
[2] 顾颉刚:《汉代学术史略》,东方出版社2005年版,第117页。
[3] 同上,第128页。
[4] 蒋英炬、杨爱国:《汉代画像石与画像砖》,文物出版社2001年版,第65页。

想的影响。如,我们考察的羊形象,在汉画像中有时是吉祥的象征,有时却又可以用来辟邪。

(三) 文字象征谱系

对汉画像中的羊形象进行分析研究,就不能仅止步于探究其与汉代现实生活的关系。朱存明先生在《汉画像的象征世界》中提到,汉画像创造的是一个符号象征的世界,应采用象征符号分析法,才能对汉画像里所刻画的那个隐蔽的深层世界有进一步的理解。

卡西尔创造了象征形式哲学,他认为,人与其说是"理性的动物",不如说是"符号的动物",亦即能利用符号去创造文化的动物。也就是说,人们用符号构成了文化的世界。罗兰·巴尔特在《符号学原理》中说:"符号一词,随作者们的意愿而被置于一系列既相似又相异的词项之中:信号、征象、像符、象征及寓象等,它们都是符号一词的主要竞争对手。"[1]所以,符号是具有象征意义的。一个具体的东西,图像、记号、符号等可以表示其他的东西,或承担一定的意义,这就是符号的象征。

而汉字作为一种具有表意特点的文字,是最具特色的汉文化之一,历史悠久。它是我国先人们仰观俯察之后,心理和思维活动的产物。许慎《说文解字·叙》曰:

> 古者庖牺氏之王天下也,仰则观象于天,俯则观法于地,观鸟兽之文与地之宜,近取诸身,远取诸物,于是始作易八卦,以垂宪象。及神农氏结绳为治,而统其事。庶业其繁,饰伪萌生。黄帝之史仓颉,见鸟兽蹄迒之迹,知分理之可别相异也,初造书契。

在历史长河的发展流变中,汉字在形义之间、音义之间,以及意义变

---

[1] [法]罗兰·巴尔特著,王东亮等译:《符号学原理》,生活·读书·新知三联书店1999年版,第25页。

异的联系中,常常折射出古代社会的某种文化信息。因此,汉字在记录语言、传递概念的同时,也成为汉文化的传承载体。也由此,汉字从被造出之时起,便具备了文化符号的职能,其本身亦成为最具有象征性的汉文化之一。

朱存明先生提出,将汉画像艺术与汉字进行比较研究,是很有意义的。他说:"汉画像的表现手段和遵循的思维方式,与汉字是相通的,汉画像中的许多图像与象形文字应属一类。尽管画像以形似为主,但其取意则是'分理别异'的,使一些图像有了文字的象征意义,并发挥着类似的功能。"[1]他还以汉画像中的龙、凤及"四灵"图像为例来加以说明印证。

当笔者考察了汉画像中多幅羊图像后,发现了这些形象也能印证朱存明先生的这一观点。同时,目前学术界通过文字学的研究方法,对一些羊字旁或与羊有关的汉字的考察,已取得了比较丰富的成果。把现有的文字学成果和对汉画像中羊图像的分析联系起来考察,将有助于我们在汉画像那个隐蔽的世界中,找到一条更清晰的思路来探析汉代人的审美心理。

1. "美"字与羊

在与羊有关的文字中,"美"字是被讨论最多的,文字学、美学、社会学、心理学等相关学科都有关于对"美"的探讨,研究成果相当丰富。周有光先生在《汉字和文化问题》中说:"关于汉字形体结构的分析是研究汉字文化底蕴的主要依据。"因此,我们分析"美"的文化意义,应该注重对"美"字的形体结构分析。

许慎《说文解字》释"美"为:"美,甘也。从羊从大。羊在六畜主给膳也。美与善同意。"徐锴在《说文解字系传》中说:"羊取大者也,羊美物也。"段玉裁则在《说文解字注》中对"美"字作进一步的解释:"美,甘也。甘部曰,美也。甘者,五味之一,而五味之美皆曰甘。引申之凡好皆谓之美。从羊大。羊大则肥美。"许慎、徐锴、段玉裁均把重点着眼于味觉,味甘则为

---

[1] 朱存明:《汉画像的象征世界》,人民文学出版社 2005 年版,第 41 页。

美。因此从这些著述中,人们提出了"羊大为美",味美说也成为学术界探讨中国审美意识起源的主要观点之一。

而"美"字最早出现在甲骨文中,《甲骨文字典》中解释"美"为:"美,象人首上加羽毛或羊首等饰物之形,古人以此为美。"萧兵先生在《楚辞审美琐记》中提出:"美的原来含义是冠戴羊皮或羊头装饰的大人,最初是'羊人为美',后来演变为'羊大则美'。"李泽厚先生则在《中国美学史》中,主要采用萧兵先生的观点,同时也兼顾了味美说的提法:

> 中国的"美"字,最初是象征头戴羊形装饰的"大人",同巫术图腾有直接关系,虽然其含义同后世所说的"美"有关,但所指的是在图腾巫术或图腾乐舞中头戴羊形装饰的祭祀或酋长。在比较纯粹意义上的美的含义,已脱离了图腾巫术,而同味觉的快感相连了。后汉许慎的《说文解字》说:"美,甘也,从羊从大,羊在六畜主给膳也。"宋徐铉说:"羊大则美,故从大。"这就是说,"美"是味道好吃的意思,"美"与"甘"是一回事。《说文解字》释"甘"云:"甘,美也,从口含一。"虽然是汉人的说法,但保存了起源很古的以味为美的观念。……美由羊人到羊大,由巫术歌舞到感官满足,这个词为后世美学范畴(诉诸感性又不止于感性)奠定了字源学的基础。[1]

由此,"羊人为美"也成为研究中国审美意识起源的另一主要观点。

陈良运先生则在《"美"起源于"味觉"辩证》一文中,对"美"的原初意识进行了新探,他从《诗》《易》两部经典出发,提出古代中国人的性意识是与"美"密切联系在一起的,且"美"偏重于对女性的审视,进一步联系到女性和动物中与人类关系最密切的羊相类似,都性情柔顺,生殖力强,在日常生活中,给人以视觉、味觉、触觉的愉悦感和美感。他提出,"美"字上部之"羊"代表了一种欢悦的、柔顺的、美丽的、阴性的观念,下部的"大"或如萧

---

[1] 李泽厚、刘纲纪主编:《中国美学史》第1卷,中国社会科学出版社1984年版,第79—81页。

兵先生所言,是"正面而立的人",但其在父系社会中也必定是男子的象征,代表着阳性、刚健、雄张的观念。因此,他认为:"'羊''大'为美,实为具象与抽象、阴与阳、刚与柔的结合,由具象向观念升华,这就是'美'字构成的奥秘,中国人原初美意识就产生于阴阳相交的观念中,也可说是最基本、最普及的男女性意识中。"[1]

以上对"美"字本义进行分析,是在对中国古代美意识起源进行的探讨中几种具有代表性的观点。无论是"羊大为美"说,还是"羊人为美"说,尽管现阶段大家的说法不一,然而对"羊"在美意识起源中所应有的地位及作用基本上都给予了肯定。

汉民族对美的感知是离不开羊的,甚至可以说,正是羊使古代先民们产生了美的萌芽!笔者认为,这些不同的观点,都是从某一个角度出发来阐释,然而社会的进步、人类审美意识的发展,其间必定有多种因素的作用。经过漫长的历史变迁,虽然我们已不可能完全弄清楚古人的审美心理究竟是怎样的一个状况,但是我们可以综合各方面的材料来考证,尽可能真实地还原审美发生、发展的过程,从而感受古人淳朴的美意识。大一统的汉画像艺术给了我们一个极好的考察平台,其中的羊形象更是鲜明地展现了古人对"美"的思考和理解,上述几种对"美意识"起源考察的观念,我们都能在汉画像里对羊形象的各种刻绘中,找到相应的阐释。

2. "祥"字与羊

许慎《说文解字》解释"祥"为:"祥,福也。从示,羊声。"

在许慎、徐锴、段玉裁等文字学家的解释中,"祥"被认为是一个从示羊声的形声字。然而,从"祥"的字形演变及文化人类学的考察来看,以"羊"为"祥"的部首,不仅仅是取其音声的原因,还有着深厚的历史渊源。先民注重祭祀,甲骨卜辞中有不少有关羊的记录,证明先民在祭祀过程中大量用羊,他们相信,给祖先进献了羊这种吉祥美味的食物,便会得到祖先和神

---

[1] 陈良运:《"美"起源于"味觉"辩证》,《文艺研究》2002年第4期。

灵的保佑。

臧克和先生在《汉字单位观念史考述》中统计过以马、牛、羊、鸡、犬、豕等字作为字根的各部分字在《甲骨文字典》中的字数,其中以羊部(45字)为最多,从羊在六畜中所占的比重及羊在甲骨卜辞中所出现的频率,我们都可以看出羊在先民生活中的作用之重要,"这就为中国古代人首先将肯定的情感价值态度投射凝聚到'羊'身上提供了社会生产的物质基础"[1]。古人以"羊"为"祥"就不足为异了。《说文解字》曰:"羊,祥也。"《考工记注》曰:"羊,善也。"可见羊是祥或善的象征。

而在今天,"祥"对于我们来说仍有代表福、善、吉祥等美好的意思,但在古代,"祥"是同时兼具吉凶二义的。金祖同先生分析"祥"字的卜辞有三类:"一为勿祥,二为不祥,三为其祥。勿祥还包括弗祥。卜辞中用此辞者最多,约占百分之八十有奇。称不祥者约有百分之十五,其祥之用甚少。"[2]

再者,从考察我国传统文化中有关羊的神话来看,獬豸神羊在我国是最为古老的神话之一。神羊獬豸的出现,是祥瑞,代表吉祥;但对罪恶者来说,是不吉祥的,是灾殃,因为神羊獬豸有打击邪恶者的特性。因此,吉祥与不吉祥,都包含在祥(羊)字里,正如段玉裁在《说文解字注》中对"祥"做的分析:"凡统言则灾亦谓之祥,析言则善者谓之祥。"即"祥"在古代的意义,既可表神福,又可表神祸。如《左传·僖公十六年》记载:"是何祥也,吉凶焉在?"这里的"祥",兼有福祸两端的意义。

这也许就是羊既有温顺、吉祥美好之义,偶尔也会被说成"抵狠难移之物"[3]和"刚狠之物"[4]的缘由吧,正好与"祥"在古代为吉凶之统称相符合。也因此,汉画像中的羊形象才会被赋予双重含义,一方面是人们对祥瑞、吉祥渴望的象征,一方面要起到打击邪恶,守护墓主人平安,即镇墓辟

---

[1] 臧克和:《汉字单位观念史考述》,学林出版社1998年版,第71页。
[2] 《古文字诂林》卷一,第94页,丁骕条下金祖同先生所言。
[3] 《周易正义·下经夬卷五》。
[4] 《周易正义·下经咸卷四》。

邪的作用。

3. "善"字与羊

《说文解字》释"善":"譱,吉也。从誩从羊,此与义、美同意。善,篆文从言。"《说文解字·誩部》释"誩":"竞言也。"又释"竞":"强语也,一曰逐也。从誩从二人。"而《说文解字·辡部》对"辡"的解释为:"罪人相与讼也。从二辛。"释"辩":"治也,从言在辡之间"。段玉裁则在《说文解字注》对"竞"字阐释为:"强语谓相争也。"从这里可见,"誩""竞""辡"等字群的意思初时可以形成互训,表示两人相互争执。

因此,"譱"(善)字是表示二人口争言斗,其中有"羊"参与其中,且居于"譱"字结构中心。"羊"在这里又表示什么,起着什么作用呢?"它象征着听取双方的论争然后详审是非曲直的审判者。并且,它总是站在是者一方。换言之,这种情况表明,在中国上古时候,在某部落或某国中(这大概是西戎的牧羊族羌族或其后裔所统治的齐、楚、申、吕、许等),是把羊看作自己部族的守护者,人们相信,羊这种东西,具有神秘的灵力,它可以传达上天或鬼神的意志。"[1]这些,表明羊在初民那里,具有辨别是非曲直的神性,在"竞"言的双方中间加一"羊"符,可令善恶分辨开来。由此,我们可以知道"善"字最初是听讼、判断曲直之义,这又与古人"法"的观念发生了联系。

"法"字原作"灋",《说文解字》释"灋"曰:"刑也。平之如水,从水。廌,所以触不直者。去之,从去。"《广雅·释诂》谓:"廌,灋也。""廌"即"獬豸"。《尔雅·释虫》曰:"'獬廌'即'獬豸'。"而所谓獬豸,就是古人心中的神羊,古籍中多有记载。《述异记》载:

> 獬豸者,一角之羊也。性知有罪。皋陶治狱,其罪疑,乃令羊触之。

---

[1] [日]笠原仲二著,魏常海译:《古代中国人的美意识》,北京大学出版社1987年版,第169页。

《论衡·是应篇》：

> 皋陶治狱，其罪疑者，令羊触之；有罪则触，无罪则不触。斯盖天生一角圣兽，助狱为验，故皋陶敬羊，起坐事之。

《神异经》云：

> 东北荒中有兽焉，其状如羊，一角，毛青，四足似熊，性忠而直，见人斗则触不直，闻人论咋不正。名曰獬豸，一名任法。

再有甚者，獬豸还成为古代法官的象征，獬豸冠还被称为法冠。《汉官仪》载：

> 秦灭楚，以其冠赐其近臣，御史服之，即今獬豸冠也。古有獬廌兽，触不直者。故执宪以其形用为冠，令触人也。

《后汉书·舆服志》：

> 法冠……执法者服之……或谓之獬豸冠。

也就是说，在最初，"善"中的羊同"瀍"中的羊具有相同的神圣的职能，它们皆指有神性的羊。

羊因其在先民生存、生活中的重要作用，而被人格化、神格化，从而参与到了人的道德评判的高层次心理活动中。"善"字很早就与先民对道德评判的活动联系起来，如《礼记·中庸》：

> 祸福将至，善，必先知之，不善，必先知之。故至诚如神。

《易·坤》：

积善之家，必有余庆。

《论语·为政》：

举善而教不能，则劝。

及至今天，我们中国人在道德方面所追求的至高境界，仍可以用一"善"字来概括。

4. "義"（义）字与羊

"义"字繁体作"義"，《说文解字》对"義"的解释为："己之威仪也，从我羊。"《说文解字注》对"義"进一步解释："己之威仪也。言己者，以字之从我也。己，中宫。象人腹。故谓身曰己……从我从羊。威仪出于己，故从我。董子曰：仁者，人也。義者，我也。谓仁必及人。義必由中断制也。从羊者，与善美同意。"

"义"同"善"一样，也是我国从古至今，在道德评判方面的一个重要标准。《论语·为政》："见义不为，无勇也。"《孟子·公孙丑上》："其为气也，配义与道，无是馁也。"《淮南子·齐俗》："为义者，布施而德。"

此外，"义"在古代常假借为"仪"。《说文解字》释："仪，度也。"段玉裁注："度，法制也。"《吕氏春秋·孟春纪·贵公》："无偏无颇，遵王之义。"这里的"义"就是法则、法制的意思。《中庸》："义者，宜也。"《释名·释言》："裁制事物使合宜也。"即"义"要求做任何事情必须使自己的行为合乎法制，合乎道义与正义。

因此，"义"所取象的羊，同"善""灋"中的羊一样，是有着相同性质的神判之羊，这大概也是"义"可与"善"同义的缘由。不同的是，"善在德法一体化的过程中，其价值取向偏重于理性精神及其德性品行，而义在德法一体化的过程中,其价值取向则偏重于实践精神及其力行体验"[1]。所以在我们汉语中,有很多仅观之就可以感受到一股大"义"之气的词语,如"舍生取义""义不容辞""义无反顾"等。

综上所述,象征是画像艺术的又一重要表现手段。汉字所具有的象征意义在汉画像里一般表现为"言在此而意在彼",或是"以此代彼,而真实含意则还是彼"。汉画像中的象征作为人类思维在"抽象意义上的把握和运演",虽然在具体形象的呈现上是千姿百态,但大多都可以被人们理解,尤其是那些属于华夏文化传统象征手法范畴的形式,如形象与汉字之间的关联。

我们简要考察了"美""祥""善""義(义)"四个与羊有关的汉字,其在先人造字之初,取象于羊,以及在后来的字形、字音演变过程中,仍然与羊、羊字符发生了紧密的联系。在这里,汉画像中的羊形象便是观者"可以直接感觉到的指符",而"美""善""祥""義(义)"等所蕴含的丰富意义,便是"可以推知和理解的被指"。这些美好的汉字,饱含了古人希望拥有像羊一样正直善良、勇于奉献的理想品格的憧憬与期待。汉画像中的羊图像,则以艺术化的手段将"美""祥""善""義(义)"几个汉字的丰富内涵予以形象化地表现出来,从而反映了汉代人的感情和思想。

汉代人除利用指符和被指之间一些在历史的发展中所形成的特定关联,在汉画像中进行创作,从而表达人们感情之外,还常利用汉字的谐音方式,如我们知道刻"羊"象征"祥",还有刻"鸡"象征"吉",刻"鱼"以象征"余"。[2]如图1.16、图1.17和图1.18的画像石上,汉代人有时在羊头两边刻绘雉鸡,有时则刻上龙与凤。刻鸡象征吉利,刻龙与凤象征龙凤呈祥。这是一种根据汉语一音多义的语言特点,以谐音的办法,含蓄地表达思想感情的象征手法。

---

[1] 黄杨:《羊文化与善、义、美的原始内涵》,《南通师范学院学报》2002年第3期。
[2] 陈江风:《汉画像"神鬼世界"的思维形态及其艺术》,《中原文物》1991年第3期。

（四）"羊"的人格化与汉代人的情感建构

羊是一种自然界中实际存在的动物，因其"温顺亲和""群而不党""杀之不鸣""跪饮母乳"等自身的生理特点，而被人们视为仁、义、礼、孝的象征，羊被赋予了人的品格，成为古人心目中理想品德的"代言人"。羊的人格化，不仅反映了自身客观存在的特征和特性，更重要的是体现出了人们对它喜爱、敬仰的情感反应和态度取向。从汉画像中羊形象所蕴含的人格意义来看，其刻画则是源于远古羊图腾崇拜及有关巫术礼仪等原始思维在汉代人心中的余绪，以及受到"美善合一"的儒家美学传统思想的深刻影响。

1. 汉画像中羊的人格化

如前文引用恩格斯的话，"人在自己的发展中得到了其他实体的支持，但这些实体不是高级的实体，不是天使，而是低级的实体，是动物。由此就产生了动物崇拜……"我们知道，在动物崇拜的时代，原始人祈求一些动物实体的支持，源于崇拜这些动物身上的自然属性和实际效用。原始人对羊的崇拜亦是如此。在羊图腾崇拜中，原始人对羊产生图腾意识的过程是一个由特殊到一般的认识过程。在原始人当时的智力条件下，他们在看到以羊为代表的具体个体或事物时，"必然浑身都是生动的感觉，用强烈的想象力去领会和放大那些事物，用尖锐的巧智把它们归到想象性的类概念中去，用强烈的记忆力把它们保存住"[1]。

在远古狩猎活动中，羊是最早且最频繁的与人类交往的自然实体之一，因此，羊也是最早进入原始人心象中的对象之一，原始人会"以惯常的类比理性将这些实体'生命化'，以为它们也像人一样有感觉、有灵性，从而在幻想中领悟到人和这些实体之间的同一性"[2]。原始人在不断地与羊

---

[1] [意]维柯著，朱光潜译：《新科学》，人民文学出版社1986年版，第428页。
[2] 郑元者：《图腾美学与现代人类》，学林出版社1992年版，第19页。

打交道的过程中,将自身的灵性对象化及归结到羊的身上,最终以幻想的形式达到人与羊的同一时,羊即成为原始人崇拜的图腾。彼时,信奉羊的原始人常常将自己与图腾物等同起来。

伴随着图腾崇拜的产生与发展,相关的一些祭祀、占卜等巫术礼仪活动也渐渐成型并发展起来。被崇拜的羊等动物,在这些活动中,自然承担着重要的角色。张光直先生在考察青铜器上的动物纹样时,曾介绍了萨满巫师在行法时,会召唤动物精灵为助手,以助他们升到天界或地界与神或祖先相会,"三千年前商周青铜器上的动物纹样有多种多样,它们的作用也许是与此相近的"[1]。图腾崇拜也可以说是最早的宗教活动,在这个演化的过程中,人类萌生了原始的宗教意识,形成了原始的思维方式。

维柯在《新科学》中称原始思维是一种"诗性智慧",其认知方式是"以己度物",即"大部分涉及无生命的事物的表达方式都是用人体及其各部分以及用人的感觉和情欲的隐喻来形成的"[2]。这种方式又包含两种:一、人对外界事物形象的认知和把握是同自己身体的各部位加以比较而进行的;二、人常以自己的情感和心理去揣摩外界有生命或无生命的事物,以便进一步去认知、了解和把握它们。从维柯的论证中,我们可以知道,原始思维既重视形式和形象的类比,同时也重视想象和审美移情。

另一位人类学家列维-布留尔则认为原始思维遵循着互渗的原则,他说:"我把这个为'原始'思维所特有的支配这些表象的关联和关联的原则叫作'互渗律'。"他称事物之间存在着神秘的互渗,"存在物和现象的出现,这个或那个事件的发生,也是在一定的神秘性质的条件下由一个存在物或客体传给另一个的神秘作用的结果。它们取决于被原始人以最多种多样的形式来想象的'互渗':如接触、转移、感应、远距离作用,等等"[3]。

原始思维方式之于汉画像艺术来说,是这种艺术重要的发生原因之一,综合其他多种思想渊源及现实基础,一起将现实生活的方方面面引入

---

[1] 张光直:《中国青铜时代》,生活·读书·新知三联书店1983年版,第331页。
[2] [意]维柯著,朱光潜译:《新科学》,商务印书馆1997年版,第200页。
[3] [法]列维-布留尔著,丁由译:《原始思维》,商务印书馆1985年版,第69—71页。

汉画像中。具体到汉画像中的羊形象来说,它不仅只是以"自然羊"的身份存在,经过工匠们的艺术加工,其饱含了汉代人的审美精神底蕴,即对"美善合一"的追求。

2. "美善合一"的传统诉求

《说文解字》说:"美与善同意。"许慎对"美"的解释,是对先秦以来美善关系的一个总结,反映了我国传统美学中一个很重要的命题,即"美善合一"。如李泽厚先生在《华夏美学》中说:"华夏美学的特征和矛盾主要不在模拟是否真实、反映是否正确,即不是美与真的问题,而在情感的形式(艺术)与伦理教化的要求(政治)的矛盾或统一即美与善的问题,是以这种'礼乐传统'为其历史背景的,它实际正是'羊人为美'与'羊大为美'问题的延续……"[1]

"美善合一"是儒家美学提出的对后世影响很大的观点之一,它强调美善的一致,要求艺术在重视美的形式同时,更应该重视具备培养人的伦理道德、陶冶人的性情的功能,这才能达到真正的美。

"美善合一"的提出,经孔子、孟子、荀子等儒家大师们的发展,及至汉代时,这一命题已具备了丰富的内涵,产生了深远的影响,使得汉代人在进行艺术创作及审美时,自觉遵守这一原则,将"善"视为内心最高的追求目标。

孔子是儒家美学的开创者,他的美学以其仁学为基础,"孔子的美学实际是他从仁学出发去观察和解决审美和文艺问题"[2]。其中,"仁"是孔子仁学的核心范畴。仁的思想渗透、贯彻在孔子美学的各个方面。因此,孔子论美时,常以"仁"为指导原则,将善与美联系在一起,以善为美,强调美善合一。如"里仁为美,择不处仁,焉得知。""君子成人之美,不成人之恶。小人反是。"由此,孔子的美学可以说是一种伦理美学,偏重伦理道德方面,他对美的观照往往从"仁"出发又回归到"仁"上,如他对社会美、自然美的论述。

孔子重仁,而实施推行"仁"的方式或途径则要靠"礼"。所谓礼,《说文

---

[1] 李泽厚:《华夏美学》,天津社会科学院出版社 2001 年版,第 64 页。
[2] 刘悦笛:《儒家生活美学当中的"情":郭店楚简的启示》,《人文杂志》2009 年第 4 期。

解字》示部云:"礼,履也。所以事神致福也。"礼的本义,在于人对神的崇拜仪式及其观念,特别是对祖宗神的贡献。从周公制礼开始,礼就成为维护阶级统治的重要工具。"礼"是礼仪的总称,是一系列的秩序规范,其社会功能在于维护上下尊卑的统治体制,其文化形式则表现为,要求个体的感性行为、动作、言语、情感都要严格遵循一定的规范和程序。

然而,"礼"毕竟是一种来自外在的约束秩序,它与人追求自然、自由的本性在本质上是处在对立的两端的。于是"礼"的不足处则由"乐"来完善。《礼记·乐记》说"乐由中出,礼自外作""乐者,天地之和也;礼者,天地之序也"等等,明确地指出,"乐"是发诸人内在的"心""情"上的,并在此基础上与"礼"相辅相成。"乐"比"礼"更直接地在人的情感方面起着作用,它陶冶人的性情、塑造人的情感。"乐者为同,礼者为异。同则相亲,异则相敬……礼义立,则贵贱等矣;乐文同,则上下和矣。"因此,"'礼'"通过外部规范使人们的行为庄敬,所以'致乐以致心',而'致礼以致躬'。'乐'通过内心情感引导人们相亲为善,能'反情以和其志',使人归情于正道,以符合伦理要求,达到个体与社会的和谐"[1]。

孔子十分重视礼,"非礼勿视,非礼勿听,非礼勿言,非礼勿动"。这在当时是有着神圣的意义的。然而,孔子生活在"礼崩乐坏"的春秋末年,他重"礼"却不固守旧的文化传统,而是进一步改造"礼",以"仁"释"礼",将"礼"的本义及内涵扩大。他将外在的、强制性的"礼"改造成人生命本身的自然需求,实现了"礼"向内在自我修养的转换,使"礼"的伦理道德内涵与审美内涵联系起来。

"礼"在孔子的发展下,成为维护社会和谐、调整个人行为规范的重要工具,总而言之,使"礼"与"乐"合力达到"仁"的要求,使"仁"成为"礼"与"乐"的统一。由此,孔子认为只有符合了伦理道德的原则,符合了"善"的要求,才能达到真正的社会美。由此看来,"礼"与"乐",本身就具有鲜明强烈的政治特色,特别是经过孔子的倡导与美化,"成教化,助人伦"理所当然

---

[1] 伊春:《儒家美学倡导的"和谐精神"及其现代意义》,《河南师范大学学报》2007年第6期。

地成为这种"礼乐传统"的首要功能。正如《礼记·乐记》中说,"可以善民心,其感人深,其移风易俗,故先王著其教焉"。因此,"美善同一"思想某种意义上可以说是中国伦理政治环境中的特色产物,反映在中国美学传统上,美与善的联系也就分外紧密。

  对于自然美,孔子提出了"比德论",建构了"君子比德"的美学观,对后代影响深远。子曰:"智者乐水,仁者乐山。智者动,仁者静。智者乐,仁者寿。"他认为山、水等自然景观之所以美,是因为人从这些自然对象"看到了"自己,实现了自己的缘故。"智者乐水"是因为水灵活流畅,具有德、义、仁、勇等特征,智者从水中看到自己本身的特质;"仁者乐山"是因为仁者的坚定、沉稳与山的岿然、壮美相应,所以仁者乐于观赏山的美。"孔子揭示了审美主体的精神品格与自然作为审美对象之间所建构的一种'比'的异质、同构关系。……自然美的文化机制,是一种人格比拟。……无生命的岩石、大地,甚至枯枝败叶等等,只要在审美中与主体建立起'比德'关系,就是人之生命的美的象征。"[1]因此,孔子认为能比喻人的道德品质的自然物,人们就会认为是美的。如,子贡问:"君子之所以贵玉而贱珉者何也?"子曰:"夫玉者,君子比德焉。"[2]

  综观孔子对美的认识和主张,无不贯穿着他的仁学思想,常强调要符合社会的伦理道德要求,形成了尽善尽美、美善一体的特点,"善"成为孔子仁学的主题。

  之后,孟子、荀子继承和发展了儒家美学,把"美善合一"的观点进一步发展。"在孟子的思想里,美已经包含着善,它就是善在和它自身相统一的外在感性形式中的完满实现,再不是一种外在于善,有待于同善相统一的形式。……孟子更加深刻地发展了强调了美与善的内在一致性。"[3]至荀子时,他对美、善关系的看法,充分体现在他的"美善合一"观里。如荀子认为"君子"的理想人格应该具备全粹之美,即"个体的感性的心理欲求同社

---

[1] 王振复:《中国美学的文脉历程》,四川人民出版社 2002 年版,第 193 页。
[2] 《荀子·法行》。
[3] 李泽厚、刘纲纪主编:《中国美学史》第 1 卷,中国社会科学出版社 1984 年版,第 183—184 页。

会的伦理道德要求达到了完全和谐统一"[1]。荀子还进一步发展了孔子的"比德说"：

> 夫玉,君子比德焉。温润而泽,仁也;栗而理,知也;坚刚不屈,义也;廉而不刿,行也;折而不挠,勇也;瑕适并见,情也;扣之,其声清扬而远闻,其止辄然,辞也。[2]

玉,同孔子那里的山、水一样,审美主体在观照对象的自然素质时,而感到了主体人格的真实,由玉的"温润而泽""坚刚不屈"等品质而联想到君子的"仁""义"等道德人格的美、善。对象与主体心灵在"比德"过程中同时互相建构,达到对"美善合一"的追求。

"美善合一"可以说是我国"礼乐传统"的特定产物,同时经过几代儒学大师的不断发展,成为影响深远的美学命题。及至汉代,其大一统的社会主旨,更加要求审美、文艺服从和服务于政治教化、伦理重塑、人格再造,以维护封建统治。由此,更加注重各种艺术的仁义、教化功能。人们也自觉遵守"美善合一"的法则,不论是在自身人格的培养,还是在从事艺术活动中,都以这一法则为最高要求之一,具体到汉画像艺术的创作,我们可以清晰地看到这一思想在其中的影响,尤以对羊形象的刻画上,体现得更是鲜明。汉画像里对羊的艺术表现,其感性形象呈现的表面下,蕴含着教化意义,这也是人们理性的表现。这理性也成为提升羊的感性形象的内在动力,在理性的指导下,以羊形象为代表的汉画像艺术呈现出求美、求善的导向。

---

[1] 李泽厚、刘纲纪主编：《中国美学史》第1卷,中国社会科学出版社1984年版,第324页。
[2] 《荀子·法行》。

榆林地区汉墓墓门画像研究

高 洁

榆林地区的汉画像艺术有自己的区域性特征，其最大的特征在于图像的主体部分大都装饰在以墓门为中心的地方。墓门作为进入另一个世界的通道，承载了众多的文化内容，这一专题就是对这一问题的探讨。

一、榆林地区汉墓墓门画像的源流

（一）墓门画像起源

蒋英炬先生在《关于汉画石产生背景与艺术功能的思考》一文中指出：汉画像石是为丧葬礼俗服务的一种功能艺术。也就是说，汉画像石艺术是人们按照阳间的礼仪来对死者进行服务的一种特定的艺术。由此可见，墓室的一切装饰、布置均是阳间的写照，墓门上的装饰，也就是雕绘在墓门上的画像也不例外。

1. 门与门神崇拜

《说文解字》释"门"为"从二户,象形"。孔子曰:"谁能出不由户?"[1]《说文解字·户部》:"户,护也。单门曰户。"[2]由此可见,在中国古代,无论房屋建筑的规模大小,都已有"门"的概念。《释名·释宫室》:"门,扪也。在外为人所扪摸也,障卫也。户,护也。所以谨护闭塞也。"[3]门作为内部空间与外界相通的出入口,是建筑物的重要构件,可见门的最初意义就在于它的通行意义和防护意义。

远古时代,人们是处于林间野居的状态,后来随着历史的不断发展,有巢氏发明了房屋:"有巢氏之巢,不必在树上;垒土石,上架以木,简陋有类于巢,实近似于房屋。"[4]以巢的形式建筑房屋是门意识诞生的真正起点,从此"人类离开了原始森林和天然洞穴,在平地上解决了栖身问题,并设立门户开始定居生活"[5]。

人类文化史上具有改变人类命运的划时代意义的时刻就是人们由洞穴里搬进房屋内。"房门的独立设立是人类进化历程的重大转折,是人类征服自然、改造自然,进而主宰世界的开端。"[6]重要的不仅是门的设立能够抵御自然对人类的威胁,更重要的是,门的相对独立和封闭性为部落和较为固定的家族的形成提供了可能,并由此逐渐形成了人类社会组织的最基本形式:家。

门是居所与外界的出入口,门的设置,"使内外发生了联系,实现了外防内守,保证了居住的安全"[7]。门是房屋建筑的入口,是房屋最前端、最显赫的位置,是一种具体的、物象上的存在。同时门的观念也深深地植根于人们的观念中,门不但作为内外的联系,还作为内外的界隔,作为正与邪

---

[1] 杨伯峻:《论语译注》,中华书局2005年版,第61页。
[2] 《说文解字》。
[3] 《释名疏证补》。
[4] 吴裕成:《中国门文化》,天津人民出版社2004年版,第2页。
[5] 唐刚:《中国传统门文化》,四川师范大学硕士学位论文2009年,第8页。
[6] 米切若张:《门俗文化浅窥》,《楚雄师范学院学报》2004年第5期。
[7] 唐刚:《中国传统门文化》,四川师范大学硕士学位论文,2009年,第2页。

的间隔,作为现世与往世的间隔。因此门成为由一种状态向另一种状态过渡的中间环节。如果说门是一种限定,那么这种限定同时又是一种否定。如果完全作为"阻隔"使用,不允许任何人进入,那么门就没有存在的必要。同样的,如果完全敞开,毫无限制,那同样也无须门的存在。所以说门是限定中的否定,门的肯定是在否定中或通过否定建立起来的。

正如有学者所说:"没有一个民族,会像奇妙的中国人那么重视门。"[1]门作为中国建筑平面组织的中心环节,担负着引导和带领整个主题的任务。"门既代表着一个以院落为中心的建筑组群的开始,又代表着前面一个建筑的结束,门是空间转换和心理转换的媒介,门也是建筑群体各个层次空间之间的连接点,它扩大了建筑组群的纵深感,并在总体空间序列中起着起、转、承、折的作用。"[2]

古人建造了房、室、院、门等设施,这些设施增添了人们心理上的一份安全感。但是当人们离开了这些安全保障之时,仍然会产生不安和恐惧,于是人们把注意力放在了门上,他们认为门既可以方便人们出来进去,从事各种社交活动,也可以外防内守,保障家的安全;但同时也可能招鬼惹魂,门也是通鬼神的关键之处,所以门作为家宅与外界相通的出入口,充满了神秘的色彩,他们认为门可能具有某种神秘力量,因此幻想着只要对门加以祭拜,就可以避免一切不利因素的骚扰。因此,门在具有防卫和保暖的物质功能的同时,又担负着神秘的精神职责。为了保障家宅的安全、昌盛,人们把门祭作为祭祀中重要的组成部分。

《礼记·王制》载:"天子祭天地,诸侯祭社稷,大夫祭五祀。"[3]大夫祭的五祀被普遍认为是:门、户、井、灶、中。门祀被放在了第一位,由此可见,门祭是我国古代祭祀中一项非常重要的祭事。郑玄最早将"门"与"神"两个字组合起来:"君释菜,礼门神也。"由此可见,"门祭是门神崇拜心理的

---

[1] 赵广超:《不只中国木建筑》,生活·读书·新知三联书店2006年版,第115页。
[2] 覃力:《说门》,山东画报出版社2004年版,第9页。
[3] 王梦鸥注译:《礼记今注今译》,天津古籍出版社1987年版,第179页。

外在表现"[1]。

门神崇拜是继先民图腾崇拜和祖先崇拜之后又一项十分重要的和自己的生活密切相关的崇拜。门神崇拜最早可以追溯到先秦时期。当时人们普遍相信鬼神的存在,相信灵魂不灭,相信超自然力量的支配,相信鬼神冥世之说。人们希望通过巫术的力量来支配和改变自己的命运,这一理念使得镇魔、祭神、驱鬼等巫术得到产生和发展。

人们在对门进行祭祀的基础上,又创造了"门神"这一形象并赋予其精神寄托。门神最初的起源可以追溯到先秦时代,门神可分为神人、神兽等形象。《山海经》云:"沧海之中,有度朔之山,上有大桃木,其屈蟠三千里,其枝间东北曰鬼门,万鬼所出入也。上有二神人,一曰神荼,一曰郁垒,主阅领万鬼。恶害之鬼,执以苇索,而以食虎。于是黄帝乃作礼以时驱之,立大桃人,门户画神荼、郁垒与虎,悬苇索以御凶魅。"[2]最初神荼、郁垒二神人是用来守鬼门的,黄帝将二神请入民间,用以驱邪,因此神荼、郁垒便成了最初的门神。随着时代的发展和观念的变革,后来又出现了武门神、文门神等,进而演化为门神画、对联等。

而神兽最典型的代表为铺首。

铺首,原来是指用来安装门环的底座,按照现在的说法就是门把手,是为了方便叫门、推门而装饰在门上的。铺首,《说文解字诂林》中解释为:"《文选·舞赋》注引著门捊首右,本铺作捊,手部,捊,扣也,盖门首金铺为人扣持而设,故谓之捊首,后人即谓之铺首。……《三辅黄图》金铺扉上有金华,中作兽及龙蛇以衔环也……古者著门为螺形,谓之椒图,是曰铺首,以金为之,则曰金铺,以青画琐文镂中,则曰青琐。"[3]《说文解字》曰:"铺首,附著门上,用以衔环者。"在汉代,生宅中常以铺首来装饰门户,铺首的质地和形状各不相同,最早的铺首造型出现在商周时期的青铜器上的饕餮纹饰。饕餮以其狰狞丑恶的面部形象而具有强大的震慑力。后来经过不

---

[1] 吴卫光:《中国古代建筑的门饰与门神崇拜》,《华南师范大学学报》2002年第4期。
[2] 郑文:《论衡析诂》,巴蜀书社1999年版,第853页。
[3] 丁福保:《说文解字诂林》,中华书局1988年版,第6342页。

断演化,铺首逐渐发展出龟、蛇、双凤等兽头造型。虽然它们的形状各异,但却有着同样威严凶猛的神态。为了方便敲门,铺首的嘴里或者是鼻孔中会有一环,称之为"铺首衔环"或者是"铺首穿环"。司马相如在《长门赋》中这样写道:"挤玉户以撼金铺兮,声噌吰而似钟音。"[1]就是描绘了铺首与门环相互叩击而形成的动听的声音。《汉书·哀帝纪》载:"考元庙殿门铜龟蛇铺首鸣。"如淳这样注解:"门铺首作为龟蛇形鸣呼也。"颜师古注:"门之铺首所以衔环者也。"[2]所以,铺首衔环作为阳间门户装饰的重要组成构件,已被人们普遍接受和认可。

2. 墓门画像是阳间门户装饰的写照

在阳间,门户装饰的重要作用已经深入人心,而墓葬作为一种对死者遗体的处理方式,集中反映了活着的人对死的一种认识和态度,表达了生人对死后世界的一种想象。因此,它可以说是"以一种特殊的形式表现出来的人们的思想道德观念"[3]。

生死的矛盾是人类面临的最重要的矛盾之一,任何人对于死亡,都有自己的思考。先秦以来,关于死的观念可谓是仁者见仁,智者见智,虽然各不相同,但他们的思想对汉代的墓葬产生了重要的影响。孔子认为应该"慎终追远",荀子认为要以恭谨的态度对待死亡。无论是敬死还是慎终,都表达了对生命的尊重。胡勤认为:"因为重死,古人才制定了各种送死与祭祀的礼仪,汉代的墓葬制度就是对先秦礼仪的继承和发展。"[4]

秦代所建立的大一统王朝在汉代得到了更好的延伸和完善。"集权的政治制度和放权的经济制度是中国社会特有的结构,由此产生了特有的文化内容。"[5]这个时期以"儒家为背景的礼教美术和以人生享乐为背景的神仙美术"[6]在整体上体现出了大一统的特色。

---

[1] 费振刚、胡双宝、宗明华辑校:《全汉赋》,北京大学出版社 1993 年版,第 100 页。
[2] 《汉书·哀帝纪》。
[3][4] 胡勤:《略论汉代墓室建筑的伦理意蕴》,载《伦理学研究》2010 年第 2 期。
[5] 顾森:《中国绘画断代史·秦汉绘画》,人民美术出版社 2004 年版,第 3 页。
[6] 常艳:《汉代画像石中铺首衔环图像的形成与演变》,汕头大学硕士学位论文,2007 年,第 21 页。

此外，还有一个影响汉代墓葬的重要因素就是"孝"的观念。秦汉时期，"孝治天下"已经成为统治阶级最核心的思想。统治阶级对孝道的极力宣扬，对汉代的社会生活和精神风貌产生深刻的影响，厚葬的风气由此广为发扬。在当时，"毋庸说达官显贵极力讲究推崇厚葬，就连上无片瓦遮身、下无立锥之地的董永，宁可卖身一万也要安葬老父，以被视为至德孝行，感动了上帝神仙"[1]。这是对当时社会的真实写照。

汉朝统一以后，经过休养生息，经济得到了复苏和发展，这为民间厚葬提供了必要的经济基础。

汉代人事死如生，认为人生有阴阳两宅，阳宅是生前的居所，阴宅（墓葬）是死后的住处。在厚葬之风的影响下，汉代人极力仿照阳宅的样式使墓葬的建筑风格和地面建筑的布局、规模接近，成为地面建筑的缩影和象征。墓葬建筑是现实生活的拷贝，它的目的是要为死者建立一个永世生活的处所。所以说，墓室中的建筑无论何种构造形式，都是在营造另一个世界的"家"。提倡厚葬的原因有以下两点：一是汉代"世以厚葬为德，薄终为鄙"[2]，世人希望通过厚葬以博取孝顺的美名；二是当时人们受灵魂不灭的观念影响，认为"人死辄为鬼神而有知"[3]，"在汉代文献中，我们开始发现'仙'有时也享受定居生活，他们不仅将家人带到天堂，而且还把在人间所有的动产也带到天堂"[4]。于是，当时人们建造的阴宅完全仿照阳宅的设计，希望死者在阴间能够继续享受荣华富贵，甚至在阴间享受阳间没能享受到的奢侈的生活。世俗化的求仙正好迎合了当时人们精神上的需求，因此对死后的美好希望便会表现在方方面面，比如雕刻在墓室四壁或者是墓门上的各种艺术作品。正如巫鸿先生所认为的，"墓庙合一与新的灵魂说造成了墓葬画像艺术在东汉时期的极度繁荣。墓地由凄凉沉寂的

---

[1] 丁成际：《传统"孝道"的历史建构及其当代的重建》，云南师范大学出版社2003年版，第22页。
[2] 《后汉书·光武帝纪》。
[3] 《论衡·薄葬篇》。
[4] 余英时著，侯旭东等译：《东汉生死观》，上海古籍出版社2005年版，第46页。

死者世界一变而为熙熙攘攘的社会活动的中心"[1]。

所以,虽然汉画像的主题是为了表现生者祭奠死者,但给人的感觉并不是对死亡的恐惧,反而给人一种雄浑大气的感觉,充满了乐观主义和想象的色彩。就这一点来讲,汉画像可以称得上是"古典现实主义和浪漫主义完美结合的典范"[2]。

墓门,即陵墓上的门,陵墓上安装门表现出人们事死如事生的思想观念。墓门又称为羡门,汉代赵晔《吴越春秋·阖闾内传》云:"令万民随而观之,还使男女与鹤俱入羡门,因发机以掩之。"[3]从已发掘出的汉墓可以得出这样的结论,汉墓建筑几乎都是仿照阳宅而建立的。墓门画像是当时阳宅门神崇拜的写照,目的都是一样的:辟邪。

(二)榆林地区汉墓墓门画像探源

由于榆林地区画像石兴起的时间比较晚,所以有人认为:"榆林的汉代画像石不是原生的,而是次生的,是受其他地方影响才出现的,但受什么地方影响的,意见不统一。有的说是来自山东,主要是当时汉政权移民实边的结果;有的说是受河南的影响,两地画像石风格有相近之处。"[4]

下面就从画像石的图像配置、表现技法等方面来分析榆林地区汉墓墓门画像的来源。

1. 从墓门画像的图像配置角度探源

将河南唐河针织厂出土的一座纯石结构的汉墓墓门(图 2.1)与官庄出土的汉墓墓门(图 2.2)进行比较:

---

[1] [美]巫鸿著,郑岩等译:《从"庙"至"墓":中国古代宗教美术发展中的一个关键问题》,载《礼仪中的美术》,生活·读书·新知三联书店 2005 年版,第 568 页。
[2] 武田、梁红:《敦煌文明再现》,甘肃人民美术出版社 2000 年版,第 3 页。
[3] 〔汉〕赵晔撰,张觉译注:《吴越春秋全译》,贵州人民出版社 1993 年版,第 126 页。
[4] 杨爱国:《走访汉代画像石》,三秦出版社 2006 年版,第 2 页。

图 2.1 河南唐河针织厂汉墓墓门线描图

资料来源:罗亚琳,《南阳唐河针织厂汉墓画像石研究》,中央美术学院 2007 年版,第 9 页。

图 2.2 米脂官庄三号墓墓门画像石

注:墓门横额 40 cm×167 cm,左右竖框 91 cm×34 cm,左右门扉 111 cm×41 cm。
资料来源:李林等编著,《陕北汉代画像石》,陕西人民出版社 1995 年版,第 15 页。

(1)门扉位置:河南唐河针织厂画像石墓的两扇墓门的门扉分别为白虎、铺首衔环和朱雀、铺首衔环。孙文青先生在《南阳汉画像集》中说:铺首之上,每刻鸟兽,两相对称,其鸟具冠展翼,若凤凰为女墓;其兽张口扬尾,若奔虎为男墓。由此可见,南阳墓门上刻朱雀或是白虎是根据墓主的性别而定的,但在榆林地区这种墓主性别的区分逐渐弱化,甚至可以忽略不计,无论是男墓主还是女墓主,其墓门上画像的主题结构组合均是朱雀和铺首。但无论怎样,两地在门扉的画像组合上,已经全部采用四神(朱雀、白虎)与铺首衔环的组合。

(2)门楣位置:河南唐河针织厂画像石墓门楣位置刻绘的是猛兽和车

马出行图,这与官庄墓门门楣位置的画像基本相同。

(3)门框位置:河南唐河针织厂画像石墓门框位置刻绘的是门吏,与官庄汉墓墓门门框的门吏位置基本相同。

经过对比,我们可以得出这样的结论:两地墓门画像石有着极为相似的图像配置方法。

河南唐河针织厂画像石墓属于西汉晚期[1]的画像石墓,与此画像石墓具有相同图像配置的同地区墓葬还有:新莽时期(天凤五年,公元18年)的唐河冯君孺人画像石墓(图2.3)和方城东关画像石墓(图2.4)。

图2.3 河南唐河冯君孺人墓画像石

资料来源:南阳地区文物队、南阳博物馆,《唐河汉郁平大尹冯君孺人画像石墓》,载《考古学报》1980年第2期。

图2.4 河南方城东关出土·左门扉

注:墓门140 cm×142 cm,原石现存南阳汉画馆。

资料来源:南阳地区文物工作队、方城县文化馆,《河南方城东关镇汉墓》,载《文物》1984年第3期。

---

[1] 王建中:《汉代画像石通论》,紫禁城出版社2001年版,第113页。

拥有以上图像配置特点的画像石墓兴起于西汉晚期,在东汉早中期流行开来,南阳地区东汉早、中期的画像石墓几乎都按此原理配置墓门画像。但是,在另一个画像石的主要分布区域——山东一带,却几乎没有在墓门的门扉上雕刻四神和铺首衔环组合的纹样情况的出现,由此看出,山东一带地区并不重视对墓门的画像配置[1]。

2. 从墓门画像石的表现技法探源

汉画像石的造型手法经历了由"阴雕""阳雕"一直到后来出现的"刻绘"这样一个发展演变过程。而榆林地区的画像石却一反事物的基本发展规律,即由原始到先进、由简单到复杂的过程,该地区的画像石刻绘直接显示出了一种成熟的雕刻技法,把需要表达的内容表现得淋漓尽致。

榆林地区墓门画像石的表现技法主要有平面阴线刻和减地平面刻两大类。

平面阴线刻的作品在榆林地区发现得非常少,以绥德墓门门柱石为代表,其线条比较粗犷,造型简单,缺少神韵,应该是该地区比较早期的作品,此种技法没有发展成为本区域的主要技法(图 2.5);而减地平面刻是榆林地区应用得最为广泛且富有地域特色的雕刻技法。根据物像细部特征表现方法的差异,可将这一雕刻技法分为以下几种:减地平面刻无细部刻画(图 2.6)、减地平面阴线刻(图 2.7)、减地平面刻墨线绘(图 2.8)和减地平面刻饰彩绘(图 2.9)。

图 2.5 绥德贺家湾出土·墓门右竖框

注:121 cm×30 cm,原石现存西安碑林博物馆。
资料来源:李林等编著,《陕北汉代画像石》,陕西人民出版社1995年版,第 187 页。

---

[1] 信立祥:《汉画像石的分区与分期研究》,载俞伟超主编《考古类型学的理论与实践》,文物出版社 1989 年版,第 264—267 页。

图 2.6　黄家塔出土·墓门横额残石

注：138 cm×38 cm，原石现存绥德县博物馆。
资料来源：李贵龙、王建勤主编，绥德汉画像石展览馆编，《绥德汉代画像石》，陕西人民美术出版社 2001 年版，第 144 页。

图 2.7　绥德后思家沟汉墓出土·左门扉

注：112 cm×50 cm。
资料来源：李林等编著，《陕北汉代画像石》，陕西人民出版社 1995 年版，第 69 页。

图 2.8　绥德贺家湾出土·墓门横额

注：30 cm×196 cm，原石残留墨线临摹品。
资料来源：李林等编著，《陕北汉代画像石》，陕西人民出版社 1995 年版，第 132 页。

图 2.9　陕西神木大保当出土·右门柱
注：69 cm×33 cm。
资料来源：韩伟主编，《陕西神木大保当汉彩绘画像石》，重庆出版社 2000 年版，第 66 页。

信立祥在《汉画像石的分区与分期研究》中对汉画像石的雕刻技法做了如下分类：(1)线刻；(2)凹面线刻；(3)减地平面阳刻；(4)浅浮雕；(5)高浮雕；(6)透雕。[1]

榆林地区所流行的减地平面刻法从一开始就显现出其熟练的技术、丰富的艺术表现力和成熟的雕刻技法，并没有像南阳和山东地区那样经历从简单到成熟的发展过程。由此可以推断：该地区的减地平面刻技法是继承自其他区域的技法，通过对其他地区画像石技法的总体分析，东汉早、中期徐州地区画像石雕刻中即有使用类似技法。

江苏徐州铜山汉王乡出土的东汉章帝元和三年（公元 86 年）画像石墓[2]中编号为一、二的两块画像石均采用"平面剔地阴线浅浮雕"，即在打磨成平面的石材上剔地表现物像，再使用阴线表现细部（图 2.10）。

---

［1］　信立祥：《汉画像石的分区与分期研究》，载俞伟超主编《考古类型学的理论与实践》，第 238—242 页。
［2］　燕林、国光：《徐州发现东汉元和三年画像石》，《文物》1990 年第 9 期。

图 2.10　江苏徐州铜山汉王乡东汉章帝元和三年(公元 86 年)画像石拓片
资料来源：燕林、国光，《徐州发现东汉元和三年画像石》，《文物》1990 年第 9 期，图二。

通过比较，我们发现徐州地区的这种"平面剔地阴线浅浮雕"与榆林地区的减地平面刻的技法基本一致：它们在石材的处理上均使用磨平的方法，用减地方法呈现图像，用阴线表现细部的处理。

除此以外，榆林地区汉墓墓门画像还有一个显著特点是彩绘。该地区的彩绘画像石墓以神木大保当出土的系列墓葬画像石最具有代表性，颜色刻画最为生动细腻，表现力丰富。

在神木大保当 M11 号墓中，墓门右门框上部雕刻的楼阁图案的台基是用红褐色的线条勾勒的，门扉涂成粉红色，楼阁里面有一个人，他的衣、帽涂成红色，另外一个人"身着红领绿色长袍，脚穿红鞋"，楼顶上的朱雀嘴及腿部被涂成红色。门框的中下部是一个人身鸟足神像，他的羽冠被涂成红色，"面涂粉彩，五官以墨线勾绘，红唇……身着红色宽袖衣""胸前以墨彩勾绘日轮，中间涂红彩，红彩中央用墨绘三足乌"。红墨彩绘其身着的羽毛裙。其左刻龙，龙身用红、墨彩绘鳞甲。画面边框涂红色。墓门左门框刻人身鸟足神像"五官以墨线勾绘，红唇，粉面"，穿白色衣服。胸前墨画月

轮,白彩绘蟾蜍。旁刻立虎,"红唇、白身,以黑线绘斑纹",画面右边框涂红色。[1]（参见图2.11）

图2.11　陕西神木大保当出土·右门柱
注:116 cm×33.5 cm×6 cm。
资料来源:韩伟主编,《陕西神木大保当汉彩绘画像石》,重庆出版社2000年版,第69页。

图2.12　陕西神木大保当出土·墓门门楣
注:40 cm×196.5 cm×7 cm。
资料来源:韩伟主编,《陕西神木大保当汉彩绘画像石》,重庆出版社2000年版,第124页。

---

[1] 陕西省文物考古研究所,榆林市文物管理委员会办公室:《陕西神木大保当第11号、第23号汉墓发掘简报》,《文物》1997年第9期。

大保当 M23 号画像石墓,墓门门楣石狩猎图中马被涂成褐红色,所有的马都用黑色勾绘,骑手身着红衣。鹿身用墨彩勾绘,有着黑色的斑纹,用红色表示流出的鲜血。虎身用墨彩勾绘花纹,红色表示负伤流血。车马出行图中马也被涂成褐红色,骑手穿着黑衣,驾着黑色的车。左右门框画像中卷云纹被装饰以红彩,画像中的说唱人物身着黑色长袍,舞蹈人物身着红色长裙,车马图中的马也涂成褐红彩,马具和车都用墨彩描绘。门扉上的朱雀身上涂着红彩,羽毛用黑色点缀,用红、黑彩描绘翅膀的细部,周围刻凤鸟,身涂红色,墨彩绘羽毛。铺首衔环用红、黑彩描画,其下刻兕,全身涂黑色。[1](参见图 2.12)

在榆林地区彩绘画像石出现之前,只有南阳地区是彩绘画像石较为流行的地区。而且从出现的时间和彩绘部位的比较中我们发现,"陕北画像石上的彩绘是在继承南阳彩绘传统的基础上,结合本地石材页岩易吸水及易敷色的特性发展并完善起来的"[2]。

综上所述,以减地平面刻的雕刻技法和彩绘为特色的榆林地区画像石,在表现技法上分别受到苏北、南阳地区技法的影响。陕北地区画像石配置较为统一,注重对墓门、墓室门的画像配置,墓门门扉以朱雀踏铺首衔环图案为画像内容,其较为固定的门扉装饰受到南阳地区画像石配置和图案的影响较大。该地区画像石图像的整体设计最具地域特色。由此可以推断,榆林画像石的地域特色鲜明,呈现出来源多元化的特点。

(三)榆林地区墓门画像发展流变

榆林地区汉墓墓门画像经过时间的推移,在形式和内容上都有了发展和变化。笔者将从两个方面来进行着重探讨。

---

[1] 陕西省文物考古研究所、榆林市文物管理委员会办公室:《陕西神木大保当第 11 号、第 23 号汉墓发掘简报》,《文物》1997 年第 9 期。
[2] 于悦:《陕北画像石的地域特色和来源研究》,吉林大学硕士学位论文,2009 年,第 12 页。

1. 在墓门区域刻绘画像的原因

从目前已经发掘的情况来看,"陕北画像石大多置于墓门(区域),只有少量墓室在各壁面或耳室门布置有画像石"[1]。而该地区的汉墓墓门部位由横额、左右竖框以及左右门扉这五块建筑石材构成,榆林地区汉墓的一个显著特点就是其大多画像石被集中雕刻在墓门位置,画像石的布置遵循一定的范式,这是该地区画像石墓葬艺术最显著的一个特点。

将画像石集中雕绘在墓门区域的原因有以下几点:

(1) 客观原因:墓葬的形制

榆林地区的墓道一般为长方形斜坡土圹结构,整个画像石墓一般为砂岩石材构成,建筑结构考究,通过很短的墓道就是墓门,砖砌(一或两道)或由几块石板构成。墓门后一般为拱券结构的甬道。墓室由简单的单室结构到复杂的带双耳室的前后室结构,结构不一。

整个墓室由长方形石块错缝平砌,石块之间用泥质的黏固剂填缝或为砖砌(无定河流域的汉墓大多为石砌,神木大保当地区都是砖砌)。地面均铺有砖或者是石板,使整个墓室呈现封闭的砖石结构。画像石配置于墓门和前室四壁。

榆林地区的画像石墓虽然也是由全石材结构建成,但却与山东等地的画像石墓不同。山东的全石结构画像石墓是根据石材的特点建造的,因此,顶一般建成叠涩顶、抹角叠涩顶,或者建成覆斗顶。

而榆林地区的这些全石结构画像石墓实际上是仿砖结构,只是门的部位是整块石材做的石门、石框,而其他部分,是将石材加工成如砖块一样,将墓室砌筑起来的。这样,建成的画像石墓就有可能出现穹隆顶(如图2.13),墓门和后室过洞门由规整的大石材构筑,室壁全部由长约30厘米的小石块错缝平砌而成,由于这种石室墓是仿砖室结构,也就决定了它的画像石配置与石门砖室的画像石墓是相同的,都只能配置在墓门部位,即门楣、门柱和门扉。

---

[1] 李淞:《从"永元模式"到"永和模式"——陕北汉代画像石中的西王母图像分期研究》,《考古与文物》2000年第5期。

图 2.13　榆林地区汉墓结构图
资料来源：作者摄于陕西绥德汉画像石展览馆。

（2）主观原因：对墓门的重视程度

汉代人在灵魂不灭观念的影响下，认为人死以后知晓鬼神之事，所以建造的墓室基本上是仿照阳宅建筑的格局来设置，比如都有大门、前室、后室、过道等。从发掘的大多数的画像石所描绘的画像看，其展现的重点是死后世界的幸福与和谐。东汉人有着对死后世界的理想规划：既拥有现实世界的美好又得到神仙世界的美好。他们渴望用死后世界的圆满来弥补生时的苦难。对东汉人来说，"他们观念中的死后世界带有'故乡'的意味，它成为摒弃了所有的困难与忧愁。东汉人精神上的皈依之所，支持他们走完坎坷的生之道路，然后回归到美好的心灵家园"[1]。这些画像石带给人的审美感受是和谐而宁静的，体现了中国哲学中"天人合一"的自然和谐之美。

而"墓室的门就是阴阳的交界处，是生的世界与死的世界的交叉点，是现实世界与另一个不可知的世界的隔离带，生死在此相分"[2]。所以东汉

---

[1] 王娟：《陕北画像石艺术思维的走向：以绥德延家岔守墓神祇信仰为中心的考察》，《装饰》2009 年第 10 期。
[2] 朱存明：《汉画像的象征世界》，人民文学出版社 2005 年版，第 119 页。

人想尽一切办法,把自己内心所想要得到的东西毫无保留地刻绘在了墓门上。

2. 墓门分区及画像演变

(1) 按年代分

李淞将该地区汉墓墓门分为10个区域,这10个区域大都有相对固定的图像。一般安排是[1]:

第1区为卷草纹、流云边饰或菱形花纹、车马出行等(两项角有的有日月);

第2区为车马出行或祥瑞图案;

第3、4区为竖框上部,西王母、东王公及装饰;

第5、6区为竖框下部,执彗、执戟或抱笏门吏;

第7、8区为门扉,基本上均为朱雀和铺首图;

第9、10区为玄武或博山炉。

这种布置和搭配,贯穿于榆林地区汉画像石的始终且基本保持不变。

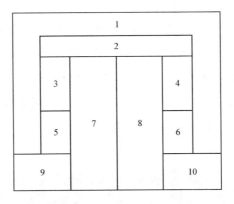

榆林地区汉墓墓门分区示意图

资料来源:李淞,《从"永元模式"到"永和模式"——陕北汉代画像石中的西王母图像分期研究》,载《考古与文物》2000年第5期,第56页。

---

[1] 李淞:《从"永元模式"到"永和模式"——陕北汉代画像石中的西王母图像分期研究》,《考古与文物》2000年第5期。

我们可以看到,第3和4区、第5和6区、第9和10区基本是左右对称的图像。

从对榆林画像石的时间纵向观察中,我们还可以发现一些细微的变化:

甲、第1区顶角的日月逐渐消失,反映世俗生活的十字穿环等图案慢慢增加;

乙、第2区的祥瑞与灵异动物在画像石中日趋减少,转而变成以现实生活为主题,反映较多的农耕、狩猎、畜牧题材;

丙、第3、4区西王母的神圣性感减弱,逐渐由戴胜转为普通妇女状,墓主的重要性越来越得到强调;

丁、第7、8区的图像逐渐由朱雀、铺首衔环的单纯组合变为朱雀、铺首衔环加灰兕或青龙白虎的组合。

戊、墓门画像的布置由左右相等转变为左右均衡。

(2)按地区分

在榆林地区所辖的九个出土画像石的县中,经过比较发现,地区之间流行着不同的画像布置方式。

甲、在绥德地区的刘家湾、张家砭、裴家峁等地,墓门画像石在形式表现上较为简约,图像的内容比较独特。在墓门的竖框位置,即第3、4、5、6区雕刻的神仙形象为伏羲、女娲。(如图2.14)

乙、在米脂的张兴庄、尚庄,绥德的后思家沟、刘家湾等地,墓门的横额及竖框位置以几何纹样为主,门扉画像为细部阴线刻。(如图2.15)

图2.14　裴家峁汉墓出土·墓门

注:40 cm×170 cm,原石现存绥德县博物馆。
资料来源:李贵龙、王建勤主编,绥德汉画像石展览馆编,《绥德汉画像石》,山西人民美术出版社2001年版,第28页。

图 2.15　米脂县尚庄村出土汉墓·墓门横额

注：38 cm×190 cm，原石现存米脂县博物馆。
资料来源：李林等编著，《陕北汉代画像石》，陕西人民美术出版社 1995 年版，第 33 页。

丙、在绥德的四十里铺、子洲的淮宁湾以及横山的孙家园子等地，西王母的形象位于横额，属于年代较早的作品，在墓门的竖框位置，伏羲、女娲被刻绘得十分明显。（如图 2.16）

图 2.16　绥德县四十铺出土汉墓·墓门横额

注：30 cm×159 cm，原石现存绥德县博物馆。
资料来源：李林等编著，《陕北汉代画像石》，陕西人民美术出版社 1995 年版，第 74 页。

丁、在绥德及神木大保当的部门墓门画像上，第 1 区即墓门的外栏位置为绶带穿璧纹，第 3、4 区为鸡首、牛首神，第 5、6 区为阙前门吏。（如图 2.17）

戊、此种类型在榆林地区分布的范围最广，在榆林的古城滩，子洲的淮宁湾，清涧的贺家沟，米脂的官庄、党家沟，绥德的城关、赵家铺、后思家沟、寨山、四十里铺、延家岔、苏家圪坨、呜咽泉、黄家塔、白家山等地均有出土，且数量众多。第 1 区为卷草纹、流云边饰，顶角有日月；第 2 区为祥瑞动

图 2.17　绥德县出土汉墓·墓门横额

注：38 cm×186 cm，原石现存绥德县博物馆。
资料来源：李林等编著，《陕北汉代画像石》，陕西人民美术出版社 1995 年版，第 103 页。

图 2.18　苏家圪坨出土汉墓(杨孟元墓)·墓门

注：37 cm×195 cm；门槛石，184 cm×24 cm。
资料来源：李贵龙、王建勤主编，绥德汉画像石展览馆编，《绥德汉画像石》，山西人民美术出版社 2001 年版，第 23 页。

物；第 3、4 区为神仙架，西王母和东王公；第 5、6 区为执彗或抱笏门吏。（如图 2.18）

综上，无论是按照年代的推进，还是根据地区的差异，墓门上的画像虽然有一些东西是在变化的，但也有一些是一直未变的，那就是：

其一，墓门区域仍然是墓室中最为重要的，甚至在多数情况下是唯一的图像区域；

其二，墓门画像的区域分割是相对固定的，其基本的结构没有明显变化；

其三，升仙是一直未变的主旋律。

二、榆林地区汉墓墓门画像的构成

（一）题材分类

榆林地区汉墓墓门画像题材很多，主要包括以下几种类型：

1. 狩猎类

狩猎类题材是画像石众多表现题材之一，在全国其他画像石产区也有不同程度的体现。但是与其他地区相比，榆林地区墓门画像石上所表现的狩猎类题材比例更加庞大，据牛晓春统计，狩猎题材的画像石就达43块之多，约占画像石总数的8.5%。[1] 在表现狩猎场面的规模、气氛的激烈程度以及动物种类的繁多方面（如图2.19），更是其他地区难以望其项背的。

图2.19　绥德白家山汉墓·横额

注：34 cm×265 cm，原石现存绥德汉画像石展览馆。
资料来源：李贵龙、王建勤主编，绥德汉画像石展览馆编，《绥德汉画像石》，山西人民美术出版社2001年版，第144页。

狩猎类画像一般出现在墓门的横额位置，即第1、2区的位置。这主要是因为横额的位置走向适宜表现这种开阔的场面。

狩猎类画像成为榆林地区墓门画像一个重要的组成部分是由多种原

---

[1] 牛晓春：《榆林汉代画像石探究》，陕西师范大学硕士学位论文，2008年，第14页。

因共同作用的结果:

(1) 狩猎是秦汉时期一种十分盛行的活动。上自天子诸侯,下至百姓兵士,是人们非常热衷的一项活动,贯穿四季,且内容因时令而不同。《尔雅·释天第八》中就这样写道:"春猎为蒐,夏猎为苗,秋猎为狝,冬猎为狩。"

(2) 榆林地区地处中原与北方少数民族交接的地方,这里的人们"皆迫近戎狄,修习战备,高尚气力,以射猎为先"[1]。

(3) 狩猎在古代不仅是一种生产方式,还被赋予了特定的社会功用,即通过狩猎进行军事训练,推行礼制教化。

(4) 狩猎类题材画像石的大量出土表明当时的榆林地区森林密集、土地开阔,是非常适宜于开展这项活动的。

所以,无论是生产活动的需要,还是边郡战事的需要,都会使狩猎成为榆林地区社会生活的重要内容,并被反映在汉画像中。

2. 车马类

在榆林地区的汉墓中,车马出行也是其中一个重要题材。

汉画像石上的车马出行图有的反映的是墓主生前的经历,有的是出于特定的丧葬意图。信立祥认为,在汉代墓地石结构祠堂画像中存在图像学意义不同的两种车马出行图:一种配置于"祠主受祭图"的上方,表现祠主生前最荣耀的经历;一种配置于"祠主受祭图"的下方,表现的是祠主从地下世界去墓地祠堂途中或者是刚刚到达祠堂时接受家人和子孙的祭拜的场景。[2] 他认为,榆林地区画像石横额图像的车马出行图表现的是墓主到墓地接受祭祀。[3]

车马出行类图像基本被配置在墓门的横额位置,仍然是由横额的位置适宜表现这种大的场面所决定的。但也偶见单独的车马出现在墓门的竖

---

[1]《汉书·地理志下》,中华书局1964年版,第1644页。
[2] 信立祥:《汉代画像石综合研究》,文物出版社2000年版,第102—118页。
[3] 同上,第262—267页。

框位置,即第 9、10 区。

3. 神仙类

在榆林地区墓门画像上出现的神仙形象主要有以下几类:

(1) 西王母。

西王母作为榆林汉代画像石最普遍、最重要的神仙形象,贯穿汉画像石从兴起到衰亡的始末。李淞认为,西王母是中国历史上出现的第一个在较大范围和较长时间里流行的,具有常人形态的,具有民间宗教崇拜性质的偶像。

汉人对西王母的崇拜当始于西汉晚期,《汉书》中的叙述显示,"西王母如同佛教中的弥勒一样,被看成是一位将要来到的救世主。她自己或是她的使者将降临人世,救苦救难,伸张正义"[1]。

《汉书》中有三段记述了这种大规模的群众性崇拜运动,分别是:

> 四年春,大旱。关东民传行西王母筹,经历郡国,西入关至京师。民又会聚祠西王母,或夜持火上屋,击鼓号呼相惊恐。[2]
>
> 到其四年正月、二月、三月,民相惊动,讙哗奔走,传行诏筹祠西王母。[3]
>
> 哀帝建平四年正月,民惊走,持稿或梜一枚,传相付与,曰行诏筹。道中相过逢多至千数,或被发徒践,或夜折关,或逾墙入,或乘车骑奔驰,以置驿传行,经历郡国二十六,至京师。其夏,京师郡国民聚会里巷仟佰,设张博具,歌舞祠西王母。又传书曰:"母告百姓,佩此书者不死。不信我言,视门枢下,当有白发。"至秋止。[4]

---

[1] [美]巫鸿著,柳扬、岑河译:《武梁祠:中国古代画像艺术的思想性》,生活·读书·新知三联书店 2006 年版,第 146 页。
[2] 《汉书·哀帝纪》。
[3] 《汉书·天文志》。
[4] 《汉书·五行志》。

由此可以推断,《汉书》中所记载的群众运动并非偶然孤立的事件,到了西汉晚期,当时民间的西王母崇拜已经有了极其深刻的群众基础和社会影响,它反映出"西王母已经从一位不起眼的神祇转化为一位威力无比的宗教偶像"[1]。

在榆林地区的汉墓中,西王母形象一般位于墓门的上部,主要集中在第3、4区,偶见位于第2区。西王母图像在墓门上一般不是孤立存在的。当然也有特例:

例如,图2.20是一个完整的墓门画像石。该墓门图像的布置十分特殊,在榆林地区极为罕见,可算作特例。第2区的横额分为左右两个部分,左边是一个将军,侧身坐着,前面有几个人在向他行跪拜礼,他的后面有佩

图 2.20　绥德县四十铺汉墓·墓门

注:横额 30 cm×159 cm;左竖石 97 cm×30 cm;左门扉 101 cm×48 cm;右门扉 101 cm×50 cm。原石现存陕西绥德汉画像石展览馆。
资料来源:作者摄于陕西绥德汉画像石展览馆。另见李贵龙等主编《绥德汉代画像石》,陕西人民美术出版社 2001 年版,第 11 页。

---

[1] [美]巫鸿著,柳扬、岑河译:《武梁祠:中国古代画像艺术的思想性》,生活·读书·新知三联书店 2006 年版,第 146 页。

剑的侍卫,身后挂着剑和弩。横额的中间是一扇门的图像,右边为西王母像。西王母正面端坐,头上戴胜,她的旁边有青鸟(鸟首人身)为其捧麦穗,还有捣药的两只玉兔、九尾狐、三足乌、不死树,另一边站立两位拿麦穗的侍者。此画面上只有西王母而无东王公。

据李淞考察,该图像受山东嘉祥地区画像石的影响比较明显,但是这种样式在榆林地区没有得到普遍而持久的流传,因此,可以把这个看作是榆林地区西王母主流图像之外和之前的一种样式。

西王母作为始终贯穿于榆林地区画像石墓墓门区域的重要神仙图像之一,其图像存在着不断变化发展的过程。

甲、从西王母图像与对应图像的衍变过程看

在该地区普遍流行的样式中,西王母图像主要被雕绘在墓门竖框区域的右上半部,但与之相对应的图像在不同时期却是不同的:

在榆林地区较早期的汉墓墓门部位上,西王母形象大多被雕绘于墓门左竖框或右竖框的上半部,且左右相等,两边都是西王母。

中期,西王母形象则更多地被置于墓门右竖框的上半部,与之相对应的墓门左竖框是"仙人对饮图"。

在该地区晚期的汉墓墓门区域中,西王母图像仍然被放置在墓门右竖框的上部,而与之对应的是墓门左竖框的东王公图像。

乙、从西王母图像细部的变化发展看

在早期,西王母图像有着其明显的特征:戴胜。胜,又称为"金胜""玉胜",《后汉书·舆服志下》中这样写道:"……太皇太后、皇太后入庙服……簪以玳瑁……长一尺,端为华胜。"[1]在司马相如的《大人赋》中,有这样一句话:"吾乃今日睹西王母。皓然白首戴胜而穴处兮。"颜师古对其中的"戴胜"一词,解释为"胜,妇人首饰也,汉代谓之华胜。"[2]汉代以来,"胜"主要是作为西王母的装饰物存在的,有些学者认为,"胜"是作为确定西王母身份的重要标志物。而到了后期,西王母已经不戴胜了,甚至与普通的妇人

---

[1]《后汉书·舆服下》。
[2]《汉书·司马相如传》。

并无两样。

关于西王母图像的衍变过程,李淞在《从"永元模式"到"永和模式"——陕北汉代画像石中的西王母分期研究》中得出了这样的结论:"由西王母独尊模式向西王母图像与其他图像形态如东王公、羽人平分天下模式的转换。"[1]虽然从东汉中晚期以来,榆林地区汉墓中的西王母图像的神圣性地位在逐步下降,但作为该地区的重要神仙图像之一,其作用和地位不可取代。

(2)东王公。

东王公又被称作是东王父、木公、东华帝君。东方朔在《海内十洲记》这样写道:"扶桑,在东海之东岸,岸直陆行,登岸一万里,东复有碧海,海广狭浩瀚……正作碧色,甘香味美,扶桑在碧海之中,地方万里,上有太帝宫,太真东王父所治处,地多林木,叶皆如桑。"[2]《神异经·东荒经》中对东王公有这样的记载:"东荒山中有大石室,东王公居焉,其高入天,所谓天柱也……上有大鸟,名曰希有,南向,张左翼覆东王公,右翼覆西王母……西王母岁登翼上,会东王公也。"[3]东王公的明显标志是有胡须、戴三山冠、持杖,一般作为西王母的配偶出现。

东王公的出现要比西王母晚,从全国范围来看,巫鸿认为"它被创造出来的时间不早于公元2世纪"[4]。从榆林画像石来看,这一点已得到验证。在考察中,我们发现公元107年的牛文明墓中尚未出现东王公图像,而到了公元150年的左表墓和公元175年的牛公产墓中已出现东王公、西王母平分天下的局面,由此可以推断,该地区的东王公像应该是出现在公元107年至150年的某个时间段。

---

[1] 李淞:《从"永元模式"到"永和模式"——陕北汉代画像石中的西王母分期研究》,《考古与文物》2000年第5期。
[2] 〔汉〕东方朔,《海内十洲记》,(晋)张华注《文渊阁四库全书》(影印本)1042册:子部·三四八·小说家类,台湾商务印书馆1987年版,第278页。
[3] 转引自李锦山《西王母题材画像石及其相关问题》,《中原文物》1994年第4期。
[4] [美]巫鸿著,柳扬、岑河译:《武梁祠:中国古代画像艺术的思想性》,生活·读书·新知三联书店2006年版,第148页。

在该地区的墓门画像中,东王公大多被雕绘在墓门竖框区域的上半部,代替了以前出现的羽人图像,与同样出现在竖框区域上的西王母图像左右匹配。

如图2.21,其中的东王公形象是在榆林地区汉墓墓门上最具代表性的形象之一:他头上戴着三山冠,坐在云柱之上,头顶上有华盖,与西王母遥相呼应。

李凇认为,东王公以及羽人图像出现的时间恰巧与西王母图像在该地区汉墓中逐步衰落的时间大抵相同,所以,东王公图像的出现表明当地人在信仰观念以及审美趣味上发生了改变:西王母不再是独有的核心神灵,

图2.21 绥德县刘家湾出土汉墓·墓门

注:横额33 cm×172 cm;左竖框126 cm×34 cm;左门扇109 cm×46 cm;右门扇110 cm×46 cm;右竖框127 cm×33 cm。原石现存绥德县博物馆。
资料来源:作者摄于陕西绥德汉画像石展览馆。另见李林等编著《陕北汉代画像石》,陕西人民美术出版社1995年版,第90页。

东王公拥有了与西王母对等的身份,而且与西王母、羽人等图像一起构成了理想化的"天庭"环境中的核心组成部分。

4. 瑞兽类

在榆林地区墓门画像上出现的瑞兽形象主要有以下几类:

(1) 铺首衔环。

铺首衔环广泛出现于两汉时期各地的画像石墓群中,在榆林地区该图像被雕绘于墓门门扉区域的中央部位,是门扉上最重要的图像之一。

如前所述,铺首衔环在生宅中的实用和装饰功能到了墓门上,其作用发生了重大变化,这种实用功能被人们赋予它的意义所取代了。要考察铺首衔环图像所被赋予的意义,首先要明确在墓门中铺首衔环的含义为:符箓。朱青生解释为:"符箓是一种形相物。它被使用者通过各种方式赋予一种或数种特别的力量,在一定的时间放置在一定的地点以达到一定的目的。赋予方式可以是个体的、生理的、社会的、礼仪的、宗教的、神秘的、历史的、习惯的……铺首是一个具有符箓和装饰实用多种功能的器物形相……"[1]铺首衔环本身所具有的符箓的含义,被人们放置在特定的地点,赋予特别的力量,从而产生出了不同的含义,在本文中,我们主要考察其镇鬼驱邪、祭祀门户的意义。

如果说在生宅中,铺首的主要功能是装饰与实用,那么在墓门上,铺首的作用就是"门神"了。朱青生认为:"(西汉与王莽时期)墓门上的符箓,最常见的是铺首。……墓门在地下,墓室、墓道之隔门又是墓门里的墓'内门',这些门上都用铺首,说明铺首不过是一个普遍使用的门符。它的防卫功能只能通过猛兽的面形来推测。"[2]由此可以看出,刻在墓门上的铺首衔环图像是具有"门神"作用的。

在对铺首图像的考察中,我们发现其面部刻绘一般比较狰狞,给人一种凌厉感,以达到其驱鬼辟邪的作用。闪修山认为:"汉代门画的构图,一

---

[1][2] 朱青生:《将军门神起源研究——论误解与成形》,北京大学出版社1998年版,第47页。

般都离不了铺首衔环,或置于门扉的中部,或置于门扉的下端,也有仅用单一的铺首衔环作门饰的。"[1]他还指出,铺首衔环最大的功能就是辟邪。

常任侠先生说:"把铺首衔环刻在门上,……有如石刻的凶猛石狮子把门,以防御外来的侵袭一样。……殷周之际,已铸在青铜器上,据说又是四凶之一,可以食来袭的野鬼。"[2]已经非常明确铺首图像的功用。

按照文献记载,铺首图像有各种造型,但在该地区,我们几乎看不出"种种不一"的铺首形象,只有"清一色图案化了的兽面纹饰的铺首"[3]。这也就说明了在汉画像石中,兽面铺首的形象"在某种程度上是青铜兽面纹的延续和变异,是青铜器纹饰作为现实生活中的一种面具装饰艺术保存了下来"[4]。

无论铺首的面部怎么变化,有一点不变的就是:铺首的顶部总是装饰有三山冠。三山冠的形状不一:有的直接由三个三角形的形状组成,有的是由头顶中间的"介"字形突出物加上两边对称的突出物共同组成的。

"三山冠"的形状,首先让人想到的是"海外三神山",即蓬莱、方丈和瀛洲,是仙人居住的地方。其次,铺首衔环图像顶部的"山"字形高冠,与东王公头上所戴的三山冠非常类似,有学者考察,仅在汉画像石中的仙人或伏羲女娲才戴这种冠,显示出了三山冠的神异性质,而在汉代社会生活中很少见到,所以这种三山冠可能为仙人神灵所专有。由此可见,铺首头上的三山冠就显示了其非同一般的神异性质,所以,有学者认为它并不是汉代工匠的率意所为,而是特有所指:"高冠的铺首图像,是对与史前原始巫术相关联的神巫形象的简化或抽象,以神巫在祭祀活动中所戴的最具特征的冠帽作为艺术表现的化身,省略人物的四肢,甚至脸面,这是中国古代工匠进行艺术创作的结果,但这也使得其确切的含义变得模糊。"[5]

---

[1] 闪修山:《南阳汉墓的门画艺术》,《中原文物》1985年第3期。
[2] 常任侠:《河南省新出土汉代画像石刻试论》,《常任侠艺术考古论文选集》,文物出版社1984年版,第39页。
[3] 常艳:《汉代画像石中铺首衔环图像的形成与演变》,汕头大学硕士学位论文,2007年,第43页。
[4] 谭淑琴:《试论汉画中铺首的渊源》,《中原文物》1998年第4期。
[5] 孙长初:《汉画像石"铺首衔环"图像解析》,《南京艺术学院学报》2006年第3期。

虽然各地的铺首面部形象各异，但他们的头顶都有桃形或三角形的柱状物，且样子基本类似，说明此物并不仅是简单的装饰，而是具有特殊功用的神兽的标志性特征。有人认为："动物的双角可以克制鬼祟等邪物，铺首头上的柱状物为鬼竿，是进入神仙界的标识物。通常鬼竿的上方为朱雀，朱雀引领着墓主人徐徐向西王母所代表的仙境一点点接近。"[1]

铺首口中所衔的圆环，有的是素面的，有的是雕刻纹饰的，也有的是很具象的玉璧形，一些学者认为所衔之环是璧、谷璧或日、月。[2] 榆林地区汉墓墓门的门扉上的铺首所衔之圆环上有很多用细小的墨线或者是阴线来装饰的花纹，如绥德四十里铺田鲂墓墓门上的铺首所衔之环上刻绘着规律的细小的短线（图2.22），由此可以看出，这些专门刻画的环既不是日月，也不是普通的圆环，而是具有某种特殊含义的玉璧。

图2.22　绥德县四十里铺出土汉墓田鲂墓·墓门右门扉

注：94 cm×49 cm，原石现存绥德县博物馆。
资料来源：李林等编著，《陕北汉代画像石》，陕西人民美术出版社1995年版，第104页。

---

[1] 金爱秀：《试论铺首的研究》，《西北民族大学学报》2008年第1期。
[2] 高书林：《淮北汉画像石》，天津人民美术出版社2002年版，第224页。

在汉代的墓葬中,玉璧的使用比较普遍,因为当时的人们相信:"玉器有附着死者灵魂、防止尸体腐败的神效,可以使人死而复生,顺利实现升仙的目的。"[1]玉璧是古人祭天的礼器,璧的圆形寓意着天圆之意,璧象征天国,铺首衔环的含义与画像石、帛画、壁画中的龙、虎、凤衔璧或穿璧的含义应大致相同。[2]那么,铺首所衔的玉璧就有着驱逐恶鬼、保护墓主遗体的作用。

(2)朱雀。

在汉代先民的心目中,朱雀是神圣的鸟类,它集所有鸟类的华丽外貌特征为一身,"与龙蛇同时或稍后,凤鸟则成为中国东方集团的另一图腾符号"[3],广泛地被用于各种装饰,集中彰显了民族精神。

朱雀是古人综合了多种动物形象而想象出来的一种神鸟,它的形状像《尔雅·释鸟》中说的那样:"鸡头、蛇颈、燕颔、龟背、鱼尾,五采色,高七尺许"。《山海经》南山经上这样说:"丹穴之山……有鸟焉,其状如鸡,五采而文,名曰凤凰……见则天下安宁。"《异物志》上这样写道:"其鸟五色成文,丹喙赤头,头上有冠,鸣曰天下太平,王者有道则见。"西汉以来,朱雀被大量地雕绘在观阙上,《三辅黄图》卷二"汉宫"条说:"……于(未央)宫门北起圆阙,高二十五丈,上有铜凤凰……《庙记》云:'建章宫北门高二十五丈,建章北阙门也,又有凤凰阙。汉武帝造,高七十五尺……'《古歌》云:'长安城有双阙,上有双铜雀。一鸣五谷成,再鸣五谷熟。'案:铜雀即铜凤凰也。"由此可见,在汉代建筑物上雕塑朱雀以示祥瑞,是一件很普遍的事情。

不仅在官方,在民间人们也把朱雀看作吉祥如意的象征。见到朱雀就能够调和阴阳,安宁天下。《大戴礼记·易本命》说:"有羽之虫,三百六十而凤凰为之长。"朱雀是神鸟,最为吉祥。

朱雀是四灵之一,代表的是南方方位。《春秋演礼图》中说:"凤为火精,在天为朱雀。"也就是说凤凰、朱雀是同一物。《拾遗记》说:"尧在位七

---

[1] 信立祥:《汉代画像石综合研究》,文物出版社2000年版,第202页。
[2] 罗二虎:《汉代画像石棺》,巴蜀书社2002年版,第195页。
[3] 顾森:《秦汉绘画史》,人民美术出版社2000年版,第3页。

十年……有祇支之国，献重明之鸟……状如鸡，鸣似凤……能搏逐猛兽虎狼，使妖灾群恶不能为害……其未至之时，国人或刻木，或铸金，为此鸟之状，置于门户之间，则魑魅丑类自然退伏。"所以朱雀有抵御魑魅侵害、守卫门户的功能。虽然四灵都很重要，但唯独朱雀是被刻绘在门扉的最上方，位置非常显赫。这集中体现了朱雀所蕴含的独特文化内涵和意义。

朱雀的轮廓分明，线条简洁，眼神发亮，喙长爪尖，气宇轩昂，超凡脱俗，羽毛在空中飞舞，灵动、大气的神采被刻画得惟妙惟肖。正如唐建中所说："朱雀的形象由最初的描述过程到艺术家由符号化到写意再到象征的过程是一个艺术审美、设计思维，从艺术设计角度看这种创造过程是一种大胆的由生活上升到艺术再创造的过程。"[1]

虽然朱雀的形象被刻画得千姿百态，但无论怎样，都被有意突出了它头上和尾部的羽毛，且门扉上的朱雀大多相向而对，体现了该地区墓门画像配置的基本原理：左右对称。

（3）兕。

兕，也被称作是独角兽、灵犀、灰兕等，该图像一般被雕绘于墓门门扉区域的最底层，位于朱雀与铺首衔环图像之下，这种组合方式在该地区墓门画像石的前中期流行，到中后期以后逐渐消失，但是其所占据的位置也并没有被其他图像取代。

《山海经·海内南经》中有这样一段记载："兕在舜葬东，湘水南，其状如牛，苍黑一角。"[2]《竹书纪年·周纪》载："周昭王十六年伐楚荆，涉汉，遇大兕。"[3]东晋的郭璞对此做过如下解释："犀似水牛，兕亦似水牛，青色，一角重千斤。"[4]由此可以看出，兕这种动物，在中国古代的南方曾经广泛存在，且人们对此作为瑞兽十分推崇。在榆林地区，兕得到了人们的特别推崇，把其雕绘在墓门的显著位置，并且这种图像流行的时间也远远

---

[1] 唐建中：《汉代朱雀画像造型艺术微探》，《江西社会科学》2006年第7期。
[2] 袁珂：《山海经校注》，巴蜀书社1993年版，第322页。
[3] 转引自孙周勇《陕北汉代画像石神话题材》，《考古与文物》1999年第5期。
[4] 李淞：《从"永元模式"到"永和模式"——陕北汉代画像石中的西王母分期研究》，《考古与文物》2000年第5期。

超过了在这之前的青龙、白虎图像,"因此它在陕北地区东汉墓葬中的功能大概就和'铺首衔环'图像趋于一致,作为在墓室墓门区域上镇墓与辟邪的象征符号而存在"[1]。

5. 经济类

反映经济状况的画像石,在该地区主要表现为放牧和农耕。这类图像一般被放置在墓门的横额以及竖框的位置,通过该类题材,我们可以从侧面了解榆林地区当时的经济发展状况。

东汉时期,榆林地区的畜牧经济比较发达。图 2.23 是绥德白家山出土的墓门横额画像石,其上部是规模宏大的放牧图,中间是放马、休息的场景,山坡把上下部的狩猎活动连成了一体,逃进山中的动物用阴线表现,左边是牛群和羊群,有人手中拿着鞭子在放牧。

图 2.23　绥德县白家山出土汉墓·横额

注:265 cm×34 cm。
资料来源:李贵龙、王建勤主编,绥德汉画像石展览馆编,《绥德汉画像石》,山西人民美术出版社 2001 年版,第 144 页。

这些画像真实地再现了东汉时期榆林地区水草丰茂、畜牧业发达的场景。据载,西汉政府在西河郡和上郡建有"牧师苑"[2],专门饲养马匹等牲畜,且榆林地区良好的地理环境特别适合畜牧业的发展,司马迁在《史记》

---

[1] 胡杰:《陕北东汉墓墓门区域神异图像含义之考辨——以该地区画像石墓墓门部位上出现的若干重要神异题材作为论述的中心》,《浙江艺术职业学院学报》2006 年第 3 期。
[2] 余华青:《秦汉边郡牧师苑的兴衰及其影响》,《人文杂志》1984 年第 1 期。

中说:"天水、陇西、北地、上郡与关中同俗,然西有羌中之利,北有戎翟之畜,畜牧为天下饶。"[1]正因为该地区畜牧业的发达,所以到了东汉的中后期,这一地区已经有了"水草丰美,土宜产牧,牛马衔尾,群羊塞道"[2]的繁荣景象了。

除了畜牧业的高度发达外,这一时期榆林地区的农耕经济也得到了很大发展,牛耕技术在该地区得到了广泛的应用,大大推动了社会经济的发展。该地区出土的最典型的牛耕图是米脂官庄牛文明墓的牛耕画像石(图2.24):该画像石分为上下两部分,上部是农田里的庄稼,下部图中有两只牛并排抬着一个杠,后面有一农民双手紧握犁把,正在耕地。

由此可以推断,在东汉时期,榆林地区的人们已经熟练了掌握牛耕技术,且该地区的农耕经济发展很好,与畜牧业一起成为该地区农业经济发展的两大重要支柱。究其原因,秦汉时期实行的移民实边政策一方面给这

图2.24 米脂县官庄四号墓出土·墓门右竖框局部

注:原石现存西安碑林博物馆。
资料来源:李林等编著,《陕北汉代画像石》,陕西人民美术出版社1995年版,第23页。

---

[1]《史记·货殖列传》。
[2]《后汉书·西羌传》。

一地区提供了大量的劳动力,另一方面中原的先进的生产技术对当地经济的发展起到了极大的推动作用。《史记·平准书》载,汉武帝"初置张掖、酒泉郡,而上郡、朔方、西河、河西开田官,斥塞卒六十万人戍田之"[1]。

促使农业发展的另一个重要原因,是该地区的水利灌溉也得到了很大的发展。《史记·河渠书》记载：汉武帝时"用事者争言水利。朔方、西河、河西、酒泉皆引河及山谷以溉田"[2]。

综合以上几方面的原因,这一地区农业的发展程度是可想而知的了,体现当地农业发展的情况在文献中也得到了证实,东汉邓禹曾就说:"上郡、北地、安定三郡,土广人稀、饶谷多畜,吾且休兵北道,就粮养士,以观其弊,乃可图也。"[3]能够轻松解决一支军队的粮食供给问题,这样的经济不能说不发达。

(二)图像配置

画像石的配置,是指"把若干相关的画像石组合在一起,按照墓垣、墓阙、墓碑、墓祠、墓室的不同要求,砌筑在建筑物不同位置的工艺。它是画像石墓和墓域画像建筑物总体设计的重要组成部分"[4]。

这一部分的研究,借用了美国学者费慰梅(Wilma Canon Fairbank)在关于汉画像石的研究中所提出的"配置意义"(positional significance)的概念。这个概念的意思是：某一特定画像题材的意义有时并不仅在画像本身,而在于它所处的位置,位置是一种人为的配置,它可以帮助我们更准确地分析该画像题材的含义所在。诚如费慰梅女士所讲,"配置意义"是解读画像石内容的关键所在。

---

[1]《史记·平准书》。
[2]《史记·河渠书》。
[3]《后汉书·邓寇列传》。
[4] 王建中：《汉代画像石通论》,紫禁城出版社2001年版,第477页。

1. 墓门各区域图像配置规律

（1）门扉。

表 2.1　门扉图像配置规律

类型	图像及次数							
门扉	朱雀	铺首	兕	白虎	青龙	嘉禾	祥云	动物
	198	198	89	48	41	19	17	12

因为时间久远，很多出土的画像石已经分不清在汉墓中的具体位置了，但是唯有门扉位置的信息最明确，因为门扉上的图像要受制于其大小和形状，而且在图像的选择上也在一定程度上也反映出阳间门扉的构成，所以在门扉位置有着非常固定的图像配置方式。

经笔者搜集、整理的 200 幅门扉图像中，可以看出榆林地区汉墓墓门门扉的图像配置有着以下规律：

甲、铺首衔环是门扉中最重要的组成构件。每一块门扉上都有铺首衔环图像。在该地区，一般常见的组合模式为四神中的朱雀、青龙、白虎与铺首衔环组合，四神位于构图的上部或是底部，铺首衔环位于中部或是底部。

乙、门扉图像一般为竖幅构图。铺首衔环与其他形象组合在一起而把门扉画面分为上下两部分或者是上中下三个部分，中间一般没有具体分界线。若只有上下两部分时，铺首衔环一般在下部，若上中下三部分同时存在时，铺首衔环图像一般位于中部，这两种模式是铺首衔环图像的最主要和最常见构图模式，这既是由铺首衔环图像的重要意义决定的，也是由门扉画像构图的一般规律决定的。

丙、左右门扉图像对应。包括左右门扉图像相同或者呼应（左青龙，右白虎）两种情况。偶见不对称情况出现。

丁、兕出现的频率比龙虎高，嘉禾、动物、云纹等形象偶尔作为填白用出现在门扉上。

戊、青龙、白虎并不是作为一般意义上四神的对应方位而出现的。

（2）横额。

表 2.2 横额图像配置规律

类型	图像及次数								
横额	日月	车马	狩猎	纹样	神兽	捣药	西王母	铺首	其他
	41	28	26	45	16	7	2	2	6

在墓门的横额位置，经过统计可以发现，在早中期流行的顶角日月图像占据了很大的比例，到了中后期这种图像主要被纹样所取代，纹样的类型主要以几何纹样为主。

（3）竖框。

类型	图像及次数							
竖框	纹样	门吏	玄武	西王母	东王公	神仙	动物	博山炉
	83	48	37	24	6	30	13	12

墓门左右竖框的图像基本上是对应出现的，出现次数比较多的是纹样、门吏、神仙、玄武、博山炉等形象。

2. 图像配置的几个特例

（1）素面门扉。

绥德黄家塔二号墓的墓门门扉上什么画像也没有，是一个特例，被称之为素面门扉，这是极其罕见的一种情况。在该墓门的横额和左右立柱的位置上，也发现了一些没有按照常理进行图像配置的情况：一般来讲，墓门的横额和立柱上的边饰应该是统一的，而在该墓门中，横额上是忍冬纹，而立柱外栏是勾连纹，整个墓门画像拼凑的痕迹非常明显。这可能与墓主人仓促下葬或其他原因有关。

（2）门扉图像不对应。

在绥德刘家湾出土的一处汉墓的墓门上，有一个非常值得关注的图像（图 2.21）：在门扉位置上，左门扉和右门扉的上部各雕绘了一个大小相同相视而立的朱雀，在朱雀的下部，两边各有一个铺首，铺首的造型风格几乎相同，但唯一不同的是左面的铺首较小，右面的铺首较大，左面铺首的下方雕刻了一只独角兽，而右面没有独角兽。正如前面所说，左右门扉的图像要么是重合要么是对应，这种门扉图像左右不对称的情况在榆林地区的画像石中是极少见的。

图 2.25　绥德黄家塔二号墓出土汉墓素面墓门

注：墓门横额 179 cm×38 cm；左竖框 34 cm×118 cm；竖框 38 cm×118 cm；门扉 50 cm×103 cm。原石现存绥德县博物馆。
资料来源：吴兰，《陕西绥德发现汉墓》，《考古》1986 年第 1 期，第 82 页。

根据分析得知，在绥德地区，早期的时候，墓门上都是雕绘独角兽的，而到了中晚期，独角兽渐渐地从门扉上消失了。如果说这种消失的过程不是突然的，而是渐变的话，那么这个墓门画像可以看作是这种变化的转折点，恰恰介于传统图像与新潮图像的中间。

（3）朱雀位置改变。

在笔者已经收集整理的 200 幅榆林地区汉墓墓门门扉画像中，只有这一幅在绥德贺家湾出土的汉墓墓门门扉图像（图 2.26）中，朱雀的位置发生了变化。一般来讲，朱雀的位置是位于门扉的最上部，它的脚下是铺首衔环，四神中的青龙、白虎位于门扉的最下端，但在这幅门扉画像中，白虎占据了朱雀的位置，被雕绘在了门扉的最顶端，而朱雀却位于铺首衔环之

图2.26 绥德贺家湾出土汉墓·门扉
注：119 cm×53 cm。
资料来源：李贵龙、王建勤主编，绥德汉画像石展览馆编，《绥德汉画像石》，山西人民美术出版社2001年版，第107页。

下，处于门扉最下端的位置。

从整个门扉画像的雕刻手法及对石材的处理情况来看，整幅画面与该地区流行的墓门画像造型风格、图像配置方式都不一样，由此推断此幅图像应是该地区门扉图像还未形成固定模式之前的图像。

（4）门扉分格。

在绥德四十里铺出土的门扉画像（图2.27）中，左右门扉分别被凸起的石棱分为上下两格，一般来讲，门扉上的图像把门扉分成上下或者上中下三个部分，但中间并不会有明显的分格现象。在这个门扉图像中，朱雀和铺首衔环各居一格，这种在门扉上分格的构图比较罕见。

门扉上的朱雀和铺首衔环几乎占据了门扉的全部位置，所以该门扉下

图 2.27 绥德四十里铺出土汉墓·门扉

注：109 cm×45 cm。
资料来源：李贵龙、王建勤主编，绥德汉画像石展览馆编，《绥德汉画像石》，山西人民美术出版社 2001 年版，第 104 页。

端没有出现青龙、白虎或独角兽的图像，推测原因大概是因为空间位置已经饱满，不再适宜放置其他图像，或是该地区这段时间内门扉图像只流行朱雀和铺首衔环这种风格。这类图像配置模式的门扉在榆林地区并不多见，但在比榆林地区稍晚的晋西北地区则比较普遍。

（5）图像随意布置。

图 2.28 的墓门右竖框中，玉兔捣药和门吏的图像被重复使用了两次，一人手持簸箕除粪的形象也从原来与马的组合中抽离出来放置在底角的位置。这些图像的数量和位置似乎都没有什么特定的含义，感觉只是因为大小适合才被放置到了这个位置，用来填充、补足画面而已。

由此可以推断，在榆林地区汉墓墓门画像的制作过程中，可能存在着模板的使用以及工匠随意制作的现象。张欣分析，汉画像的制作过程中可能存在一个"模板库"，在工匠制作汉画像石的过程中，会根据当地当时的流行趋势、丧家的意愿和选择，加上工匠的自主处理，从模板库中选取图样，拼合配置于不同的位置，表达不同的主题。不同的工匠在实际操作过

图2.28　米脂县出土汉墓·墓门右竖框

注：126 cm×49 cm，原石现存米脂县博物馆。
资料来源：李林等编著，《陕北汉代画像石》，陕西人民美术出版社1995年版，第49页。

程中会存在这差别，"以有限的模板填充墓门的画面，会出现图像在数量上重复，以及同一图像在不同题材中承担不同角色的现象"[1]。

三、榆林地区汉墓墓门画像的审美特质

榆林地区汉墓墓门画像以其独特的风格在全国的汉画像分区中独树一帜，在这一部分中，笔者将从榆林地区汉墓墓门画像的文化内涵和造型特色这两个方面来分析探讨该地区墓门画像的审美特质。

---

[1] 张欣：《规制与变异——陕北汉代画像石综述》，载《中国汉画研究》第2卷，广西师范大学出版社2006年版，第285页。

(一) 文化内涵

1. 想象的世界

人类把对自身生命死亡的思考贯穿文明进步的始终。死亡对于古人来说是非常具有神秘性的：一方面，死亡是不可避免的，于是人们生发出对死后世界的种种幻想；另一方面是人们对长生不老的热切追求，三仙山、昆仑仙界成为人们渴求的归所，西王母、东王公成为庇佑灵魂的神仙。

东汉道教的出现更强化了这种幻想，所以在榆林地区汉墓墓门中出现了大量的天象图和仙界图，都是人们对于永生的追求。汉画像石如同史诗一样，是与"社会发展中原始的、已经无法挽回地失去了的阶段相联系的，是与现代人所没有的、特别形象生动的思维结构相联系的。史诗属于人类的童年。迷信的人听得见古代世界的声音，并且在幻想中创造出一些神奇高大的形象"[1]。

秦汉以来的政治大一统，打破了原有的地方之间的文化隔阂，文化之间的交流融合成为主流，所以汉画像石艺术既融入了南方的荆楚文化，又吸收了北方燕齐等地的民间思想。汉画像石艺术中直接借用了很多以《山海经》和《楚辞》为代表的楚国原始神话思维模式：包括引魂升天的主题、龙凤图腾和黄老哲学，所以张子中得出结论：汉画像石就是以神性为本质的长江中下游楚文化，与以人性为本质的黄河中下游儒家文化的完美结合。[2]

李泽厚认为，楚汉浪漫主义是主宰两汉艺术的美学思潮。汉画像石中展现的人兽并存的现实世界和神仙世界、神话形象就是楚地风俗影响的产物。楚人具有丰富的想象力，在《山海经》一书中就记载了他们想象出来的许多事物，这些神奇的传说为人们描绘了美好的神仙世界，使人们心向往之。

然而，死后的世界终究是个未知的世界，从心底来说，人们对死亡仍然是充满了恐惧。加斯东·巴什拉在《空间的诗学》一书中关于地窖的描写

---

[1] [俄]阿·符·古留加著，侯鸿勋译：《赫尔德》，上海人民出版社1985年版，第176页。
[2] 张子中：《关于汉画像石的文化思考》，《烟台大学学报》2001年第2期。

中写道:"地窖的梦想者明白地窖的墙壁是埋在地下的,是只有一面的墙壁,墙壁的背后是大地。……冲突在变大,恐惧在加强。"[1]同样地,墓室埋藏在地下,暗无天日,墓室的墙壁后面就是未知的大地,正因为人们觉得灵魂有知,才对这未知充满着恐惧。所以,在汉画像中我们看到了很多充满矛盾的图像,恰恰就是这种对未知恐惧的表现。

在榆林地区汉墓墓门画像中,有许多描绘仙境的景象。如神木大保当M16墓门画像中,在墓门的横额部位,是西王母戴胜端坐在悬圃之上,她的两边是玉兔、三青鸟等仆从,一男子戴着高冠穿着红衣乘坐一辆由一龙四凤引导的车从右方驶来。在墓门的竖框位置,左右两侧的悬圃上分别端坐着牛首人身神和鸡首人身神。人们希望自己和这些神仙在一起,并得到神灵的庇佑,如果自己能够成仙更是最好不过的事情了。

在墓门画像中,还有许多祥瑞图案,汉代人对祥瑞的信仰可以说既强烈又普遍,正如董仲舒所说,帝王之将兴也,其美祥亦先见。汉画像石中最常见的祥瑞图像有朱雀、玉兔、三青鸟、九尾狐、嘉禾、独角兽及四灵图像等。他们还相信在日常用品和衣服上描画祥瑞图像可以引出真的祥瑞,为自己带来好运,所以在墓门上雕绘如此之多的祥瑞图案就不足为奇了。

先人丰富的想象力不仅仅表现在对死后世界的幻想上,还表现在具体的创作过程中,在墓门的竖框和横额位置,我们可以看到很多类似云纹、卷草纹样的装饰,竖看是S形在不断地重复变化,横看是波涛在翻滚向前。这些装饰有的还加了云头或树叶,像蔓萝和藤条。还有的纹样被刻画成了"龙头豹尾,有的转折变成了鸟喙鹿身,云头成了树丛。空隙处加进了大量体态各异的鸟、兽、人,他(它)们在奔跑、戏耍,使原本毫无生命的花边也动了起来,与门扉、横额融为一体,使整个墓室变成了富有节奏韵律和充满生命力的画卷"[2]。

当然也有一些画像反映了人们心中的恐惧。如图2.29,绥德延家岔汉墓墓门竖框位置的一个镇墓兽形象,在榆林地区,一般作为墓门守护者

---

[1] [法]加斯东·巴什拉著,张逸婧译:《空间的诗学》,上海译文出版社2009年版,第19页。
[2] 董邯:《汉代陕北画像石人性化的设计理念》,《美与时代》2005年第9期。

图 2.29　绥德延家岔汉墓·左竖框

注：137 cm×45 cm。

资料来源：李林等编著，《陕北汉代画像石》，陕西人民美术出版社 1995 年版，第 86 页。

的主要有：门吏、伏羲女娲、青龙白虎等，对于该神祇的身份，目前学术界主要存在两种认识：一种认为这是应龙，也称翼龙，即龙的身上戴有翅膀，《山海经》中记载："应龙处南极，杀蚩尤与夸父，不得复上。故下熟旱，旱而为应龙之状，乃得大雨。"[1] 在黄帝与蚩尤的战争中，应龙表现出了很强的战斗能力，后来逐渐地发展演变，成为民间的祈雨之神，榆林地区地处北方干燥少雨，且边疆战事不断，所以人们希望有这样的一个神祇形象出现，它既能施雨又善征战，以此来守护他们的灵魂和家园，这种希望是很符合情理的。另一种说法认为此图是指大行伯，原因是此神兽手持的"戟戈"为逐恶的工具，且大行伯会变换成各种形象出现。

王娟在考察中发现，这个守墓神祇既不是应龙，也不是大行伯，它不是单纯的某一种动物，而是多种文化和多种形象杂糅的典型。

《山海经》中描述了一种名为"驳"的怪兽，与用来守墓的神祇有着共同的特点。它有锋利的牙齿，能吃虎豹虫狼等猛兽，以此来保护墓中的主人

---

[1]　袁珂：《山海经校注》，上海古籍出版社 1980 年版，第 359 页。

不受鬼魅的侵扰；此外,它还有着防御的重要作用。对于处在边防要塞的榆林地区的先民来说,这些特点,有着更重要的实际意义。

此外,在已发掘的战国时期的一些墓葬中出土过一些由鹿角、兽身、底座三部分拼装而成的镇墓兽形象,也与此形象有着很多类似的地方。同时,早在4000年前的天山及天山西部、北部,阿尔泰山地带的岩画中,就出现过这种"头戴鹿角,披兽皮,安兽尾"[1]的神祇形象。

榆林地处北部边塞,与边疆的少数民族交通往来频繁,受到他们的宗教思想的影响是必然的,所以才会出现这种具有浓郁少数民族特色的神祇形象。

其实,不必具体考究这个神祇究竟是什么,我们更愿意把它看作很多种动物形象的杂糅体,因为早在《山海经》里,就出现过许多这样的形象。其中所反映的是早期先民对那些常人所不具备的能力的向往和憧憬,他们希望自己具有飞翔的能力,希望自己强壮,他们对神祇充满着崇拜,幻想他们具有超人的能力:"杂糅而成的延家岔守墓神祇,最大程度体现了人们对守墓者神力的期待——逐恶、辟邪、通神、御兵,等等。"[2]

正因为人们把守墓神祇描绘得如此凶神恶煞、如此力量强大,才更加反映出人们内心的焦虑、矛盾和恐惧,所以我们也不难想象为什么门扉上的铺首都是睁大了双眼、张牙舞爪、龇牙咧嘴、目光冷冷地恫吓着一切。

2. 宇宙的思维

冯时在《中国天文考古学》中论述中国古代的天文学与丧葬制度的联系时说道:"中国古代的埋葬制度孕育着这样一种传统,死者再现生者世界的做法在墓葬中得到了特别的运用,其中最显著的就是使墓穴呈现出宇宙的模式并布列星图。"[3]

---

[1] 仲高:《西域艺术通论》,新疆人民出版社2004年版,第184页。
[2] 王娟:《陕北画像石艺术思维的走向——以绥德延家岔守墓神祇信仰为中心的考察》,《装饰》2009第10期。
[3] 冯时:《中国天文考古学》,中国社会科学文献出版社2001年版,第295页。

朱存明认为,汉画像石艺术是一种象征主义的艺术,他把汉画像石艺术整体上看成一种宇宙象征主义。他认为:"这一宇宙象征主义的图式,上接混沌未开的初民社会,下达现代人的无意识的根基,沟通了神话思维的荒诞与现代科学技术的结构模式。它不仅表现为现实世界的生活图景,而且表现为人对死后世界的理想构建,由神话、巫术、宗教而走向一种审美的幻觉。宇宙象征主义发轫于人和宇宙的关系,是人对外在世界关系反思的结果,根子却在人的社会关系上,宇宙的秩序只是人的社会秩序的象征表现,汉画像石中则表现为一种'天地相通'的巫术观、天人合一的哲学观、天人感应的历史观、君权神授的政治观、尊天听命的命运观、不死升仙的宗教观、天遣祥瑞的吉凶观、天道自然的审美观,等等。"[1]在汉画像中,宇宙被分为日月星辰的天上世界、神禽瑞兽的仙人世界、山川生物的人间世界和魑魅魍魉的冥府世界四个部分来表现。这四个部分在人的想象中不仅被统一在一个大图式中,而且它们各得其所、各有分工、相互联系、相互作用,构成了一个有机完整的宇宙空间。

汉画像作为一种丧葬艺术,在榆林地区带有本土的、原始的宗教特性,所以象征必然成为表达的主要方式,无论是从墓葬的形制还是墓门画像的配置都遵从宇宙象征主义这一规律。

就墓葬的形制来讲,榆林地区的汉墓是由大小相同的砖砌成的,墓室建成方形,墓顶砌成穹隆形状,这种形状很容易让人联想到天空和大地的样子。天空给人们的印象一般是一个中部隆起、四周下垂的半球形,也被称作是天穹。人们站在地上,仰望天空,天始终都在人的头顶之上,这就是天给人们的直观感受,而站在大地上,感觉无论从哪一个角度去观测,总觉得自己处在这天地之间的中央,所以古代一直有一种说法叫作"天圆地方"。圆和方被看作是表现宇宙的最直观方式,而该地区墓葬上圆下方的形状就是"天圆地方"宇宙论的最直接表现。

而处在墓门区域的画像则是人们根据对宇宙的想象分层次描绘出来

---

[1] 朱存明:《汉画像与中国传统审美观念的探讨》,载《民族艺术》2004年第1期。

的。在墓门的横额位置，刻绘有西王母等神仙形象，象征着仙界，顶角刻着日月轮，月轮里有蟾蜍，日轮里有阳鸟，象征着天空，还刻绘龙、虎、鹿、鸟等珍禽瑞兽，象征着仙界的美好事物；在墓门的竖框位置，自上而下分别刻绘着象征当时人们历史观念的传奇故事、守卫门厅的门吏和象征天庭入口的双阙；而在门扉位置则刻绘着铺首衔环和四灵，他们引导着墓主人从这里进入天庭，享受死后的美好世界。那么这天庭和人间是怎样被联系起来的呢？在墓门的外部有很多纹样，有学者认为是云气纹，也有人认为是卷草纹，到了中后期，这种纹样更趋向于十字穿环，无论怎样，这些纹饰有一个共同的特点就是能够沟通天地，使整个墓门画像成为一个整体。在该地区，墓门画像的最大特点就是时空的转化由排列的图像来表现，而且这种排列给人一种很自然、很连贯的感觉。

而对于墓门而言，正因为有了这些墓门画像的排列组合，它才具有了不可替代的作用，因为墓门处在生死的分界线上，它是阴阳的交界处，跨进墓门之前，是生者，跨入墓门之后就要和生时的世界永别，墓门恰恰就是这样一个关卡，沟通着生死。

生和死在墓门相别，一方面死者进入了墓室，从此就进入了另一个世界，进入了一个人们按照美好想象构建的神仙世界，而进入这世界的通道就是墓门上的画像：珍禽神兽带领着他的灵魂通过云气纹、卷草纹升天，四灵庇佑着他不被鬼魅侵扰，门吏站在天门处迎接他，西王母、东王公在天上世界等着他。

另一方面，在东汉时期，"墓葬不仅是一个纯粹的私人空间，在壁画完成后和墓主下葬之前，有的墓室还会对公众开放，以供参观"[1]。在榆林地区所发现的画像石墓中，"大部分画像分布在墓门以及门框、门楣等处，这些部位多面向外，而与墓主的'目光'相背，这种方向似乎更便于让进入墓室的人们看到那些精心刻画的图像"[2]。每个人终究都逃脱不了死亡

---

[1] 郑岩：《关于汉代丧葬画像观者问题的思考》，载《中国汉画研究》第2卷，广西师范大学出版社2006年版，第52页。

[2] 同上，第53页。

的命运,生者看到这墓门画像上描绘的美好图景,对于死亡的恐惧又减轻了一些,取而代之的是对此的认同以及对自己的祖先将要进入这死后世界的美好希冀。

由此可见,墓门上的画像其实是墓主或者是为墓主造墓的人借助图像以及象征的手法向生者展现自己心中所认为的那个死后的世界的情景,是自己情感体验的外化表现。

而这种神秘的情感体验,无疑会对生者产生观念上的影响。因为从汉画像石的创作过程可以发现,一件完整的画像石要通过若干繁复的工序才能够最终完成:首先,一般来讲,能够修建汉画像石的墓主多数是有钱的和有一定权力的中层阶级,雇主集团作为"艺术赞助人"要雇用工匠到山中去选择石材然后由石匠来对石材进行细致的打磨,然后,画工在打磨加工好的石材上用墨线或彩色绘制各类题材的画像,最后,再由工匠按照绘制的底稿进行雕刻和装置。[1]死后的世界究竟怎样,谁也不得而知,所以,"活人只能根据生的体验和对死所建立起来的一套观念进行建造,因此,死去世界的幻境只是人生前世界的一个模本"[2]。

3. 空间的艺术

汉墓所营造的是一个空间,在人们的普遍观念中,空间是与人的存在相关联的,空间的本质在于所谓的"质",也就是意义,而非"功能"。对此,海德格尔就曾说过:"建筑的本性是让居住。建筑本性完成就是所在通过其空间的联合而建立。只有我们能居住,我们然后才能建筑。"[3]这种理解是认识到了所谓的第一空间,它偏重考察空间的客观性和物质性。但空间提供给人类的并不单纯只是一个物质的场所,它还有着其他的重要意义。福柯就曾经这样强调空间的重要性:"空间是任何公共生活形式的基

---

[1] 信立祥:《汉代画像石综合研究》,文物出版社 2000 年版,第 22—26 页。
[2] 朱存明:《汉代墓室画像的象征主义研究》,《艺术探索》2003 年第 1 期。
[3] [德]海德格尔著,彭富春译:《诗·语言·思》,文化艺术出版社 1990 年版,第 144 页。

础,空间是任何权力运作的基础。"[1]

在《空间的诗学》这本书中,巴什拉认为空间并非仅是填充物体的容器,而是人类意识的居所,他说:"在家屋和宇宙之间,这种动态的对峙当中,我们已经远离了任何单纯的几何学形式的参考架构。被我们所体验到的家屋,并不是一个迟钝的盒子,被居住过的空间实已超越了几何学的空间。"[2]简而言之,我们生活在空间之中,空间也存在于我们的灵魂之内。

空间中潜藏着生命的无意识和存在的秘密,空间为人们提供了一个进行想象、梦想、幻想的场所,是一个充满着盎然童趣与诗意的场所,当人们在空间中进行凝神冥想的时候,能够摆脱时间的束缚,远离繁乱琐碎的事件,与喧嚣繁杂的世界隔绝。巴什拉认为,空间的作用就是在千万个小洞里保存着压缩的时间,也就是说人们如果想摆脱时间的束缚,从时间与历史之中逃逸出来,唯一的方法就是进入充满想象、梦想的诗意空间,从而获得永恒宁静的生存空间,在这里,虚静的诗意空间因此具有了超越世俗空间的向度,指向更广袤无垠的宇宙空间。

如果说一切事物都要受时间的限制,那么汉墓墓门画像所营造的空间却为灵魂提供了一个具有永恒价值的场所。

巴什拉对于家宅的描述是这样的:"家宅庇佑着梦想,家宅保护着梦想家,家宅让我们能够在安详中做梦。"梦产生的地方,是幸福的空间。在家宅中人能够获得一种保护性的存在,家宅是梦想的空间。"没有家宅,人就成了流离失所的存在。家宅在自然的风暴和人生的风暴中保卫着人。它既是身体,又是灵魂。"[3]也就是说,空间并非仅仅是物质意义上的载物体容器,更是人类意识的幸福栖居之所。

而作为坟墓艺术的汉墓,则更有这种庇护所的味道,如前所述,墓室的形制是按照生前家宅的样子建造的,也就是说,在人们的内心深处,即便是

---

[1] [法]福柯:《空间、知识、权力》,载《后现代性与地理学的政治》,上海教育出版社2001年版,第13—14页。
[2] [法]加斯东·巴什拉著,张逸婧译:《空间的诗学》,上海译文出版社2009年版,第23页。
[3] 同上,第24页。

到了死后也特别愿意继续自己在一个像生前的家宅的地方继续存在下去，因为只有家宅才能给人们提供庇佑，人们的灵魂才能在那里安放。正如张子中所说："墓门画像石形成的视觉环境，营造出想象中的仙境，从而构成了一个特有的精神文化空间，人的理性和想象力在这里获得了平衡。"[1]

（二）造型特色

1. 去繁就简，雄浑大气

因为画像是在竖长方形的石材上来表现，受石材的质地和雕刻技法的制约，所以在图像的刻绘上就必须舍弃细节，抓整体的感觉，形成了墓门画像的雄浑大气的风格。

如图 2.30，由于在无定河边多出产页岩，所以榆林地区制作汉画像石多用该种岩石，页岩是一种沉积岩，成分复杂，具有薄页状或薄片层状的节理，主要是由黏土沉积经压力和温度形成的岩石，受到页岩质地的影响，其

图 2.30　延家岔汉墓·墓门

注：横额 38 cm×195 cm；左竖石 120 cm×34 cm；右竖石 120 cm×34 cm；左门扉 119 cm×50 cm；右门扉 119 cm×50 cm。原石现存陕西绥德汉画像石展览馆。
资料来源：作者摄于陕西绥德汉画像石展览馆。另见李贵龙等主编《绥德汉代画像石》，陕西人民美术出版社 2001 年版，第 49 页。

---

［1］　张子中：《关于汉画像石的文化思考》，《烟台大学学报》2001 年第 2 期。

不适合精雕细琢，所以在延家岔汉墓墓门门扉上，图像被处理成一种剪影的效果，细节部分的表现很少，但突出大的块面和外轮廓线条，整体感和视觉冲击力非常强烈，与陕北地区的剪纸艺术有异曲同工之妙。

2. 动静结合，互为补充

汉画像是一门雕绘在石材上的艺术，虽然石材限制了图像的刻绘，但先人们在图像的布置上充分体现了他们对艺术的表现力。因为汉画像艺术作为坟墓艺术有其严肃性和主题性，但又不能给人过于冰冷的感觉，要在画像石寄托一种精神情感和美学思考，使得整个墓门画像不是那么呆板和单调，所以先人们采用动静结合的表现手法来布置画面。

我们在考察榆林地区汉墓时发现，墓门上刻绘的画像有一些是表现静态的，比如铺首衔环、日月、门阙等，这些形象给人一种稳定、庄重、威严的感觉，所以用静态来表现；而有一些画像给人灵活、跳跃的感觉，比如朱雀、车马出行、植物等，这些图像组合在一起给人一种视觉上的平衡感，既稳重不失活泼，又灵动不失平衡。

其中，又以朱雀的造型最为灵动华美。

首先，这是由朱雀在人们心目中的特定审美情趣所决定的。朱雀与龙一样是中华民族的另一图腾符号，它是集中了凤凰、孔雀、家燕等一系列鸟形象后被综合创造出来的崭新形象，是祥瑞的象征，所以它被广泛地用于装饰艺术，借以彰显民族精神。

其次，是由朱雀在墓门上的位置所决定的。朱雀一般位于墓门门扉的最上端，位置非常显赫，人们一抬眼，首先映入眼帘的就是朱雀，它总是给人一种王者的感觉：修颈引吭，翅翼展伸，气宇轩昂，超凡脱俗。所以必须对这样一种华美的动物形象大肆渲染，更加突出它的重要性。

特定的审美情趣和设计思维方式决定了朱雀造型的与众不同。

在中国古代美术史上，汉画像石是介于雕塑和绘画之间的一种艺术，众多动物造型庄严威武，韵律感极强，然而，榆林各地区出土的门扉画像上的朱雀都有着共同的特点，那就是，朱雀的姿态大都一致，朱雀的姿态似乎就在它最美的那一刻被定格了下来。这说明朱雀的姿态是一种程式化了的造型样式，是汉代人对朱雀动态形象的完善性概括，是对一种美感的普遍认同。

3. 线面结合，巧拙相依

从民族欣赏心理不难看出，中国的艺术就是线的艺术，中华民族的思维是线性的思维。而"线条最突出的特质在于它能够暗示块体或立体形式。线条在物象的边缘处显得紧张而敏感，它飞快地、本能地但不是连续不断地流动飞转着，恰到好处时，便戛然而止……暗示出由许多条汇聚而成的平面来"[1]。

汪明强在《汉画的造型及启示》一文中指出："汉画线条的种类非常丰富，表现力度也很强：有充满张力的线条，有粗放简约的线条，有纤劲绵密的线条，有婉转流畅的线条。不同质感线条的使用，不仅增强物象本身的表现力度，同时还使画面洋溢出生机勃勃的活力。汉画的线条不仅在于塑造形象，而且起着营造画面气氛的作用。"[2]

然而榆林地区的汉墓墓门画像在雕绘过程中，很大程度上是把人物及动物的那种浑厚、拙朴的形象以体、面造型的方式表现出来的，做到了线与面的巧妙结合。

如图2.31，在墓门的门扉部位，朱雀的造型便是线面结合的典型形象。在对朱雀的羽冠和尾部的表现中，采用了线条由粗到细或者说是由面到线的形式来进行变化，这使得整幅画面非常华美，既有对比又有节奏，给人一种很强的形式感。而朱雀丰满的躯体与展开的翅膀和纤细的双腿又产生了线与面的对比，这种对比使得朱雀的腿部显得更加轻盈、翅膀更加灵动。对于朱雀的嘴巴和眼睛，刻画得也是恰到好处。整个图像给人一种轻巧灵动、和谐完整的感觉。而位于朱雀下方的铺首衔环图像则威严厚重，与朱雀的灵动纤巧形成了鲜明的对比，为画面增色许多。

---

[1] [英]H.里德著，王柯平译：《艺术的真谛》，辽宁人民出版社1987年版，第30页。
[2] 汪明强：《汉画的造型及启示》，《文艺研究》2006年第10期。

图 2.31　绥德县出土汉墓王德元墓·墓门

注：横额 36 cm×182 cm；左竖框 120 cm×36 cm；左扇 105 cm×52 cm；右扇 109 cm×52 cm；右竖框 118 cm×36 cm，原石现存中国历史博物馆。
资料来源：李林等编著，《陕北汉代画像石》，陕西人民美术出版社 1995 年版，第 55 页。

四、结语

墓门区域在榆林地区的画像石墓室构造中，具有重要的意义，人们相信墓门是生死之间的间隔，通过墓门，人们将进入理想中的神仙世界，所以他们极尽所能在墓门上雕绘了许多具有象征意味的画像。这些画像一方面将人们所想象出来的未来世界进行了很美好的展现，涉及的题材非常丰富，有神仙瑞兽类，有经济类，有狩猎类，有生活类，等等；另一方面这些画像具有十分重要的象征意义和功能：门扉上的朱雀引领着墓主进入仙界，铺首的三山冠表明其具有的神性，铺首所衔之环即玉璧，能够驱逐恶鬼，保护墓主，使其灵魂顺利地升入西王母的仙境。门扉上的青龙白虎、独角兽起着守卫墓室、驱除恶鬼的作用,以保护墓主人灵魂安宁,防止墓主尸体遭受侵害,而在墓门的横额位置和竖框位置则展现了有西王母、东王公、珍禽异兽存在的仙界的美好景象,那里一片繁荣。墓门的竖框位置有漫漫云气纹和卷草纹沟通天地,带领墓主人走上升仙路。

  榆林地区汉墓墓门画像不仅内容丰富,而且有着规范的构图和鲜明的艺术特色,虽然榆林地区的汉画像石艺术不是原生的,出现的时间比较晚,但却是综合了山东、南阳等地汉画像石艺术发展过程中的精华之处,展现了其成熟的艺术水准。

白集汉墓画像配置意义研究

史胜翠

在汉画像艺术的研究中,对图与图之间的配置关系的探讨是理解其内涵的重要的方面。因为一个完整的墓室的图像配置,是建立在一个整体设计的关系之上的。但是,长期以来,由于完整的汉墓的发现与保存都是比较少的,所以,有些对汉画像的研究,只能从单幅图像入手。本章选取了徐州贾汪白集汉墓作一配置关系的探讨,目的就是通过这一保存完好的典型的汉画像石墓,来阐释一下整个汉墓图像配置的意义,以便从一个更完整的角度来认识汉画像图像与图像之间的关联,从整体上来把握汉画像的世界。

一、白集汉墓研究综述以及研究方法与难点

(一) 缘起与概念界定

1. 缘起
本章选择白集汉墓做个案研究有四个方面的原因。

首先,白集汉墓的整体墓葬建筑系统和画像石刻保存得较为完整。在

苏北地区原地保存的两座汉代画像石墓[1]中,白集汉墓的墓葬建筑系统保存得相对更为完整,不仅有墓室,还有墓前祠堂和祭祀用的平台。墓室和墓前祠堂的石壁上均雕刻有精美的画像,且画像结构布局安排巧妙,题材内容丰富。

其次,地利之便是笔者选择这个题目的另一个原因。笔者的学校距白集汉墓只有33公里的路程,交通便利,有利于我到白集汉墓进行实地考察。另外,白集汉墓陈列馆的两任馆长及工作人员给我提供了尽可能的方便,我可以长时间地待在墓室内部仔细观察每块石头上的画像,并有机会向当地的群众采风,收集第一手资料。

再次,以往研究中还存在着一些问题,笔者有责任指出并改正它。比如,发掘简报把墓室门楣上的装饰纹画像[2](图3.1、图3.2)和中室藻井上的柿蒂纹两幅画像遗漏,所以把白集汉墓画像总数26幅误认为只有24幅。由于祠堂的北壁基石发掘时已经破碎,墓葬发掘时间与报告发表的时间间隔较久,加之当时的照相技术有限,原报告中发表的23幅拓片尺寸较小,也不够清晰,其他资料里发表的图片资料也不完整。[3]发掘简报中墓葬中室东横梁和北横梁的图片还被倒置。遗憾的是,这些问题和错误一直被学术界沿用。因为有条件进行实地考察,笔者发现了这些问题,并予以了详细论证。

最后,尽管学术界对白集汉墓这批材料多有涉猎,他们的研究涉及白集汉墓的墓葬形制、建筑设计以及个别图像的题材内容等,但大都是作为论述的引证材料。总的来说,对于白集汉墓,无论是研究的范围和研究的深度还显得不够系统和深入。

---

[1] 另一座是茅村汉画像石墓,详见王献唐《徐州市区的茅村汉墓群》,载《文物参考资料》1953年第1期。
[2] 门楣画像内容为垂幛纹、菱形纹、三角纹三种纹饰的复合,雕刻风格与墓室内部的画像边饰相同,只是减地较浅。
[3] 1985年江苏美术出版社出版的《徐州汉画像石》收录了20幅拓片:图97—图116;2000年山东美术出版社、河南美术出版社联合出版的《中国画像石全集》中收录了白集祠堂的东、西侧壁两幅照片:图87、88;2002年线装书局出版的《徐州汉画像石》中收入了白集祠堂的东、西侧壁和中室北壁共4幅画像:图76—79。

图 3.1　白集汉墓墓门外观

资料来源：作者摄于白集汉墓。

图 3.2　白集汉墓门楣线描图

资料来源：作者绘制。

根据以上情况，选择白集汉墓做个案研究是比较理想和有代表性的。白集汉墓位于汉画像石分布集中的苏鲁豫皖交界区，是目前原地保存的较完整的东汉画像石墓之一，通过对这一个比较有代表性的汉画像石墓进行个案研究，可以探索该地区画像石墓在建筑配置、图像意义和丧葬观念等方面的问题。这样的研究对本地区大量的散存画像石的墓葬位置复原以及探寻墓室画像与祠堂画像的关系也有一定的借鉴意义。

考古界所称的"白集汉墓"指的是位于徐州市贾汪区（原铜山县）青山泉乡白集村北部的一座汉代画像石墓。此墓于1965年冬天由南京博物院发掘，发掘简报《徐州青山泉白集东汉画像石墓》发表在1981年第2期《考古》杂志上。虽然简报中已明确说明，墓葬的整体结构由墓室和祠堂两部分组成，但由于其他地方发现的汉代墓葬遗址既有墓室也有祠堂的例子较少,所以对没有到过白集汉墓进行实地考察而对其形制又不太了解的人来说,很容易把"白集汉墓"理解成"白集汉墓墓室"。

而对旅游部门的人来说,"白集汉墓"的概念是徐州市贾汪区政府1994年在原来白集汉墓的墓地周围,修建的一个占地40亩的陈列馆,取名"白集汉墓"。在这个陈列馆内,建造了汉阙式大门、汉墓展馆、汉画像石长廊、画像石拓片展室、休息室、办公室等仿古建筑,还设计了水榭、曲桥、假山、水池等附属景观,其中汉墓展馆除了把原来墓葬遗址的墓垣石和残存的祠堂构件上提,还把原来祠堂前面的一个用碎石和砂姜土夯打而成的平台重新修建。

本章使用的术语"白集汉墓"是对"徐州青山泉白集东汉画像石墓"的简称,在讨论建筑形制时所指的是考古界所称的墓葬概念,但除了祠堂和墓室两部分外,还包括墓葬的封土堆及其周围的墓垣石、祠堂前面的平台。在讨论画像内容及其配置的时候,由于现在的墓葬遗存只有墓室和祠堂构件上雕刻画像,所以白集汉墓画像的概念指的是墓室和祠堂构件石上的画像。

"配置意义"的概念首先是由美国学者费慰梅女士在20世纪40年代发表的《汉"武梁祠"建筑原型考》("The Offering Shrines of 'Wu Liang Tz'u'")一文里提出。她认为,假如对各石块或拓片仅作各自独立的研究,那么"石块间彼此关系及位置上的意义"必然完全丧失;倘能获得它们在"建筑布置位置上"的意义,现在所不清楚的问题,可借此获得回答。[1] 邵立先生对费慰梅女士提出的"配置意义"概念进行了进一步阐释:他认为费慰梅女士提出的"配置意义"是指"某一特定画像题材意义有时并不在画像本身,而在它所处的位置,位置是一种人为的配置,它可以帮我们更准确地分析该画像题材的含义所在"[2]。承蒙两位学者的启发,本文中使用的"配置意义"主要是指在保存得相对完整的墓室和祠堂内,各种画像被安排

---

[1] Wilma Fairbank. The Offering Shrines of "Wu Liang Tz'u", *Harvard Journal of Asiatic Studies 6*, No 1: 3. 另见 *Adventures in Retrieval*, Harvard University Press, 1972, P45. 译文见费慰梅撰、王世襄译《汉"武梁祠"建筑原型考》,载《中国营造学社汇刊》1945年第2期。

[2] 邵立:《东汉画像石的配置结构与意义》,《艺术百家》2006年第5期。

在不同的空间中不同的位置,除了画像本身的意义外,各种图像母题在经过人为布局后,体现出来的人们对表达墓葬整体功能或某一局部空间功能所要求的意义。也就是说,我们借助画像在墓葬中的特定空间和位置,挖掘各种图像母题在汉代人进行墓葬设计时所表达的特定意义。

(二)白集汉墓研究回顾

白集汉墓自发掘以来,受到了国内外学者的关注,相关研究成果陆续发表。除发掘简报以外,以往对于白集汉墓的相关研究大体可以分成考古学、建筑设计学和图像学三个角度。从考古学角度进行的研究包括两个方面:对墓葬年代问题的研究,以及对墓室及祠堂的建筑结构和形制的研究;从建筑设计学角度进行的研究包括对画像石的布局设计,以及对建筑风格受到的外来文化影响两方面;从图像学的角度,一些学者针对白集汉墓的某些图像和图像上的个别母题进行了探讨。

下面我们对白集汉墓的相关研究进行分类回顾:

1. 综述性的研究

发掘简报对墓葬的位置结构、形制及画像石的内容进行了较为详尽的描述。对墓葬的时代问题,从墓葬结构、画像内容和遗存的钱币进行分析,推断为东汉末期的墓葬。对墓主人的身份问题,由于墓葬中没有发现直接提供墓主身份的资料,考古人员根据画像内容和墓室规模,推定墓主的身份为四百石以下的普通官吏。对墓室建筑特点与画像石刻风格问题,认为整个墓室前中后三室基本在一条中轴线上的布局设计"协调、匀称",叠涩顶的建筑形式,既节约用材、坚固,又增加了空间面积,从建筑学角度看是一种很好的设计;另外,在建筑设计上"经过了一番精心安排",把24幅画像石刻按照不同的内容有机地布置在各室,展现了墓主生前的生活情景。[1]

---

[1] 南京博物院:《徐州青山泉白集东汉画像石墓》,《考古》1981年第2期。

王建中先生认为徐州白集汉墓是东汉晚期出土的一座十分重要的墓葬,一是石墓、石祠俱在;二是墓室画像内容丰富、题材繁多,物象充实、雕刻细腻,有的物象还留有墨线和朱彩,使线描、雕刻和施色三位一体,表现了东汉晚期高度发展的绘画艺术;三是祠堂为单开间悬山式建筑,形制与结构简单,且深埋地下,此举改变了传统的祭祀方式,使传统的墓祭逐渐流于一种形式,所以东汉以后石祠建筑逐渐走向消亡。[1]

张道一先生认为徐州地区汉画像石具体应用主要体现在三个方面:一是用在石椁上;二是用在墓室的建筑上,他把墓室结构分为砖石混合结构和纯石结构两种,认为白集汉墓和茅村汉墓是纯石结构的典型代表;三是用在地面的祠堂上,作为生者祭奠墓中死者的祠堂,白集祠堂是徐州地区单间式祠堂的代表。[2]

杨爱国先生在分析汉代祠堂与墓室画像石图像之间的关系时,以白集汉墓的材料为例进行论证。他认为当时社会中下层的人们更注重祠堂画像,像白集汉墓这样同一组祠堂和墓室一般为同一个作坊建造,祠堂与墓室的画像不存在时间上的先后,且很少有重复。[3]

2. 考古学角度的研究

从考古学角度进行的研究主要关注了以下三方面的问题:

第一,有关墓葬的年代问题的研究。

夏超雄先生把考古发掘的 56 座汉墓的壁画和画像石进行了系统的整理,把徐州白集画像石墓编排为第 45 号,画像内容分为天上神灵、田宅生产、出行经历和家居生活四个方面。并进一步把墓葬的年代确定为第Ⅳ组,推测其可能属于东汉献帝时期甚至更晚。[4]

郭晓川先生根据苏鲁豫皖区汉画像的视觉形式特征,结合墓葬形制和

---

[1] 王建中:《汉代画像石通论》,紫禁城出版社 2001 年版,第 255—257、301—302 页。
[2] 张道一、廉晓春:《美在民间——民间美术文集》,北京工艺美术出版社,1987 年,第 298—305 页;另见武利华编《徐州汉画像石》,江苏美术出版社 1985 年版。
[3] 杨爱国:《幽明两界——纪年汉代画像石研究》,陕西人民美术出版社 2006 年版,第 157—167 页。
[4] 夏超雄:《汉墓壁画、画像石题材内容试探》,《北京大学学报(哲社版)》1984 年第 1 期。

陪葬器物等因素，把画像分为八组。他认为徐州白集画像石墓是第八组的典型代表，本组画像代表了汉画像自然主义写实风格的最高成就，他并进一步把本组画像时间定在东汉灵、献二帝时期。[1]

第二，有关墓室形制、结构的研究。

王恺先生从墓葬形制的角度对白集汉墓进行了研究。他把苏鲁豫皖交界地区的汉画像石墓分成三型八式，把白集汉墓归类为三型Ⅲ式墓。这个类型的汉墓全部为石结构，结构较复杂，有前、中、后三室，前室和中室是画像石集中的地方，画像内容丰富，四壁皆有，横额部分尤为集中。[2]

尤振尧先生把苏北地区的汉代画像石墓葬遗存分为两种，认为徐州白集汉墓属于第二种第一个类型，即建于离山较远的平地上，且直接挖穴平地起坟。就墓葬形制而言，白集汉墓属于二型Ⅱ式，即叠涩顶式石室墓，有前、中、后三室，并设有耳室。在阐述技法风格时，他还特别注意到白集汉墓的画像石刻上，留有墨绘黑线的痕迹，同时还发现在物象上设色的现象，由此推测说，苏北地区的汉画像石刻大致都经绘画、雕刻和设色三个步骤，以使画像增加形、质、色的美感。[3]

第三，有关祠堂的建筑形制和功能的研究。

信立祥先生对汉代画像石进行了系统的分区与分期研究，在对汉代石结构祠堂进行分类时，把白集汉画像石墓的墓上祠堂归为第二种，即单开间悬山顶房屋式建筑，他认为这种类型祠堂的主人多为低级官吏和一般平民。[4]

蒋英炬先生把汉代画像石祠堂分为四种类型，认为徐州青山泉白集发

---

[1] 郭晓川：《苏鲁豫皖区汉画像的视觉形式演变的分期研究》，《考古学报》1997年第2期。
[2] 王恺：《苏鲁豫皖交界地区汉画像石墓墓葬形制》，载南阳汉画像石学术讨论会办公室编《汉代画像石研究》，文物出版社1987年版，第53—61页。
[3] 尤振尧：《略述苏北地区汉画像石墓与画像石刻》，载南阳汉画像石学术讨论会办公室编《汉代画像石研究》，文物出版社1987年版，第62—74页。
[4] 信立祥：《汉画像石的分区与分期研究》，载俞伟超主编《考古类型学的理论与实践》，文物出版社1989年版，第234—306页。信立祥：《论汉代的墓上祠堂及其画像》，载南阳汉画像石学术讨论会办公室编《汉代画像石研究》，文物出版社1987年版，第180—203页。信立祥：《汉代画像石综合研究》，文物出版社2000年版，第76页。

现的这座残毁祠堂,形制与武梁祠相同,也是单开间悬山顶房屋式建筑。其画像为浅浮雕,时间也为东汉晚期。[1]

朱存明先生把汉代石结构祠堂分为五个类型,也认为徐州白集祠堂和嘉祥武梁祠都是代表性的单开间悬山顶房屋式建筑。同时他还认为汉代的墓上祠堂,其建筑结构和图像的选择与配置,是严格按汉代人的宇宙观进行的。"它是按地上世界的样子,结合对地下世界的幻想所创造的一个沟通生死两界的神圣空间,重现了幻想中的人文创造的一个完整的宇宙世界。"[2]

武利华先生对徐州考古发现的汉代画像石祠堂和祠堂画像做了系统调查,他把徐州汉代祠堂分为两个时期,白集祠堂无疑属于第二个时期(东汉中晚期)。同时他还把徐州汉代画像祠堂划分为三个类型,徐州白集祠堂属于第二个类型(规模中等单开间悬山顶房屋式建筑)。他还对祠堂画像的题材内容和艺术风格进行了综合分析。[3]

徐建国先生对徐州地区的汉代石结构祠堂进行了研究,把白集汉墓的石祠堂和安徽褚北乡出土的熹平三年(174年)邓掾石祠堂进行了比较,推断白集石祠堂散佚的悬山顶为整块石头凿刻而成,并依据白集祠堂的画像对祠堂的建筑形式进行了复原。[4]

美国学者简·詹姆斯(Jean M. James)女士认为白集祠堂有严格的功能性,"享祠以及里面的随葬品在公元2世纪被有意掩埋了"。与较早的小享祠不同,白集祠堂代表江苏享祠的典型尺寸,其高度恰好可以进人。享祠的大小和留在里面的器皿表明,给返回的魂的祭品是供奉在享祠里的,因此后墙是空白的,不需要表现祭祀场面。在画像题材内容的选择上,白集祠堂的山墙和基石上"只使用了人们熟悉的传统母题的一部分题

---

[1] 蒋英炬:《汉代的小祠堂——嘉祥宋山汉画像式的建筑复原》,《考古》1983年第8期。蒋英炬、杨爱国:《汉代画像石与画像砖》,文物出版社2001年版,第83—96页。
[2] 朱存明:《汉画像的象征世界》,人民文学出版社2005年版,第134、154—155页。
[3] 武利华:《徐州汉代画像石祠堂和祠堂画像》,载孙厚兴、郭海林主编《两汉文化研究》第3辑,文化艺术出版社2004年版,第270—288页。
[4] 徐建国:《徐州汉画像石室祠建筑》,《中原文物》1993年第2期。

材作装饰"[1]。

3. 建筑设计学角度的研究

从建筑设计学角度进行的研究主要关注了以下两个方面的问题：

第一，画像石的布局设计。

李国华从白集汉墓画像石的装饰性方面对画像石内容和形式的关系进行了研究。他认为汉画像石依附于墓葬建筑，是墓室内的装饰画，是环境艺术的有机组成部分；汉画像石采用传统的装饰表达其主观意图；墓室刻画的内容反映了墓主人的灵魂祈求。[2]

张从军先生认为徐州白集画像石墓的画像主要布置在门道两侧和室与室之间的横梁上，这是由墓室建筑的特性决定的；画像内容根据各自所处的位置不同而有所不同：前室的迎宾，中室的仙界，后室的护卫，一目了然的布局和内容选择，表明了这座墓葬的典型设计意图。[3]

第二，墓室建筑风格受到的外来文化影响。

武利华先生从外来文化对汉画像石墓影响的角度，对白集汉墓的墓葬建筑进行了研究。他认为徐州汉画像石墓的叠涩式墓顶、方形和多棱形石柱反映出西方建筑的特点，白集汉墓中的瓜棱柱体现了希腊式建筑的典型特征。[4]

4. 图像学角度的研究

从图像学角度，学者们对白集汉墓的个别图像或图像母题进行了解读：

朱存明先生对白集汉墓前室墙壁上刻画的"十字穿环"图案进行过深

---

[1] [美]简·詹姆斯:《东汉享祠功能的研究》,《美术研究》2000年第2期。
[2] 李国华:《从徐州白集汉墓画像石的装饰性看画像石内容与建筑形式的关系》,载孙厚兴、郭海林主编《两汉文化研究》第3辑,文化艺术出版社2004年版,第349—356页。
[3] 张从军:《黄河下游的汉画像石艺术》,齐鲁书社2004年版,第205—208页。
[4] 武利华:《外来文化对汉画像石艺术风格的影响》,载《第二届海峡两岸楚汉文化研讨会论文集》2006年版,第488—489页。

入研究,他认为十字穿环图案是"穿璧纹"在形式上的抽象,是汉代人"天圆地方"宇宙观的象征符号。[1]

李立先生对汉墓神画与神话艺术精神作了系统的考察分析,在对徐州白集汉墓前室东西两壁刻绘的"十字连环"画像进行深入研究后,他认为只有这种构图方式,才能将如此多的壁形圆环勾连起来,构成一个寓含着能够无限延伸机能的画面。白集汉墓祠堂西壁第三格上刻有飞鸟十只穿梭在嘉禾之间,他认为飞鸟形象所展示的神话艺术精神,跨越了生与死的界限,分别照应着"现在"和"未来"不同的生存空间。[2]

张道一先生在对白集汉墓后室的画像中"铺首衔环"图像母题进行研究时,把这个图像列入"祥瑞故事"系列;张先生还对"鹳鸟衔鱼"等图像进行了研究。[3]

唐士钦先生在研究徐州汉画像中的建筑图时,把白集祠堂东壁上的建筑图命名为"园林建筑图",他认为这幅"园林建筑图"与文献上记载的园林建筑大体相似,把厅堂楼阁的小空间结构与山石池水等景物结合在一起,做到了自然美与艺术美的高度统一。[4]

(三) 研究方法及研究难点

1. 研究方法

本文的写作过程中主要采用了以下几种研究方法:

其一,田野调查法。笔者利用地利之便,先后八次到白集汉墓进行实地考察。考察过程中,了解了墓葬建筑的整体构造,仔细观察了画像石刻的每个细部,并拍摄了大量清晰的图片;还向白集汉墓陈列馆的两任馆长

---

[1] 朱存明:《十字穿环:汉代人宇宙观的符号象征》,载《汉文化研究论丛》第1辑,中国社会科学出版社1993年版,第140—159页。另见朱存明《汉画像的象征世界》,人民文学出版社2005年版,第251—262页。
[2] 李立:《汉墓神画研究》,上海古籍出版社2004年版,第22—23、150—151页。
[3] 张道一:《汉画故事》,重庆大学出版社2006年版,第378、243页。
[4] 唐士钦:《徐州汉画中的古建筑》,《中原文物》1991年第3期。

及工作人员请教,获赠了白集汉墓文字资料;同时,还走进白集汉墓附近的村庄进行采风,从当地的群众口中获得口述历史的材料。

其二,历史文献法。本文在考察墓葬建筑的起源和功能时,查阅了《礼记》《左传》等先秦文献,参考了《史记》《汉书》和《后汉书》等汉代正史文献,以及历代金石学家的代表著作如《金石录》《隶释》《隶续》等,同时广泛借鉴当代的著作,如《秦汉史》《汉代婚丧礼俗考》等对汉代社会、思想及礼仪制度进行的研究资料。

其三,图像学方法。本文在分析白集汉墓中墓室和祠堂的画像时,首先用图像志的方式对每一幅画像进行描述和分析,进而用图像学的方法辨识出图像背后的深层意义,努力去挖掘汉代艺术家(工匠)们没有明确地表达,但却融合在艺术作品深层次的个人心理特征、时代信仰观念和民族精神根源。

其四,图像与文献互证法。本文在分析汉画像的同时,努力把图像还原到当时的历史语境中,在汉代正史中找到文献依据,通过图像与文献互证的方法,力求客观探究汉代人的思想观念。

其五,本文还借鉴了巫鸿先生提倡的"中层研究法"[1],以白集汉墓这批典型的材料为中心,从整体上考察白集汉墓墓葬建筑系统的各个部分的关系,细致分析了墓葬的结构功能、画像题材的选择与装饰部位的意义等问题。

2. 研究难点

本文的研究存在以下几方面的难题:

第一,白集汉墓早年被盗,没有任何随葬品和题记等文字材料可以参照,墓主人的身份也无可稽考。

第二,考古发掘时祠堂已经坍塌,屋顶和后壁及其基石只剩残石。发掘简报称发掘时"祠堂的前门已被社员挖出,左右后三墙仍埋在土中,所以

---

[1] [美]巫鸿:《国外百年汉画像研究之回顾》,《中原文物》1994年1期。李清泉、郑岩:《巫鸿教授访谈录》,《艺术史研究》第2辑,中山大学出版社2000年版,第110—123页。

据此推测祠堂原来是埋在土中的",对祠堂是否有前门、前门的形制如何、前门上是否雕刻画像等问题无从考证。对祠堂本来就被埋在封土中,还是原来在墓上后来由于某种自然的或人为的原因被埋入土中这个问题,现在也已无法考证。另外,现在的白集汉墓纪念馆里已经见不到祠堂后壁石的踪影,所以对后壁的考察也只能浅尝辄止。

第三,据馆长周伟生先生介绍:白集汉墓陈列馆修建前,祠堂前面本来有一个由碎石和砂姜土夯打成的平台,面积大约 12 平方米。墓垣石是砌在经过夯打的地面上,位置与墓室地面水平,不管下多大的雨,没出现任何渗水现象,墓室内一直非常干燥,所以那时墓室内的画像石保存得完好如初。1994 年建馆时,把原来的祠堂构件和墓垣石上提,并在提高后的祠堂前修建了边长为 3.75 米的正方形平台。墓垣石的上提使得原来的防水系统遭到破坏,如今每逢下大雨,墓室的地面和墙壁上总会有渗入的雨水。祠堂前平台的改建也破坏了原来的祭祀平台的形制,因此,我们在对墓前的祭祀平台——坛墠[1]——进行讨论时缺少了原来的实物资料,只能以现在的平台作为参照。

另外,尽管学界的前辈和同仁们对白集汉墓这批材料多有涉猎,但他们大都是在论证某个问题时把白集汉墓或其中的某幅画像作为引证材料。据我所知,目前尚没有学者对白集汉墓进行专门的综合研究,所以我的另一个困难就是没有较成熟的观点可资参考和引用。

最后的问题是画像石研究中遇到的语言表述的问题。由于画像石研究涉及考古学、社会学、美学、艺术学等多个学科,目前的研究体系尚不完善,所以文章的写作过程中有时还会面对缺乏通用语汇的窘境。

墓葬建筑上的石刻画像是依赖于建筑物本身的存在而存在的,墓室和祠堂等墓葬建筑是一种服务于丧葬礼仪的功能建筑,因此,画像石本质上是一种功能性艺术。本文首先从分析其建筑系统本身的结构和功能入手,

---

[1] 著名的武梁碑题记中有"前设坛墠,后建祠堂"的记录。参见洪适《隶释·从事武梁碑》,中华书局 1983 年版,第 75 页。另见蒋英炬、吴文祺《汉代武氏墓群石刻研究》,山东美术出版社 1995 年版,第 17 页。

对白集汉墓画像配置意义进行考察。由于发掘时祠堂已经坍塌,建馆时又把祠堂前的祭祀平台重建,所以,我们首先需要把它们复原到原有的建筑系统和社会礼仪环境中去。

二、白集汉墓建筑复原

白集汉墓是苏北地区建筑系统保存得相对完整的一座汉代画像石墓。1965年发掘时,墓室埋在封土中,除顶部的藻井已被揭开外,其他部分保存得相对完好。祠堂位于南侧墓垣石的正中,与墓室相距8.56米。发掘时,祠堂已经坍塌,只剩残石。据了解,白集汉墓陈列馆修建前,祠堂前面本来有一个由碎石和沙礓土夯打成的平台,面积大约12平方米。1994年建馆时,把原来的祠堂构件和墓垣石上提,并在提高后的祠堂前修建了现在的边长为3.75米的正方形平台,破坏了祭祀平台的原貌。为了更好地考察白集汉墓画像的配置意义,本章中,我们将首先把祠堂和其前面的祭祀平台复原到原有的墓葬建筑系统中去。

(一) 对白集祠堂的进一步复原

如上文所述,一些学者对照附近地区祠堂的形制,认为这是一个单开间、悬山顶房屋式建筑,[1]还有学者对其建筑形式进行了初步复原(图3.3)。[2] 通过对白集祠堂现存石构件的仔细观察,笔者认为,祠堂的底部靠近后壁处还应该有一块祭台石。

经过多次实地考察,笔者发现,现存祠堂东壁石的东面、西壁石的西

---

[1] 信立祥:《汉代画像石综合研究》,文物出版社2000年版,第76页;蒋英炬、杨爱国:《汉代画像石与画像砖》,文物出版社2001年版,第83—96页。朱存明:《汉画像的象征世界》,人民文学出版社2005年版,第134页。武利华:《徐州汉代画像石祠堂和祠堂画像》,载《两汉文化研究》第3辑,文化艺术出版社2004年版,第270—288页。

[2] 徐建国:《徐州汉画像石室祠堂建筑》,《中原文物》1993年第2期。

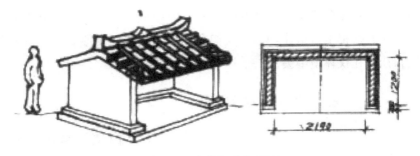

图 3.3　白集祠堂复原图

资料来源：徐建国，《徐州汉画像石室祠建筑》，《中原文物》1993 年第 2 期，第 58 页。

面，东壁基石的东面、北面以及西面的北半部分，西壁基石的西面、北面以及东面的北半部分都未经过仔细地打凿平整处理。

白集石祠堂坐北朝南，建成后，祠堂的北面、东壁的东面及西壁的西面都是祠堂的外面，加上祠堂的后面就是墓葬的封土堆，前来祭祀或参观的人关注的只是祠堂的正面、内部以及画像，而对祠堂的外部是否经过精心平整这个问题并不十分关注。所以对祠堂的外部不做平整处理是很容易理解的。蒋英炬、吴文祺先生也发现过类似的情况。他们在对山东嘉祥武氏祠进行复原时也注意到，"前石室和左石室除正前面的石头刻花纹装饰外，它的山墙和后壁的外面都是凹凸不平的石面及参差不齐的石块"，并由此推测说："这种石祠的两侧和后面可能是用土封掩起来的。"[1]笔者完全同意蒋、吴两位先生的推测。

图 3.4　白集祠堂西壁基石

资料来源：原地保存，作者摄。

---

[1] 蒋英炬、吴文祺：《汉代武氏墓群石刻研究》，山东美术出版社 1995 年版，第 50 页。

图 3.5 白集祠堂东壁基石

资料来源：原地保存，作者摄。

如上所述，祠堂外部未做平整处理的原因很容易理解，但是东壁基石的西面以及西壁基石的东面是在祠堂内部的，两石的北半部分非但没有雕刻画像，甚至没有仔细地打凿平整（图 3.4、图 3.5），这一不合常理的现象就需要我们进一步考察了。

对于体量较小的祠堂，詹姆斯女士认为祠堂内的画像是给返回的"魂"看的。[1]人们的祭祀活动只能在祠堂的前面进行。信立祥先生在研究 1907年日本学者藏田信吉在山东长清孝堂山下的一座小祠堂的后壁出现的一幅"祠堂祭祀图"（图 3.6）时也认为，汉代的墓祭仪式是在祠堂外举行的。[2]

图 3.6 祠堂祭祀图

资料来源：信立祥，《汉代画像石综合研究》，文物出版社 2000 年版，图 43，第 82 页。

对于像白集祠堂这种较大规模的祠堂，两米左右的通高使得人们可以

---

[1] [美]简·詹姆斯：《东汉享祠功能的研究》，《美术研究》2000 年第 2 期。
[2] 信立祥：《汉代画像石综合研究》，文物出版社 2000 年版，第 81 页。

自由出入，墓祭仪式很可能是在祠堂内举行的。据发掘简报[1]，考古人员从祠堂的填土中清理出土有杯、案、盘、勺等陶器碎片，并推测说，应是当时摆在祠堂里的祭品。这说明白集祠堂内部有专门摆放供品的地方，也从另一个侧面证明了在祠堂内部举行祭祀仪式的可能性。白集汉墓汉画像石长廊里陈列了汴塘出土的两块"祭台"石，一块石台长1.35米，宽0.64米（图3.7）；另一块石台长1.60米，宽0.51米（图3.8），两石台两端都刻十字穿环纹，中间刻画耳杯、石鱼及乌龟。1978年青山泉子房村出土的一块画像石（图3.9），长1.33米，宽0.60米，厚0.15米，画面为十字穿环图案，中间并排凹刻三只盘，盘中各刻一条鲤鱼，边饰菱形纹。[2]枣庄市台儿庄区邳庄乡邳庄村出土的一块汉画像石（图3.10）中间刻一壶，壶中插三支香，壶两侧各一盘，盘中有鱼。这三块石头都表达向祖先祭祀的主题，从石头的尺寸来看，应该是祠堂中的祭台。

祠堂作为被观瞻的对象，祠堂的建造者应该会考虑到其内部装饰带给观者的视觉感受，所以不会故意在目光触及之处留有不刻任何画像甚至连石面都是粗糙不平的地方，一定是有另外的东西覆盖了祠堂两壁基石上没刻画像的粗糙之处。

图3.7　祭台石

注：汴塘出土，原石藏于白集汉墓画像石长廊。
资料来源：作者摄。

---

[1] 南京博物院：《徐州青山泉白集东汉画像石墓》，《考古》1981年第2期。
[2] 王黎琳、武利华：《江苏铜山县青山泉的纺织画像石》，《文物》1980年第2期。

图 3.8　祭台石

注：汴塘出土，原石藏于白集汉墓画像石长廊。
资料来源：作者摄。

图 3.9　祭台石

资料来源：王黎琳、武利华，《江苏铜山县青山泉的纺织画像石》，《文物》1980 年第 2 期，第 93 页。

图 3.10　祭台石

资料来源：赖非编，《中国画像石全集》第 2 卷，山东美术出版社 2000 年版，图 150。

现存最早的汉代地面建筑——山东长清孝堂山石祠,其内部有着一块低矮的石坛(图3.11、图3.12),东西宽度正好通间布满,南北进深约1米,大约占祠堂进深[1]的一半。杨宽先生认为:"这是一座用来安置神座等设置,以便举行祭祀用的祭坛。"[2]信立祥先生认为,这块祭台石"不是摆放供品的地方,而是放置祠主的神主之处。"[3]

图3.11 孝堂山祠堂

资料来源:黄晓芬,《汉墓的考古学研究》,岳麓书社2003年版,黑白图版65。

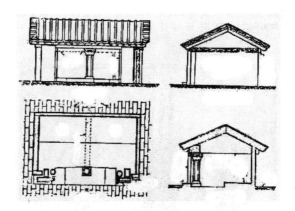

图3.12 孝堂山祠堂结构图

资料来源:罗哲文,《孝堂山郭氏墓石祠》,《文物》1961年第4、5期合刊,第45页。

---

[1] 孝堂山石祠堂进深2.08米,参见罗哲文《孝堂山郭氏墓石祠》,载《文物》1961年第4、5期合刊。
[2] 杨宽:《中国古代陵寝制度史研究》,上海人民出版社2003年版,第133页。
[3] 信立祥:《汉代画像石综合研究》,文物出版社2000年版,第81页。

如上所述,不管是为了供奉祠主,还是为了让别人参观,祠堂发挥功能的区域应该是其前面和内部。白集祠堂东西两侧壁基后半部分的石面粗糙现象都是不允许出现的,这只能理解成白集石祠堂的底部除了铺底的两块石板以外,在祠堂内底部靠近后壁的地方还应该有一块祭台石,其东西宽度布满祠堂底部,南北进深应与两侧壁的粗糙部分相当,高度既挡住了东西壁基石上的粗糙的部分,又没盖住两壁上的画像,即一块东西长约 2.19 米、南北宽约 0.72 米、厚约 0.3 米的被叫作"祭台""祭坛"或者"神台"的石头。

综合以上的考察和推断,笔者对白集汉墓祠堂作如下(图 3.13、图 3.14)的复原。

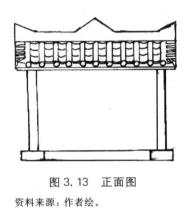

图 3.13　正面图

资料来源:作者绘。

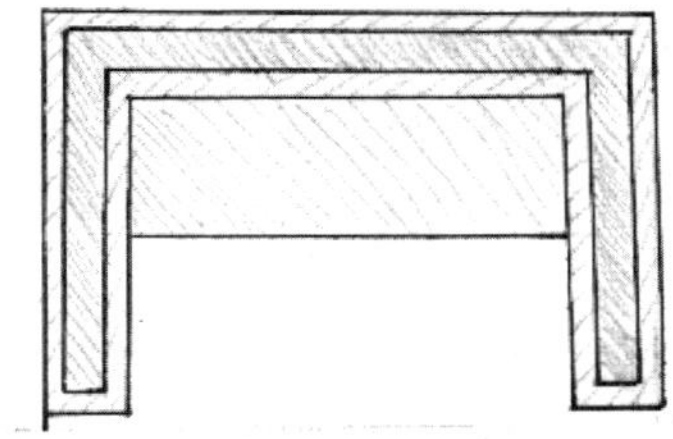

图 3.14　平面图

资料来源:作者绘。

(二) 坛墠的复原

著名的武梁碑题记中有"孝子仲章、季章、季立,孝孙子侨、躬脩、子道,竭家所有,选择名石,南山之阳,擢取妙好,色无斑黄,前设坛墠,后建祠堂。良匠卫改,雕文刻画,罗列成行,摅骋技巧,委蛇有章。垂示后嗣,万世不亡"的记载。[1]《现代汉语词典》里对"坛""墠"两字的解释[2]分别如下:

---

[1]　洪适:《隶释·从事武梁碑》,中华书局 1983 年版,第 75 页;另见蒋英炬、吴文祺《汉代武氏墓群石刻研究》,山东美术出版社 1995 年版,第 17 页。

[2]　中国社会科学院语言研究所词典编辑室编:《现代汉语词典》,商务印书馆 1990 年版,第 1114、999 页。

坛：古代举行祭祀、誓师等大典用的台，多用土石等建成；墠：古代祭祀用的平地。信立祥先生认为武梁祠前建有的"坛墠"就是石造的祭祀用平台，是"祭祀武梁时摆放供品和举行祭祀仪式的地方"[1]。

据杨宽先生研究，原来墓祭只是在特殊情况下采用的礼仪，所以墓地上没有专门用于祭祀的建筑，只是在墓地前面"望墓为坛而时祭"[2]。到春秋、战国之际，由于墓祭开始推行，才开始出现祭墓用的祠坛。《史记·孔子世家》记载孔子安葬后，"鲁世世相传，以岁时奉祠孔子冢"。《集解》引《皇览》说："孔子冢去城一里，冢茔百亩，冢南北广十步，东西广十三步，高一丈二尺，冢前以瓴甓为祠坛，方六尺，与地平，本无祠堂。"由此可知，即便是祭祀受人尊敬的孔子，也只用瓴甓铺成的"与地平"的祠坛。这也进一步说明春秋晚期到秦汉之际，虽然已经逐渐流行墓祭，但墓地上还没有"祠堂"的建筑。两汉时期，设坛祭墓的礼俗非常流行。东汉著名的文学家张衡在《冢赋》中曾这样描述对自己墓地的建设构想：

> 高冈冠其南，平原承其北。列石限其坛，罗竹藩其域。系以修隧，洽以沟渎。曲折相连，迆靡相属。乃树灵木，灵木戎戎。繁霜峨峨，匪雕匪琢。周旋顾盼，亦各有行。乃相厥宇，乃立厥堂。……祭祀是居，神明是处。……恢厥广坛，祭我兮子孙。[3]

他希望自己的墓地四周环以竹墙，内有绿树参天，祠堂之前，有一个石造的祭坛，并希望死后子孙后代能在祭坛上隆重祭祀自己。可见在祠堂前建祭坛，是当时通行的做法。信立祥先生认为："之所以这样做，是因为墓祭时，祭祀者必须在祠堂前摆放供品和举行祭祀仪式。"[4]

从东汉的墓碑来看，汉代的墓葬建筑，有的同时设祭坛和祠堂，上文中

---

[1] 信立祥：《汉代画像石综合研究》，文物出版社2000年版，第81页。
[2] 杨宽：《中国古代陵寝制度史研究》，上海人民出版社2003年版，第117—120页。
[3] 张衡著，张震泽校注：《张衡诗文集校注》，上海古籍出版社1986年版，第253页。
[4] 信立祥：《汉代画像石综合研究》，文物出版社2000年版，第81页。

提及的山东嘉祥武氏墓地便是既设祠堂又设祭坛的例子;有的只在墓前设坛,延熹元年(158年)《郎中郑固碑》载:"先是君大男孟子……年七岁而夭,大君夫人所共哀也,故建□共坟,配食斯坛。"[1]这便是只设祭坛的例子。

1954年发掘的山东沂南北寨村汉画像石墓[2]中室南壁横额西段画像刻有一幅庭院建筑图(图3.15)。庭院为四合封闭式,有前中后三排房屋,其中第三排房子进深较大,中间立一根柱子,上有斗拱支撑前檐。在第三排房屋门前的院落中心,放置一个用来摆放食品的长条形几案,案两侧放有壶、尊等饮食器皿。信立祥先生从这座庭院建筑的形制特点和画像所处的位置以及画像之间的联系等方面进行分析,证明这是一座墓地祠堂建筑。[3]值得注意的是摆放几案、饮食器皿的院落,其作用相当于我们分析的祭祀平台——"坛墠"。从这幅祠堂图中,我们可以明确祠堂(即第三排房屋)与坛墠(即第三排房屋门前的院落)在建筑结构上一前一后,共同服务于祭祀活动。

图3.15 祠堂图(局部)

资料来源:蒋英炬编,《中国画像石全集》第1卷,山东美术出版社2000年版,图205。

---

[1] 洪适:《隶释》卷六,中华书局1983年版,第77页。
[2] 华东文物工作队山东组:《山东沂南汉画像石墓》,《文物参考资料》1954年第8期。另见南京博物院、山东省文物管理处合编《沂南古画像石墓发掘报告》,文化部文物管理局1956年版。
[3] 信立祥:《论汉代的墓上祠堂及其画像》,载南阳汉代画像石学术讨论会办公室编《汉代画像石研究》,文物出版社1987年版,第180—203页。

由此可知,汉代的墓地上,在坟墓或祠堂的前面用土、砖或石修建的平地或平台——"坛墠",是作为摆放祭祀用品和举行祭祀活动的地方。其功能与祠堂一样,也是为墓上祭祀活动服务的礼仪性空间。因此,白集祠堂前用碎石和沙礓土夯打成的平台——"坛墠",作为墓葬整体建筑的一部分,与祠堂在一起共同执行祭祀礼仪的功能。

三、白集汉墓墓室形制及画像配置意义

汉代墓葬建筑上的石刻画像是墓葬建筑的组成部分,从严格意义上讲,这是一种依附于墓葬建筑的装饰艺术,一旦脱离建筑实体,这些画像就脱离了它赖以生存的环境,所以对画像石的研究必须结合其本来在墓葬建筑所处的位置来进行。

我们对白集汉墓墓室画像配置意义的考察必须建立在对墓室形制充分了解的基础之上。

(一)白集汉墓墓室形制结构

据考古简报,白集汉画像石墓的墓葬是采用平地起坟的办法建造而成的纯石结构墓葬。墓葬周围是一片平地,现存的土墩顶部东西宽24.97米,南北长30米,高2米多,土墩的四周有用三层条石垒砌的墓垣。墓室结构分前、中、后三室,另外中室附有左右两个耳室。(图3.16)

前室略呈方形,位置不在中轴线上,而是略向东偏,前室底部用三块石板铺地,东西宽2.13米,南北进深2.16米,顶部用四层条石叠涩而上,逐渐缩小成3.96平方米的顶口,前室通高2.97米。

中室呈横长方形,底部用五块石板铺地,东西宽3.9米,南北进深2.4米。顶部在横梁之上,共有五层条石叠涩而成,顶口东西长0.75米,南北宽0.45米,上部盖有藻井一块,中室通高3.15米。

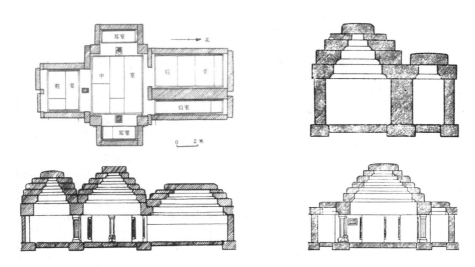

图 3.16　白集汉墓墓室平、剖面图

资料来源：南京博物馆，《徐州青山泉东汉画像石墓》，《考古》1981 年第 2 期，第 138 页。

后室成长方形，中间用大石板隔离成东西两室。西室南北长 3.24 米，东西宽 1.65 米，高 2.37 米。室底由四块石板铺地，室顶用三层条石叠涩砌成顶口；东室比西室矮小，南北长 3.24 米，东西宽 0.66 米，高 1.65 米。室底由一块石板铺成，室顶用一层条石砌作顶口。

前室、中室、后室，以及中室与两耳室之间有门相通，但门都不另设门扉。为了承托跨度过大的横梁，前室与中室以及中室与两耳室之间都有立柱支撑。三个立柱的柱身都刻成八角棱形，上刻栌斗，下刻柱础，分别有子母榫嵌入横梁和墓底。三柱的形制略有不同，其中东立柱（中室通往东耳室间）柱身呈正八角形，栌斗和柱础上没有其他雕饰；南立柱栌斗的西面和北面分别雕刻有一动物头，北面的似熊头，西面的似狮子头；西立柱的特别之处在于其柱础雕成一头蹲伏的绵羊形状，羊头朝向中室，卷角、垂须、紧嘴微露齿。从建筑学的角度看，这样的设计既实用又美观。另外，在中室通往其他各室的门两侧还雕有一种左右对称的倚柱。倚柱上刻栌斗，下刻柱础，刻半身瓜棱纹。

表 3.1　白集汉画像石墓建筑形制表

序号	墓室	规格		墓顶	地面、壁面、顶面装饰
		大小及说明（东西宽×南北进深×通高，单位：米）	面积（平方米）		
1	前室	2.13×2.16×2.97	4.572	叠涩顶	用三块石板铺地；石板砌壁，顶部用四层条石叠涩而上，缩小成 3.96 平方米的顶口，以方形石板盖顶
2	中室	3.9×2.4×3.15	9.36	叠涩顶	五块石板铺地；壁面石板装饰倚柱，柱身瓜棱涂朱色；顶部用五层条石叠涩而上，缩小成长 0.75 米，宽 0.45 米的顶口，以藻井石盖顶
3	东后室	3.24×0.66×1.65	2.138	叠涩顶	一块石板铺地；石板砌壁；顶部一层条石叠涩成顶口
4	西后室	3.24×1.65×2.37	5.346	叠涩顶	四块石板铺地；石板砌壁；室顶用三层条石叠涩成顶口
5	东耳室	1.50×0.60×1.65	0.9	叠涩顶	一块石板铺地；石板砌壁；顶部一层条石叠涩成顶口
6	西耳室	1.56×0.54×1.65	0.842	叠涩顶	一块石板铺地；石板砌壁；顶部一层条石叠涩成顶口
7	其他过道、走廊		约 6		
	总计		总约 30		

资料来源：周学鹰，《徐州汉墓建筑》，中国建筑工业出版社 2001 年版，第 174—175 页，表 3—4。

通过以上分析，我们了解到，白集汉画像石墓虽然没有明确的铭文题记，但墓葬保存得较为完整，墓室形制属于东汉中后期典型的前、中、后三室墓，这是一种由"凸字形"墓发展而来的墓葬结构。墓室的建筑结构仿照了地面建筑"前堂后室"的结构。

人类将死者的尸体或尸体的残余部分按一定的方式放置在特定的场所，称之为"葬"，用于放置尸体或其残余的固定设施，称之为"墓"，两者一般合称"墓葬"[1]。在古代,作为死者葬身之所的墓葬,被人们视为死后的住宅,予以高度重视。《仪礼·士丧礼》:"筮宅,冢人营之。"郑玄注:"宅,葬居也。"《礼记·杂记上》"大夫卜宅与葬日",疏引《正义》曰:"宅为葬地。"战国晚期到秦汉时代,墓葬的形制日趋复杂,墓室日益"第宅化",《荀子·礼论篇》记载:"故圹垄,其貌象室屋也。"意思是说,建筑墓圹和坟丘必须像给活人建造住房一样讲究。

据《史记·秦始皇本纪》记载秦始皇陵的营造经过:"始皇初即位,穿治郦山,及并天下,天下徒送诣七十余万人,穿三泉,下铜而致椁,宫观百官奇器珍怪徙臧(藏)满之。令匠作机弩矢,有所穿近者辄射之。以水银为百川江河大海,机相灌输,上具天文,下具地理。以人鱼膏为烛,度不灭者久之。"可见秦始皇的陵墓已经是极力把墓室建成如同人间世界一样的地下宫殿。

汉代初期,完成了从竖穴椁墓向横穴室墓的转变,这一过程体现汉墓建筑"第宅化"的趋势。西汉时期,洞室墓和空心砖墓逐渐取代长方形竖穴土坑墓,发展成为主要的墓室形制。从考古发掘的汉代墓葬看,现在的徐州地区(汉代的楚国)从西汉早期后段开始到西汉晚期为止盛行开山凿洞、建造中轴线配置型的大型崖洞墓,如徐州市北洞山楚王墓[2]、狮子山楚王墓[3]、龟山汉墓[4]等。西汉末年开始,在山东、河南、江苏和河北北部、四川中部、陕西北部及山西西部等地兴起了画像石墓。在目前出土的汉代大型画像石墓中,有石刻纪年题记的最早的是河南南阳地区唐河县新店出土的王莽天凤五年(公元18年)郁平大尹冯孺人墓。[5]徐州地区也出土了一些规模较大的多室画像石墓,如熹平四年(175年)茅村汉画像石墓[6]、

---

[1] 王仲殊:《中国古代墓葬制度》,载《中国大百科全书》考古卷,中国大百科全书出版社1986年版,第665页。
[2] 徐州博物馆、南京大学历史系考古专业:《徐州北洞山西汉墓发掘简报》,《文物》1988年第2期。
[3] 狮子山楚王陵考古队:《徐州狮子山楚王陵发掘简报》,《文物》1998年第8期。
[4] 南京博物院、铜山县文化馆:《铜山龟山二号西汉崖洞墓》,《考古学报》1985年第1期。
[5] 南阳地区文物队等:《唐河汉郁平大尹冯君孺人画像石墓》,《考古学报》1980年第2期。
[6] 王献唐:《徐州市区的茅村汉墓群》,《文物参考资料》1953年第1期。

邳州彭城相缪宇墓[1]等。"大约安帝以后,黄河流域的诸侯王与列侯都实行前、中、后三室之制,前室象征庭,中室即'明堂',后室即后寝。"[2]墓葬的形制虽有制度上的规定,但同一时期邻近地区的地方官吏和富豪的墓葬建筑也使用了类似的结构。这一点,从考古发掘的许多前中后三室墓的材料可以印证。如:沂南北寨汉画像石墓[3]、山东安丘汉画像石墓[4]、徐州青山泉白集汉画像石墓[5]、安徽宿州褚兰一号画像石墓[6],等等。

吴增德和肖元达先生通过对山东沂南汉画像石墓出土的日字形的宅院图、河南淮扬于庄出土的陶庄园模型以及四川汉画像砖上的宅院图的对比研究,认为汉代住宅建筑的基本布局有以下特点:(1)宅院有一条从前大门中央伊始的纵轴线,在此纵轴线上,院子和房子交错着向纵深发展。(2)不论有几个院子和几排房子,整个宅院都有前大门和中大门。(3)中大门之后的第三排房都为主题建筑。由此他们认为:汉代前、中、后三室墓的布局是模仿地面住宅建筑的结果。墓室的前室和中室以及其两侧的耳室,相当于前大门和中大门之门厅以及其两侧的屋子。后室相当于中大门之后的主体建筑。[7]

根据"事死如事生"的丧葬观念,在按"前堂后室"标准设计建造的墓室内,"后室"无疑是放置死者棺椁的地方,而"前堂"则仿照地面建筑的厅堂,放置生人所用的各种器具、物品,甚至将房屋、田地、家禽牲畜之类也制作成模型和偶像随葬。[8]

"事死如事生"的丧葬观念不仅可以通过墓室中的随葬品来体现,同

---

[1] 南京博物院、邳县文化馆:《东汉彭城相缪宇墓》,《文物》1984年第8期。
[2] 俞伟超:《汉代诸侯王与列侯墓葬的形制分析》,载《中国考古学会第一次年会论文集》,文物出版社1980年版。
[3] 华东文物工作队山东组:《山东沂南汉画像石墓》,《文物参考资料》1954年第8期。
[4] 山东省博物馆:《山东安丘汉画像石墓发掘简报》,《文物》1964年第4期。
[5] 南京博物院:《徐州青山泉白集东汉画像石墓》,《考古》1981年第2期。
[6] 王步毅:《安徽宿县褚兰画像石墓》,《考古学报》1993年第4期。
[7] 吴增德、肖元达:《就大型汉代画像石墓的形制论"汉制"》,《中原文物》1985年第3期。
[8] 李如森:《汉代丧葬礼俗》,沈阳出版社2003年版,第98页。

样,墓室墙壁上的彩绘壁画、画像石或画像砖等艺术形式也表达了当时人们的思想。由于白集汉墓发掘时已经被盗,我们已经无法从随葬品中寻找当时人们的丧葬观念,所以全部的线索都集中在了对墓葬的内部结构和石刻画像的解读上。

(二)白集墓室的画像内容及配置意义

白集汉墓墓室中的画像主要集中在前室和中室,后室中只有后壁上有画像。以下我们首先分别对墓室中的画像内容及其所在的位置进行描述,然后尝试结合画像的位置及墓室的空间功能对墓室中的这些画像的意义进行阐释。

1. 后室画像内容及其配置意义

如前所述,白集汉墓有两间后室,后室内部只有后壁上雕刻画像。由于西后室的规模比东后室大,所以在画面的布置上,依据各自后壁的大小来设计画像。

东室后壁由上下两块石头相叠砌成,整个画面纵跨二石分成上、中、下三格,上层石上刻二鸟交颈为第一格;下层石上格刻铺首衔环,下格刻斗兽图:左侧一人面向室内站立,双手拿一支长矛,正朝他左侧的一只体形硕大的猛兽刺去。(图3.17)

西后室与东后室一样,后壁也是由两层石块相叠砌成,画面也分为上中下三层。但由于壁面较大,左右方向分成了两部分。左右两边画像布局基本相同,上格左侧刻二鸟相对,低头作啄食状;右刻亦刻两鸟相对,羽冠华丽,仰头并颈。下层石上格左右两侧皆刻铺首衔环,铺首两边分别刻一鸟,面向铺首作攀登状。下格左侧刻二鸟相对,低头共啄一鱼;右侧刻二鸟相对,各衔一鱼,并共踩一鱼。(图3.18)

图 3.17　东后室后壁画像

资料来源：武利华编，《徐州汉画像石》，线装书局 2001 年版，图 107。

图 3.18　西后室后壁画像

资料来源：武利华编，《徐州汉画像石》，线装书局 2001 年版，图 108。

这两幅画面的基本配置是以鱼、鸟、铺首衔环为主。鱼、鸟是汉代文物上常见的装饰图案。传统观念认为,鱼、鸟是吉祥的象征物,鸟为瑞禽,特别是凤鸟,"见则天下安宁"[1]。汉画像石铺首衔环图像多出现在地下墓室的墓门门扉上,如江苏睢宁九女墩汉画像石墓[2]的墓门西扉(图3.19),画面上格刻凤鸟衔瑞草,下格刻铺首衔环。河南南阳地区唐河针织厂汉画像石墓[3]、陕西神木大保当汉墓(图3.20)等墓室的门扉上也刻有铺首衔环。地上祠堂的门阙上有的也刻有铺首衔环的图像,如山东嘉祥武氏祠东西双阙[4]、河南登封中岳汉三阙中的太室阙[5]等。铺首衔环图像在汉画

图3.19 睢宁九女墩汉墓墓门西扉画像

资料来源:汤池编,《中国画像石全集》第4卷,山东美术出版社、河南美术出版社2000年版,图115。

---

[1] 袁珂译注:《山海经全译》,贵州人民出版社1991年版,第14页。
[2] 南京博物院:《江苏睢宁县九女墩汉墓清理简报》,《考古通讯》1955年第2期。
[3] 周到、李京华:《唐河针织厂汉画像石墓的发掘》,《文物》1973年第6期。
[4] 蒋英炬、吴文祺:《汉代武氏墓群石刻研究》,山东美术出版社1995年版,第11、13页。
[5] 吕品编著:《中岳汉三阙》,文物出版社1990年版,第16、17页。

图 3.20 陕西神木大保当墓门画像
资料来源：陕西省考古研究所编,《陕西神木大保当汉彩绘画像石》,重庆出版社,2000年,第86—87页。

像石棺上也偶有发现,如四川芦山县石羊上村王晖墓的画像石棺的前端刻有铺首衔环。铺首通常被认为起到一种镇守门户、辟邪保卫的作用。

  白集汉墓后室后壁上出现的这几处鸟的画像是否只是表达吉祥的含义？鸟衔（啄）鱼的图像组合又具有怎样的含义？东后室画像下格中的刺虎图又该如何理解？铺首衔环在此处表现了怎样的观念？带着以上问题,我们从画面细部入手,逐一分析出现后室后壁画像上的各图像母题的含义,并进一步挖掘这几种图像母题经过人为的组合配置后的意义。

  我们先从出现在西后室画像下格的鱼开始讨论：

  由于鱼的自然属性就是产卵多,繁殖能力强,所以经常被用来象征丰饶和多产,因而最初和母亲神联系在一起。在中国,由于鱼与裕谐音,它自古即为财富和丰裕的象征,同时也代表婚姻和多子多孙。[1]

  在中文里,尤其在民歌中,隐语的例子很多,以"鱼"来代替"匹偶"或"情侣"便是一个典型的隐语的例子。[2]

---

[1] [美]詹姆斯·霍尔著,韩巍等译：《东西方图形艺术象征词典》,中国青年出版社2000年版,第43—44页。

[2] 闻一多：《伏羲考·说鱼》,上海古籍出版社2006年版,第186—207页。

其次,由于鱼是生活在水中的,汉画像中经常用刻画鱼的方式来表现水。根据汉代阴阳五行观念,水,属阴,是北方、冥界、地下世界的象征。所以,鱼也是阴性的。《易·剥卦》"贯鱼,以宫人宠",注:"贯鱼,谓此众阴也。"

另外,汉画像中也常见到鱼拉车的画像,如山东邹城出土的"鱼拉车图"(图 3.21)、南阳市王庄汉墓出土的"河伯出行"图(图 3.22),说明在汉代人心目中,鱼是可以作为升仙骑乘的神物。

接下来我们分析一下鸟图像的含义:

由于鸟给人们的直观感受首先是会飞,生活在天空,所以古人认为太

图 3.21　邹城出土　鱼拉车图

资料来源:张道一,《汉画故事》,重庆大学出版社 2006 年版,第 358 页。

图 3.22　河南王庄出土　河伯出行图

资料来源:王建中编,《中国画像石全集》第 6 卷,河南美术出版社 2000 年版,图 155。

阳是被一只大鸟驮着在天空中运行的。因此古代许多民族把大鸟与太阳或天空之神联系起来。《冠子》中有"风火之禽,太阳之精也"的说法。汉画像中经常见到背着太阳飞行的金乌,如河南南阳市一中汉墓出土的"阳乌"图(图 3.23)、南阳溧河十里铺汉墓出土的"阳乌、人面兽"图(图 3.24)、南阳王寨汉墓出土的"日月同辉、彗星"图(图 3.25)等。

图 3.23　南阳出土　阳乌

资料来源:闪修山等编,《南阳汉画像石》,河南美术出版社 1989 年版,第 159 页。

图 3.24　南阳十里铺出土　阳乌·人面兽

资料来源:王建中编,《中国画像石全集》第 6 卷,河南美术出版社 2000 年版,图 196。

图 3.25　南阳出土　日月同辉

资料来源:汤池编,《中国画像石全集》第 5 卷,山东美术出版社 2000 年版,图 148。

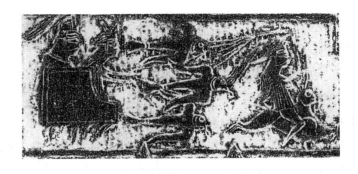

图 3.26　嘉祥出土　鸟拉车图

资料来源：赖非编，《中国画像石全集》第 2 卷，山东美术出版社 2000 年版，图 125。

　　在世界各地，鸟被广泛地视为灵魂的象征，因为人们认为灵魂在死后会升向天空。埃及墓葬画中，一种叫埃及身魂的鸟盘旋于木乃伊之上，象征神与法老的神圣的力量。其后，它转而象征死者的灵魂，并被认同为希腊人所谓的心灵。[1]

　　鸟由于其飞翔的特性，被视为拥有沟通人间和仙界的能力，还被认为是"古代巫师用来沟通人神的使者"[2]。汉画中经常出现的"鸟拉车"图像，如临沂白庄、嘉祥出土的汉画像石（图 3.26）平邑汉阙上，均可见到鸟拉车的图像。[3] 乘坐鸟车的主人，应是东王公、西王母等神仙一类的人物。另外，西王母世界中有三青鸟、三足乌伴其左右为其取食，说明鸟在汉代人心目中是升仙的骑乘工具和具有神性的动物。

　　在分别分析了鱼和鸟的意义之后，我们再来看一下"鸟衔（啄）鱼"的图像含义。

　　据闻一多先生考证，打鱼、钓鱼等行为在中国语言中是"求偶"的隐语。许多民歌中常以烹鱼或吃鱼比喻合欢或结配。有时还将男女两方中被动方面比作鱼，将主动方面比作吃鱼的鸟类，或兽类。[4] 在古人心目中，鱼

---

[1]　[美]詹姆斯·霍尔著，韩巍等译：《东西方图形艺术象征词典》，中国青年出版社 2000 年版，第 19 页。
[2]　孙长初：《汉画像石"铺首衔环"图像解析》，《南京艺术学院学报》（美术与设计版）2006 年第 3 期。
[3]　李发林：《汉画考释和研究》，中国文联出版社 2000 年版，第 201 页。
[4]　闻一多：《伏羲考·说鱼》，上海古籍出版社 2006 年版，第 186—207 页。

属阴,鸟属阳,因此汉画像石中经常出现的鸟啄(衔)鱼的组合体现了汉代阴阳五行观念当中的"阴阳交合,化育万物"的思想。"啄(衔)鱼"又可理解为"食鱼",《释名》曰:"食,殖也,所以自生殖也。"[1]画像石中出现的以鸟啄食鱼,则是隐喻了男女合欢,繁衍后代。

接下来我们再看一看东后室画像下格中出现的虎的意义:

古人认为,虎能食人。人死皆为鬼,那么虎也自然能食鬼。东汉应劭《风俗通义》说:"虎者,阳物,百兽之长也,能执搏挫锐,噬食鬼魅……"因此,汉代便出现画虎食鬼之俗。虎在古人心目中和其他许多神灵一样有两面性,一方面被奉为神兽,用以驱鬼镇邪,另一方面又作为妖兽之化身。在汉代,视虎为神兽是虎崇拜习俗的主流。[2]汉画像石上,虎的形象较为常见。是否为白色,却很难说。白虎是四神之一,有保卫墓室主人、驱鬼避邪的作用,它也是祥瑞之一。《宋书·福瑞志》说:"白虎王者不暴虐,则白虎仁,不害物。"[3]可见,在汉代人心目中,虎已由食人的凶兽衍变成了专食鬼魅、驱鬼避邪的神兽之一。

通过如上分析,我们发现,鱼、鸟和虎在汉代人的思维里都是具有神性的动物。那么西后室出现的鸟啄(衔)鱼除了表现男女合欢是否还有别的含义?英国著名人类学家弗雷泽的《金枝》里关于杀死神性动物的分析[4]或许可以帮助我们解答这两个问题。阿卡契曼人在每年的配恩斯节都会杀死一只他们认为是神物的鸟,并相信他们每次杀死的是同一只鸟,这样做是因为他们相信"把生命这样从一个渠道岔开,它就会重新自由地流入一个新的渠道;换句话说,被杀的动物会复活,进入一个新的生命期,具有青年的朝气和精力"。在萨满教影响遍及全球的背景下,尽管汉人与阿卡契曼人相距遥远,但他们的思维方式相似也是有可能的。顺着这样的思路,我们相信,汉画像中鸟啄(衔)鱼的图像除了表达"男女合欢"的含义外,

---

[1]《释名·释饮食》卷四。
[2] 戴建增:《汉画中的虎崇拜》,载《南都学坛》2004年第5期。
[3] 李发林:《汉画像中的祥瑞画》,载《南都学坛》1987年第1期。
[4] [英]弗雷泽著,徐育新等译:《金枝》,中国民间文艺出版社1987年版,第718—719页。

鸟把鱼吃掉,鱼的生命在鸟的身上得到延续,从而阴间世界的墓主人的灵魂就寄托在了鸟身上,以灵魂鸟的形式继续生活。这样啄(衔)鱼的鸟图像就是死者灵魂继续存在的象征。

如上所述,汉画像中的铺首衔环图像多出现在墓室的门扉、地上祠堂的门阙和画像石棺的前部,白集汉墓的铺首衔环画像出现在后室的后壁上,是一种较为少见的情况。后室作为执行"藏"的功能的空间,也就是放置盛放尸体的棺椁的地方。汉代的墓葬建筑仿照生宅"前堂后室"的结构,后室相当于地面住宅的卧室。把二鸟相依,作交颈、并颈或低头啄鱼等姿势理解为夫妇鸾凤和鸣、生活和谐的象征尚可以解释。但作为画面中心、占据了画面正中二分之一画幅的铺首衔环,无论从图像尺幅的大小,还是从其所处的画面中心位置带给人们的视觉感受上,都应该作为后室画像的主体。如果还认为是与墓门上的铺首衔环一样,只起到一种守卫、避邪的功能的话,整个后室的画像从配置意义上解释起来就有些牵强甚至混乱。基于以上分析,我认为,此处的铺首衔环除了传统意义上的辟邪守卫功能外,一定还有其他更深层次的意义。

孙长初先生对新石器时代仰韶文化遗址出土的人面鱼纹彩陶盆,红山文化遗址出土的玉佩饰,良渚文化墓葬出土的刻画神人兽面纹的玉琮、玉钺、玉山字形器、玉冠状器等具有特殊含义的器物图像进行分析研究后,认为"史前巫师最重要的外形特征是戴羽冠"。而刻画在汉画像石上的铺首图像几乎无一例外地表现为戴山字形高冠的兽面。目前研究铺首衔环图像的学者大都公认:铺首图像直接起源于商周青铜器上的基本装饰母题——饕餮纹。因此孙先生认为:"刻画在汉画像石上的铺首衔环图像是对与史前原始巫术相关联的神巫形象的简化或抽象。"[1]孙先生进一步分析说"山"字形高冠,并非是汉代工匠的率意而为,而是"象征着巫师一类的神人"。铺首实际上是神人兽面纹的组合,山字形的高冠代表的是省略后的神人图像,兽面直接继承了史前时期的兽面纹、商周青铜器上的饕

---

[1] 孙长初:《汉画像石"铺首衔环"图像解析》,《南京艺术学院学报》(美术与设计版)2006年第3期。

饕纹。

对于铺首所衔之环,学术界也有较为一致的认识:

从文献资料对玉器命名的情况看,环是玉器的一种。环、瑗、璧这些玉器的名称,是根据内孔和外身的大小比例不同确定的。[1]玉璧在中国古代是一种重要的礼器。《周礼·春官·大宗伯》记载了周代的用玉制度:

以玉作六瑞,以等邦国。王执镇圭,公执桓圭,侯执信圭,伯执躬圭,子执谷璧,男执蒲璧。

以玉作六器,以礼天地四方。以苍璧礼天,以黄琮礼地,以青圭礼东方,以赤璋礼南方,以白琥礼西方,以玄璜礼北方。

从考古资料来看,玉璧在良渚文化时期广泛用于陪葬,进入阶级社会后广泛用于祭祀。

因此,铺首衔环图像便是神巫形象和跟天的含义有关的玉璧的有机组合,其含义除了出现在大门上表示镇守门户、驱鬼避邪之外,还具有沟通天地、把死者的灵魂送入天国的含义。

综合以上分析,白集汉墓后室后壁的这两幅画像的图像配置意义就可以从以下两个层次来理解:首先,后室作为象征地面住宅的"后寝",首先要符合安全、吉祥的要求,画面中格的铺首衔环图像和东后室画像下格的刺虎图起到了镇守墓室、驱鬼辟邪的作用,然后上格中的二鸟交颈表现了一种夫妇生活和谐、吉祥美满的状态,同时西后室画像下格中的鸟啄(衔)鱼图像寄托了墓葬的设计者对墓主夫妇生活和谐、多子多孙的祈愿。第二层含义,我们从下往上分析,画像下格中的"鸟啄(衔)鱼"和"刺虎"表达的是墓主人的生命形式在象征后寝的后室中完成了形式上的转化,即以灵魂鸟的形式继续存在;中格的铺首衔环和鸟的组合表明灵魂鸟在以"铺首衔环"表现的沟通天地的神巫的帮助下顺利升到天国;上格中的

---

[1] 朱存明:《汉画像的象征世界》,人民文学出版社2005年版,第253页。

二鸟交颈图像表明男女墓主人的灵魂在天国中自由自在、和谐美满地生活着。总之,后室画像从几种画像母题的各自含义和其位置关系上,体现出了同一个主题,即墓主人在安全祥和的后寝中完成了生命(灵魂)形式由死(尸体)到生(灵魂鸟)的转换,并顺利升入天国仙境,过上神仙般的生活。

2. 中室画像内容及其配置意义

上文关于白集汉墓墓葬形制的分析中已经指出,白集汉墓墓室的中室采用了叠涩顶的建筑模式,藻井、横梁以及墓室的四壁上布满画像。以下我们按从上到下的顺序先对画像的内容进行简要的描述。

墓顶盖石,建筑学上称为藻井。中室的藻井石出土时已经破损,据考古报告称,"朝室内一面雕刻柿蒂形纹饰"。(图3.27)

南横梁的中间刻一立柱,柱上有栌斗,下有柱础。柱左侧刻一组奇禽异兽,五只凤鸟或并颈、或飞翔、或站立,最左是一条青龙;柱右侧也是一组珍禽异兽,最右边有一只凤鸟,往左刻有两匹奔腾的马,再左是一只老虎、一头鹿和一只龟,龟的颈部恰好被立柱遮挡,头部从立柱左边露出。(图3.28)

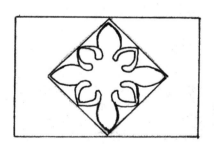

图3.27 中室藻井画像

资料来源:南京博物院,《徐州青山泉东汉画像石墓》,《考古》1981年第2期,第139页。

图3.28 中室南横梁画像

资料来源:武利华编,《徐州汉画像石》,线装书局2001年版,图101。

图 3.29　中室东横梁画像

资料来源：武利华编,《徐州汉画像石》,线装书局 2001 年版,图 111。

图 3.30　中室北横梁画像

资料来源：武利华编,《徐州汉画像石》,线装书局 2001 年版,图 110。

图 3.31　中室西横梁画像

资料来源：武利华编,《徐州汉画像石》,线装书局 2001 年版,图 112。

东横梁上刻有珍禽异兽共十只,其中八条龙分别作扭曲嬉戏状,一只鸟低头啄食二鱼,另一只鸟转身用嘴巴梳理羽毛。(图 3.29)

北横梁上刻有异兽共十只,其中最左边刻有一只翼虎,左二刻有一只九头兽,左五为一人面兽,左七异兽头上有两个人面、尾巴上有三个人面,其他异兽为龙的形象。(图 3.30)

西横梁刻有珍禽异兽共九只,五条龙作行走状,四只鸟或飞翔或站立。(图 3.31)

墙壁上的画像从位置上基本可以分为上下两层。下层即处于四面墙壁画像下格的建筑人物、歌舞、宴饮、树下喂马、兵器架及游徼等看似是模仿人间生活的画像；上层为墙壁画像上格的珍禽异兽、日月神、瑞鸟、嘉禾。下面我们按照从后往前的顺序分别进行描述：

中室北壁有两幅画像：西侧画像在直棂窗下，发掘简报称之为"宾主宴饮图"（图 3.32），画面主要刻有一座楼阁建筑，屋脊四周有四只凤鸟，楼阁一层的厅堂里有两人对饮，左侧刻有乐队弹琴歌唱。东侧画像（图 3.33）在东西两后室的门洞之间，画面上下分三格，上格刻有两条龙，中格刻有凤鸟建筑人物图，楼顶立有两只凤鸟，屋脊上有两只猴子，楼下厅堂里有两人对饮。下格刻有宴饮图，宾主两人坐在矮榻上对饮，左侧站着两侍者，一人拥彗，另一人左手执便面，右手提壶，随时准备为主人服务。

图 3.32　中室北壁西侧画像

资料来源：武利华编，《徐州汉画像石》，线装书局 2001 年版，图 98。

图 3.33　中室北壁东侧画像

资料来源：武利华编，《徐州汉画像石》，线装书局 2001 年版，图 97。

图 3.34　中室东壁北侧画像　　　　图 3.35　中室东壁南侧画像

资料来源：武利华编，《徐州汉画像石》，线装书局 2001 年版，图 99。

资料来源：武利华编，《徐州汉画像石》，线装书局 2001 年版，图 105。

中室东壁的两幅画像分布在东耳室的门洞两侧，画像上下分为两格。北侧画像（图 3.34）上格上刻有一只三头金乌，身体呈圆形，象征着太阳。其上两只小鸟俯冲而下；下刻有一条龙。下格刻有一座小建筑，屋脊有两只猴子，屋中有二人对坐。南侧画像（图 3.35）上格刻有一株嘉禾，五只鸟飞翔其间；下格刻有一棵树，树枝上挂着马槽，树下拴着一匹马。

 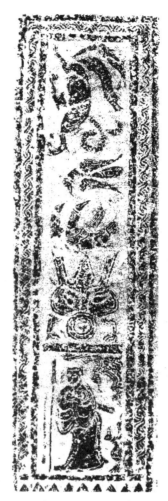

图 3.36　中室西壁北侧画像

资料来源：武利华编，《徐州汉画像石》，线装书局 2001 年版，图 104。

图 3.37　中室西壁南侧画像

资料来源：武利华编，《徐州汉画像石》，线装书局 2001 年版，图 100。

中室西壁画像的位置与东壁画像对称，即分布在西耳室的门洞两侧，画像也分上下两格。北侧画像（图 3.36）上格刻有一神，人面蛇身，双手托举一圆环，应是女娲举月的象征。画面空白处以卷云鸟和云气纹填充。下格刻有一兵器架，上面放置着戟、剑、矛等兵械。南侧画像（图 3.37）上格

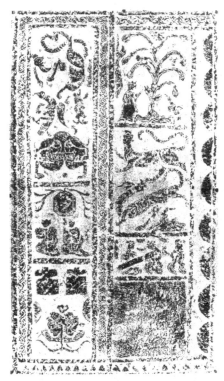

图 3.38　中室南壁画像

资料来源：武利华编，《徐州汉画像石》，线装书局 2001 年版，图 106。

刻有龙、二鸟和铺首衔环图像，下格刻有一人，腰间佩剑，手执长矛，空白处以卷云鸟填充。

　　由于整个墓室并非完全对称，前室略向东偏，所以中室南壁只在靠近西耳室的地方刻一幅画像（图 3.38）：画面分左右两栏，左栏上下分三格，上格刻有珍禽异兽和兽头，中格刻有建鼓舞、吹笛，下格刻有古字状空白两处和蹴张图。右栏上下分四格，上格刻有一棵树，树枝末端像孔雀的尾羽，树下站一人，树上有一个鸟窝，内有两只小鸟，树枝间刻一只猴子和两只鸟。第二格珍禽异兽一组，其中一个人面虎身，另一个似龙，上两格均以卷云鸟填白。第三格刻有"调琴行乐图"，三人围琴而坐，有弹有唱。第四格未刻画像。

　　综上所述，整个中室画像可以分为上中下三组，第一组为藻井上的柿蒂纹。第二组为横梁以及墙壁上层的珍禽异兽、日月神、瑞鸟、嘉禾。第三组为墙壁下格的建筑人物、歌舞、宴饮、树下喂马、兵器架及游徼等。

第一组画像，即藻井上的柿蒂纹，又称为莲花纹、瓜叶圆包纹。这种图案多出现在墓室的藻井，如沂南汉墓（图3.39）、安徽褚兰1号汉墓（图3.40）；出现在祠堂的顶部，如嘉祥宋山安国祠堂（图3.41）；出现在石棺的顶盖，如四川泸州大驿坝1号墓画像石棺（图3.42）。关于柿蒂纹的象征意义，朱存明先生认为"这是汉代人宇宙观的符号性表现"。古人的宇宙观认为"天圆地方"，柿蒂纹中间的圆形是天盖的象征，四瓣或八瓣的莲花纹是四面或八方的象征。[1]

图3.39　沂南汉墓藻井画像

资料来源：黄晓芬，《汉墓的考古学研究》，岳麓书社2003年版，图71，第165页。

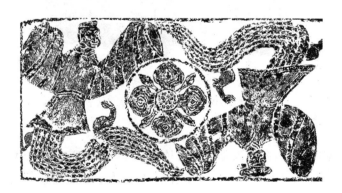

图3.40　褚兰汉墓藻井画像

资料来源：汤池编，《中国画像石全集》第4卷，山东美术出版社2000年版，图154。

---

[1] 朱存明：《汉画像的象征世界》，人民文学出版社2005年版，第147、188—190页。

图 3.41　宋山祠堂顶部画像

资料来源：赖非编，《中国画像石全集》第 2 卷，山东美术出版社 2000 年版，图 108。

图 3.42　泸州大驿坝 1 号墓石棺顶盖画像

资料来源：朱存明，《汉画像的象征世界》，人民文学出版社 2005 年版，第 91 页，图 3.6。

从墓室内部看，白集汉墓中室的顶盖是整个墓室中最高的地方。如果说整个墓室是一个微缩版的宇宙世界的话，那中室的藻井就是最高层次的天界，藻井上的柿蒂纹画像自然就是象征天的符号。

横梁以及墙壁上层的第二组画像，按题材内容来分的话，我们可以称之为珍禽异兽，关于其中的某些图像，学界也进行过一些考证。比如，关于九头兽,发掘简报认为是"虺"[1],有人认为是"人皇"[2],有人认为它是"共工之臣相柳氏"[3],有人认为它是《山海经》中记载的为西王母看守门户的开明兽[4],著名神话学家袁珂先生认为开明与陆吾为同一种神兽[5],也有学者认为九头人面兽是古代神仙思想的产物,是求仙者的登仙工具——"龙舟"[6]。笔者认为,不管是人皇、相柳氏还是开明、陆吾,白集汉墓中室北横梁上的九头人面兽至少是仙界的神兽,这一点从其周围的龙、虎、鸟等图像和它所在的墓室横梁的位置可以证明。汉代人的宇宙观是分为明确的天界、仙界—人间—地下几个层次,如果说藻井象征最高层次的天界,[7]横梁从上下位置讲,则属于第二个层次——仙界。自然,横梁上包括九头人面兽在内的珍禽异兽就是生活在仙界中的神鸟和神兽。既然是属于仙界的神物,它们的功能或许不仅仅局限于守卫门户和导引升仙,在凡人眼中,它们可以做凡人做不到的所有事情,刻画这类画像应当与死者的"升仙"愿望有关。

第三组画像布置在墙壁的下层,主要表现的是墓葬画像的设计者为墓主人营造的在另一个世界的生活情景:吃有美酒佳肴,住在由游徼守卫的高楼大厦,出行有宝马雕车,闲暇时可以六博游戏、听琴观舞……完全是模仿人间豪门贵族的生活。

汉画像石上这类描述墓主生活题材的画像,客观上反映了汉代社会的现实生活,而"其主观意图则是在塑造墓主人理想的天国生活"[8]。出现在丧葬建筑上的壁画、画像砖、画像石以及随葬的帛画、铜镜等汉代画像艺术是"灵魂不死"观念的产物。

---

[1]《天问》记载楚先王庙壁画时说:"雄虺九首,倏忽安在?"《招魂》中也有"雄虺九首,往来倏忽,吞人以益其心些!"
[2]《沂南古画像石墓发掘报告》引《鲁灵光殿赋》中"人皇九首"的说法,推测九头兽当是人皇的图像。
[3] 孙作云:《敦煌画中的神怪画》,载《孙作云文集》,河南大学出版社 2003 年版,第 283 页。
[4] 李发林:《汉画像中的九头人面兽》,载《山东汉画像石研究》,齐鲁书社 1982 年版,第 78 页。
[5] 袁珂:《中国神话传说词典》,上海辞书出版社 1985 年版,第 49 页。
[6] 李伟南:《试析汉画中的九头人面兽》,《文物春秋》1999 年第 2 期。
[7] 李发林先生认为,藻井盖在墓顶上,表示"天门",死者灵魂可以由此出入,上升天国。见李发林《李发林考古论文集》,中国文联出版社 1999 年版,第 21 页。
[8] 王黎琳:《徐州汉画像石研究中公认现象的再认识》,《徐州师范学院学报》1992 年第 3 期。

墓葬建筑作为死后灵魂的归宿和寄托,墓葬画像表达的是应该是对墓主人的灵魂在另一世界的生活情景的想象和希冀。例如,东壁南侧下层的树下喂马图,张从军先生认为这象征着"悬车致仕",并且指出,树下车马及附属图像"暗示了墓主安息场所的静谧","'悬车致仕'的另一层意义是炫耀",另外,悬车束马图像还可能包含有美好的理想和希望。生前没有过上"悬车束马"的好日子,死后去另一个世界,能够过上悬车束马的生活也就心安理得了。这种理想和希望,应该是当时社会普遍流行的"他界观念",还"借助这样的图像,显示家族的荣耀、后代的尊敬,并给死者以精神上的安慰,让其在死后乘坐上驷马安车,享受上三公九卿的待遇,过上上等的生活"[1]。联系前室东壁上由外往内的车马行列,笔者认为此处的树下喂马图可能还表达了送葬队伍把死者运达目的地——为死者修建的这座墓葬。[2]

上文中我们提到,汉代的墓葬最终完成了从竖穴椁墓到横穴室墓的转变。室墓的最大特点是"突出表现地下祭祀空间"[3],其成熟的标志是祭祀前堂与后椁室完全分离,确立各自相对独立的空间。这样的墓葬结构正体现了中国古代宗庙建筑"前堂后寝"的整体配置。巫鸿先生通过对河北满城中山王刘胜夫妇的墓室结构及其内部的随葬品进行观察,认为摆放在一号墓中室的两个帏帐内的座位(图3.43)是为刘胜夫妇的灵魂在墓室内部接受祭祀而设置的,而墓葬的中室摆放死者的"神位"及祭品,是源于祖庙中放置神座的传统。[4]也就是说,汉代前后二室墓的前室和前中后三室墓的中室(主室)作为祭祀空间,是模仿了地面宗庙建筑的"前堂",其作用相当于放置神位进行祭祀的祖庙。据李如森先生考证,"王莽前后,砖室墓内开始设奠,到东汉,墓内设奠习俗广泛流行","一般的墓葬只随葬一套

---

[1] 张从军:《黄河下游的汉画像石艺术》,齐鲁书社2004年版,第412—413页。
[2] 信立祥先生在分析祠堂后壁上"停放在树下的卸驾车马"图像时,认为"这显然是表示祠堂的主人乘车马已经到达了目的地",即接受祭祀的墓地祠堂。参见信立祥《汉代画像石综合研究》,文物出版社2000年版,第115页。
[3] 黄晓芬:《汉墓的考古学研究》,岳麓书社2003年版,第102页。
[4] [美]巫鸿著,郑岩等译:《礼仪中的美术》,生活·读书·新知三联书店2005年版,第128—131页。

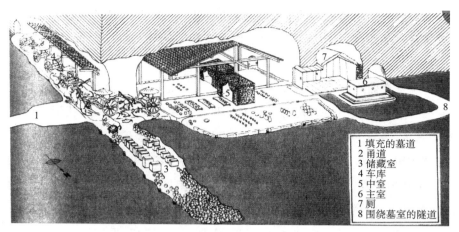

图 3.43　河北满城 1 号西汉墓的复原示意图

资料来源：中国社会科学院考古研究所、北京仪器厂理论组编，《满城汉墓》，文物出版社 1978 年版，第 15 页，图 6。

奠器,置于前室(堂)或棺前"。[1] 汉代室墓仿地面建筑"前堂后室"的结构,"后室"无疑指的是放置棺椁的空间,"前堂"对二室墓来说就是前室,对三室墓来说则是中室。墓室"前堂"作为祭祀的空间,从考古资料中也可以得到证实：徐州贾汪东汉墓中出土过两个"石祭案"[2]；邳州出土的东汉彭城相缪宇墓为前后二室墓,其前室的右侧出土了一个"石床"[3]；泰安旧县村画像石墓前室的右侧也出土了一张"石床"[4]。以上几处出土的"石床"或"石祭案"都是放置在墓室内部的,这就说明它不是后人进行祭祀时使用的祭案,而是作为随葬的物品放置在墓室里的。几个石床(石祭案)出土的位置都是在前室,也说明了"前堂"作为墓室内"祭祀空间"的功能。

对白集汉墓这样的三室墓来说,中室象征着"祭祀前堂",即"明堂",由于墓室被盗,中室摆放了什么样的随葬品,我们今天已不得而知。但是,雕刻在墓室藻井、横梁及墙壁上的画像,应该与随葬的器物一样表达着当时

---

[1] 李如森：《汉代丧葬礼俗》,沈阳出版社 2003 年版,第 64 页。
[2] 南京博物院：《徐州贾汪古墓清理简报》,《考古通讯》1960 年第 3 期。
[3] 南京博物院、邳县文化馆：《东汉彭城相缪宇墓》,《文物》1984 年第 8 期。
[4] 泰安市文物管理局：《山东泰安县旧县村汉画像石墓》,《考古学报》1988 年第 4 期。

人们对墓葬空间功能的理解。这样，我们对以上分析的中室画像有了一个重新观察的角度，那就是结合中室作为祭祀空间"明堂"的象征，进一步对画像内容进行解读。

明堂在商周时代就已存在，《周礼·考工记·匠人》记载："夏后氏世室……殷人重屋……周人明堂。"关于明堂的建筑结构，《大戴礼记》记载："明堂者，古有之也。凡九室，一室而有四户八牖，总三十六户，七十二牖。以茅盖屋，上圆下方，所以朝诸侯。其外有水，名曰辟雍。"对于明堂的功用，汉儒桓谭在《新论》中说："王者造明堂，上圆下方，以象天地。为四面堂，各从色，以仿四方。天称明，故曰明堂。"《白虎通·辟雍》也作了解释："天子立明堂者，所以通神灵，感天地，正四时，宗有德，重有道，显有能，褒有行者也。"

白集汉墓只是一个地方低级官吏[1]的墓葬，自然不能与天子用来"祭天配祖"的明堂相提并论。但中室作为"祭祀前堂"的象征，在墓葬的建筑结构和图像的配置上，应该是仿照了当时的礼制建筑"明堂"的设计规则。以下我们举例分析：

首先，我们来分析一下藻井上的柿蒂纹。白集汉墓的墓室采用叠涩顶的建筑方式，构成顶上隆起、平面呈井字形的四面结顶式穹隆顶。这种用石材叠涩的藻井与用小砖构筑的穹隆顶只是建材和构筑方法上不同，在顶部空间方面的效果相同。黄晓芬女士认为，墓室造设高大的穹隆顶的目的不应单单归属于葬送死者的空间，这种覆盖矩形空间上方的半球体圆顶有意遵照和形象表现了中国自古以来"天圆地方"的观念。[2]加之上文中我们关于藻井上雕刻的柿蒂纹作为天的象征符号的分析，我们可以认为，中室的构造从建筑结构上是对明堂"天圆地方"结构的模仿。

接下来我们看一看东西两壁北侧墙壁上层雕刻的画像。学界一般认为，出现在东壁的三头鸟，是太阳的象征；西壁上部人面蛇躯托举圆环的图

---

[1] 关于墓主人的身份，考古报告推测为"四百石以下的官吏"。参见南京博物院《徐州青山泉白集东汉画像石墓》，《考古》1981年第2期。

[2] 朱存明：《汉画像的象征世界》，人民文学出版社2005年版，第83页。

像则是月亮的象征。在墓室中布置太阳、月亮这样的图像，本身就否定了把墓室看成阴森黑暗的地下世界的观念。代表太阳的阳鸟出现在东方，代表月亮的女娲举月出现在西方，又进一步说明白集汉墓的设计者在进行墓室内的画像配置时，使用图像所代表的观念对墓葬内部的空间方位进行界定。

综上所述，白集汉墓的中室是对天地方位的结构模仿，其丧葬空间的整体构成及其图像装饰的整体配置构成了一个"微型"的宇宙空间。墓葬的设计者把墓主人的灵魂置于墓室的中间，在他的头顶上是由柿蒂纹代表的天，横梁上所绘的珍禽异兽所在的世界是他祈望到达的仙界，在他的左侧（东方）有太阳，右侧（西方）有月亮，象征着生命形式由生到死、死而复生的轮回和交替，在这个内在的时空系统中，生命形式将无限延续以至永恒。

3. 前室画像内容及其配置意义

与中室一样，白集汉墓墓室的前室也采用了叠涩顶的建筑模式。墓室的两扇石门与前室通往中室的两个门洞南北呼应，前室的画像分布在墓室的四面横梁和东西两面墙壁上。下面我们对画像的内容进行简要描述。

东西两壁位置左右对称，画面构图基本一致，都分为上下两格，大幅的十字穿环图案占据了壁面上部三分之二的面积，下格三分之一壁面刻有车马出行图。东壁刻有车骑共三辆朝向墓室内部方向行进，最前为装饰华贵的轩车，车后有一人步行跟随。其后是两辆轺车，车上御、乘各一人，两辆轺车之间有一人步行。车辆后边有三人持长矛进行械斗。车马人物上空有七只飞鸟填白。（图 3.44）西壁刻有两辆轺车和一匹露出边框半边身体的马，车马皆左向前进，车上御、乘各一人，轺车前面有一人抱盾躬身相迎。为轺车作前导的是两匹马骑，之前有一人露出边框半边。（图 3.45）

前室南横梁从右起一列八人拱手面左站立，八人服饰基本相同，皆宽袍长袖，头戴进贤冠；往左是二人各拥一彗，相对而立，似为门吏；二门吏左侧为一株嘉禾；最左是一人捧盾，右向躬身而立，腰间插一棍，身后用一只飞鸟填白。（图 3.46）

图 3.44　前室东壁画像

资料来源：武利华编，《徐州汉画像石》，线装书局 2001 年版，图 114。

图 3.45　前室西壁画像

资料来源：武利华编，《徐州汉画像石》，线装书局 2001 年版，图 115。

图 3.46　前室南横梁画像

资料来源：武利华编，《徐州汉画像石》，线装书局 2001 年版，图 116。

图 3.47　前室北横梁画像

资料来源：武利华编，《徐州汉画像石》，线装书局 2001 年版，图 113。

前室北横梁最右端刻一露出一半的门楼，其中门扇微开；门楼顶上刻一只猴子正攀脊而上。往左是三人手执棒（金吾），似在进行比武。再往左是远近四人拱手面左而立，其中一人（右二）执棒，一人（右三）身材较其他三人苗条，似为女性，最左一人伸手，朝向一个跽坐在他左侧的人。二人中间下部有一卷云鸟。再左是三人向右跪在地上。再左是一列五人左向站立，其中最左一人手里端着一个装有馒头状物体的盘子。画面最左侧是一个身材矮小的人，似一小孩。画面上部以不规则的垂幛纹填白。（图 3.47）

前室东横梁画像分为三部分，右边为乐舞图，一人面朝右，端坐抚琴，一人面朝左，挥袖起舞，另外五人在弹琴者和舞者周围，或坐或站。中间部分刻有羽人戏虎，虎体形硕大，四足跃起，羽人细腰紧衣，作诱虎前行状。

图 3.48　前室东横梁画像

资料来源：白集汉墓展览馆提供拓片，作者摄。

图 3.49　前室西横梁画像

资料来源：白集汉墓展览馆提供拓片，作者摄。

左侧刻有三人跽坐，似在交谈。其中右边二人佩剑，中间一人手执便面。（图 3.48）

前室西横梁刻有异兽图，共有异兽九只，肩生翼，身体呈扭曲嬉戏状。（图 3.49）

以上我们对前室中的画像内容及其所在的位置进行了简单描述，在我们考察画像的配置意义之前，先对前室的性质和功能作一些说明。

从墓葬考古的角度看，汉代三室墓的前室由羡道[1]（墓道）发展而来，是执行送葬礼仪者进入墓室的通道。如上文所述，汉代的墓室仿照了地面

---

[1] 羡道一词最早见于汉代文献，《后汉书·礼仪下》记载："羡道开通，皇帝谒便房。太常导至羡道，去杖，中常侍受，至柩前，谒，伏哭止如仪。辞，太常导出，中常侍授杖，升车归宫。"黄晓芬认为，由于长期以来对羡道的形态不太清楚，导致了考古界不常使用这一术语，参见黄晓芬《汉墓的考古学研究》，岳麓书社 2003 年版，第 24 页注释 8。有些发掘报告中把墓道分为"前侧的斜坡部分"和"后侧的平坦部分"，我们这里所说的羡道就是"后侧的平坦部分"，因为这个部分与"前侧的斜坡部分"不同，采用木材构筑侧壁和顶部，形成长方形的隧道式空间。

建筑"前堂后室"的结构,整个墓葬象征着整座宅院,前室象征门庭。门庭是宅院内部与外部进行沟通和交流的必经之地。所以墓葬建筑中象征门庭的前室是联系两个世界的中间站。对死者来说,这是进入地下世界的第一站;对生者来说,是送亲人去另外世界的最后一站。

基于以上对墓葬前室性质的理解,我们接下来对这个空间内出现的图像进行分析。首先来看东西壁下格中的车马出行图:

关于墓室内部的车马出行图的含义,学术界有不同的观点,一种观点认为,这些"左向行进"的构图形式,体现着"西向行进"的方位趋向,其意图是奔向西方寻求生命的再生和永生[1];第二种观点认为,车马出行表现的是墓主人的灵魂前往墓地祠堂接受子孙祭祀的旅途[2];第三种观点是巫鸿先生对1973年在山东苍山发掘出土的元嘉元年(151年)画像石墓前室东西横梁上的两幅车马出行画像进行解释时得出的结论,他认为,两壁对称的车马出行画像是对葬礼的象征性描绘,西壁上车马过桥的画像是当地官员在正式的葬礼送别死者的过程,东壁上的画像反映了死者在亲属的陪伴下前往墓地的情景。[3] 以上几种观点都给了笔者很多启发,但我们发现,虽然白集汉墓前室东西两壁上的车马出行画像刻画在同样的位置,并且车马的方向都是左向行进,但当站到墓室中观察,东壁画像上的车马的方向就是朝向墓室的内部,而西壁上的车马则是朝向墓葬外部。这两幅画像到底是送葬还是出行?出行的目的地又是哪里呢?要回答这两个问题,我们必须对车马以外的其他图像进行分析。对比两幅车马出行画像,我们注意到:东壁的车马上空以写实的方式雕刻了七只飞翔的小鸟,而西壁车马的上空只有一处卷云鸟,其构图方式与中室横梁上的雕刻的卷云鸟完全相同。我们在前面已经证明中室横梁的位置及上面雕刻的画像内容都表明那是一个凡人祈望到达的仙境。所以,根据车马行进的方向,结合这两种不同的填白方式,我认为前室东壁上的车马出行表现的是葬礼上

---

[1] 李立:《汉墓神画研究》,上海古籍出版社2004年版,第247—281页。
[2] 信立祥:《汉代画像石综合研究》,文物出版社2000年版,第324页。
[3] [美]巫鸿著,郑岩等译:《礼仪中的美术》,生活·读书·新知三联书店2005年版,第219—220页。

送葬的情景；西壁上的车马出行图才是真正意义上的墓主人出行的场面。送葬的目的地无疑就是这座墓葬，那么，墓主人出行的目的地又是哪里呢？我们需要从这幅车马出行图与前室中的其他画像的配置关系来解答这个问题。

墙壁上层的画像是大幅的"十字穿环"图，这种纹饰在画像石上经常见到，学术界对它所包含的意义也有不尽相同的看法。有的学者认为，十字穿环图案是财富的象征[1]，用来装饰墓室墙壁是两汉富贵者奢靡生活的写照[2]；也有学者认为，十字穿环纹是二龙穿璧纹"图案化"和"抽象化"的符号。[3] 关于二龙穿璧纹作为阴阳交合、沟通天地的象征，学者们早有论述，[4]我们在此不再展开分析。既然十字穿环纹是二龙穿璧纹演化后的图案，其意义必然与沟通天地有关。朱存明先生还认为十字穿环图案是汉代人"天圆地方"宇宙观的象征符号，像白集汉墓前室墙壁上这种上层雕刻十字穿环、下层雕刻车马的配置结构分别表现了天界和人间。[5]

接下来我们看看前室横梁上的画像：如前所述，南横梁上一列八人左向拱手而立，虽然这幅画像没有雕刻建筑物，但左端的两个拥彗卒吏和一个抱盾门吏的配置说明右侧这些人来到了一个建筑物的大门口。我们注意到，前室的南横梁实际上就是墓门门楣的背面，由此我们可以大胆推测，未在画像中雕刻出的建筑物实际上就是这座用石头修建的墓葬本身。这里既是死者的葬身之地，也是死者的灵魂将继续生活的"另一个世界"，因此发掘简报中把这幅画像叫作"迎宾图"是合理的。北横梁画像最右端建筑物的门上没有铺首衔环的图像，这与祠堂东壁和中室北壁上表现建筑物大门外侧的图像不同，所以这应该是站在建筑物内部看到的大门背面。另外，这幅画面的人物上部的填白方式与别处不同，此处填充的垂幛纹也说

---

[1] 牛天伟：《关于汉画"穿璧图案"象征意义的思考》，《杭州师范学院学报》（社会科学版）2006年增刊。
[2] 王步毅：《褚兰汉画像石及有关物象的认识》，《中原文物》1991年第3期。
[3] 李立：《汉墓神画研究》，上海古籍出版社2004年版，第14页。
[4] 朱存明：《十字穿环：汉代人宇宙观的符号象征》，载《汉文化研究论丛》第1辑，中国社会科学出版社1993年版，第140—159页；贺西林：《古墓丹青》，陕西人民美术出版社2001年版，第157页。
[5] 朱存明：《汉画像的象征世界》，人民文学出版社2005年版，第269页。

明这是在室内进行的活动，由此我们可以推知，画像最右端的建筑应该就是这座墓葬本身的缩影，这样南北横梁上的画像就通过北横梁右端的建筑物联系在一起了，前者表现的是大门外的迎宾，后者表现的是大门内部的拜谒场面。西横梁上的珍禽异兽同中室横梁的构图和题材基本相同，表现的也是仙界的情景。东横梁中部的羽人戏虎图表明这不是人间的场景。东西横梁上画像的内容以及横梁处于墓室空间的上部位置都说明前室的横梁画像表现的是同一个主题，那就是墓主人的灵魂出行到珍禽异兽守护的天国仙境，在天门外受到迎接，进入天门之内的仙界后接受拜谒，旁边还有歌舞娱乐。

　　通过以上分析，笔者认为，前室象征着墓葬建筑的门庭，是连接幽明两个世界的中间站。全部画像可以理解成上中下三层：东壁下层的车马朝向墓室内部的方向行进，是葬礼中生者为死者送葬的场面；西壁下层的车马是由内向外的方向，是死者的灵魂出行去往天国仙境的行程。墙壁上格的十字穿环，作为墙壁上的装饰，既是钱财的象征，又是连接天地两界的符号。横梁上的迎宾、拜谒、歌舞、交谈画面表现的是墓主人的灵魂出行到天国仙境的情景。

　　总之，墓室的建筑结构和画像配置说明，墓葬的建造者在着力营造一个微型的宇宙，在这个宇宙空间中，又划分为上中下三个世界，即天上世界、仙人世界和人间现实世界。墓室顶部的藻井象征着天上世界，横梁和墙壁上部的位置象征着仙人世界，壁面下层象征着人间世界。在这个微型的宇宙中，横向分开的各个空间又模仿了地面建筑"前堂后室"的建筑结构。后室象征着后寝，是放置死者尸体的地方，也正是在这个空间里，墓主人完成生命形式由死到生（灵魂）的转化。中室象征着前堂，在建筑结构上仿照了地面上的礼制建筑"明堂"的结构。上中下三组画像虽然题材不同，但都反映了渴望升仙的同一个主题。前室象征着地面建筑的门庭，是出入墓葬的必经之地，东西两壁上一进一出的车马行列分别反映了送葬和墓主人的灵魂出行的场面，而出行的目的地就是横梁上刻画的仙界。

四、白集祠堂的功能及画像配置意义

祠堂艺术是一种观念艺术或功能的艺术。[1]祠堂画像石是墓葬建筑的组成部分，祠堂构件上雕刻的画像内容与祠堂实体之间是一种依附关系，首先有祠堂，然后才谈得上其石刻画像艺术。作为石结构祠堂的装饰，祠堂画像的观念重合在祠堂本身的功能中。因此，在探讨白集祠堂画像的配置意义之前，我们首先对汉代石结构祠堂的性质和功能进行一些考察。

（一）汉代石结构祠堂的功能

从考古发现看，汉代的石结构祠堂集中分布在山东西南部、江苏北部的徐州地区和安徽北部地区，这一地区在汉代属楚国（彭城）所辖。据统计，这个地区有明确纪年的汉代石结构祠堂有23座，未标明纪年的有3座。[2]在目前发现的这些石结构祠堂中，山东济南长清的孝堂山祠堂、嘉祥县的武氏祠得到了国内外学者的广泛关注和深入研究。[3]另外，蒋英

---

[1] 吉南：《东汉石祠艺术功能的观察》，《美术研究》1987年第3期。
[2] 徐建国：《〈徐州汉画像石室建筑〉补说》，载王中文主编《两汉文化研究》第2辑，文化艺术出版社1999年版，第329—342页。
[3] 1907年日本学者关野贞考察了孝堂山的石祠堂，并发表了实测图；罗哲文先生于1961年在《文物》第4、5期合刊上发表《孝堂山郭氏墓石祠》，发表了祠堂的结构图，又于1962年《文物》第10期发表《孝堂山郭氏墓石祠补正》；李发林先生的《孝堂山石室墓主考》载于齐鲁书社1982年出版的《山东汉画像石研究》；夏超雄先生于《文物》1984年第8期发表《孝堂山石祠画像、年代及主人试探》；蒋英炬先生的《孝堂山石祠管见》载于文物出版社1987年出版的《汉代画像石研究》。宋代的洪适在《隶释》曾对武氏祠进行著录；清代黄易、李克正二位先生的发掘、保护更是功不可没；瞿中溶先生的《汉武梁祠画像考》是第一部研究武氏祠的专著；西方学者沙畹、色伽兰等对武氏祠也做了相关调查和研究；1941年，费慰梅女士发表了她的复原研究"The Offering Shrines of Wu Liang Tz'u"（《汉"武梁祠"建筑原型考》，载《中国营造学社汇刊》1945年第7卷第2期）；蒋英炬、吴文祺两位先生对武氏祠进行了精密测量，于《考古学报》1981年第2期上发表了《武氏祠画像石建筑配置考》；巫鸿先生于1989年发表的"The Wu Liang Shrine：The Ideology of Early Chinese Pictorial Art"（中文译本见生活·读书·新知三联书店2006年出版的《武梁祠：中国古代画像艺术的思想性》），在西方学术界掀起了一个研究武氏祠的高潮。

炬还对嘉祥县宋山发现的5座小祠堂的构件进行了建筑复原。[1]武利华先生对徐州地区发现的60余块祠堂画像石构件进行了整理和复原。[2]徐建国先生对徐州周边地区的石结构祠堂进行了研究,还对其中的白集祠堂等做了初步的建筑复原。

对于像白集祠堂这样的墓上石结构祠堂的功能,美国学者费慰梅女士最早指出它们是"祀奉族中死者的祠堂"[3],此后,凡论及祠堂功能的著述皆持类似的观点。[4]祠堂的"祠"字,有"祭祀"的意思,说明墓上祠堂与在墓地上举行的祭祀仪式有关。汉代的人们一般都相信,人死之后,他的灵魂仍然需要饮食,而灵魂能够享用这些物质资料的唯一途径,就是接受仍然在世的家人或者族人的供奉。[5]如果鬼魂得不到祭祀,就会生气并可能到阳世作祟害人。[6]如果及时祭祀讨得鬼魂的欢心,则这些鬼魂又会庇荫自己的子孙。所以传统的丧葬礼仪并没有随着埋葬仪式结束而结束。相反,对亡灵的祭祀,从落葬那一刻就开始陆续举行了。古不墓祭,先秦时期的祭祖活动都是在都邑中的宗庙里进行,祠堂是在墓祭盛行的汉代才出现的。王充《论衡·四讳篇》曰:"古礼庙祭,今俗墓祀。""墓者,鬼神所在,祭祀之处。"郑岩先生认为:"此处的'墓'字并非仅指墓室,而是指整个丧葬建筑系统,应包括祠堂在内。"[7]据信立祥先生研究,西汉早期就已经出现

---

[1] 蒋英炬:《汉代的小祠堂——嘉祥宋山汉画像石的建筑复原》,《考古》1983年第8期。
[2] 武利华:《徐州汉画像石祠和祠堂画像》,载孙厚兴、郭海林主编《两汉文化研究》第3辑,文化艺术出版社2004年版,270—288页。
[3] Wilma Fairbank. The Offering Shrines of "Wu Liang Tz'u", Harvard Journal of Asiatic Studies 6, no 1:3. 另见 Adventures in Retrieval, Harvard University Press, 1972, P45. 译文见费慰梅撰、王世襄译《汉"武梁祠"建筑原型考》,载《中国营造学社汇刊》1945年第2期。
[4] 郑岩:《墓主画像研究》,载山东大学考古系编《刘敦愿先生纪念文集》,山东大学出版社1998年版,第450—468页;张从军:《黄河下游的汉画像石艺术》,齐鲁社2004年版,第422—423页;杨爱国:《"祠主受祭图"再检讨》,《文艺研究》2007年第2期。
[5] 瞿同祖著,邱立波译:《汉代社会结构》,上海人民出版社2007年版,第37页。
[6] 苍山元嘉元年画像石墓题记中"长就幽冥则决绝,闭圹之后不复发"的文字表明墓葬的设计者希望死者的灵魂在阴间安心生活,不要到地面上来危害生人。参见山东省博物馆、山东省文物考古研究所:《山东汉画像石选集》,齐鲁书社1982年版,第42页。
[7] 郑岩:《关于汉代丧葬画像观者问题的思考》,载朱青生主编《中国汉画研究》第2卷,广西师范大学出版社2006年版,第39—55页注释。

墓上祠堂，[1]杨宽先生认为："至少到西汉中期昭帝的时候，官僚墓前祠堂建筑已比较流行。"[2]人们在墓地上建造祠堂，举行墓祭仪式，这是与当时的社会思想密切相关的。武帝以后，儒家思想占据统治地位，"天人感应"学说被确立，原始巫术和黄老思想仍在延续。这样，在墓地祠堂举行的祭祀就包含了多方面的意向。王充在《论衡·讥日篇》中说："夫祭者，供食鬼也；鬼者，死人之精也。若非死人之精，人未尝见鬼之饮食也。推生事死，推人事鬼。见生人有饮食，死为鬼当能复饮食，感物思亲，故祭祀也。"[3]如此一来，设立祠堂的目的不仅是为了祭祀墓中的死者，还寄托了生者真诚的哀思。山东宋山安国祠堂的题记"草庐庙舍，负土成坟，植养陵柏。朝暮祭祀，甘珍滋味兼设，随时进纳省定若生时"[4]。表明祭祀的内容之一是向死者的灵魂供奉各种食物。所以一些祠堂的石刻题记中，把祠堂称也为"食堂""斋祠"或"食斋祠"。

由此可见，汉代的墓上祠堂是一种象征性建筑，[5]是一个沟通生死两界的神圣空间[6]。作为祭祀场所，一方面安慰死者、约束鬼魂；另一方面，它寄托了生者的哀思，祈求神灵的护佑。关照死者并用丧葬礼仪和纪念碑来纪念死者是绝大多数民族的共同习俗，汉代的墓上祠堂，典范性地表明了后人对死者的哀悼和纪念之意，以使死者确信他们没有被遗忘。

此外，汉代特殊的社会背景又赋予祠堂另一个功能，那就是应礼俗的要求，充当一个家族表达孝行在乡里赢得名声的道具。西汉时期，上冢之礼逐渐风行，官僚、贵族甚至借上冢之机在墓地举行大规模的祭祀仪式和盛大的招待酒会，把上冢的礼俗作为团结宗族、宾客、故人以及地方官僚的一种重要手段。于是修建和装饰较大规模的祠堂便应运而生。到西汉末期，建造祠堂的风气十分流行。一些主张薄葬的人死后不建祠堂成了不合

---

[1] 信立祥：《汉代画像石综合研究》，文物出版社2000年版，第67页。
[2] 杨宽：《中国古代陵寝制度史研究》，上海人民出版社2003年版，第125页。
[3] 程湘清等编：《论衡索引》，中华书局1994年版，第1509页。
[4] 济宁地区文物组、嘉祥县文管会：《山东嘉祥宋山1980年出土的汉画像石》，载《文物》1982年第5期。
[5] [美]简·詹姆斯：《东汉享祠功能的研究》，《美术研究》2000年第2期。
[6] 朱存明：《汉画像的象征世界》，人民文学出版社2005年版。

礼俗的事情。如西汉哀帝时曾任谏大夫的龚胜，在去世前就写下遗嘱："衣周于身，棺周于衣，勿随俗动吾冢，种柏，作祠堂。"另《东观汉纪·吴汉传》载："夫人先死，薄葬小坟，不作祠堂。"东汉时期，由于豪强大族势力的进一步扩张，儒家讲究的孝道和厚葬的风俗更加流行，加上东汉政府实行的"举孝廉"制度，将"孝悌"列为选拔、任用官吏的重要标准，使得许多期望入仕的人"崇饬丧纪以言孝，盛享宾客以求名"，甚至出现"生不极养，死乃崇丧"的现象，[1] 达官贵人更是在墓前修建奢华的祠堂[2]。如此一来，在东汉社会厚葬习俗的推动下，祠堂成了巩固家族地位，向他人显示子孙的孝顺、德行并为家族博取名声的"道具"。

综上所述，祠堂这种丧葬建筑物的功能具有双重性，它为死者而建，同时又为生者服务。下一部分，笔者将结合白集祠堂中的不同画像母题及其位置关系，进一步从建筑物的空间功能上来解读祠堂画像的配置意义。

（二）白集祠堂画像的内容及配置意义

汉代的墓地祠堂，不论是土木结构的还是石结构的，都来源于先秦时期设在都城中的宗庙，其内部也像宗庙一样，以奇诡华丽的画像为装饰。从考古发现看，石结构祠堂内一般满刻画像，尽管不同祠堂的画像内容千差万别，但其画像的题材类别及其配置上有严格的规律。当时的人们按照他们的宇宙方位观念选择不同的画像把祠堂内部的狭小空间描绘成一个完整无缺的宇宙世界：祠堂画像的三个组成部分——屋顶、山墙和墙壁，体现了汉代人心目中宇宙的三个有机组成部分：天界、仙界和人间。

---

[1] 王符《潜夫论·浮侈篇》："今京师贵戚，郡县豪家，生不极养，死乃崇丧。或至刻金镂玉，檽梓楩柟，良田造茔，黄壤致藏，多埋珍宝偶人车马，造起大冢，广种松柏，庐舍祠堂，崇侈上僭。"
[2]〔南朝宋〕范晔《后汉书》："固奏记梁商曰：明将军望尊位显，当以天下为忧，崇尚谦省，垂则万方。而新营祠堂，费功亿计，非以昭明令德，崇示清俭。"

根据发掘简报，白集祠堂出土时已经坍塌，西、北两面基石已经破碎，当时仅存五幅画像，分别分布在东、西侧壁和三壁基石上。根据上文对白集祠堂祭台石的复原，笔者认为，发掘简报所说的刻画有异兽的后壁基石应该是祭台石的碎石。由于祭台石与基石高度一致，又靠近后壁基石，所以不影响我们对祠堂整体画像配置意义的考察。

白集祠堂西侧壁画像图 3.50 分为七层，自上而下分别为：第一层刻绘了西王母世界，西王母[1]正面端坐于画面正中央，右边刻两名侍者，面向西王母作恭候状；侍者身后有一带翼异兽，其周围有嘉禾环绕；再往右是两只玉兔中间放置一臼，两兔正持杵捣药；西王母左侧有两人在嘉禾中间手舞足蹈，再往左是一只大鸟。第二层刻绘了观舞场面：画面中间四人为表演者，其中一人弹琴伴奏，一人击鼓，另外两人翩翩起舞；观众共刻有十人，每侧五人并排坐。第三层刻绘了瑞鸟嘉禾图：十只瑞鸟穿梭飞翔在嘉禾中间。第四层刻绘了飞龙戏珠：画面共刻有九条动作各异的龙，每两三条龙抢夺一珠。第五层画面分左右两部分，左边刻绘了庖厨汲水场景：左起刻有一灶，灶上有一只大釜，正冒着热气，三人围在灶前，其中一人蹲坐正向釜底加薪，另两人左向面朝大釜站立。三人背后的上层木架上挂着肉类食品，地面上摆满了各式器皿，有三个碗、四个耳杯、三个壶。另有一人蹲在地上，正在面前的烤炉上烘烤肉串。画面中间的汲水图刻一水井，井上有木架，并装有绳和辘轳，左侧两人正在拉绳汲水。右边刻绘了迎宾场景：最右侧一人左向拱手而立，其面前五人右向拱手而立。第六层刻绘了孔子见老子图：一老人扶鸠杖左向而行，前有五人拱手相迎，后有六人随行。画面上方空白处以飞鸟和云头填白。第七层刻绘了车马出行场景：共刻有三辆马车左向而行，前两辆为轺车，车中有御乘各一人，后一辆有帷轿车，车内未见御、乘者。

东侧壁画像（图 3.51）也分为七层，自上而下分别为：第一层刻绘了东

---

[1] 发掘简报称："端坐中央的可能是主人。"参见南京博物院《徐州青山泉白集东汉画像石墓》，载《考古》1981 年第 2 期。

图 3.50　祠堂西壁画像　　　　　　　　图 3.51　祠堂东壁画像
资料来源：汤池编，《中国画像石全集》第 4　　资料来源：汤池编，《中国画像石全集》第 4 卷，
卷，山东美术出版社 2000 年版，图 87。　　　山东美术出版社 2000 年版，图 88。

王公世界，东王公[1]正面端坐于画面中央，左边刻有珍禽异兽，可以辨认的有一鸟、一兽、一龟，右边刻有正持杵捣药的两只玉兔。第二层刻绘了凤鸟云集场景。第三层刻绘的是奇禽异兽，其中最右侧刻绘了一九头兽。第四、五、六层画面的主体部分被雕刻了一幢三层楼的建筑，建筑物左上方，有奇禽异兽与上一层衔接。最上的一层楼房，窗门紧闭，有四人倚栏远眺。中间一层，窗门敞开，有三女子凭窗远望，一侍者在旁恭候。其旁边轩房，坐有六人，皆凭栏向下观看，屋旁有鱼游于池中。一、二层轩房最左侧分别有一人，面向屋外的鱼池作喂鱼状。底层为正屋，大门半掩，一侍者手扶左侧的门，向外观望。门上刻铺首，有两侍者候立大门两侧，屋前宾主共七人，五人面向左方，应是主人方面，拱手向客人表示欢迎，右两人面向房屋，应是宾客，两手拱于胸前，向主人致意。第七层刻绘了车骑出行场景：前

---

[1] 发掘报告称：“髻发端坐，应是女性主人。”参见南京博物院《徐州青山泉白集东汉画像石墓》，载《考古》1981 年第 2 期。

导刻两骑，二马并行，骑者肩扛棨戟，随后有一辆轺车，车上御、乘各一人。轺车后刻一辆有篷大车，御者露出半个头。

祠堂左右后三壁的基石出土时只有东壁基石完整，其前端二分之一处被雕刻了画像（图 3.52），内容为羽人戏龙：羽人出现在画像的最右边，髻发，着短上衣，束腰，两腿大张弓、一前一后，双手高举，右手伸向龙口，作诱龙前进状。龙为独角，张口伸舌，四肢作奔驰状向羽人方向前进。画面最左方也刻画有一条龙，其形象与右边的龙相似，只是该龙扭回头，嘴巴向下。二龙之间有一个树状物。西侧基石上的画像与东侧基石相对，石头现已破损，画像尚可辨认的部分为三条扭曲的龙。（图 3.53）

由于白集祠堂出土时屋顶石已经破碎，对屋顶石上原来是否刻有画像以及画像内容如何的考证已经无法进行。我们只能从其他祠堂屋顶石上

图 3.52　祠堂东壁基石画像

资料来源：武利华编，《徐州汉画像石》，线装书局 2001 年版，图 109。

图 3.53　祠堂西壁基石画像

注：原石就地保存。
资料来源：作者摄。

的画像情况来考察其一般规律:

著名的山东嘉祥武梁祠的两块屋顶画像石上刻满了祥瑞图像,目前可以确定的有二十四个祥瑞图像,[1]如麒麟、六足兽、比目鱼、蓂荚、木连理、浪井、神鼎、后稷诞生、渠搜献裘等。这些祥瑞图在当时的语境里是作为揭示上天意图的图谶。在祠堂的屋顶石上雕刻这样的图像说明了在汉代人宇宙观念中,祠堂屋顶的位置是这个微型宇宙空间中天界的位置。

如果说武梁祠屋顶上的祥瑞画像采取了隐喻的手法,那么徐州洪楼祠堂的两块屋顶石上就直接刻画了天界诸神(图3.54、图3.55)。这两幅图出土时被描绘为"乐舞百戏",[2]后有学者根据画像石所在的祠堂顶部位置正确地指出这两幅画像描绘的是"天上世界"。[3]

下面我们来分析白集祠堂东西侧壁上的画像:

发掘简报中认为东西侧壁最上层正面端坐的人物分别是男女墓主人的观点无疑是错误的,信立祥先生对汉代墓上祠堂及其画像进行的研究已

图3.54 徐州洪楼祠堂屋顶石画像

资料来源:汤池编,《中国画像石全集》第4卷,山东美术出版社2000年版,图41。

---

[1] [美]巫鸿著,柳扬、岑河译:《武梁祠:中国古代画像艺术的思想性》,生活·读书·新知三联书店2006年版,第92—93页。
[2] 江苏省文物管理委员会编:《江苏徐州汉画像石》,科学出版社1959年版,图52、53文字说明。
[3] 周保平:《徐州洪楼两块汉画像石考释》,载《中原文物》1993年第2期。

图 3.55　徐州洪楼祠堂屋顶石画像

资料来源：作者摄。

明确说明，东西两壁最上层刻画的是东王公和西王母这两位仙人，[1]这种观点得到学界普遍认同。秦汉时期的西王母崇拜是当时升仙思想的产物。汉代人认为，有三种方式可以达到长生不老、不死的目的：一种是飞升，借助某种神物的力量直接飞升到西王母所在的昆仑山仙界；第二种是通过服食丹药来达到长生不老的目的；第三种是人死后"尸解"升仙。昆仑山仙界是汉代人祈求升仙的目的地，早期的汉画像中用开明兽等异兽形象来表达祠主升仙到昆仑山的意图，如山东嘉祥县花木村出土祠堂西壁画像石（图3.56）还没有昆仑山、西王母等代表仙界的形象，但是昆仑山的守护神开明兽出现在画像正中，表现出向往仙界的要求。随着汉代人轰轰烈烈的造仙运动，西王母由最初的"豹尾、虎齿、善啸、蓬发戴胜，司天之厉及五残"的可怕的刑罚之神慢慢蜕去了半人半兽的怪异外形，转变成了具有人的外形的可爱的仙人，并成为仙药的拥有者。[2]汉哀帝建平四年（公元前3年）爆发的以西王母信仰为内容的造仙运动以后，西王母才真正成为人们心目中的昆仑仙界的主人，受到全社会的广泛崇拜。这一时期的西王母图像的构

---

[1] 信立祥：《汉代画像石综合研究》，文物出版社2000年版，第198页。
[2] 据《淮南子·览冥训》载："羿请不死之药于西王母，姮娥窃以奔月，怅然有丧，无以续之。"

图 3.56　嘉祥出土祠堂画像

资料来源：赖非编，《中国画像石全集》第 2 卷，山东美术出版社 2000 年版，图 124。

图方式基本上是戴胜的西王母周围有九尾狐、三足乌、玉兔等珍禽异兽。到东汉中期以后，与西王母对应的男性主仙东王公才被造仙运动创造出来并出现在各类画像中。白集祠堂东西侧壁上层以东王公、西王母为中心，周围有玉兔捣药、三足乌等的构图和配置方式，是东汉中后期祠堂画像中表达昆仑山仙境的"标准模式"。祠堂东壁的第二、三层刻画的是珍禽异兽，也是仙界的图像。值得注意的是东壁第三层最右边出现的九头人面兽的形象。此处九头人面兽与东王公配置在一起，应该与早期祠堂画像中单独用来代表仙界的开明兽一样，是作为仙界神兽的身份出现，这更进一步证明了东王公作为西王母的配偶神，生活的地点同样是仙界。西壁第三层刻有瑞鸟飞翔于嘉禾之间，第四层刻有异兽，从画像所处的位置和刻画的画像题材来看，也属于西王母所在的仙界。那么西壁第二层画像表现的是

图 3.57　嘉祥五老洼出土　孔子见老子图(局部)

资料来源：赖非编,《中国画像石全集》第 2 卷,山东美术出版社 2000 年版,图 99。

图 3.58　嘉祥宋山出土　孔子见老子图

资料来源：赖非编,《中国画像石全集》第 2 卷,山东美术出版社 2000 年版,图 137。

什么呢？信立祥认为,这是孔子见老子的画像,[1]但从画像的细部看,左右两边并排坐着的十人的身份不能明确的话,中间的四人中一人抚琴,三人表演的情景却是非常明显的,这与其他地方出土的孔子见老子画像(图 3.57、图 3.58)明显不同,所以,笔者认为把此画像解读为"观看歌舞"比较合适。那么这些人的身份是什么？为何跟西王母画像配置在一起呢？

李锦山先生把西王母题材的画像石按构图内容分成以下了六类[2]：(1)西王母与侍奉仙人；(2)西王母与灵禽瑞兽；(3)西王母、侍奉仙人、灵禽

---

[1] 信立祥：《论汉代的墓上祠堂及其画像》,载南阳汉代画像石学术讨论会办公室编《汉代画像石研究》,文物出版社 1987 年版,第 201 页,原文为"而提倡这一切的孔子在石祠画像中的位置越来越高,在东汉早期的孝堂山石祠中,孔子见老子图还被放在'祠主受拜图'之下,而到了东汉晚期的青山泉墓祠堂中,被提高到仅次于东王公和西王母的位置。"

[2] 李锦山：《西王母题材画像石及其相关问题》,载《中原文物》1994 年第 4 期。

图 3.59 滕州大郭出土 西王母图（局部）

资料来源：赖非编，《中国画像石全集》第 2 卷，山东美术出版社 2000 年版，图 204。

瑞兽；(4)东王公、西王母；(5)西王母与得道仙人；(6)其他。按照这种分类方法，我们可以把白集祠堂西侧壁第二层的画像看作得道仙人。这里所说的得道仙人不同于西王母身边长有羽翼的侍奉仙人，而是列仙中较有名气者，其地位虽然不及西王母，但可以在昆仑仙界与西王母一起共享歌舞宴乐和仙境之福。山东滕州大郭出土的西王母画像石表现的就是列仙与西王母共享宴饮的情景（图 3.59）。

按照一般配置规律，祠堂的后壁上大都刻画有双阙楼阁内祠主接受祭祀的场面。这是因为祠堂作为祭祀死者的场所，其画像配置遵循以死者为中心的原则。[1] 考古资料显示，汉代许多石结构祠堂的后壁或小龛的后壁上都雕刻着祠主受祭图，有人称之为楼阁拜谒图或楼阙人物图，如山东

---

[1] 类似的观点参见信立祥《汉代画像石综合研究》，文物出版社 2000 年版，第 115 页；蒋英炬、吴文祺《汉代武氏墓群石刻研究》，山东美术出版社 1995 年版，第 96 页；张从军《黄河下游的汉画像石艺术》，齐鲁书社 2004 年版，第 425 页；杨爱国《幽明两界——纪年汉代画像石研究》，陕西人民美术出版社 2006 年版，第 208—219 页；杨爱国：《"祠主受祭图"再检讨》，《文艺研究》2007 年第 2 期。

嘉祥武梁祠、长清孝堂山祠堂、宋山小祠堂、五老洼祠堂等都有类似的画像。白集汉墓发掘简报明确说明，祠堂后壁是由一块整石雕凿而成，竖砌在底部基石上。但对上面是否雕刻有画像没有提及。美国学者简·詹姆斯认为："这个享祠的大小和留在里面的器皿表明，给返回的魂的祭品是供奉在享祠里的，因此不需要表现祭祀场面。"[1]鉴于目前后壁石已缺失，我们对其是否雕刻有祠主受祭图的问题暂且存而不论，只对东西两壁上刻画的图像进行分析。

  首先来看东西两壁最下层的车马出行图。根据信立祥先生的研究，配置在祠堂较低位置、横贯三壁的车马出行图是祠堂画像中的不变内容，描述的是墓主（祠主）为了接受子孙和家人的祭祀，乘坐车马从遥远的地下世界赶赴墓地祠堂接受祭祀的途中或刚刚到达墓地的情景。[2]邵立先生则认为，祠堂后壁上的楼阙人物是仙界的内容，那么下层的车马出行描述的是墓主（祠主）乘坐车马去往仙界的过程。[3]两位学者结合祠堂的祭祀功能对车马出行的性质进行分析固然有其道理，但"一个东汉的祠堂即家族内部祖先崇拜的中心，也是大型社会聚会的场地"[4]，因此，祠堂墙壁下层的车马出行也可能描述了葬礼上前来送葬的车马行列。据文献记载，当时的葬礼"以客多为尚"。如《汉书·孔光传》云："光薨，公卿百官会吊送葬，车万余两。"《汉书·楼护传》云："母死，送葬者致车二三千两。"[5]尽管我们无法知道白集祠堂的主人是谁，但在祠堂墙壁下层刻画前来送葬的车马行列，从侧面反映了祠堂主人生前的地位。我认为这里的车马出行是表现送葬队伍还有一个原因，那就是祠堂东壁最右侧雕刻的是一辆有篷的大车，车上只见御者，不见乘者；祠堂西壁下层画像最右侧雕刻一辆轿车，车上不见御、乘者。已有学者认为，这种带有卷篷的车辆（图3.60）是运载重

---

[1] [美]简·詹姆斯：《东汉享祠功能的研究》，《美术研究》2000年第2期。
[2] 信立祥：《汉代画像石综合研究》，文物出版社2000年版，第113—118页。
[3] 邵立：《东汉画像石的配置结构与意义》，《艺术百家》2006年第5期。
[4] [美]巫鸿著，柳扬、岑河译：《武梁祠：中国古代画像艺术的思想性》，生活·读书·新知三联书店2006年版，第243页。
[5] 杨树达：《汉代婚丧礼俗考》，上海古籍出版社2000年版，第72—73页。

图 3.60　临沂白庄出土　大车图(局部)

资料来源：俞伟超主编,《中国画像石全集》第 3 卷,山东美术出版社 2000 年版,图 8。

图 3.61　临沂白庄出土　魂车、柩车图(局部)

资料来源：俞伟超编,《中国画像石全集》第 3 卷,山东美术出版社 2000 年版,图 5。

物的货车或"大车"。[1] 巫鸿先生经过进一步考证,认为这种带有卷篷的大车就是汉代人的葬礼中装运死者灵柩的"柩车",遮有帷幔的轿车是死者生前乘坐的车辆,在送葬的队伍中"空其座位",象征着死者的灵魂乘坐的"魂车"。(图 3.61)这里车马出行的行列作为丧葬礼仪的中心部分,其功能是"将死者的躯体和灵魂从祖庙送至墓地"。[2]

我们在上文中已经指出,汉代的墓上祠堂首先是作为向祖先的灵魂供奉祭品的场所。既然祠堂作为向祖先供奉牺牲和祭食的场所,祠堂画像中的庖厨图自然就是表现"墓地庖厨中准备和制作奉献给祖先灵魂的祭食的场面"[3]。此外,东汉的官僚、贵族们还往往借"上冢"之机会集合团结宗族、宾客、故人以及地方官僚,并在墓地举行大规模的祭祀仪式和盛大的招

---

[1] 赵化成:《汉画所见汉代车名考辨》,《文物》1989 年第 3 期。
[2] [美]巫鸿著,郑岩等译:《礼仪中的美术》,生活・读书・新知三联书店 2005 年版,第 260—273 页。
[3] 信立祥:《汉代画像石综合研究》,文物出版社 2000 年版,第 143 页。

待酒会。白集祠堂西壁上刻画的庖厨汲水以及东壁上的建筑、迎宾拜谒图也有可能是对这种大型祭祀和聚会活动的描述。

祠堂墙壁上的画像是对人间生活的描述。这一点我们可以从其他的祠堂材料中得到旁证。徐州汉画像石艺术馆2007年年底从睢宁县征集到三块内容相关的画像石，石横3米有余，纵1米多，虽然已经断成三块，但从其画像的内容连贯性来看，这原本是一块祠堂后壁石。此石上的画像主体是近五十间房屋的连排楼阁建筑，另有车马出行、宴饮、乐舞百戏、庖厨、捕鱼等场面，其歌舞宴饮的场面显然是在举行一个盛大的集会。如果按传统的称法，把这幅祠堂后壁上刻画有建筑人物的画像称为"祠主受祭图"的话，画像中其他非常生活化的内容说明了这里除了刻画祠主接受祭祀的场景以外，还加入了祭祀活动本身。我们虽然无法得知这块画像石所属的祠堂究竟建于哪一年，从地域上看，白集汉墓与睢宁相距不过百里之遥，从其构图的方式和画像的雕刻风格看，这座祠堂与白集祠堂应该出自同一个工匠或画像石作坊，更确切地说，应是两个关系密切的作坊的作品，两者的时间相隔应该不远。睢宁出土的其他画像石（图3.62）在风格上也有与白集汉墓的画像石相似的情况。

图3.62 睢宁出土龙凤建筑人物图

资料来源：汤池编，《中国画像石全集》第4卷，山东美术出版社2000年版，图134。

如果说白集祠堂在东壁上刻画有建筑图是这座祠堂的个性之处,不符合把建筑人物刻画在祠堂后壁上的一般规律,那至少可以说明,表现现实人间生活的画像内容已经出现在祠堂墙壁。综合以上论述,我们相信祠堂墙壁下半部分画像表现的应该是一个人间世界。

从位置上看,白集祠堂基石上的画像不是墙壁画像的延续,从画像题材上看,珍禽异兽、羽人戏龙似乎是仙界的内容,这样基石上的画像便与祠堂山墙及墙壁上层的仙界画像上下呼应,反映了汉代人祈求升仙的愿望。

综上所述,祠堂是连接生死两界的礼仪性建筑,其画像配置是严格按照汉代人的宇宙观念进行的。在汉代人的心目中,整个宇宙世界是由天界、仙界和人间三部分组成。东汉石结构祠堂因循了早已定型的土木结构祠堂,一座小小的祠堂被看成一个完整的宇宙空间。石刻画像按其题材分别被安排在象征三个世界的位置上。祠堂顶部象征天上世界,雕刻祥瑞或自然神;两侧壁的较高部位象征仙人世界,雕刻东王公、西王母以及珍禽异兽等;墙壁的其他部分象征人间世界,雕刻庖厨、宴饮、乐舞百戏、车马出行和历史故事等画像。白集祠堂是一个精心布局的画像系统,这个系统符合汉代祠堂图像配置的一般规律,虽然屋顶石已佚,其上是否布置天象图不得而知,但墙壁的三角山墙和上层布置成了一个仙界,墙壁的其他部分画像反映的是人间的生活。基石上的珍禽异兽似乎是与墙壁上层的仙界内容相呼应,表达了汉代人祈望升仙的愿望。从另一个角度看,整个祠堂是以刻画有珍禽异兽、羽人戏龙等仙界内容的基石为支撑的,也就是说,汉代人构建的这个分为上中下三层的微型宇宙是建立在"人为的仙界"之上的,这正体现了祠堂作为丧葬性纪念建筑的特性。

五、墓室画像与祠堂画像的关系

汉代人把对祖先的厚葬和祭祀看作最重要的礼仪行为和"孝"的最重要的表现形式。在墓室和祠堂这种为丧葬礼仪服务的功能性建筑里"图画天地",说明当时的人们极其注重对死后生活的安排。上文中我们分别对白集汉墓墓室和祠堂内的画像进行了详细描述和解读,从中可以看到当时的人们在墓室和祠堂这种丧葬礼仪空间里是如何"图画天地"。不管是墓室还是祠堂,都被描绘成了一个完整的宇宙空间。在这个死后的世界中,上层的柿蒂纹象征天界,中间的东王公、西王母、日月神和各种珍禽异兽象征人们向往的仙界,下层的楼阁人物、歌舞宴饮和车马出行等象征人间的生活。

东汉中后期的多室墓大都模仿汉代地面建筑的"前堂后室"结构,白集汉墓也不例外。由于整体墓葬建筑系统保存得较完整,"前堂后室"在此包含两重含义:从墓葬建筑整体上看,"前堂"指的是祠堂,"后室"指的是墓室;从墓室内部结构上看,"前堂"指的是墓室的中室,"后室"指的是放置棺椁的后室。也就是说,汉代的大型画像石墓一般都有两个"堂",一个是地下墓室中紧靠后室、位于后室之前的中室或前室;另一个是墓地上的祠堂。[1]那么,同一组墓葬的墓室和祠堂除了在墓葬结构与礼仪功能上的联系外,在画像的配置上又是什么关系呢?

我们通过上文对白集汉墓墓室和祠堂画像的描述可以看出,两者从画像的内容选择、构图方式、配置方位到雕刻方式等方面都有一些相同或相似之处。第一,墓室画像和祠堂画像在画像的内容上选择了一些相同的题材,如珍禽异兽、瑞鸟嘉禾、楼阁建筑、车马出行、歌舞宴饮等。第二,两者在图像的构图形式和原则上也有类似之处,如祠堂的侧壁和墓室的前室、中室、后室墙壁上都采取了分层构图法,把不同内容的图像分开;车马出行都采用了"左向行进"的构图方式,秩序感非常强;墓室横梁和祠堂内壁上的珍禽异兽图像的排列原理与武梁祠天顶石上并排罗列不同,既没有主题与背景的层次关系,也没有内枝外叶的构图原则,而是在"均匀""满布"的原则下,在有限的石面上展开其独特的构图排列形式;第三,两者在方位配置上也有相似之处,如车马出行的内容在墓室中的位置是前室的墙壁下

---

[1] 信立祥:《汉代画像石综合研究》,文物出版社2000年版,第323页。

层,在祠堂中也被安排在了墙壁的下层;墓室里的珍禽异兽是刻在前室和中室的横梁上,祠堂内壁上雕刻的珍禽异兽题材也出现在两侧壁的较高位置。第四,在画像的雕刻方式上,两者都采用了弧面浅浮雕的雕刻方式。

从墓室与祠堂在墓葬结构和礼仪功能上的密切联系,画像的内容选择、构图方式、配置关系以及雕刻方式上的相同之处,我们完全有理由相信,白集汉墓的墓室和祠堂是由同一个作坊的工匠们完成的一组作品。[1]我们在上文中已经讨论过,汉代的地下墓室和墓地祠堂,从其礼仪功能看,共同服务于丧葬祭礼,但墓室侧重于埋葬功能,而祠堂侧重于祭祀功能。下文中对墓室与祠堂画像的整体功能的讨论就从其建筑物的本身的功能侧重开始谈起。

在古代人心目中,生死异路,人死后成为另一个世界的成员。因此一旦葬礼结束,墓门"闭好牢坚"[2],埋在封土之下的墓室——死者永恒的"理想家园"就成了一个相对封闭的空间。陕西绥德县发现的东汉永元十五年郭稚文画像石墓门柱上所刻的"圁阳西乡榆里郭稚文万岁室宅"题记,[3]就是这种思想观念的有力证据。在汉代人的心目中,墓葬不仅仅用来安葬死者的遗体,而且还是供死者的灵魂继续生活的空间,在这个空间里,人们为死者准备了他生前拥有过和未曾拥有的一切,包括膏粱琼浆、庄园廨署、宝马华车、男僮女仆、乐舞百戏等,还幻想死者从这里出发,跨过天门,去往神仙爱居的乐土……这些内容,有的以随葬品来体现,有的则诉诸彩绘壁画、画像石、画像砖等艺术形式。[4]既然墓室是死者独享的私密空间,那么各种形式的壁画与随葬品一样,成了死者"生活"空间的背景,自然是为墓主人服务的。

---

[1] 杨爱国先生通过对嘉祥武氏、宿县胡元壬和1号墓祠、铜山洪楼和青山泉白集五组画像石祠堂和墓室图像的分析,也认为同一组祠堂和墓室一般为同一个作坊建造。参见杨爱国《幽明两界——纪年汉代画像石研究》,陕西人民美术出版社2006年版,第145—165页。
[2] 徐州汉画像石艺术馆中收藏的一块墓门石上刻有"永平十八年二月二日,议此石郭(椁)闭好牢坚"的题记。参见朱存明《汉画像的象征世界》,人民文学出版社2005年版,图21、22文字部分。
[3] 陕西省博物馆、陕西省文物管理委员会:《陕北东汉画像石刻选集》,文物出版社1959年版,图74、75。
[4] 郑岩:《关于汉代丧葬画像观者问题的思考》,载朱青生主编《中国汉画研究》第2卷,广西师范大学出版社2006年版,第39—55页。

建于墓地上的祠堂,相对密闭的地下墓室来说,是一个开放的空间。上文中已经讨论过,作为祭祀祖先的场所,生者在这里向死者奉献"甘珍滋味",表达自己的孝敬和哀思,求得死者灵魂的保佑;同时,墓地祠堂本身和在此举行的祭祀活动也给生者一种心理的安慰和现实的利益,即使不能通过举孝廉入仕,也可以在乡里称誉。[1]因此,具有多重功能的祠堂和墓祭活动,成为死生之间、天人之间和人鬼之间相互沟通的媒介。[2]于是祠堂壁面上刻画的各种题材的画像便以图像这种直观的艺术形式,反映了当时人们的思想认识和信仰观念。

综合以上论述,我们不难发现,不管是埋藏在地下的墓室画像,还是遗存在墓上的祠堂画像,白集汉墓的整套丧葬画像包含了天界、仙界和人间三大部分。汉代人在墓葬建筑的不同空间雕刻这些看似"程式化"的画像,正是当时"天人合一"思想的体现。汉代墓葬的这种画像配置方式也从一个侧面体现了汉代文化的深层结构。

六、结语

画像石是墓室和祠堂等墓葬建筑物的石刻构件,墓葬建筑是一种服务于丧葬礼仪的功能性建筑,因此石刻画像本质上是一种功能性艺术。墓室、祠堂等墓葬建筑的结构设计和画像的配置反映了当时人们的思想观念。因此对汉画像意义的考察必须从分析墓葬的结构和画像所在的位置入手。本文选择白集汉画像石墓做个案研究,在对其墓葬建筑系统进一步复原的基础上,深入讨论其墓室和祠堂画像石的配置含义。

白集汉墓是苏鲁豫皖交界区一座典型的汉代画像石墓,整个墓葬建筑系统原地保存得相对完整,其墓葬的建筑结构和画像的配置呈现出较强的规律性,反映了本地区东汉中晚期汉画像石墓的具体面貌。白集汉墓的

---

[1] 杨爱国:《"祠主受祭图"再检讨》,《文艺研究》2007年第2期。
[2] 吉南:《东汉石祠艺术功能的观察》,《美术研究》1987年第3期。

"前堂后室"结构体现了汉代墓葬建筑"第宅化"的特点。从墓葬建筑整体来看,墓室象征着地面建筑的后寝,祠堂象征着前堂。就墓室本身来说,后室相当于地面建筑的卧室,中室象征着厅堂,前室象征着门庭。

  白集汉墓墓室和祠堂构件上雕刻的画像题材众多、内容丰富,因此对画像内容及配置意义的考察是一项庞杂的工作。笔者在以往研究的基础上,通过对白集汉墓整体建筑系统的细致观察,首先把祠堂和祭祀平台——坛墠复原到原有的建筑系统和当时的社会礼仪环境中去。在分析墓室和祠堂内部的画像内容及其配置意义时,结合墓室的结构、祠堂的功能以及画像所处的具体位置,详细考察了每幅画像及部分图像母题的意义、功能和联系,然后回到墓葬空间中来,阐释画像配置的整体意义和反映出的思想观念。白集汉墓的建造者用不同题材的画像在墓室和祠堂内部上、中、下不同的位置构建了汉代人心目中宇宙空间的三个层次——"天界""仙界"和"人间"。在提倡"视死如生"的丧葬观念中,汉代人为自己构建了死后灵魂继续生活的"理想家园",那是一个跟人间生活类似的"另一个世界"。在那里,死者首先完成生命形式由死到生(灵魂)的转化,享受比生前更为安逸的生活,并有可能在神禽异兽的导引下去往期盼已久的天国仙界。汉代人在墓葬建筑的不同空间雕刻这些看似"程式化"的画像,正是当时"天人感应""天人合一"思想的体现。汉代墓葬的这种画像配置方式也从一个侧面体现了汉代文化的深层结构。

汉画像石线刻类技法的艺术风格

杨晓霞

汉画像石是汉代墓阙、祠堂、墓室以及个别碑等建筑上雕刻画像的建筑构石,也是一种"以石为地,以刀代笔"的石刻艺术品,它继承了中国石刻艺术的传统,呈现出鲜明的艺术风格。早在1937年滕固先生就将雕刻技法分为拟绘画和拟浮雕两大类,之后信立祥先生对各地汉画像石进行实地观察,将汉画像石雕刻技法分为线刻和浮雕两大类。本文的研究对象就是其中一类,即汉画像石线刻类技法的艺术风格。

本文试图从线刻类技法细分出的三种艺术形式即阴线刻、凹面线刻、减地平面线刻出发,来分析解决它们的差异性、艺术表现以及其所体现的汉代人的工艺思想问题。

在艺术形式上,汉画像石线刻类技法上承战国绘画古朴之风,下开魏晋艺术之先河。它体现了鲜明的时代和地域风格,体现了汉代艺术简约、朴素的装饰风格,更加体现了汉代人"用心、用情、用智"的工艺思想。因此,深入研究它的艺术风格对我们了解汉代社会的精神风貌、艺术追求、审美趋向是大有裨益的。

一、汉画像石线刻类技法综述

在我国雕刻艺术历史上,汉代可谓达到了一个很高的境界,汉画像石艺术成为我国美术史上的一顶皇冠,翦伯赞先生称之为"绣像的汉代史"[1],那时的雕刻工匠们汲取了汉以前的艺术表现技法,在陶器、玉器、青铜器雕刻的基础上,开始了画像石的雕刻,尤其是线刻类技法,可称之为汉代的平面艺术。线刻以刀代笔用线条在石面上刻出物像,虽然还有物象内呈凹面或物象外减地,但是造型却类似于平面线刻画。巫鸿先生认为任何对汉画形式风格的分析都必须考虑到时间和地域的双重因素。[2]本章对汉画像石线刻艺术的风格问题进行了探讨。

(一)界定与分类

1. 界定

汉画像石的线刻有自己的独特价值。我们从线的理解开始。线,《现代汉语词典》对其解释为:"几何学上指一个点任意移动所构成的图形,有长,没有宽和厚。分直线和曲线两种。"[3]康定斯基认为:"点——静止。线——内在张力,源于运动。这两种元素——造成它们自己'语言'的交织、并置,这是语言难以达到的。删除了'虚饰',捂住并减弱了这种语言的内在声音,给予画面以最简洁和最准确的表现。"[4]内森·卡伯特·黑尔这样说道:"那么表面上的边线或者人物、石块的轮廓线是什么呢?这确实是线!但是我们围绕着人或石块走一圈就会发现我们的线消失了,成了物体的一面或一个形状。"[5]汉画像石线刻艺术中的线,也具有这种特色。朱良志先生对中国艺术线描有独特的理解,他认为:"线是人把握大自然的

---

[1] 翦伯赞:《秦汉史》,北京大学出版社1999年版,第5—6页。
[2] [美]巫鸿:《国外百年汉画像研究之回顾》,《中原文物》1994年第1期。
[3] 中国社会科学院语言研究所词典编辑室编:《现代汉语词典》第5版,商务印书馆2005年版,第1680页。
[4] [俄]康定斯基著,罗世平、魏大海、辛丽译:《康定斯基论点线面》,中国人民大学出版社2003年版,第74页。
[5] [美]内森·卡伯特·黑尔著,沈揆一、胡知凡译:《艺术与自然中的抽象》,人民美术出版社1988年版,第8—12页。

一种心理形式,因此以线为主就像一份对自然的理解和体验。"[1]线是人类认识世界最简洁、最直观的方式。它是人们通过观察,不断概括、提炼、抽象出来的,因此,线更具有情感性,更容易传达人的精神性。然而,石刻线的美又离不开形体,是形中之线。线为造型服务,线离开了形,美的力度就减弱了。石刻的庞大厚重、体感质地,使形体上的线显得更有意味。因此,本文谈汉画像线刻类技法,不是把线抽象出来谈,而是谈线在汉画像石刻中所形成的独特的艺术风格。

2. 分类

对汉画像石线刻类技法的分类,从 20 世纪初就开始了。早在 1937 年,滕固通过对汉画像石与希腊石刻艺术的比较与分析,提出:"中国的石刻画像有好几种,如孝堂山和武梁祠的刻像,因为其底地磨平,阴勒的线条用得丰富而巧妙,所以尤近于绘画,像南阳石刻都是平浅浮雕而加以粗率劲直的线条阴勒,和绘画实在有相当的距离。所以我对于中国的石刻画像也想大体分为两种,其一是拟浮雕的,南阳石刻属于这一类,其二是拟绘画的,孝堂山武梁祠的产品属于这一类。"[2]这个"拟绘画"就是后来线刻类技法的雏形。到了 80 年代,蒋英炬先生和吴文祺先生根据滕固提出的这一分类原则,进一步将汉画像石雕刻技法细分为线刻、凹面线刻、减地平面线刻、浅浮雕、高浮雕、透雕。[3]并且,蒋英炬和杨爱国认为:"前三类刻法,不论其是否有平面、凹面、凸面之别以及对石面细节处理的不同,但其基本方法都是以刀代笔在石面上用线条表现图像,都属于或近似于平面线刻画,所以可统称为拟绘画的。"[4]信立祥先生把汉画像石的雕刻技法分为线刻和浮雕两大类,其中线刻类技法表现的重点是物象的轮廓,可细分

---

[1] 朱良志:《中国艺术的生命精神》,新华出版社 2010 年版,第 203—204 页。
[2] 滕固:《南阳汉画像石刻之历史的及风格的考察》,载《张菊生先生七十生日纪念论文集》,商务印书馆 1937 年版。
[3] 蒋英炬、吴文祺:《试论山东汉画像石的分布、刻法与分期》,《考古与文物》1980 年第 4 期。
[4] 蒋英炬、杨爱国:《汉代画像石与画像砖》,文物出版社 2001 年版,第 33 页。

为阴线刻、凹面线刻和凸面线刻,并且这三种还可以再分。阴线刻是直接在石面上用阴线条刻出图像,分为平面阴线刻和凿纹地阴线刻;凹面线刻是在石面上沿物象的轮廓线将物象面削低,使物象面呈略低于余白面的凹面,物象细部以阴线来表现,分为凿纹地凹面线刻和平面凹面线刻;凸面线刻与凹面线刻截然相反,在磨平的石面上,将物象以外的余白面削低,使物象面呈平面凸起,物象细部再用阴线加以表现,分为凿纹减地凸面线刻、铲地凸面线刻和铲地凸面刻。[1] 而后,黄雅峰先生创新性地提出汉画像石有"刻画"与"隐起"两种大的分类,在此基础上形成了线刻、凸凹面刻、隐起刻、起突刻等雕刻方法。[2]

本文对汉画像石线刻类技法的分类依据于俞伟超先生在《中国画像石全集》第1卷前言中的论述,[3] 即线刻类技法分为阴线刻、凹面线刻和减地平面线刻三种。

(二) 分区与分期

1. 分区

为了研究线刻类技法所分布的区域,本文参考了汉画像石主要的分布区域,接着再进行细分。蒋英炬和杨爱国根据已有的资料,分析出汉画像石主要集中分布在以下四大区域[4]:

其一是山东、苏北、皖北、豫东地区。其分布大致以鲁南的济宁、枣庄、临沂地区和苏北徐州地区为中心,范围包括了山东、江苏两省黄、淮之间的大部分地区以及皖北、豫东地区,东至沿海地区,西至豫东商丘一带,北至胶东半岛及黄河以北。这是汉画像石分布面积最广的一个区域。

其二是豫南、鄂北地区。其分布以南阳为中心,东至唐河、桐柏,北至

---

[1] 信立祥:《汉代画像石综合研究》,文物出版社2000年版,第27—33页。
[2] 黄雅峰:《汉画像石的雕刻方法分析》,《包装世界》,2008年第11期。
[3] 蒋英炬编:《中国画像石全集》第1卷,山东美术出版社2000年,第6页。
[4] 蒋英炬、杨爱国:《汉代画像石与画像砖》,文物出版社2001年版,第18—19页。

叶县、襄城,南抵长江北岸的当阳、随州(原随县)一带。主要地点有河南的南阳、唐河、邓州(原邓县)、桐柏、新野、社旗、方城、襄城,湖北的当阳、随州等。这是汉画像石分布与发现较集中的一个区域。

其三是陕北、晋西北地区。主要分布在陕西、山西两省北部黄河沿岸地区。陕北汉画像石以绥德、米脂较多,北至榆林,东沿黄河的神木、吴堡、清涧,西至子洲、横山等地也都有汉画像石遗存。晋西北地区汉画像石分布在三川河流域,主要地点有离石、中阳、柳林等。

其四是四川、重庆、滇北地区。多集中分布于嘉陵江和岷江流域,主要地点有渠县、忠县、合川、成都、彭山、乐山、新津、梓潼、雅安、宜宾以及重庆和云南的昭通等地。

除上述四个区域以外,汉画像石在河南的新密、登封、洛阳,陕西的彬县(原邠县),甘肃的成县,江苏的镇江,浙江的海宁,贵州的金沙,河北的满城,北京及内蒙古包头等地,也都有不同数量的发现。

同样,信立祥先生把汉画像石在全国范围内的分布区域划分为了五个[1]:

其一由山东省全境、江苏省中北部、安徽省北部、河南省东部和河北省东南部组成的广大区域,其范围以山东省西南部和江苏省西北部的徐州市为中心,东起海滨,西至河南省的安阳和永城一线,北自山东半岛的北端,南达江苏省的扬州,汉画像石的发现地点已达二百余处。

其二以南阳市为中心的河南省西南部和湖北省北部地区。

其三陕西省北部和山西省西部地区。

其四四川省和云南省北部地区。

其五河南省洛阳市周围地区。

除了上述五个汉画像石分布区,在北京市,天津市的武清,甘肃省的成县,江苏省的镇江、苏州,浙江省的海宁等地也发现了少数汉画像石。

上面是一些学者研究总结的汉画像石主要分布区,笔者经过查阅大量

---

[1] 信立祥:《汉代画像石综合研究》,文物出版社2000年版,第13—15页。

文献资料并做了相应的调查后,总结出了运用线刻类技法所刻的汉画像石的分布区域。按照线刻类技法细分出的三种艺术形式即阴线刻、凹面线刻、减地平面线刻划分,总结如下表(表4.1),本文将会依据此表在第二部分对各个区域的线刻类画像石进行研究:

表4.1 线刻类汉画像石分布区域

线刻类技法	分 布 区 域
阴线刻	第一分布区:鲁、苏北、皖北、豫东地区
	第二分布区:豫南、鄂北地区
	第四分布区:川、渝、滇北地区
	第五分布区:洛阳市周围、浙江省等地区
凹面线刻	第一分布区:鲁、苏北、皖北、豫东地区
	第二分布区:豫南、鄂北地区
减地平面线刻	第一分布区:鲁、苏北、皖北、豫东地区
	第三分布区:陕北、晋西北地区
	第四分布区:川、渝、滇北地区
	第五分布区:洛阳市周围、浙江省等地区

2. 分期

信立祥先生在《汉代画像石综合研究》一书中,将汉代画像石墓室的画像石分为二期,即"滥觞期的画像石墓及其画像"和"成熟期的墓室画像石",对两期的墓室形制和画像石的配置规律作了深入的探讨。[1]

王建中先生在《汉代画像石通论》中将汉代画像石分为西汉早期、西汉中期、西汉晚期、新朝时期、东汉早期、东汉中期和东汉晚期六期,并对每个时期画像石的产生和特征作了详细的论述。[2]

周到、吕品先生在《南阳汉画像石简论》一文中认为,南阳汉画像石刻的时代分期应为:早期为西汉晚期至新莽时期,中期为东汉早期,晚期为东汉末期。[3]

---

[1] 信立祥:《汉代画像石综合研究》,文物出版社2000年版,第190—288页。
[2] 王建中:《汉代画像石通论》,紫禁城出版社2001年版,第52—57页。
[3] 周到、吕品:《南阳汉画像石简论》,《中原文物》1982年第2期。

王恺先生在《苏鲁豫皖交界地区汉画像石墓分期》一文中将苏鲁豫皖交界地区汉画像石墓分为三期：西汉晚期至王莽末年、东汉初期至东汉中期（安帝时），以及东汉晚期（安帝之后）。[1]

综上所述，汉朝可分为三个时期：西汉（公元前206—公元8年）、王莽时期（公元9—23年）和东汉（公元25—220年）。汉画像石是一个朝代文化的象征，它随着汉代的兴盛而产生，随着汉朝的灭亡而逐渐消失。其最早出现在西汉文景时期，最晚在三国两晋时期。

因此，最原始的阴线刻常见于西汉中晚期，一直沿用到东汉晚期甚至隋唐以后；凹面线刻略晚于阴线刻，并且从其发展而来，盛行于西汉末期至东汉早期；减地平面线刻多在东汉中晚期，在汉画像石中是最常见的。这种雕刻技法仍然主要是运用线刻，而其对线条的表现程度比早期阴线刻或凹面线刻更加成熟。三种线刻艺术形式之间有着一种递变的关系。

根据全国有纪年的汉画像石，本文综合了《汉代画像石与画像砖》《幽明两界——纪年汉代画像石研究》两本书中的纪年汉代画像石统计表格[2]，并将其中有纪年的线刻类汉画像石筛选出来，列表（表4.2）如下：

表4.2 纪年线刻类汉画像石统计表

纪年	出土地点及名称	线刻类技法	资料出处
昭帝元凤元年至元凤六年（公元前80—前75年）	沂水鲍宅山凤凰画像	阴线刻	《汉代画像全集》初编，图219
成帝河平三年（公元前26年）	山东平邑麃孝禹碑画像	凿纹地阴线刻	《山东汉画像石选集》，图359
王莽居摄三年（公元8年）	山东东平石马立柱	凿纹地凹面线刻	石存山东东平县文物管理所

---

[1] 王恺：《苏鲁豫皖交界地区汉画像石墓分期》，《中原文物》1990年第1期。
[2] 参考蒋英炬、杨爱国《汉代画像石与画像砖》，文物出版社2001年版，第36—41页。杨爱国：《幽明两界——纪年汉代画像石研究》，陕西人民美术出版社2006年版，第88—93页。

(续表)

纪年	出土地点及名称	线刻类技法	资料出处
王莽天凤三年（公元16年）	山东汶上路公食堂画像石	凿纹地凹面线刻	《汉代画像全集》二编，图129
明帝永平四年（公元61年）	江苏徐州铜山汉王乡东沿村画像石	剔地平面线刻	《徐州汉画像石》图10、图11
明帝永平十一年（公元68年）	山东肥城西里村出土残石画像	阴线刻	石存肥城文物管理所
明帝永平十六年（公元73年）	山东肥城西里村祠堂画像石	阴线刻	《文物》,1990年第2期
章帝建初元年（公元76年）	四川青神大芸坳76号崖墓	阴线刻	《乐山崖墓和彭山崖墓》，第151页
章帝建初八年（公元83年）	山东肥城栾镇村张文思父祠堂画像石	平面阴线刻、凹面线刻	《文物》1958年第4期
章帝元和三年（公元86年）	山东平邑南武阳皇圣卿阙	凿纹地凹面线刻	《文物》1954年第5期
章帝章和元年（公元87年）	山东平邑南武阳功曹阙	凿纹地凹面线刻	《文物》1954年第5期
和帝永元二年（公元90年）	陕西绥德黄家塔辽东太守墓	剔地平面刻	《陕北汉代画像石》，第119—120页
和帝永元四年（公元92年）	陕西绥德四十铺田鲂墓	剔地平面刻	石存绥德县博物馆
和帝永元五年（公元93年）	山东济宁祠堂画像石	凿纹地凹面线刻	石存山东济宁博物馆
和帝永元八年（公元96年）	陕西绥德苏家圪坨杨孟元墓	剔地平面刻	《文物》1983年第5期
和帝永元十二年（公元100年）	陕西绥德王得元墓	剔地平面刻	《陕北东汉画像石刻选集》，第25—27页
和帝永元十五年（103年）	陕西绥德郭稚文墓	剔地平面刻	《陕北东汉画像石刻选集》，第82—83页
和帝永元十六年（104年）	陕西绥德黄家塔王圣序墓	剔地平面刻	《考古与文物》1988年第5、6期合刊
安帝永初元年（107年）	陕西米脂官庄牛文明墓	剔地平面刻	《文物》1972年第3期
安帝延光元年（122年）	山东滕州西户口画像石	剔地平面刻	《山东汉画像石选集》，图209

(续表)

纪年	出土地点及名称	线刻类技法	资料出处
顺帝永建四年（129年）	山东长清孝堂山石祠	平面阴线刻、凹面线刻	《文物》1961年第4、5期合刊
顺帝永和三年（138年）	陕西清涧贺家沟司马叔墓	剔地平面刻	《陕北汉代画像石》，第220页，图644
顺帝永和四年（139年）	陕西米脂牛季平墓	铲地平面刻	《陕北汉代画像石》，第53页，图160
顺帝汉安元年（142年）	山东泗水南陈庄墓	凿纹地凹面线刻、阴线刻	《考古》1995年第5期
桓帝建和元年（147年）	山东嘉祥武氏阙	凿纹减地平面线刻	《汉代武氏墓群石刻研究》
桓帝建和二年（148年）	山东嘉祥武氏左右室	凿纹减地平面线刻	《汉代武氏墓群石刻研究》
桓帝和平元年（150年）	山西离石左元异墓	铲地平面线刻	《汉代画像石研究》，第270—279页
桓帝和平元年（150年）	山西中阳道棠沐叔孙墓	铲地平面线刻	《中国画像石全集》第5卷，图311
桓帝元嘉元年（151年）	山东嘉祥武梁祠	凿纹减地平面线刻	《汉代武氏墓群石刻研究》
桓帝元嘉元年（151年）	江苏邳州燕子埠缪宇墓	铲地平面线刻	《文物》1984年第8期
桓帝永兴二年（154年）	山东东阿芗他君祠堂画像石	凿纹减地平面线刻	《故宫博物院院刊》1960年第2期
桓帝永寿三年（157年）	山东嘉祥宋山安国祠堂画像石	剔地平面线刻	《文物》1982年第5期
桓帝延熹二年（159年）	四川江津沙河乡水浒村长沟2号崖墓	磨面阴线刻	《中国画像石全集》第7卷，图30
桓帝延熹四年（161年）	山西离石下水村墓	铲地平面线刻	《汉画像石的分区与分期研究》，第285—288页
桓帝延熹八年（165年）	天津武清于璜碑画像	平面阴线刻	《文物》1974年第8期
桓帝永康元年（167年）	山东梁山馍馍台墓表画像	凿纹减地平面线刻	《考古》1988年第11期
灵帝建宁元年（168年）	山东嘉祥武氏祠前石室（武荣祠）	凿纹减地平面线刻	《汉代武氏墓群石刻研究》

(续表)

纪年	出土地点及名称	线刻类技法	资料出处
灵帝熹平四年（175年）	山西离石马茂庄14号墓	铲地平面线刻	《文物》1996年第4期
灵帝熹平六年（177年）	安徽亳州董园村2号墓	平面阴线刻、剔地平面线刻	《文物》1978年第8期
灵帝光和元年（178年）	山东莒县东莞孙熹阙	剔地平面线刻	《莒县文物志》第130页
灵帝光和六年（183年）	山东临淄王阿命祠堂画像	平面阴线刻	石存山东临淄石刻馆
献帝初平元年（190年）	山东滕州封墓记残石	剔地平面线刻	《汉代画像全集》初编，图82

二、汉画像石线刻类技法的艺术形式

汉画像石线刻类技法用线条表现物象，使用不同的线条方法，便有不同的艺术风格。这种石刻线的美又离不开形体，是形中之线。线为造型服务，线离开了形，美的力度就减弱了。石刻的庞大厚重和体感质地，使形体上的线显得更有意味。美学家宗白华先生曾说过："美术中所谓形式，如数量的比例、形线的排列（建筑）、色彩的和谐（绘画）、音律的节奏，都是抽象的点、线、面、体或声音的交织结构。为了集中地、提高地和深入地反映现实的形象及心情诸感，使人在摇曳荡漾的律动与谐和中窥见真理，引发无穷的意趣，绵邈的思想。"[1]汉代三种线刻艺术形式对魏晋南北朝时期的线刻画，还有之后的版画、剪纸、国画、书法等皆产生了极大的影响，并且可以清晰地看到这些艺术对汉画像石雕刻艺术的传承痕迹。本文谈线刻类技法，不是把线抽象出来谈，而是详细研究出现在不同分区的三种画像石线刻艺术。

因为汉画像石的建筑形式主要有墓阙、墓祠、墓室以及个别碑等，所以

---

[1] 宗白华：《美学散步》，上海人民出版社2008年版，第119页。

我们先大致了解一下前三种建筑形式,以便后面更好地研究不同线刻艺术在不同建筑形式中的特点。

阙又名"观",是我国古代城垣、宫殿、府第、陵墓前面门道两侧的一对高层建筑。崔豹《古今注》卷上曰:"阙,观也。古每门树两观于其前,所以标表宫门也。其上可居,登之则可远观,故谓之观。"[1]到了汉代,《白虎通义》曰:"阙者所以饰门别尊卑也。"[2]然而,先秦时期的阙和观本来是两种不同的建筑物,到汉代才混为一谈,实际上汉代仍有建在庭院中的独立的观。[3]汉代的墓阙,并无可启闭的门扉,实际就是装饰墓地大门的建筑标识。

汉代墓地祠堂,又名"食堂""庙祠""斋祠"等,[4]和对地下墓葬中的死者进行斋戒、祭祀等活动有关。墓地祠堂和古代的宗庙祭祀一样,是祖先亡灵所在地,如东汉王充所说:"古礼庙祭,今俗墓祀,皆为鬼神所在,祭祀之处。"[5]汉代墓地上祠堂原有木结构和石结构两种,木结构祠堂易腐烂,早已毁灭无存,只有坚固持久的石结构祠堂保存下来。而保存完整的汉代祠堂画像,至今仅存于山东及其相邻的苏北和皖北地区,例如山东武氏祠、徐州白集祠堂等。

墓室在西汉武帝时期表现为小型单室石椁墓,西汉晚期至东汉早期出现双室或三室石椁墓以及用石材砌筑前后两室的洞室墓,东汉晚期则大量出现了两主室和三主室画像石墓。

运用线刻类技法所刻的汉画像石的分布区域,大致情况为:阴线刻发现于第一分布区、第二分布区、第四分布区、第五分布区共四个区域;凹面线刻发现于第一分布区、第二分布区共两个区域;减地平面线刻发现于第

---

[1]《周礼·天官》:"正月之吉,始和,布治于邦国都鄙,乃县治象之法于象魏,使万民观治象,挟日而敛之。"郑注:"象魏,阙也。"
[2] 郦道元:《水经注·谷水》卷十六引《白虎通》,王国维校本,上海人民出版社1984年版,第541页。
[3] 陈明达:《汉代的石阙》,《文物》1961年第12期。
[4] 如山东汶上路公祠堂画像石题铭中有"天凤三年立食堂";微山两城永和二年画像石题铭有"思念父母,弟兄悲哀,乃治家作小食堂";山东邹县发现的一画像石上有"食斋祠园";北京石景山出土永元十七年秦君石阙铭中有"欲广庙祠,尚无余日"等字。
[5]〔汉〕王充:《论衡·四讳篇》,上海书店1986年版,第228页。

一分布区、第三分布区、第四分布区、第五分布区共四个区域(详见表4.1)。

(一) 阴线刻

"阴线刻,即直接在石面上全部用阴线条刻出图像。"[1]最原始的汉画像石是用阴线刻表现的,因为早期画像石建筑构件表面较平整,比较适应其表现,与《营造法式》所载石作雕镌制度的"素平"[2]刻法较为一致。在西汉时期,阴线刻出现在山东南部、江苏北部和河南南部,并一直沿用到东汉晚期甚至隋唐以后,如西汉河南永城梁王墓出土了以叶状树与鸟形图像阴线表现的画像石。早期阴线刻线条古拙、简朴、粗犷,构图简单,至东汉晚期线条变得流畅、丰富、细腻,构图复杂,形象生动,显得更为成熟。此种刻法雕刻出的画像石十分精细,可以称得上是汉画像石中的"工笔画"。

这一类刻法根据对石面处理方法不同,又可细分为以下四种表现形式:

其一,糙面阴线刻,即在未经打磨的粗糙石面上用阴线刻出图像。如山东邹城"食斋祠园"、羊场村画像石、滕州韩楼画像石等。

其二,平面阴线刻,即在打磨光滑的石面上用阴线刻出图像。西汉晚期至东汉早期的作品线条粗深,图像简单,如江苏连云港锦屏山桃花涧汉墓石椁画像、安徽亳州董园村2号墓甬道人物画像等。而至东汉中晚期,线条细腻、图像复杂,常表现大场面图像,如山东沂南北寨村汉墓中的历史故事画像。"沂南汉墓的平面阴线刻的线条比诸城市前凉台孙琮墓(约东汉顺帝、桓帝时期)画像石更纤细、流畅。"[3]

其三,凿纹地阴线刻,即在余白面留有凿纹的石面上用阴线刻出图像。如山东临沂庆云山2号石椁墓东壁画像、山东滕州庄里西祠堂画像、河南

---

[1] 信立祥:《汉代画像石综合研究》,文物出版社2000年版,第27页。
[2] 〔宋〕李诫:《营造法式》,人民出版社2006年版,第21页。
[3] 董传海、刘乃仁:《沂南发掘出汉画石墓》,《走向世界》1994年第6期。

南阳杨官寺汉画像石墓的主室门扉画像等。"而这些余白面的平行凿纹，是汉代石工用特定的雕刻技法处理余白面时留下的具有装饰意义的刻痕或纹饰。"[1]

其四，在阴线刻图像轮廓线内施与麻点、鳞纹等细部。如山东曲阜东安汉里画像石。

据目前研究资料显示，阴线刻主要发现在汉画像石第一、二、四、五分布区，即鲁、苏北、皖北、豫东，豫南、鄂北，川、渝、滇北地区，洛阳市周围、浙省等其他地区。关于第三分布区的汉画像石资料不够系统和完整，因此，其早期是否为阴线刻尚不明确。

下面详细分析一下几个阴线刻涵盖区域在墓阙、祠堂、墓室等建筑形式上的图像。

1. 第一分布区：山东、苏北、皖北、豫东地区

该区是汉画像石最早发祥地，早在西汉晚期至东汉初，阴线刻就开始出现并流行。把汉画像石产生定在此区的原因有二：一是西汉时期经济文化繁荣，冶铁和丝织业发达，而冶铁业为开采石材提供便利。其中山东画像石的发达更得地利之便，境内多山丘，特别是鲁南及鲁中一带，有许多便于开采和雕刻的石灰岩石料；二是在河南永城发现的梁王墓内更衣室（厕所）的石壁上发现了阴线刻的叶状之树图像。此区的墓阙尚未发现阴线刻刻法。

其一，祠堂。

在墓地祠堂中，大部分画像石为东汉早期作品，代表作如山东长清顺帝永建四年（129年）孝堂山石祠（图4.1）、山东金乡朱鲔石室[2]和山东嘉祥洪山村祠堂西壁画像石（图4.2）等。笔者考察的滕州汉画像石馆的西户口、西公桥出土的几幅祠堂阴线刻画像（图4.3、图4.4）、山东临淄灵帝

---

[1] 信立祥：《汉代画像石综合研究》，文物出版社2000年版，第39页。
[2] 傅惜华主编：《汉代画像全集》初编，商务印书馆1950年版，图133—159。

图 4.1 山东长清孝堂山石祠西壁画像

注：原图(左)，局部放大(右)，阴线刻。
资料来源：蒋英炬编，《中国画像石全集》第 1 卷，山东美术出版社 2000 年版，图 43。

图 4.2 山东嘉祥洪山村祠堂西壁画像石

注：阴线刻。
资料来源：朱锡禄，《嘉祥汉画像石》，山东美术出版社 1992 年版，图 101。

光和六年王阿命祠堂画像[1]等均发现在磨平的石面上采用阴线刻。还有，山东嘉祥焦城村祠堂后壁画像为凿纹地阴线刻(图 4.5)、肥城

---

[1] 石存山东临淄石刻馆。

图 4.3　西户口出土·胡汉交战　祠堂顶(局部)

注：阴线刻,原石藏于滕州汉画像石馆。
资料来源：作者摄。

图 4.4　楼阁、祥瑞　祠堂后壁(局部)

注：阴线刻,原石藏于滕州汉画像石馆。
资料来源：作者摄。

栾镇村章帝建初八年(公元83年)张文思为父造的祠堂画像石(图4.6)、肥城西里村明帝永平十六年(公元73年)祠堂画像[1],线条风格较稚拙。徐州汉画像石艺术馆里也有几幅平面阴线刻画像石也比较典型(图4.7、图4.8)。

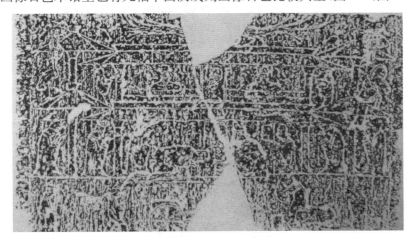

图4.5 山东嘉祥焦城村祠堂后壁"楼阁拜谒图"
注：凿纹地阴线刻。
资料来源：傅惜华主编,《汉代画像全集》初编,商务印书馆1950年版,图162。

图4.6 建初八年张文思为其父造的祠堂后壁画像
注：平面阴线刻。
资料来源：王思礼,《山东肥城汉画像石墓调查》,《文物考古资料》1958年第4期。

---

[1] 程少奎:《山东肥城发现"永平"纪年画像石》,《文物》1990年第2期。

汉画像石线刻类技法的艺术风格

图 4.7 六博 祠堂左侧

注：平面阳线刻，原石藏于徐州汉画像石艺术馆。
资料来源：作者摄。

图 4.8 建鼓舞 祠堂右侧

注：平面阴线刻，原石藏于徐州汉画像石艺术馆。
资料来源：作者摄。

其二，墓室。

早期（西汉武帝时期）为小型单室石椁墓，画像全部刻在石椁板上，雕刻技法以阴线刻为主，线条风格粗犷，最早见于昭帝元凤元年至六年（公元前80—前75年）的山东沂水鲍宅山凤凰画像，[1]还有如山东临沂庆云山2号画像石椁墓（图4.9）、藏于滕州汉画像石馆的阴线刻画像石（图4.10、图4.11、图4.12）、徐州汉画像石艺术馆的西汉崖洞墓墓门画像石（图4.13）等。徐州睢宁"官山乡豆山的一座西汉时期的竖穴崖墓中，在粗糙的墓壁上，用阴线刻出了两棵常青树和一块玉璧，画面虽然简单，但显得十分质朴，从墓葬形制和墓中出土的五铢钱、铜戈、陶器来看，这座墓葬的时代大约在西汉武帝时期，这幅画像是徐州地区最早的画像石刻，对研究汉画像石的起源，有着重要的意义"[2]。

中期（西汉晚期至东汉早期）石椁墓形制仍沿用，但结构复杂，其中采用阴线刻法的墓，如山东曲阜东安汉里画像石椁墓（图4.14）、山东平阴新

图4.9　临沂庆云山2号画像石椁墓
　　　　南壁画像

资料来源：蒋英炬编，《中国画像石全集》第1卷，山东美术出版社2000年版，图102。

图4.10　滕州庄里西出土石椁挡板
　　　　玉璧、菱形纹

注：凿纹地阴线刻，原石藏于滕州汉画像石馆。
资料来源：作者摄。

---

[1] 蒋英炬：《关于"鲍宅山凤凰画像"的考察与管见》，《文物》1997年第8期。
[2] 田忠恩、陈剑彤、武利华、仝泽荣编著：《睢宁汉画像石》，山东美术出版社1998年版，第19页。

汉画像石线刻类技法的艺术风格

图 4.11 石椁侧板 凤鸟衔星

注：凿纹地阴线刻，原石藏于滕州汉画像石馆。
资料来源：作者摄。

图 4.12 马王出土石椁挡板 双阙、骖车出行

注：阴线刻，原石藏于滕州汉画像石馆。
资料来源：作者摄。

图 4.13 西汉崖洞墓墓门

注：凿纹地阴线刻，原石藏于徐州汉画像石艺术馆。
资料来源：作者摄。

图 4.14 曲阜东安汉里石椁隔板画像石

注：阴线刻加刻细密凹点。
资料来源：蒋英炬、杨爱国，《汉代画像石与画像砖》，文物出版社 2001 年版，第 30 页。

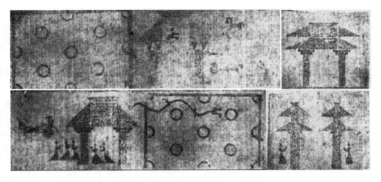

图 4.15　平阴新屯 2 号墓

注：阴线刻。
资料来源：济南市文化局文物处、平阴县博物馆筹建处，《山东平阴新屯汉画像石墓》，《考古》1988 年第 11 期。

图 4.16　徐州沛县栖山 1 号墓西侧壁板外壁画像

注：阴线刻。
资料来源：徐州市博物馆、沛县文化馆，《江苏沛县栖山汉画像石墓清理简报》，《考古学集刊》1982 年第 2 期。

图 4.17　徐州铜山吕梁乡出土建筑人物图

注：平面阴线刻，原石藏于徐州汉画像石艺术馆。
资料来源：作者摄。

图 4.18　徐州铜山吕梁乡出土迎宾图
注：平面阴线刻，原石藏于徐州汉画像石艺术馆。
资料来源：作者摄。

屯 2 号墓（图 4.15）、徐州沛县栖山墓（图 4.16）、徐州铜山吕梁乡出土的平面阴线刻画像（图 4.17、图 4.18）等。

晚期（东汉中晚期）流行大型多室画像石墓，雕刻技法已不是纯粹的阴线刻，而是多种技法合并使用。而且原先粗拙的阴刻线条在此时的风格已经变得流畅、细腻、准确、逼真，可视为北朝至隋唐时期的阴线刻技法的滥觞，如山东诸城前凉台孙琮墓（约东汉顺帝、桓帝时期）的画像（图 4.19）、灵帝熹平六年（177 年）安徽亳州十九里乡董园村 2 号墓画像（图 4.20）、泰安岱庙汉画像石陈列馆藏阴线刻画像（图 4.21）等。山东沂南北寨村汉墓画像（图 4.22、图 4.23）的平面阴线刻的线条比诸城市前凉台画像石更细致、流畅。另外，此区的山东平邑成帝河平三年（公元前 26 年）麃孝禹碑画像也是用凿纹地阴线刻雕刻而成。[1]

另外，除了以上有明确出土地址或收藏地址的阴线刻画像石外，许多

---

[1]　山东省博物馆、山东省文物考古研究所：《山东汉画像石选集》，齐鲁书社 1982 年版，第 45 页。

汉画像石收藏家收藏的阴线刻画像也特别宝贵,其中徐州市汉画像石研究会会长苑建中先生的藏品就是一个很好的例子(图4.24、图4.25)。

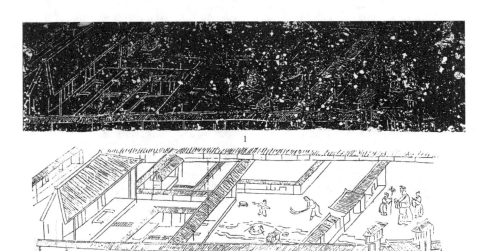

图4.19　山东诸城前凉台孙琮墓的庭院图画像石

注:平面阴线刻。1.拓本;2.摹本。
资料来源:任日新,《山东诸城汉画像石墓》,《文物》1981年第10期。

图4.20　安徽亳州十九里乡董园村2号墓甬道人物画像

注:平面阴线刻。
资料来源:汤池编,《中国画像石全集》第4卷,山东美术出版社2000年版,图222。

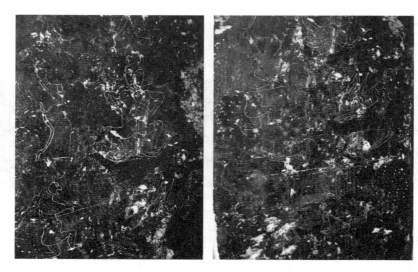

图 4.21 狩猎图

注：上层(左)，下层(右)，肥城北大留村北东汉墓出土，平面阴线刻，原石藏于泰安岱庙汉画像石陈列馆。
资料来源：作者摄。

图 4.22 山东沂南北寨村画像石墓中室八角擎天柱的栌斗和柱身的西面

注：原图(左)，摹本(右)，平面阴线刻。
资料来源：曾昭燏等著，南京博物馆、山东省文物管理处合编，《沂南古画像石墓发掘报告》，中华人民共和国文化部文物管理局 1956 年版，拓片第 55 幅。

图 4.23 山东沂南北寨村画像石墓中室八角擎天柱柱础的西面与第 55 幅拓片相接

注：平面阴线刻。
资料来源：曾昭燏等著，南京博物馆、山东省文物管理处合编《沂南古画像石墓发掘报告》，中华人民共和国文化部文物管理局 1956 年版，拓片第 59 幅。

图 4.24 神女图

注：阴线刻。
资料来源：苑建中，《汉画像石藏石》，香港中国文化出版社 2009 年版，第 4 页。

汉画像石线刻类技法的艺术风格

图 4.25　华盖图

注：阴线刻。
资料来源：苑建中，《汉画像石藏石》，香港中国文化出版社 2009 年版，第 6 页。

总体来说，阴线刻技法在该区有较长的发展时间，线条运用更为成熟，形成细腻、流畅的艺术风格。

2. 第二分布区：豫南、鄂北地区

该区域是继第一分布区之外的又一个汉画像石之地。原因也有两点：一是农业和冶铁业非常发达；二是物产极为丰富，盛产砂岩石材，这些都为画像石发展提供了很好的物质条件。

和第一分布区不同的是，该区的汉画像石全部出自地下墓葬。并且没有与之相同的阴线刻技法，而是多种技法混合使用，尤其到了东汉时期，线刻类技法已很少见，多以浮雕类刻法为主，形成这一地区雕刻手法粗犷豪放、气势磅礴的地方风格。唯一发现夹杂凿纹地阴线刻刻法的墓葬为西汉

图4.26 河南南阳杨官寺汉画像石墓的主室门扉画像

注：阴线刻。
资料来源：河南省文化局文物工作队，《河南南阳杨官寺汉画像石墓发掘报告》，《考古学报》1963年第1期。

晚期河南南阳杨官寺墓（图4.26），画像主要刻在立柱、门楣和门扉上，壁石只有一幅。

3. 第四分布区：四川、重庆、滇北地区

该区画像石的形式有洞室墓、崖墓、石棺和石阙等，是较晚兴起的一个画像石地区，在东汉中期受第二分布区的影响而产生。笔者查询大量的资料后发现，此区的阴线刻画像极为稀少，仅在桓帝延熹二年（159年）四川江津市沙河乡水浒村长沟2号崖墓（图4.27、图4.28）里有所发现，其他大多数为浮雕技法。

汉画像石线刻类技法的艺术风格

图 4.27 江津崖墓出土房屋、双阙

注：阴线刻。
资料来源：高文编，《中国画像石全集》第 7 卷，河南美术出版社 2000 年版，图 30。

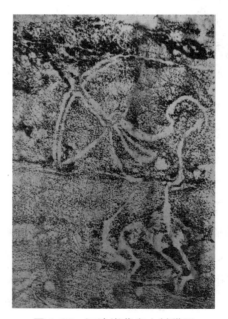

图 4.28 江津崖墓出土射猎图

注：阴线刻。
资料来源：高文编，《中国画像石全集》第 7 卷，河南美术出版社 2000 年版，图 32。

4. 第五分布区： 河南省洛阳市周围、浙江省等其他地区

该区没有本身的独特系统，由于其地理位置正好处于其他四个汉画像石分布区的中间，受其他地区雕刻技术的影响而改变，因此看不出明显的地域风格。西汉晚期至东汉早期，其雕刻技法和艺术风格受第二分布区即豫南、鄂北区的影响，大部分为浮雕类刻法，个别如西汉晚期洛阳烧沟58号墓的石门上刻有平面阴线的铺首衔环图[1]，东汉初洛阳西郊涧河西岸30.14号砖墓两重石门的门扉、门楣上，也有阴线刻出的铺首衔环、四神、游鱼和门吏。[2] 除画像石墓和画像石阙外，在天津武清发现的延熹八年（165年）鲜于璜碑上，阴刻有青龙、白虎、朱雀等形象。[3] 到东汉晚期，此地画像石艺术风格为之一变，受汉画像石第一分布区即鲁、苏北、皖北、豫东地区的影响，主要雕刻技法为减地平面线刻，此部分将在后文详细阐述。

（二）凹面线刻

"所谓凹面线刻，就是在石面上沿物象的轮廓线将物象面削低，使物象面呈略低于余白面的凹面，物象细部以阴线来表现的雕刻技法。"[4] 总体来看，它从早期阴线刻发展而来，是阴线刻的一种变化形式，由线扩大到面。"阴线刻刻下一条线，凹面线刻刻下一个面，这个面也可以说是阴线刻阴线的扩大面，它保留着阴线刻的传统，与阴线刻密切结合。这种结合一是在凹下面上施阴线，二是画像中有些用凹面线刻，有些用阴线刻，形成复杂的视觉形式。"[5]

根据其对石面处理的不同，又可细分为以下两种表现形式：

---

[1] 洛阳区考古发掘队：《洛阳烧沟汉墓》，科学出版社1959年版，第35页。
[2] 河南省文物工作队第二队：《洛阳30.14号汉墓发掘简报》，《文物参考资料》1955年第10期。
[3] 天津市文物管理处、武清县文化馆：《武清县发现东汉鲜于璜墓碑》，《文物》1974年第8期。
[4] 信立祥：《汉代画像石综合研究》，文物出版社2000年版，第28页。
[5] 黄雅峰：《汉画像石的雕刻方法分析》，《包装世界》2008年第11期。

其一，凿纹地凹面线刻，即凹面图像的轮廓之外，用凿、錾等工具以平行凿纹将石面打制平整。这种技法流行于西汉晚期到东汉早中期。西汉晚期作品，线条呆板、造型简单，图像外平行凿纹方向不统一，如河南南阳赵寨砖瓦厂墓墓门门扉上的楼阁图和门柱上的门阙图。东汉早中期作品，线条精练，造型生动，图像外平行凿纹上下一致，如山东省嘉祥县嘉祥村的祠堂西壁石画像。

其二，平地凹面线刻，即凹面图像的轮廓外将石面磨制平整。如河南南阳唐河针织厂墓门楣车骑画像石，济南长清孝堂山祠堂后壁下部的车马出行图也是类似刻法。但该法也另有特点，因为此画像石沿物象的轮廓线用深斜刀将物象面削低，而里面仍在原有石面上用阴线刻画细部。

凹面线刻主要发现地为汉画像石第一、二分布区，即鲁、苏北、皖北、豫东区和豫南、鄂北区，其他三个区域资料目前尚未发现。

下面详细分析一下几个凹面线刻涵盖区域在墓阙、祠堂、墓室等建筑形式上的图像。

1. 第一分布区：山东、苏北、皖北、豫东地区

其一，墓阙。

凹面线刻在该区东汉早期的墓阙上比较流行，其中保存较完整的有章帝元和三年（公元 86 年）山东平邑皇圣卿阙（图 4.29）和章帝章和元年（公元 87 年）功曹阙（图 4.30），该画像石出自同一工匠之手，属于早期粗犷的风格。

其二，祠堂。

在此区保存和发现的祠堂画像中，凹面线刻与阴线刻一样，出现于西汉晚期至东汉早期，如最早的纪年石祠堂王莽天凤三年（公元 16 年）山东汶上县路公祠堂画像[1]、汶上县先农坛出土画像石（图 4.31）、山东嘉祥县五老洼出土画像石（图 4.32）、山东嘉祥县嘉祥村祠堂西壁画像石（图

---

[1] 傅惜华主编：《汉代画像全集》二编，商务印书馆 1950 年版，图 129。

图 4.29 平邑皇圣卿阙

注：凹面线刻。

资料来源：蒋英炬编，《中国画像石全集》第 1 卷，山东美术出版社 2000 年版，图 8。

图 4.30 功曹阙

注：凹面线刻。

资料来源：蒋英炬编，《中国画像石全集》第 1 卷，山东美术出版社 2000 年版，图 12。

4.33)等均为凿纹地凹面线刻，其时间大约在西汉晚期至王莽时期。另外还有和帝永元五年（公元 93 年）山东济宁祠堂画像石（现存于山东济宁博物馆）和顺帝永建四年（129 年）的山东长清孝堂山祠堂后壁下部的车马出行图（图 4.34）等均为在磨平的石面上施以凹面线刻。

图 4.31　山东汶上县先农坛出土画像石

注：凿纹地凹面线刻。
资料来源：山东省博物馆、山东省文物考古研究所，《山东汉画像石选集》，齐鲁书社 1982 年版，图版 88，图 205。

图 4.32　山东嘉祥县五老洼出土祠堂东壁（第八石）画像

注：凿纹地凹面线刻。
资料来源：朱锡禄，《嘉祥汉画像石》，山东美术出版社 1992 年版，图 29。

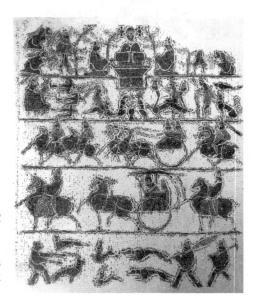

图 4.33　山东嘉祥县嘉祥村祠堂西壁画像

注：凿纹地凹面线刻。
资料来源：山东省博物馆、山东省文物考古研究所，《山东汉画像石选集》，齐鲁书社 1982 年版，图 194。

图 4.34　山东长清孝堂山祠堂后壁下部的车马出行图(局部)

注：平地凹面线刻。此图为信立祥先生 1980 年调查孝堂山祠堂时拓制的拓片。他认为，在磨平的石面上，沿物象的轮廓线用雕刀斜向将物象面削低，使凹下的物象面略呈周围低而中间高的弧状凸起，造成物象的微略质感。

资料来源：信立祥，《汉代画像石综合研究》，文物出版社 2000 年版，第 31—32 页。

其三，墓室。

在该区墓室中，凹面线刻比较晚才出现且比较少见，大约为东汉时期。研究人员认为山东微山岛沟南村出土的几块石椁画像石(图 4.35)是粗线刻，笔者认为可以称之为凹面线刻。其他还有顺帝汉安元年(142 年)山东泗水南陈庄墓，[1] 安丘汉墓的车骑、人物画像等(图 4.36)。

图 4.35　山东微山岛画像(局部)

注：凹面线刻。

资料来源：王思礼、赖非、丁冲、万良，《山东微山县汉代画像石调查报告》，《考古》1989 年第 8 期。

---

[1]　赵宗秀：《山东泗水南陈东汉画像石墓》，《考古》1995 年第 5 期。

图 4.36 安丘汉墓前室西壁画像

资料来源:蒋英炬编,《中国画像石全集》第 1 卷,山东美术出版社 2000 年版,图 129。

2. 第二分布区:豫南、鄂北区

前文已提到,该区的汉画像石全部出自地下墓葬。最早采用凿纹地凹面线刻的画像石是西汉宣、元帝时期的河南唐河县石灰窑村墓东室的门扉、门柱和门楣(图 4.37),其物象轮廓线外刻有减地的平行或斜形粗深凿痕,呈现一种气势磅礴的感觉。同样风格的画像石墓见于西汉晚期的南阳赵寨砖瓦厂画像石墓(图 4.38)和略晚时期的杨官寺汉墓(图 4.39)。

(三)减地平面线刻

"减地平面线刻,即在磨制光平的石面上用阴线刻画好物象后,将物象轮廓以外减地,使物象呈平面凸起。"[1]然后,再施加阴线来表现细部。这

---

[1] 蒋英炬、杨爱国:《汉代画像石与画像砖》,文物出版社 2001 年版,第 31 页。

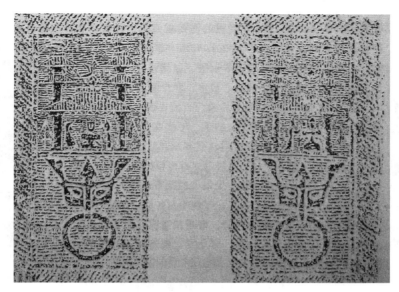

图 4.37　河南唐河县石灰窑村墓

注：凿纹地凹面线刻。
资料来源：赵成甫、张蓬酉、平春照,《河南唐河县石灰窑村画像石墓》,《文物》1982年第 5 期。

图 4.38　南阳赵寨砖瓦厂画像石墓

注：凿纹地凹面线刻。
资料来源：南阳市博物馆,《南阳赵寨砖瓦厂汉画像石墓》,《中原文物》1982 年第 1 期。

图 4.39　河南南阳杨官寺墓画像

注：凿纹地凹面线刻。
资料来源：河南省文化局文物工作队，《河南南阳杨官寺汉画像石墓发掘报告》，《考古学报》1963 年第 1 期。

类技法是东汉中晚期最流行的一种，在汉画像石中最为常见。又有称此技法为凸面线刻、减地平面阳刻、平凸刻、平面浅浮雕，或引用《营造法式》中传统的雕刻技法，称其为"减地平钑"[1]的。著名的武氏祠画像石刻群就是用这种技法刻成的作品，因其精美细腻而被日本的美术史家长广敏雄誉为"汉画像石之王"[2]。

根据减地方法和图像细部表现形式不同，此种刻法又可分为三种表现形式：

其一，凿纹减地平面线刻，即图像细部用阴刻线条来表现，图像轮廓外为减地时留下的细密平行凿纹。此类刻法在山东嘉祥一带流行，如山东嘉祥武氏祠左石室西壁下部的水陆交战图，另外宋山画像石也是此种刻法的代表。

---

[1]　李诫：《营造法式》，人民出版社 2006 年版，第 21 页。
[2]　[日]长广敏雄：《南阳の画像石》，京都大学人文科学研究所研究报告，1974 年。

其二,铲地平面线刻,亦可称剔地平面线刻。由于地域风俗差异,铲地深度有所不同,即图像细部用阴刻线条来表现,图像轮廓外减地留下不规则的铲印,使物象面呈平面凸起。如山东沂南北寨村汉墓、江苏铜山苗山墓、江苏睢宁九女墩墓的门扉等,此类刻法与上述凿纹减地一样铲地深度只有2毫米左右,但却使图像有平面隐起的感觉。而有的铲地较深,一般有2厘米左右,这种画像石图像较密集,图像外面积较小,如山东沂南北寨村墓墓门、延光元年滕州西户口画像石等。

其三,剔地平面刻,即将物象轮廓外剔地成平面,物象细部不用阴刻线条,而由画工用朱、墨色线条来描绘。此类刻法在东汉中晚期仅见于陕北、晋西北地区。如陕西绥德发现的东汉永元十二年(公元100年)王得元墓画像石、米脂官庄牛文明墓画像石。这一地区的汉画像石拓片以强烈的剪影效果而备受关注。在近年的考古工作中,发现陕北地区的一些画像石上反复出现的同类物像,如车马出行图中的车马、骑吏等物像的轮廓线完全相同,证明画工在石面上绘制画稿时使用了"模板"[1]类复制工具,而这种现象还未在其他汉画像石分布区发现过。

此种刻法分布广泛,其中,主要以第一分布区为主,第三、四区即陕北、晋西北地区和川、渝、滇北地区受第二区豫南、鄂北区的强烈影响,从东汉早、中期开始发展起来,一开始就是以减地平面线刻为特征。而第五区即河南的新密、登封、洛阳、陕西的彬县(原邠县)、甘肃的成县、江苏的镇江、浙江的海宁、贵州的金沙、河北的满城、北京及内蒙古包头等地,无本身的独特系统,受其他四个地区的影响而改变。

下面详细分析一下几个减地平面线刻涵盖区域在墓阙、祠堂、墓室等建筑形式上的图像。

1. 第一分布区: 鲁、苏北、皖北、豫东地区

其一,墓阙。

---

[1] 陕西省考古研究所、榆林地区文物管理委员会:《陕西神木大保当第11号、第23号汉画像石墓发掘简报》,《文物》1997年9期。

在该区域的墓阙中,减地平面线刻盛行于东汉中晚期,此时期已成为发展的极盛期。此时各种线刻类技法已趋于成熟,如山东嘉祥武氏阙(图4.40)和莒县东莞孙熹阙(图4.41)。前者建于东汉桓帝建和元年(147年),后者建于东汉灵帝光和元年(178年)。

图4.40 武氏祠西阙正阙身东面画像

注:减地平面线刻。
资料来源:蒋英炬编,《中国画像石全集》第1卷,山东美术出版社2000年版,图20。

图4.41 山东莒县东莞孙熹阙画像

注:剔地平面线刻。
资料来源:苏兆庆、夏兆礼、刘云涛编著,《莒县文物志》,齐鲁书社1993年版,第130页。

其二,祠堂。

在该区域祠堂画像石中,减地平面线刻亦于后期阶段即东汉中晚期才开始流行。山东嘉祥一带的东汉晚期画像石几乎都是采用此种刻法。其中比较著名的为山东嘉祥武氏祠(图4.42、图4.43)和嘉祥宋山1号小石祠(图4.44、图4.45),两者皆属东汉晚期桓、灵帝时期。另外还有山东滕州汉画像石馆藏西户口出土的画像(图4.46)、桓帝永兴二年(154年)山东东阿芗他君祠堂画像石[1]等。

图4.42　山东嘉祥武氏祠西壁画像

注:减地平面线刻。
资料来源:蒋英炬编,《中国画像石全集》第1卷,山东美术出版社2000年版,图49。

图4.43　武氏祠前石室后壁小龛后壁画像(局部)

注:减地平面线刻。
资料来源:蒋英炬编,《中国画像石全集》第1卷,山东美术出版社2000年版,图66。

---

[1] 罗福颐:《芗他君石祠堂题字解释》,《故宫博物院院刊》1960年第2期。

图 4.44 嘉祥宋山 1 号小石祠西壁画像

注：减地平面线刻
资料来源：蒋英炬编，《中国画像石全集》第 1 卷，山东美术出版社 2000 年版，图 91。

图 4.45 嘉祥宋山 1 号小石祠东壁画像

注：减地平面线刻
资料来源：蒋英炬编，《中国画像石全集》第 1 卷，山东美术出版社 2000 年版，图 90。

其三，墓室。

在该区墓室中，减地平面线刻已从中期阶段即新莽至东汉早期开始出现，一直到东汉中晚期最为繁盛。如邳州市九女墩汉画像石墓的后室正中支柱画像（图 4.47）、明帝永平四年（公元 61 年）徐州铜山汉王乡东沿村墓出土的画像（图 4.48）、铜山苗山汉墓出土的炎帝黄帝升仙图（图 4.49、4.50）、

图4.46 滕州西户口出土祠堂顶·胡汉交战

注：减地平面线刻，原石藏于滕州汉画像石馆。
资料来源：作者摄。

图4.47 邳州市九女墩汉画像石墓出土青龙图

注：剔地平面线刻。
资料来源：武利华编，《徐州汉画像石》，线装书局2001年版，图35。

图4.48 徐州铜山汉王乡东沿村出土西王母图

注：剔地平面线。
资料来源：武利华编，《徐州汉画像石》，线装书局2001年版，图11。

山东沂南北寨村汉墓(图 4.51、4.52)、徐州睢宁九女墩墓的门扉画像石(图 4.53)、安帝延光元年(122 年)山东滕州西户口画像石(图 4.54)、山东泰安岱庙汉画像石陈列馆藏的画像(图 4.55、图 4.56)。另外,桓帝元嘉元年(151 年)江苏邳州燕子埠缪宇墓[1]和桓帝永康元年(167 年)山东梁山馍馍台墓表画像[2]两个有明确纪年的汉墓也是采用此种刻法。

图 4.49 徐州铜山苗山汉墓出土炎帝升仙图

注:减地平面线刻。
资料来源:武利华编,《徐州汉画像石》,线装书局 2001 年版,图 120。

图 4.50 徐州铜山苗山汉墓出土黄帝升仙图

注:减地平面线刻。
资料来源:武利华编,《徐州汉画像石》,线装书局 2001 年版,图 120。

---

[1] 尤振尧、陈永清、周晓陆:《东汉彭城相缪宇墓》,《文物》1984 年第 8 期。
[2] 周元生:《山东梁山东汉纪年墓》,《考古》1988 年第 11 期。

图 4.51 山东沂南汉墓后室南侧隔墙西面画像

注：减地平面线刻。
资料来源：蒋英炬编，《中国画像石全集》第 1 卷，山东美术出版社 2000 年版，图 225。

图 4.52 山东沂南汉墓后室南侧隔墙东面画像

注：减地平面线刻。
资料来源：蒋英炬编，《中国画像石全集》第 1 卷，山东美术出版社 2000 年版，图 222。

图 4.53　江苏睢宁九女墩墓门扉画像

注：浅铲地平面线刻。

资料来源：李鉴昭,《江苏睢宁九女墩汉墓清理简报》,《考古通讯》1955 年第 2 期。

图 4.54　山东滕州西户口延光元年画像

注：深铲地平面线刻。

资料来源：山东省博物馆、山东省文物考古研究所编,《山东汉画像石选集》,齐鲁书社 1982 年版,图 209。

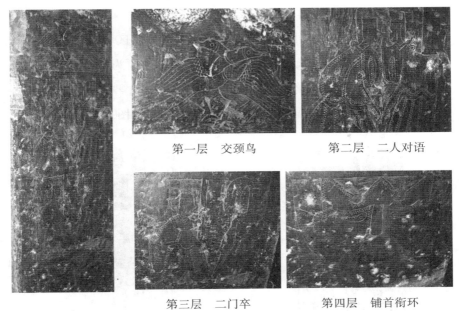

第一层　交颈鸟　　　　第二层　二人对语

第三层　二门卒　　　　第四层　铺首衔环

图 4.55　泰安旧县东汉墓出土双鸟交颈图(四层)原石

注：减地平面线刻，原石藏于泰安岱庙汉画像石陈列馆。
资料来源：作者摄。

图 4.56　泰安夏张汉墓出土迎宾图、车马出行图(局部)

注：减地平面线刻，原石藏于泰安岱庙汉画像石陈列馆。
资料来源：作者摄。

2. 第三分布区：陕北、晋西北地区

这一地区是从东汉中期独立形成和发展起来的新区域，东汉晚期受到第一分布区的强烈影响，以减地平面线刻为特征，主要为剔地平面刻和剔地平面线刻两种，且汉画像石全部出自地下墓葬。其中剔地平面线刻不占主流，表现较完整的如绥德四十铺的一组墓门画像石（图 4.57、图 4.58）。

图 4.57 绥德四十铺墓门左立柱画像

注：减地平面线刻。
资料来源：汤池编，《中国画像石全集》第 5 卷，山东美术出版社 2000 年版，图 181。

图 4.58 绥德四十铺墓门右立柱画像

注：减地平面线刻。
资料来源：汤池编，《中国画像石全集》第 5 卷，山东美术出版社 2000 年版，图 180。

陕北地区汉画像石主要为深剔地平面刻法，剔地深度达 2 厘米，细部缺少雕刻，因此拓片呈现出一种强烈的剪影效果。如陕西绥德义合镇园子

沟画像石(图4.59)、绥德苏家岩墓(图4.60)、和帝永元十二年(100年)绥德王得元墓画像石(图4.61)等,以及一些有纪年的汉墓,详见表4.2。直至该区较晚时期,浅剔地平面刻才开始出现。

晋西北地区画像石刻法主要为浅剔地平面刻。如山西离石马茂庄的2、3、4号画像石墓(图4.62),时代为东汉桓、灵帝时期。其他还有桓帝和平元年(150年)山西离石左元异墓[1]和同一年的山西中阳道棠沐叔孙墓(图4.63),以及桓帝延熹四年(161年)山西离石下水村墓[2]。

图4.59　绥德义合镇园子沟墓门额画像

注：深剔地平面刻。
资料来源：陕西省博物馆、陕西省文物管理委员会合编,《陕北东汉画像石刻选集》,文物出版社1959年版,图71。

图4.60　绥德苏家岩墓画像

注：1. 墓门画像；2. 后室门画像。深剔地平面刻。
资料来源：绥德县博物馆,《陕西绥德汉画像石墓》,《文物》1983年第5期。

---

[1] 南阳汉代画像石学术讨论会办公室编：《汉代画像石研究》,文物出版社1987年版,第270—279页。
[2] 信立祥著,俞伟超主编：《汉画像石的分区与分期研究》,载《考古类型学的理论与实践》,文物出版社1989年版,第285—288页。

图 4.61　绥德王得元墓室东壁门左、右立柱画像

注：深剔地平面刻。
资料来源：汤池编，《中国画像石全集》第 5 卷，山东美术出版社 2000 年版，图 76、77。

图 4.62　山西离石马茂庄 2 号画像石墓门左、右门扉画像

注：浅剔地平面刻。
资料来源：汤池编，《中国画像石全集》第 5 卷，山东美术出版社 2000 年版，图 234、235。

图4.63　山西中阳道棠墓室立柱画像
注：浅剔地平面刻。
资料来源：汤池编，《中国画像石全集》第5卷，山东美术出版社2000年版，图310—312。

3. 第四分布区：川、渝、滇北地区

该区是较晚兴起的一个画像石地区，东汉中期受第二分布区的影响而产生。除了阴线刻和这里讲的减地平面线刻，它是否还存在凹面线刻，尚待考古进一步发现。目前资料显示，个别画像石为东汉早期之作，大部分为东汉中晚期至蜀汉的作品。虽然此地画像石存在形式有洞室墓、崖墓、石棺和石阙等，但是减地平面线刻见于数量最多的石棺以及石阙上，如乐山沱沟嘴崖墓石棺，刻法为剔地平面刻，物象细部一般不用阴线刻画[1]；德阳司马孟台阙，阙上栏额、额间有减地平面线刻的车骑出行图[2]；雅安高颐左阙，在三面栏额上有减地平面线刻的车骑出行图[3]等。

4. 第五分布区：洛阳市周围、浙江省等地区

前文阴线刻部分已经讲到，到了东汉晚期，此地画像石艺术风格为之一变，受汉画像石第一分布区即鲁、苏北、皖北、豫东区的影响，主要雕刻技

---

[1]　乐山市崖墓博物馆：《四川乐山市沱沟嘴东汉崖墓清理简报》，《文物》1993年第1期。
[2][3]　重庆市文化局、重庆市博物馆：《四川汉代石阙》，文物出版社1992年版。

图 4.64　河南密县打虎亭出土车、牛画像

注：铲地平面线刻。
资料来源：王建中编，《中国画像石全集》第 6 卷，河南美术出版社 2000 年版，图 94。

图 4.65　河南密县打虎亭 1 号墓门扉画像

注：铲地平面线刻。
资料来源：河南省文化局文物工作队，《河南密县打虎亭发现大型汉代壁画墓和画像石墓》，《文物》，1960 年第 4 期。

法为减地平面线刻。但是在墓阙上尚未发现此种刻法,而在墓室中比较多见,如河南密县打虎亭1号和2号画像石墓(图4.64、图4.65)、密县后土郭1号和2号画像石墓。

另外,东汉晚期,汉画像石第一分布区线刻类技法的影响力已扩大到长江以南、浙江地区。如1973年在浙江海宁市海宁中学发现一座砖石混合结构画像石墓(图4.66、图4.67),画像石全部配置在墓门和前室四壁,画像雕刻技法为剔地平面加以极浅阴线刻,风格类似于第一分布区的山东沂南北寨村画像石墓。黄雅峰先生就曾经对海宁画像石做过专门研究,他

图4.66 浙江海宁市海宁中学出土前室北壁通道西侧人物画像

注:浅剔地平面线刻。
资料来源:汤池编,《中国画像石全集》第4卷,山东美术出版社2000年版,图235。

图4.67 浙江海宁市海宁中学出土前室北壁通道东侧人物画像

注:浅剔地平面线刻。
资料来源:汤池编,《中国画像石全集》第4卷,山东美术出版社2000年版,图236。

认为:"海宁的画像石是平凸刻与隐起刻,在其上面施刻阴线。"[1]这个说法就类似于蒋英炬和杨爱国说的"剔地平面线刻"[2]。

(四)汉画像石线刻类技法与浮雕类技法的区别

上文已对线刻类三种艺术形式逐一进行了详细的论述,本部分将通过与浮雕类技法的比较来更好地了解线刻类技法,进而为后面详细论述汉画像石线刻类技法的艺术表现做铺垫。"线刻类技法刻成的作品,因不需要表现物象的质感,物象的轮廓和细部全部用线条来加以表现。浮雕类雕刻技法,为了表现物象的质感,不仅要将物象面以外的余白面削低,使物象明显浮起,而且要将物象面削刻成弧面。"[3]线刻类技法主要用线,精练细腻,有阴柔之美,节奏韵律,如高古游丝,不像浮雕类技法弧面凸起,雄浑圆润,有阳刚之气。阴柔阳刚,体现了中国传统美的基本要素。它们的共同特点是抓住人物和动物大的动态及瞬间,取其神韵,着力进行表现。

根据滕固先生所分的"拟绘画"和"拟浮雕"两类,本文所研究的阴线刻、凹面线刻、减地平面线刻是属于"拟绘画",而浅浮雕、高浮雕、透雕则属于"拟浮雕"。"前三类刻法,不论其平面、凹面、凸面之别以及对石面上如何用线条表现图像,都属于或近似于平面线刻画,所以可统称为拟绘画的,而后三种刻法则基本脱出了平面线刻画形式,所刻图像呈现凸起的立体造型,因此可统归为拟浮雕的。"[4]阎文儒先生在《关于石窟寺艺术和它在中国艺术史上的地位》一文中说:"山东、河南、四川、山西各地出土的石刻画,虽刻法不一,但在总体上不外'阴线刻'和'减地法',我们还不能说它是真正的浮雕而只说是浮雕的先驱,因而属于中国早期的雕刻。"[5]因此,汉画像石的浮雕、透雕是随着工具和技术的改进由早期的线刻形式演变过来

[1] 黄雅峰:《海宁汉画像石墓研究》,浙江大学出版社2008年版,第90页。
[2] 蒋英炬、杨爱国:《汉代画像石与画像砖》,文物出版社2001年版,第157页。
[3] 信立祥:《汉代画像石综合研究》,文物出版社2000年版,第27—33页。
[4] 蒋英炬、杨爱国:《汉代画像石与画像砖》,文物出版社2001年版,第33页。
[5] 阎文儒:《关于石窟寺艺术和它在中国艺术史上的地位》,《新建设》1954年第7期。

的。比如早期朱鲔墓室的线刻画,到后来武氏祠和沂南汉墓的平滑细腻的减地效果,一直到后来发展成雄浑圆润的浮雕形式。然而浮雕技法往往不会单独使用,它会结合线刻类技法在同一石刻作品中同时出现,共同来表现主题,使主题更鲜明、更深刻。

上文从理论上解释了线刻类技法和浮雕类技法的区别,由于本文主要是研究汉画像石的线刻类技法,因此精选以下三幅组图:"双鸟交颈图"(图4.68、图4.69)、"建鼓舞"(图4.70、图4.71)、滕州西户口出土的画像石

图4.68　泰安旧县东汉墓出土墓室中柱双鸟交颈图(局部)
注:减地平面线刻,原石藏于泰安岱庙汉画像石陈列馆。
资料来源:作者摄。

图4.69　徐州白集汉墓出土东后室后壁画像双鸟交颈图(局部)
注:浅浮雕,原石藏于徐州白集汉画像石墓。
资料来源:作者摄。

图 4.70 建鼓舞

注：阴线刻，原石藏于徐州汉画像石艺术馆。
资料来源：作者摄。

图 4.71 滕州滨湖镇西古村出土建鼓乐舞、百戏图

注：弧面浅浮雕，原石藏于滕州汉画像石馆。
资料来源：作者摄。

（图 4.72、图 4.73），通过采取这种"相同，又有所不同"的方式，在感官上让人更好地对两者加以区分。

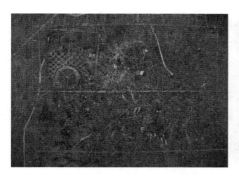

图4.72 西户口出土祠堂左壁孔子见老子、泰山君与河伯(局部)

注：阴线刻，原石藏于滕州汉画像石馆。
资料来源：作者摄。

图4.73 西户口出土墓室门楣宫阙、车马(局部)

注：浅浮雕，原石藏于滕州汉画像石馆。
资料来源：作者摄。

三、汉画像石线刻类技法的艺术风格

我们详细分析了汉画像石三种线刻类技法在发现区域的艺术特点，并且认为，从阴线刻到凹面线刻再到减地平面线刻，三者存在着一种交流、影响和递变的关系。然而，为什么会形成这种关系，为什么会造成几个分区线刻类技法的差异呢？汉代人是怎样来表现这种线刻艺术的？它又体现了汉代人的什么工艺思想呢？这些正是下文要解决的艺术风格问题。

(一)三种线刻艺术形式的差异性

前面已经提到，阴线刻是在石面上全部用阴线条刻出图像，最早在西汉中晚期出现，一直沿用到东汉晚期甚至魏晋隋唐；凹面线刻是在石面上把物象轮廓内剔成凹下的平面，使物象面呈略低于余白面的凹面，再用阴线来表现物象细部，阴线刻刻下一条线，凹面线刻刻下一个面，其略晚于阴线刻，在西汉晚期出现；减地平面线刻是在磨制光平的石面上，用阴线刻画好物象后，将物象轮廓以外加以削低处理，使物象面呈平面凸起，再施加阴线来表现细部,此技法又被称为凸面线刻、减地平面阳刻、平凸刻、平面浅浮雕。"就整体而言,汉画像石的各种雕刻技法虽然出现的时间早晚不同,或有相互发展递变的关系,但实际上存在着交错并存的现象。不但在一个地区有若干雕刻技法并存,即使在一座墓室或祠堂中,也往往是以一种雕刻技法为主,兼有其他一种或几种刻法。有些虽为相同的雕刻技法,但是在不同地域和不同时期所表现出的发展水平或艺术风格又各有不同。"[1]

从三者的定义上来看,三种线刻艺术形式交流、影响、递变的原因之一是由于时间的早晚区别以及技艺的不断推陈出新、由简到繁、不断改进。这正如唯物辩证法认为的:一切事物都有其从低级到高级、从简单到复杂的发展过程。

从思想上看,早期阴线刻属于"阴勒",接着凹面线刻,再到后来减地平面线刻,又可称为"阳刻凸起"。需要特别说明的是,这里所说的"阳刻凸起"并不是汉画像石线刻中的另一种形式"阳线刻",而是从外观表象上来说的。这种刻法是物象轮廓线和细部都用阳线条表现,是"刻出物象的双线轮廓和双线细部,然后轻轻地剔去双线以外的部分而成"[2]。一般数量较少,至今未见到这种刻法的典型范例。然而,虽然线刻类技法之外的另一类浮雕类可以说是真正意义上的"阳刻",但是本文把减地平面线刻也看作一种"阳凸刻"。整个从"阴"到"阳"的过程,应该和汉代人的阴阳认识论有所关系,正如《道德经》里说的:"道生一,一生二,二生三,三生万物。万物负阴而抱阳,冲气以为和。"[3]顾颉刚先生指出:"汉代人思想的骨干,是阴阳五行。无论在宗教上,在政治上,在学术上,没有不用这套方式的。推究这种思想的原始,由于古人对宇宙间的事物发生了分类的要求。他们看见林林总总的东西,很想把繁复的现象化作简单,而得到它们的主要原理与主要成分,于是要分类。但他们的分类法与今日不同,今日是用归纳法,

---

[1] 蒋英炬、杨爱国:《汉代画像石与画像砖》,文物出版社2001年版,第35—36页。
[2] 李发林:《略谈汉画像石的雕刻技法及其分期》,《考古》1965年第4期。
[3] 《道德经·四十二章》。

把逐件个别的事物即异求同;他们用的演绎法,先定了一种公式而支配一切个别的事物。其结果,有阴阳之说以统辖天地、昼夜、男女等自然现象,以及尊卑、动静、刚柔等抽象观念;有五行之说,以木、火、土、金、水五种物质与其作用统辖时令、方向、神灵、音律、服色、食物、臭味、道德等等,以至于帝王的系统和国家的制度。"[1]

其实,不仅三种线刻艺术形式呈现出一种递变影响的趋势,就每种刻法本身也在不断地进步改善,就比如阴线刻,早期粗犷、简朴、直板,晚期细腻、丰富、流畅,其原因和工匠技艺、石材、社会发展、人们审美等都不无关系。"例如,西汉时期的画像由于雕刻工具不太锋利,它采用錾凿法勾勒出人物、动物,形象稚拙,画面层次少,刻痕较深,线条较粗,不够流畅,所以画面感觉有一种朴拙稚嫩的气息。到了东汉时期,由于冶铁业的发达,工具逐渐锋利,画面上线条流畅,形象生动自然,能够用刀代笔,刻痕较浅,这是工具进步的结果。只有在刻刀足够锋利的基础上,工匠才能在雕刻时对各种形象的刀法处理得灵活自如。"[2]

(二) 不同区域线刻类技法及其风格的差异性

本文第二部分从三种线刻艺术形式出发,来分析所在区域的线刻艺术特点,而不同分布区域汉画像石的线刻特点也有所不同。"陕北出土的汉画像石,一般是把石面打平后再刻画出物象轮廓,然后剔出一层使底面亦成平素之面,技法相对单一,很少勾勒细部,有一种剪影式的效果,而江苏出土的汉画像石,整体物象凸出更为强烈,细部则施以繁密的阴线。山东出土的汉画像石技法多样,总体是以细密用线为主。而南阳汉画像石的技法是以简略为主。"[3]

然而,造成几个区域线刻分布差异的原因值得我们深入探究。在漫漫

---

[1] 顾颉刚:《汉代学术史略》,人民出版社2008年版,第1页。
[2] 徐永斌:《汉代南阳冶铁工艺的发展与画像石的雕刻》,《南都学坛》2008年第6期。
[3] 韩玉祥、李陈广:《南阳汉代画像石墓》,河南美术出版社1998年版,第34页。

的历史长河中,任何一种有代表性的艺术形式的出现,都离不开当时的政治、历史、环境等,汉画像石也不例外。从《汉书·艺文志》中可以知道,当时的汉代社会学派林立,各持一说。线刻类技法的变化随着内容题材的变化而不同,而题材内容是与当时的文化传统、人们的思想意识、审美观念相联系。"一定程度上,这些地区雕刻技法的区别即是当时的民间画师、石匠们针对不同的石材因地制宜、因材施艺的结果,体现着审曲面势、各随其宜的古代工艺设计思想观念。"[1]因而,原因总体上可以归结为社会关系、政治经济、文化背景、地理环境、地方风俗、审美观念、创作方法、工具石质、工匠技艺等。不同的工具应用在不同的石质上,再加以汉代能手巧匠的奇思妙想,会产生出不同的艺术效果和风格。

按照五个汉画像石分布区涵盖线刻类技法的多少进行划分,原因如下:[2]

1. 汉画像石第一分布区(鲁、苏北、皖北、豫东区)之所以独揽线刻类技法中所有三种技法,是因为:

(1) 经济富庶,尤以盐、铁业和纺织业最为发达;

(2) 文化发达,古代人们思想活跃之地;

(3) 汉代时已广泛使用钢铁工具,淬火技术、冷锻工艺愈发精湛,用百炼钢制成的凿刀经过淬火,便是雕刻平面阴线刻画像石的理想工具;

(4) 地处黄、淮河下游,河道纵横,土地肥沃;

(5) 地理环境多为平原与山丘相间,有着丰富的便于开采和适宜线刻的青石即石灰石,质密、坚硬,适于线刻类技法。

2. 汉画像石第二、第四和第五分布区涵盖了线刻类技法中的两类,前者有阴线刻和凹面线刻,后两者有阴线刻和减地平面线刻,是因为:

其一,对第二分布区(豫南、鄂北区)而言:

---

[1] 郑立君:《剔图刻像——汉代画像石的雕刻工艺与成像方式》,重庆大学出版社 2010 年版,第 281 页。
[2] 下文参考了蒋英炬、杨爱国《汉画像石与画像砖》,文物出版社 2001 年版,第 70—126 页;王建中《汉代画像石通论》,紫禁城出版社 2001 年版,第 472 页;顾森《中国汉画图典》,浙江摄影出版社 1997 年版;吕品《浅论汉画像石的起源与雕刻方法》;南阳市博物馆编《学术研究文集:纪念南阳市博物馆建馆四十周年(1959—1999)》,科学出版社 2000 年版。

（1）大规模兴修水利，促进了农业发展；

（2）冶铁业非常发达，自战国以来，此区便以制作锋利的铁兵器而著称，至汉代达到鼎盛；

（3）地处南襄盆地，四周山峦环绕，土地肥沃；

（4）物产极其丰富，为商品经济的发展奠定了物质基础；

（5）低山众多，盛产青石和砂岩石材，质密、坚硬，适于线刻类技法，但是砂岩岩性疏松，透水性强，易于风化，线刻画像不易保存，所以此区线刻类技法的画像石比较少见，大多以浅浮雕为主；

（6）人们丧葬观念开始变化。

其二，对第四分布区（川、渝、滇北地区）而言：

（1）纺织业、漆器制造业、井盐业、采卤制盐技术都相当发达；

（2）农业、手工业的发展，为商业繁荣奠定了基础；

（3）易于开凿的砂岩，但是砂岩岩性疏松、透水性强、易于风化，线刻画像不易保存，而改用高浮雕和透雕，所以此区线刻类技法使用得比较少；

（4）有与汉画像石产生和发展相适应的思想。

其三，对第五分布区（洛阳市周围地区、浙江省等地区）而言：

此区是一个非常特殊的汉画像石分布区，本身没有独特系统，但由于其地理位置正好位于其他四个分布区的中间，因此受其他四个区域画像石线刻类技法风格的影响而改变。在东汉中期以前，此区汉画像石线刻艺术风格受到第二分布区即豫南、鄂北区的强烈影响，呈现出浮雕的浑厚气势。直至东汉晚期，受第一分布区即鲁、苏北、皖北、豫东的影响，风格为之一变，大量精美细腻的减地平面线刻画像石呈现在人们眼前。

3. 汉画像石第三分布区（陕北、晋西北地区）是发展较晚的区域，它只涵盖了一类线刻艺术形式即减地平面线刻，是因为：

其一，对第三分布区（陕北、晋西北地区）而言：

（1）多年的大量驻军和移民，不但为这一地区的农业开发提供丰富的劳动力资源，而且也从内地带来了先进的农业、手工业生产技术，极大地促进了当地经济和文化的发展。社会经济的发展为这一地区画像石墓的产

生创造了条件。这从此区出土的有纪年铭的画像石墓主人中有许多是中下级官吏和一些没有官职的富豪便可得到证明;

(2)盛产一种页岩的沙石,质地疏松,但细腻、层次好,易于磨制、刨光,适宜线刻,尤宜减地平面线刻。也有学者认为此区所用石头是一种水成岩,不宜作多层次的雕刻,也不宜做细加工,否则石片将一层层脱落,只能大块大面刻凿,因此画像石拓片有种独特的剪影效果;

(3)当地拥有从内地传来的先进技术。

(三)汉画像石线刻类技法的艺术表现

瑞士学者海因里希·沃尔夫林认为:"把风格设想为一种表现,是一个时代和一个民族的性情的表现,而且也是个人气质的表现。"[1]他还说:"对明确分期的严格要求很快就会使我们碰壁。因为在旧的形式中已孕育着新的形式,正像在枯枝烂叶旁已萌发出新芽那样。"[2]由于汉代石匠的世界观、生活经历、性格气质、文化教养、艺术才能、审美情趣的不同,因而有着各不相同的艺术特色和创作个性,形成各不相同的艺术风格。艺术美的本质在于艺术的表现美。借用一句常用的话说就是:艺术的本质不在于"表现什么",而在于"怎样表现",即艺术家的艺术创造。"艺术之创造是艺术家由情绪的全人格中发现超越的真理真境,然后在艺术的神奇形式中表现这种真实。不是追逐幻影,娱人耳目。"[3]就像墨有七法(黄宾虹),彩用七色,创作出一幅幅江山多娇、百花争妍的生动画卷。画卷中不仅有传统笔墨情趣,还有色墨交响、现代气息。

"以线条为造型的骨干,是中国传统绘画中最具特色的一种表现方式。这种形式早在战国时代就已经形成,在汉代取得了极大的发展,并在汉画中得到了充分体现。汉画线条种类和形式非常丰富,表现力度也极强。有

---

[1] [瑞士]海因里希·沃尔夫林著,潘耀昌译:《艺术风格学》,中国人民大学出版社2004年版,第11页。
[2] 同上,第275页。
[3] 宗白华:《美学散步》,上海人民出版社2008年版,第240页。

充满张力的线条,有粗放简约的线条,有纤劲绵细的线条,有婉转流畅的线条。不同质感线条的使用,不仅增强物象本身的表现力度,同时还使画面洋溢出生机勃勃的活力。汉画的线条不仅在于塑造形象,而且起着营造画面氛围的作用。流畅飞扬、绵延不断的线条不仅增强了画面的整体感,而且使画面释放出强烈的节奏、韵律、灵动和气势。"[1]

1. 写实与写意

纵观所有用线刻类艺术形式所凿刻的汉画像石,最明显的便是写实与写意这两种截然不同的表现风格。

写实,在艺术形态上属于具象艺术。汉代艺人通过对周围生活的观察与理解,用他们的艺术思维演绎着周围事物的痕迹,儒道无所不用,尽显文人墨客的自由洒脱。比如:山东沂南北寨村汉墓(图 4.74),画像石上的每一个点、每一条线都与人物动态和故事情节相吻合,气势极为宏大。还有像嘉祥宋山发现的画像石(图 4.75),不管是人物的刻画,还是动物的描绘,每一幅都给人身临其境的感觉,尺寸之间尽显万千山水,令人仿佛回到了两千多年前的汉代。因此,我认为这种写实的风格和当时的社会是分不开的。

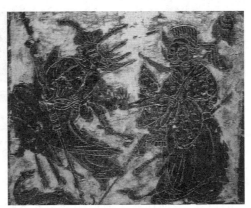

图 4.74 沂南汉墓中室东壁北侧画像(人物局部)

注:减地平面线刻。
资料来源:蒋英炬编,《中国画像石全集》第 1 卷,山东美术出版社 2000 年版,图 215。

---

[1] 汪明强:《汉画的造型及启示》,《文艺研究》2006 年第 10 期。

图 4.75 宋山汉画像石第 6 石
注：减地平面线刻。
资料来源：朱锡禄编著.《嘉祥汉画像石》，山东美术出版社 1992 年版，图 48。

图 4.76 建鼓舞
注：阴线刻，原石藏于徐州汉画像石艺术馆。
资料来源：作者摄。

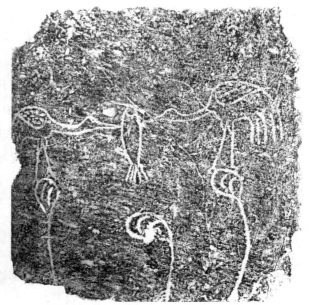

图 4.77 安徽萧县出土 莲花、双鹳画像
注：阴线刻。
资料来源：汤池编，《中国画像石全集》第 4 卷 山东美术出版社 2000 年版，图 185。

写意，在艺术形态上属于抽象艺术。它注重表现主体的神态，抒发作者的情趣，形简而意不简。在线刻类汉画像石中，写意的风格到处可见，它有点类似于儿童画，充满了浓厚的装饰化意味，仅以精练巧妙的几笔便把人物和动物的神态展露无遗（图 4.76、图 4.77）。

2. 夸张与变形

"造型是运用艺术手段、依循美的规则将处于变化运动中的事物予以概括、综合、凝聚、固定的物化与升华的过程；创作过程中对形象的提炼、加工以至必要的夸张、变形，都是为了更有效地突出形象本身的审美特点；造型不是创作的最终目的，而是揭示艺术主题的一种手段。"[1]德国哲学家康德认为："想象力有奇特的功能，它可以以许多同种对象为基础和材料，把这种对象的形象和姿态再生产出来，还可以把许多个体形态加以比较和重合。"[2]因此，这种想象力就导致了艺术由逼真写实的朴实逐渐过渡到夸张变形的深邃，进一步增强了独特造型美的艺术效果。这种夸张变形包括了比例上的夸张、拉长、压短、象征，多视点组合即累积、叠加、平行等手法。

汉画像石上的"博弈图"（图 4.78）常为榻上二人对坐，中间置博局和箸枰。箸枰上方刻一只鸟，应为博局的"枭棋"，枭棋是众棋之首，在投箸行棋的过程中，棋子是可以变成枭棋的。根据博的规则，凡已成枭棋，就要竖

图 4.78　祠堂左侧六博图（局部）

注：平面阴线刻，原石藏于徐州汉画像石艺术馆。
资料来源：作者摄。

---

[1] 杜哲森：《造型》，《中国大百科全书·美术》，中国大百科全书出版社1990年版，第1045页。
[2] ［德］康德著，彭笑远译：《判断力批判》，北京出版社2008年版，第52页。

起来,即所谓的"博立枭棋"。如果棋成枭后,就得到了获胜的关键,往往要高兴地喊起来。博弈图常以夸张的手法刻画枭棋,表现博弈的取胜方法。为充分表达对弈的趣味性,石匠将下棋者凿刻成一胜一负形态,胜者手舞足蹈,面容喜悦,负者神色黯然,双手摊开,显得无可奈何。[1]为了给观者看清楚画面上的棋盘,石匠特意将其夸张变形,将立体视角转化为平面视角,即采用从古代青铜等器物上发展起来的"平置法",使画面惟妙惟肖,有着丰富的趣味性和艺术性。人物面部及棋盘均用阴线刻,整幅画面高低起伏,错落有致,给人较强的艺术感受。

伏羲、女娲、东王公(图4.79)和西王母(图4.80)的神话人物形象在线刻类画像中经常能被发现。"在画面中,东王公戴山形冠,有时面有须。西王母则戴胜,面容有较明显的女性特征。二人多拱手正坐,座下为龙座、虎座或为山形座、双蛇座不等,但一般来讲双龙座为东王公所坐,而龙虎座为西王母所坐。二人周围有玉兔、蟾蜍、三青鸟、九尾狐、仙人以及人身蛇尾者侍立,有时还出现人们祈求赐福时的形象。"[2]为了表达对于不死理念的信仰,石匠艺人们特意将他们刻画得比身旁所有的人和物高大,以显其尊贵。

图4.79 嘉祥宋山小石祠东壁画像(局部)东王公

注:减地平面线刻。

资料来源:蒋英炬编,《中国画像石全集》第1卷,山东美术出版社2000年版,图90。

---

[1] 廖静好:《汉代画像石上的博弈图》,《收藏界》2007年第2期。

[2] 王戈:《从伏羲、女娲到东王公、西王母——山东地区汉代墓祠画像石神话题材》,《美术研究》,1993年第2期。

图 4.80　嘉祥宋山小石祠东壁画像（局部）西王母

注：减地平面线刻。
资料来源：蒋英炬编，《中国画像石全集》第 1 卷，山东美术出版社 2000 年版，图 91。

同样，在很多线刻类汉画像石中，不管是人物五官、珍禽异兽还是花草树木，它们的形象也经常被刻意地夸张变形，给视者以震撼之感，增强了造型的艺术效果，形成了浪漫主义的艺术风格（图 4.81、图 4.82、图 4.83、图 4.84）。

图 4.81　人物图（局部）

注：平面阴线刻，原石藏于泰安岱庙汉画像石陈列馆。
资料来源：作者摄。

图 4.82　狩猎图（局部）

注：平面阴线刻，原石藏于泰安岱庙汉画像石陈列馆。
资料来源：作者摄。

图 4.83　善庄出土水榭垂钓图(局部)

注：原石(左)，拓片(右)，阴线刻，原石藏于泰安岱庙汉画像石陈列馆。
资料来源：作者摄。

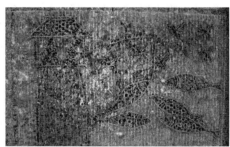 

图 4.84　水榭垂钓图(局部)

注：原石(左)，拓片(右)，阴线刻，原石藏于泰安岱庙汉画像石陈列馆。
资料来源：作者摄。

3. 节奏与韵律

汉画像石线刻艺术里的线条或粗或细、或直或曲、或急或缓，交错运用、千变万化，形成了一定的节奏和韵律，加上大胆的想象，表现出不同的情感性格，如陕西绥德延家岔墓前室西壁左右侧画像（图 4.85、图 4.86）。"海宁汉画像石充满运动与力度，显现神韵与节奏，产生强烈的艺术感染力，并非偶然。"[1]宗白华先生说："中国雕刻也像画，不重视立体性，而注

---

[1] 黄雅峰：《海宁汉画像石墓研究》，浙江大学出版社 2008 年版，第 91 页。

意在流动的线条。""由于把形体化为飞动的线条,着重于线条的流动,因此使得中国的绘画带有舞蹈的意味。这从汉代石刻画和敦煌壁画(飞天)可以看得很清楚。有的线条不一定是客观实在所有的线条,而是画家的构思、画家的意境中要求一种有节奏的联系。例如东汉画像上一幅画,有两根流动的线条就是画家凭空加上的。这使得整个形象表现得更美,同时更深一层地表现内容的内部节奏。"[1]

图4.85 绥德延家岔墓前室西壁左侧画像

注:剔地平面刻。
资料来源:汤池编,《中国画像石全集》第5卷山东美术出版社2000年版,图99。

图4.86 绥德延家岔墓前室西壁右侧画像

注:剔地平面刻。
资料来源:汤池编,《中国画像石全集》第5卷山东美术出版社2000年版,图98。

"节奏是音乐术语,音乐构成的基本要素之一,指各种音响有一定规律的长短强弱的交替组合,是音乐的主要表现手段。"[2]"韵律指诗歌中的声韵和格律,是诗歌形式美的重要方面。"[3]"韵"是音符的变化,"律"是变化

---

[1] 宗白华:《美学散步》,上海人民出版社2008年版,第48—49页。
[2] 夏征农、陈至立主编:《辞海》第六版彩图本,上海辞书出版社2009年版,第1107页。
[3] 同上,第2843页。

的规律,音符有规律的变化在听觉上产生的美感就是"韵律",音符有规律的重复就是"节奏"。汉画像石线刻就充分运用三种艺术形式,使一幅幅画面犹如一曲曲美妙的乐曲,优雅感人。刘铁华先生认为:"各地画像石刻的雕刻技法各有特色,但有一共同之处是其线条呈现一种弹力性,给人们一种动律的感觉。"[1]尤其是云气纹(图4.87)的运用,多而大胆,动感较强,自由奔放。"汉画的线条,无论在彩绘上,在石刻上,常表现出一种弹力性,石刻无论阴刻或阳刻,都能得到相同的效果。它所表现的紧张神态,如马之脚、踝、蹄和腹部的筋肉紧张,飞腾时则张开,跃进时则四脚集于一处,各种变化,都可见力的表现。"[2]

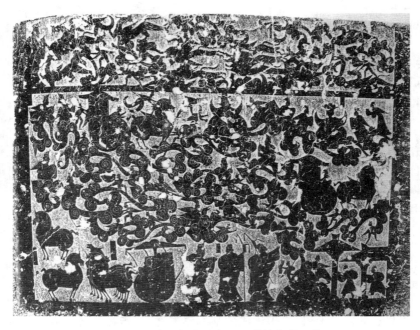

图4.87　武氏祠左石室屋顶前坡东段画像

注:减地平面线刻。
资料来源:蒋英炬编,《中国画像石全集》第1卷,山东美术出版社2000年版,图87。

---

[1] 刘铁华:《两汉时代画像石的艺术特点》,《中原文物》1983年特刊。
[2] 常任侠:《东方艺术丛谈》上,安徽教育出版社2006年版,第205页。

4. 精练与娴熟

徐思明先生在其《沂南北寨汉墓画像艺术》一文中这样说道:"可以这样说,在目前发现的山东汉画像石中,沂南北寨汉墓的画像是用线造型、刻画形象最精到的,不管是直线、折线、曲线,还是波浪线,都粗细匀挺、刚劲有力,直线均匀有力,曲线富有弹性,波浪线则回环自如,气随线运,表现出了匠师们技艺的娴熟、做工的精细,以及敬业精神的内蕴,不管是大场面祭祀图中的建筑、人物刻画,奇禽、怪兽、灵异画像中的形象表现(图4.88、图4.89、图4.90),还是带题榜的人物画像边饰纹样,每一线条都刻画得细致精彩、精神抖擞、一丝不苟,这在其他地区的汉画中都是极为少见的。"[1]的确,山东沂南汉墓画像的线条雕刻得极为细腻,技法相当成熟,就如同素描般,匠人们会用不同走向的线块来弥补大面积的空白,用细腻的纹路来表现小面积的空白,留白适中,足以代表了当时绘画和雕刻艺术的最高成就。走进沂南汉墓,人们会惊叹当时艺人们高超的雕刻技艺,深深地体会到超越石刻表面的浓浓的艺术气息。

山东嘉祥武氏祠的一幅"华夏帝王及北斗星君"(图4.91)画像分为三层:第一层是华夏帝王十人图;第二层是北斗星君图;第三层是官吏车马出行图。原石由五幅画像构成,由于风格独特、气势宏大、精美绝伦,被世人称为"天下第一石"。该石采用减地平面线刻的技法,刀法娴熟洗练,线条洒脱挺劲、精炼概括,艺术效果令人赏心悦目。

再如第二部分已经介绍的泰安岱庙汉画像石陈列馆藏的车马出行图,气势磅礴,用准确简练、细腻娴熟、充满装饰气息的线条,将奔马的神骏、骑吏的紧张、出行主人公的雍容,巧夺天工般地展现在人们面前(图4.92)。

综上所述,汉画像石线刻类技法表现出的不管是写实与写意、夸张与变形、节奏与韵律,都体现了汉代艺术简约、朴素的装饰风格。正如田自秉

---

[1] 徐思明:《沂南北寨汉墓画像艺术》,《山东工艺美术学院学报》2006年第2期。

图 4.88 山东沂南汉墓前室北壁西侧画像，白虎

注：减地平面线刻。
资料来源：蒋英炬编，《中国画像石全集》第 1 卷，山东美术出版社 2000 年版，图 193。

图 4.89 山东沂南汉墓前室北壁中柱画像，朱雀、玄武

注：减地平面线刻。
资料来源：蒋英炬编，《中国画像石全集》第 1 卷，山东美术出版社 2000 年版，图 194。

图 4.90 山东沂南汉墓前室北壁西侧画像，青龙

注：减地平面线刻。
资料来源：蒋英炬编，《中国画像石全集》第 1 卷，山东美术出版社 2000 年版，图 192。

先生说的："汉代的装饰风格，可以用质、动、紧、味四字来概括。质，它具有古拙、朴质的特点。但古拙而不呆板，朴质而不简陋。动，流动的云气纹，是装饰面产生多样的变化。生动的飞禽走兽，富有劲健的生命力。……紧，汉代的装饰是满而不乱，多而不散，它是密中求疏，疏中求密。……紧凑而不是繁缛，填充而不是堆砌。味，这里指的是装饰味。汉代的纹样具

图 4.91 山东武氏祠出土,华夏帝王及北斗星君

注:减地平面线刻。
资料来源:贾庆超,《武氏祠汉画石刻考评》,山东大学出版社 1993 年版,第 59 页。

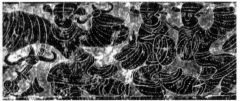

图 4.92 击剑、庖厨、车马出行图

注:原石(左),局部放大(右),阴线刻,原石藏于徐州汉画像石艺术馆。
资料来源:作者摄。

汉画像石线刻类技法的艺术风格

有它独特的风格,即样式化的装饰美。"[1]

(四)汉代人的工艺思想

上文详细讨论了汉代石匠运用线刻类技法所表现出来的艺术效果,让后人看到了他们高超精湛的石刻技艺。然而,在这个背后是什么精神思想在起主导作用呢?汉代画像石的雕刻不单单是石匠自己的思想,还有其他观念在起制约作用,这些构成了汉代人的工艺思想,值得我们去思考。

杭间先生认为中国古代工艺美学思想有以下几个基本特征:"一、重己役物——以人为主体是工艺美学思想的基石;二、致用利人——强调实用,讲求功能是工艺美学的重要前提;三、审曲面势,各随其宜——工艺美学的最高标准是适应生活方式;四、巧法造化——强调人与自然的和谐;五、技以载道——强调道器的统一是工艺发展的必由之路;六、文质彬彬——形式与内容的统一、功能与装饰的统一。其中'重己役物'是工艺造物的最高境界。"[2]郑立君先生在其《剔图刻像——汉代画像石的雕刻工艺与成像方式》一书中写道:"图像呈现出不同艺术效果和艺术风格时,一定程度上取决于他们对不同雕刻技艺和彩绘工艺的掌握。在汉代画像石上施展不同雕刻技艺和彩绘工艺只是一种技术,然而主导这些技术产生与发展的主导思想,是制作群体的艺术创作思维方式、创作方法和审美观念,体现出的是汉代人的忠孝观念、鬼神迷信、升仙信仰和厚葬社会风气,同时也反映出汉代画像石的材美工巧、文质彬彬和物以载道等工艺设计思想。"[3]朱存明先生在其《图像生存——汉画像田野考察散记》一书中说:"我认为汉画像艺术生动地描绘了汉代人的精神世界,表现了汉代社会的日常生活、神话故事、宗教信仰,反映了当时人们审美的意识形态,展示了两千年前人们

---

[1] 田自秉:《中国工艺美术史》,东方出版中心1985年版,第163页。
[2] 杭间:《中国工艺美学思想史》,北岳文艺出版社1994年版,第14—17页。
[3] 郑立君:《剔图刻像——汉代画像石的雕刻工艺与成像方式》,重庆大学出版社2010年版,第60页。

高超的艺术水准。"[1]

鲁迅先生于1935年9月9日致李桦的信中,有好几次谈到汉画像石刻艺术。他说:"惟汉人石刻,气魄深沉雄大。"[2]"气魄深沉雄大,不仅是汉画像石的灵魂所在,也是中国艺术传统的趣旨。它不仅表现了中国人的气质,也是数千年来所追求的一种精神。不论石头也好,砖头也好,都是坚硬的、冰冷的物质材料,谁能够将这些无情的东西注以感情呢?是画像石和画像砖。虽然这些作品也有高下之分,但总的来说品位是很高的。其既为后来的绘画开辟了现实主义和浪漫主义的道路,也为中国的造型艺术竖立起一个历史的制高点。"[3]因此,那一幅幅精美细腻,充满情趣的汉代线刻石画,都是在有思想、有个性、有情感的汉代石匠的刻刀下诞生的。越是个性的,就越是民族的。

也许有人会说,汉画像石线刻类技法仅是平面的,没有立体的表现形式,算不上是雕刻品。但是"在中国的雕塑传统上,如武氏祠建造者孟李、卫改[4]那样的大雕塑家,并不是做不出表现立体的作品,而是当时的雕刻方法上就有这一种格式。这种格式受到人们的喜爱,所以我们不能以今天的看法,机械地不承认这种雕刻是最好的雕造品"[5]。汉代石匠们按照他们对美的理解,巧妙构思,采用巧夺天工的雕刻技艺,给后人展现了汉人千姿百态、风格迥异的动人画面。

四、结语

综上所述,汉画像石的雕刻着实功力不凡,笔法洗练,刀工娴熟。状人

---

[1] 朱存明:《图像生存——汉画像田野考察散记》,广西人民出版社2007年版,第14—15页。
[2] 徐文斗、徐苗青选注:《鲁迅选集·书信卷》,山东文艺出版社1991年版,第418页。
[3] 张道一:《画像石鉴赏》,重庆大学出版社2009年版,第7页。
[4] 据《武氏石阙记》中说:"孝子武始公,弟绥宗、景兴、开明,使石工孟李,李弟卯造此阙……"又武梁碑中说:"孝子仲章、季章,孝孙子侨,朝修子道,竭家所有,选择名石,南山之阳。擢取妙好,色无斑黄,前设坛墠,后建祠堂。良匠卫改,雕文刻画,罗列成行,撼骋技巧,委蛇有章。垂示后嗣,万世不亡。"
[5] 阎文儒:《中国雕塑艺术纲要》,广西师范大学出版社2003年版,第34页。

绘景、凿牛刻马都十分逼真，或工整细腻，或粗犷豪放，各有千秋。古代工匠们凭着长期的生活体验和丰富的想象力，在磨制平滑的石面上雕刻出种种生龙活虎的形象。傅雷先生说："汉代石刻画纯系吾国民族风格。人物姿态衣饰既是标准汉族气味，雕刻风格亦毫无外来影响。"[1]郑立君先生也说汉代画像石是一种"纯正"[2]的民族造型艺术。汉画像石异彩纷呈，是石质的书库、无声的史诗、立体的画卷。

各分布区的汉画像石墓的线刻类技法，在发展过程中虽有交流、影响和递变的关系，但是由于各自地理条件不同、社会经济状况各异、石匠技术的差异，在汉代不同时期呈现出截然不同的艺术风格。鲁、苏北、皖北、豫东地区线刻风格典雅，刀法细腻；豫南、鄂北区线刻风格粗犷，手法洗练；陕北、晋西北地区线刻风格淳朴，朴质大气；川、渝、滇北地区线刻风格洒脱，诗意盎然；洛阳市周围、浙江省等地区的线刻风格则受着前四个区域风格的影响。

汉画像石线刻类技法的艺术风格体现出了鲜明的时代和地域风格特点，正如汉魏六朝之画"迹简而意澹"，初盛唐之画"雄浑壮丽"。它们粗犷但不鄙野，细致却不烦琐；朴素却不单调，深厚却不凝滞，豪放却不疏散……各种线刻艺术形式都恰到好处，表现出写实与写意、夸张与变形、节奏与韵律、精练娴熟的艺术效果，这些都体现了汉代艺术简约、朴素的装饰风格。无论线条的粗细强弱，刀法的阴阳锐钝，都配合得巧妙自然。在这些艺术风格的背后，是汉代人的用心、用情、用智的工艺思想在起主导作用。

---

[1] 傅雷：《傅雷家书手稿选粹》，浙江古籍出版社2008年版，第101页。
[2] 郑立君：《剔图刻像——汉代画像石的雕刻工艺与成像方式》，重庆大学出版社2010年版，第11页。

汉画像中道教因素研究

刘振勇

汉代人的精神信仰主要包括巫鬼道、方仙道、黄老道、谶纬神学等,以及由此催生的早期道教,概括起来主要是神仙信仰和各种巫术等。这些与道教相关的因素在汉画中大量显现。本文首先在观念因素部分论证了阴阳五行在汉画中的图像显现。汉代人认为天地万物莫不是阴阳对立统一、五行化合,符合"道"的规律,这是道教的理论前提。其次,汉画中升仙的主题也正是道教教旨的根本要义。汉代人由慕仙、追仙、求仙,到房中、行气、服食等成仙方术,均体现人们对长生之道的追求,这种追求又被汉代人搬到了阴间,说到底是对生命质量的更高企望。最后汉画中表现道教的第三个方面则体现在趋吉避凶。为了墓室主人有一个安静的升仙、养生环境或生活在理想家园,汉代人在墓葬环境中各要害部位刻画了驱鬼辟邪,并在汉画中穿插进一些隐性辟邪。其根本目的是护佑墓主魂魄安全,使其升仙,长生不老,永远生活在理想家园。

一、道教与汉画像的关系

(一)道教对汉画像的影响

汉画像是汉代社会独具特征的一种艺术形式,它是中国古代文化的一次汇总,同时又是汉代民族集体智慧的结晶。此时期的外来文化还未真正影响中国,因此汉代的文化基本上保持了中国本土文化的内容和特色,汉代绘画所反映的正是比较纯正的中国本土文化。[1] 汉代艺术作品中以墓葬出土为主体的汉画(绘画、石刻、器绘等)在今天具有别的文献形式不可取代的作用。汉画像这种为丧葬制度服务的艺术样式具有深厚的民间性,较少见于正史载录,它是如何发生发展的,它和中国本土宗教——道教——是一种怎样的关系,这是近年来中外学者一直在研究的重要问题。对于两者的关系,研究学者对考古资料尤其重视,主要原因是田野考古发现的增多,早期道教证据更有说服力,如大家所熟知的"符箓""墓券""镇墓文"和"魂瓶"等。在不断出土这些实物资料的同时,一些学者除开始关注汉画中特定图像的辨识,如道教中修炼的方士或道士、太一神、天帝使者、西王母、东王公、风雨雷电神等外,还注重联系早期道教的历史、哲学、教派、科仪、法器等。道教初创时期可利用的可靠东汉传世文献不多,而考古发现的早期道教材料多为传世文献所不载。宗教学研究者认为,宗教作为一种社会文化现象所具有的基本要素,主要反映在内在的和外在的两个方面:内在的主要指宗教观念和感情;外在的主要指在一定宗教组织及制度下的宗教活动。[2] 因此,对汉画和道教相互间关系研究的着眼点就应该兼顾两者,使汉画宗教性研究走向深入。

一般来说,宗教是解决宇宙人生问题的,希望能给人生找到一条解脱痛苦而获得精神永生的道路。虽然宗教是为了解决现实人生、现实世界的问题,但最终目的基本上是为了解决生死问题,是为了死做着理想安排,对于现实人生一般是持一种鄙弃和否定的态度,[3]站在死亡的边缘,希望灵魂得到升华,最终进入另一理想天国。中国的道教则是站在生命的源头,对未来充满着希望。我们在汉画中则看到了汉代人对生命的珍惜和对现实生活的留恋,在汉画内容构成中表现现实生活的所占比例最多,如生产

---

[1] 顾森:《开卷有益——读洛阳汉墓壁画》,《中原文物》1997年第2期。
[2] 刘昭瑞:《考古发现与早期道教研究》,文物出版社2007年版,第212页。
[3] 南怀瑾:《南怀瑾选集》第4卷,复旦大学出版社2003年版,第422页。

生活类、娱乐类、自然景物等便是明证。作为生者，便是积极的生活态度——养生、炼丹、服食、房中、寻仙境、觅不死药等，希望长生不老，充分享受现世生活；作为死者便是羽化升仙，得到西王母的不死药，在另一理想家园里过着神仙般逍遥自在的生活。"道"在思想方面为道家，在宗教方面则是道教。道教可以说渗透进了中国人的思想深处。从中国人日常生活习惯和宗教信仰来看，"道"的成分较大，简直可以说支配了一般中国人的理想与生活。鲁迅先生在《而已集·小杂感》中说道："人往往憎和尚，憎尼姑，憎耶教徒而不憎道士。懂得此理者，懂得中国的大半。"[1]可见道教的深入人心，以致某些时候已是人们生活的一部分而浑然不觉。从西汉至东汉，民间有巫鬼道，上层贵族有方仙道、黄老道，东汉中后期则产生了天师道、太平道、五斗米道等中国早期道教组织。由于整个汉代道教修习和信仰的广泛性，因此其对汉代民众思想的影响是既深刻又深远。汉画像艺术作为汉代丧葬制度下的产物，因其直接与人们的生死息息相关，是对死后世界的一种理想安排，汉代人在汉画像中所表现出的升仙、长生不老的功利性目的和道教的修炼以及各种辟邪巫术便紧密地结合在一起了。

1. 时间性和地域性因素的影响

中国道教的创立，一般认为在东汉中后期，在顺帝时（142年）有张陵创"五斗米道"[2]，后来尊称为"天师道"。灵帝建宁年间（168—172年）张角创"太平道"。如果我们认为道教对汉代社会影响特别是对汉画像艺术的影响以此开始，未免有些简单化，实际上在道教创立之前已有准道教（雏形）建立。韩秉方认为道教的成长历史要比此前学术界一般认为的上限时间要久远得多，至少要上溯到东周的春秋时代。他认为道教在其发展历史中经历了三个阶段：原始道教阶段、民间道教阶段和正统道教阶段。[3]

---

[1] 鲁迅：《鲁迅全集》第3卷，人民文学出版社1982年版，第532页。
[2] 汤一介：《早期道教史》，昆仑出版社2006年版，第72页。另一种意见认为张陵于142年创立天师道，为时最早，且延续不衰，还有张角创立太平道和张修的五斗米道。参阅胡孚琛、吕锡琛《道学通论》，社会科学文献出版社2004年版，第282页。
[3] 韩秉方：《关于道教创立过程的新探索》，《世界宗教研究》1999年版，第125页。

此说应有一定的合理性。因道教的产生不可能突然出现,它必然有其形成发展的过程,这在一些历史文献中得到佐证。战国末期燕齐地区的神仙家实为道教的前身,在《汉书·艺文志》中有"神仙家","神仙者,所以保性命之真,而游求于其外者也,聊以荡意平心,同死生之域,而无怵惕于胸中"。据此可知,神仙家虽求长生不死,但纯属个人修炼。这一类人属于方仙道中的方士,因其具有个人修炼性,所以活动范围较广而渗入社会各个阶层,一般将汉代这种个人成仙修炼行为都称为"方仙道"[1]。另一种修炼是集体性的宗教行为,可分为两类:一是非正式道教的民间宗教组织;二为天师道、太平道等早期道教组织。约从战国末期、西汉初期至东汉中期,不论个人还是集团,主要流行方仙道、黄老道和四夷流行的巫鬼道。东汉顺帝前期是道教产生的准备阶段,这一阶段神仙思想充斥各个阶层,修仙的人日益增多,各类神仙方术也大致完备,早期道教就是在改造民间巫鬼道和黄老道的基础上发展起来的。

图5.1　四川泸州大泽坝　七号石棺　鼎·人

资料来源:罗二虎,《中国画像石棺全集》,三晋出版社2011年版,第307页。

张陵的天师道初创时已有"弟子户至数万",主要活动在东汉末的巴蜀地区。本地原是巫鬼道盛行的地方,张陵及其弟子将中原的黄老道带进巴蜀之后,迫使当地巫鬼道改换门庭,当了天师道的祭酒、道民,天师道在四川影响深远。从2世纪末至3世纪初,其孙张鲁在四川盆地建立了中国历史上第一个政教合一的道教政权。张角也奉黄老道,"徒众数十万,连结郡

---

[1]《后汉书·皇甫嵩传》。

国,自青、徐、幽、冀、荆、扬、兖、豫八州之人,莫不毕应"[1]。文献记载早期道教最活跃的地区主要分布在巴蜀、苏北、鲁、豫东部(青、徐、兖),这也正是汉代墓葬最发达的地区。道教的迅猛发展必有大量的信徒,对上至帝王将相、下至平民均有重大的影响,在其墓葬画像艺术中必然会反映、表达自己的宗教信仰。泸州市大驿坝1号墓石棺左侧绘有一持杖道士(图5.1),前边是一大鼎,附耳蹄足,上有云纹。另外在四川麻浩一区M1墓中后室甬道门侧刻有一人,头戴高冠,身着长袍,左手持节杖,右手拿一药袋,唐长寿认为这是一持节方士(图5.2),其作用为沟通墓主和天界神灵,这与东汉时太平道、五斗米道神职人员"师"的形象——"持九节杖为符祝"相吻合。龙虎形象也是道教的重要象征。龙虎座表现形式通常为在东王公、西王母的底座两侧分别画出龙与虎的头颈及前爪。这种底座的画像有四川成都、新都等地的画像砖,郫县的画像石棺、乐山的西王母画像石棺等,还有双龙座、虎首龙尾座等的变体。"龙虎"是道教内外丹的重要术语,炼丹家认为识得真铅(真虎)、真汞(真龙),等于找到了自然中最有灵气的丹料,以之炼丹最易生发天地人的感应。如四川麻浩三区99号墓,其墓前室地面有一小坑,坑中有一陶罐,内装丹砂云母等矿石,这些东西均为炼丹的主

图5.2 四川麻浩一号崖墓北穿北门柱正面画像
资料来源:唐长寿,《四川乐山麻浩一号崖墓》,《考古》1990第2期,图5。

[1]《后汉书·皇甫嵩传》。

要原料。表明墓主可能是道教信仰者,也可能是祭祀者给先人准备的升仙丹药。这些图像的刻画和实物的出土,表现了当时天师道、五斗米道活动的状态。在汉画艺术中,一般把西王母作为典型早期道教主神图像。依据王苏琦统计,西王母分布在约十六个省、市、自治区,集中分布在四大区域:鲁南和苏北、河南、陕北及川。[1] 鲁南、苏北、豫东和四川省密度最大,与汉代道教活动范围相吻合,其中四川地区的西王母造像最为常见,这和五斗米道关系密切。

在时间上,东汉顺帝、桓帝和灵帝时道教正式创立,东部和西南部的汉画像也约在此时进入全盛发展期,汉画中的升仙主题与道教的修炼成仙主旨在此便紧密结合在一起了。以升仙为主题的汉画像艺术最早发现于苏、鲁、豫、皖交界的商丘。1987年9月和1992年9月,考古工作者分别对柿园汉墓和保安山2号汉墓进行了考古发掘,考证其时间约在西汉早期,应是西汉早期梁国王陵墓。据专家推测,保安山2号汉墓可能为梁孝王刘武墓,刘武为汉景帝胞弟。据《史记·梁孝王世家》载,梁孝王是文帝少子,与景帝同母,特别受到其母窦太后的宠爱,"赏赐不可胜道"。"窦太后好黄帝、老子言,帝及太子诸窦不得不读《黄帝》《老子》,尊其术。"[2] 这种情况下,汉初黄老思想对汉画像产生发展于这一地区必然有某种影响。另外值得一提的是,在地缘位置上,在距商丘方圆100多公里的范围内,两位最重要的道家学派的创始人老子和庄子就诞生于此。自老子开创道家学派以后,其弟子庚桑楚、关尹、列御寇、杨朱等人继承、发展其思想,道家学派在燕齐、荆楚、吴越、巴蜀等地区广泛传播,产生了《关尹子》《列子》《黄帝四经》《庄子》等一批重要的道家著作。两汉中期,黄老之学开始从官方哲学的地位退下,向社会中下层发展。此时黄老之学中的养生内容凸显,同时开始吸收仙家长生久视的思想。他们的思想学说以此向四周衍射,老子逐渐被神话,不但成为"道"的化身,而且被当作道教的祖师。对老子祭祀的最早记载是桓帝延熹八年和九年两年中的宗教活动。桓帝于延熹八年正

---

[1] 王苏琦:《汉代早期佛教图像与西王母图像之比较》,《考古与文物》2007年第4期。
[2] 《史记·外戚世家》。

月和十一月两次遣中常侍到老子的故乡苦县立庙祠老子,[1]让边韶撰《老子铭》,其中说桓帝梦见老子,因此"尊而祀之"[2]。次年,这位皇帝亲祠老子于濯龙宫。[3]老庄思想和后来的燕齐方士、滨海地区的天师道、巴蜀及楚地的巫风淫祠,历春秋、战国、两汉而融汇在一起,形成的原始道教、民间道教和早期道教在这一广大区域的流行,对汉画像艺术产生了深远的影响。

2. 汉代道教、升仙传统和社会风潮的影响

汉画像艺术虽然在正统道教创立前就已产生,但不能以此否定道教对其的影响。汉画像在西汉早期产生,此时的道教虽未正式创立,但应是初具形态,既有民间的、也有上层贵族的,其中的许多因素如器物、制度(仪式)、偶像崇拜(太一神、西王母等)、观念(阴阳、升仙)和巫术等是构成后来道教的重要因子。如建平四年(公元前3年)关东庶民"为西王母筹"之乱,已初步具有早期道教的某些特点。[4]此时的道教形态应属民间道教,体现了民间对西王母的崇拜热情。东汉以来利用宗教进行的起义不断,这说明早在东汉初年即有大规模的民间前期道教结社存在。

在汉代墓葬中出现了一大批与神仙信仰有关的画像符号,包括仙人、仙山、仙草、仙兽、云纹等。河北定县三盘山中山王墓出土的错金银车饰是公元前1世纪的一件工艺作品,其上镶嵌128个人物、动物,刻画了众多的祥禽瑞兽、羽人驾鹿、天马行空等形象。西汉美术作品中升仙图像的另一重要发展便是对"仙境"的表现,西汉仙境中仙山形象可分为东方仙山和西方昆仑两大系统。公元前2世纪开始流行的博山炉表现的就是海中仙山,许多博山炉底部为水盘,其表现的很可能就是蓬莱或东方海中仙山。[5]与此同时,对西方昆仑山的信仰也逐渐发展起来。目前所发现的昆仑山最

---

[1][2]《后汉书·桓帝纪》。
[3]《后汉书·边韶传》。
[4][美]巫鸿著,郑岩等译:《礼仪中的美术》,生活·读书·新知三联书店2005年版,第459页。
[5]干春松:《神仙信仰与传说》,中国人民大学出版社1992年版,第9页。

早实物图像是马王堆1号墓红地内棺和山东临沂金雀山出土铭旌上画像。而且关于西王母图像配置也有个重要变化,这时的昆仑神山成了西王母的天下,与其相随的图像,鲁惟一总结为昆仑山、玉兔、九尾狐、胜等[1]。此类图例发现较多,如山东沂南汉墓中室中心八角形石柱,其两面刻有东王公戴平顶冠,西王母头顶华丽花冠,两者都端坐于神山昆仑山上,头上有华盖。出土于山西离石汉画像石墓中的西王母跽坐于悬圃之上,肩生羽翼,上有华盖,下边是连绵不绝的群山(图5.3)。这些对西王母、山形的描绘及其他一些例子均为墓葬画像,象征人死后希望达到的仙界。这些都是神仙家的思想,这一神仙信仰符号创造过程与当时方仙道流行过程完全吻合。通过考古材料可以佐证,升仙、不老的思想在公元前2世纪时已在社会上层中相当流行了。自先秦至汉曾掀起三次访仙觅不死药的热潮,其中汉武帝对神仙的企慕达到了高潮。从武帝一生行事看,其所信仰的并非儒家之礼仪,而是方士之神仙,并在方士公孙卿讲述黄帝成仙的故事后,慨叹:"嗟乎!诚得如黄帝,吾视去妻子如脱屣耳。"[2]武帝的"独尊儒术",不过是"霸王之道"。他在礼仪上的作为,对后世影响最大的是六次泰山封禅,在巡狩封禅的虚名下,行求仙之事却是主要因素。汉代人在这股狂热的长生不死的追求中,无论权贵、士人还是寻常百姓都不停地忙于寻药、辟谷、行气、"聚祠西王母"等,以求不死之道。

图5.3 山西离石马茂庄2号墓前室东壁左侧画像

资料来源:汤池编,《中国画像石全集》第5卷,山东美术出版社2000年版,图24。

---

[1] [英]鲁惟一著,王浩译:《汉代的信仰、神话和理性》,北京大学出版社2009年版,第18页。
[2] 《史记·孝武本纪》。

两汉时期的社会意识形态主要是儒道,儒学被禁锢在封建礼教的外壳内,至哀平、新莽时期,谶纬经学盛行一时,神仙思想也发展至高峰。汉初的黄老之学自汉武帝时退出政治舞台,逐渐和神仙养生术融为一体。当时的方仙道也以黄老为宗,至西汉后期,方仙道一变而为黄老道。东汉时期不光是道士、方士、巫师、儒生遇事必占易推卜凶吉,连皇帝也讲灾异,搞谶纬,整个社会朝野上下笼罩着神秘的宗教氛围,王莽曾自称"神仙王"。黄帝、老子被奉为神仙,信徒祭祀黄老以求长生不老,黄老道在社会上逐渐弥漫开来。黄老道和方仙道皆以"中黄太一"为最高神,都追求长生成仙的宗教理想。方仙道以黄帝成仙的传说游说帝王,将研习各类方术作为主要内容。黄老道则不仅神化黄帝,更热衷于神化老子,奉太上老君为教主,在社会上广泛传播"道"的信仰。汉代开国之初已兴巫风,高祖汉初曾下诏曰:"吾甚重祠而敬祭……"[1]《后汉书·楚王英传》载:"诵黄老之微言","洁斋三月,与神为誓。"汉代除方仙道和黄老道在社会上广泛传播外,在民间和边远地区还流行着巫鬼道。巫鬼道和民俗结合在社会上根深蒂固。巫鬼道经常在民间为人降神祈福祛灾,王侯贵族祭祀先人也要请女巫歌舞作法。巫鬼道信仰"天帝",供奉"黄越之神",认为黄神是天地使者。近年来在东汉墓葬中发现了一些镇墓瓶、镇墓文和道士作法用印等,目前所知最早有纪年的镇墓文出于咸阳市的东汉2号墓中的东汉明帝永平三年(公元60年)朱书镇墓文陶瓶,文字如下:

永平初三年十[月]
九日丙申,黄神使者□(为)地置
根,为人立先,除央(殃)去咎,利后
子孙,令死人无适(谪),生人无患,
建立大镇,慈、礜、雄黄、曾青、
丹沙(砂),五石会精,众(?)药辅神,

---

[1]《史记·高祖本纪》。

冢墓安宁,解蕰□草

□□为盟,如律令。

镇墓文中所举药物是指早期道教外丹术中的"五石之精"。人死后要请巫师禳解死者罪孽,加盖"黄神越章"之印以驱鬼镇邪。现存早期巫道术士作法器物大部分属于东汉中晚期,其用途有巫道术士所尊奉的天神印、巫道术士自称用印、巫道术士作法用印和其他用印。汉墓中常见巫道禳除用印包括"黄神""黄神之印""天帝之印""天帝使通天"等。这些汉代方士道士作法用器与汉画中刀、剑、彗、茅旌、胜、铺首、鼎、方相氏等辟邪图像相得益彰,共同构筑了早期道教法器的原始状态,并在汉墓中呈现出来。巴蜀等少数民族地区是秦汉时巫鬼道最流行的地方,早期道教就是在方仙道、黄老道,特别是在民间巫鬼道符箓辟邪等巫术基础上发展起来的。

古代波斯王薛西斯(Xerxes)看到自己的军队向希腊进军时,曾潸然泪下地向自己的叔父说:"当我想到人生的短暂,想到再过一百年后,这支浩浩荡荡的大军中没有一个人还能活在世间,便感到一阵突然的悲哀。"[1]死亡的威胁和恐惧构成了对于生存的执迷,生存的艰辛构筑了对于幸福生活的期待。人类在面临困难和死亡的时候,永远有一种复杂的心理:希望与绝望并存,不死的信念是在死亡的阴影上建立起来的。[2]汉画像艺术正是这种复杂心境下的产物。在汉画像中,如果我们把祠堂或汉墓中的图像进行简约化,便会发现其最显著、最重要的位置上常端坐着一对大神——西王母和东王公。汉代人墓葬艺术的真正目的是升仙,到西王母那儿得到不死药,渴求肉体的不死和灵魂的永生。因此汉画像虽然是为墓葬制度服务的,但在其中我们看到的却是生机勃勃的生的世界,汉画像艺术中体现的这种功利目的,正是在汉代社会中弥漫的宗教气氛中酝

---

[1] 希罗多德:《历史》,商务印书馆 2005 年版,第 357 页。
[2] 干春松:《神仙信仰与传说》,中国人民大学出版社 1992 年版,第 8 页。

酿催化出来的,而且在其中体现了道教教旨:肉身成仙、长生久视、生道合一。[1]

(二)汉画像中道教阴阳五行观念

能够代表汉代社会最重要的一套思想观念可以说就是阴阳五行了,它渗透了汉代的政治、经济、文化、科学、宗教、艺术等诸多方面。阴阳五行学说是汉代人的一种宇宙论和方法论,它的形成是古代中国人对自然现象长期观察的结果:日月往来、昼夜更替、暖寒雨晴、山的向背、男女雌雄等种种两极现象及其变化,便很自然地产生了阴和阳这两个概念。顾颉刚认为:阴阳五行观念形成系统并成为一种学说始自战国盛于汉代。[2]战国晚期的驺衍把此前已经出现的零散的阴阳和五行观念统辖起来并予以系统化,开阴阳五行学说的先河,先秦两汉的儒道及其他思想学说基本上都吸收了阴阳五行的观念。[3]至汉代,人们用阴阳五行公式解释自然现象和社会现象已成为一种普遍的定理和习惯。当时人们普遍相信宇宙时空由绝对中心、阴阳两极与五种基本因素构成了完美和谐的秩序,这种秩序是一切合理性的基本依据。[4]阴阳五行观念与天人相应思想一起构成了汉代人思想的核心,是当时社会凌驾一切之上的意识形态,它深深浸入各阶层人们的思想和观念中,渗透汉代社会生活的各个方面,作为当时一种普遍的信念和准则,自觉或不自觉地指导着人们的所有活动。[5]

最初与道家思想结合形成道教教义的便是阴阳家。驺衍用阴阳建立了一个学派,并增加了他所推崇的黄帝,以及笃信机祥和五德转移等主张。阴阳家推尊黄帝,与道家对于事物消长顺逆之理相参合,终而成为两汉间

---

[1] 胡孚琛、吕锡琛:《道学通论》,社会科学文献出版社2006年版,第268—269页。
[2] 顾颉刚:《汉代学术史略》,人民出版社2008年版,第2页。
[3] 贺西林:《古墓丹青》,陕西人民美术出版社2001年版,第126页。
[4] 葛兆光:《中国思想史——七世纪前中国的知识思想与信仰世界》第1卷,复旦大学出版社1998年版,第470页。
[5] 贺西林:《古墓丹青》,陕西人民美术出版社2001年版,第130页。

最流行的"黄老道"的要素。阴阳思想便是道家成为道教的枢纽。[1] 阴阳的教义在道教里非常重要,几乎没有一样宗教行为不与它有关系。占道教思想和中国人的人生观的大部分,除了阴阳便是五行说。五行说据研究可能是阴阳家从当时一般的"五德转移,治各有宜"的见解加以符应的说法而来,"五德转移"即五行相生相克的说法。

在汉代艺术的代表之一——汉画像中,我们便会看到许多反映这种阴阳五行观念的图像和符号,如比较典型的日和月、伏羲和女娲、东王公和西王母、男和女,等等(图5.4)。

除了以上列举的几对较明显的阴阳形象外,在汉画中以隐喻的方式显

图5.4 南阳麒麟岗日神月神画像
资料来源:王建中编,《中国画像石全集》第6卷,河南美术出版社2000年版,图136—137。

---

[1] 许地山:《道教的历史》,北京工业大学出版社2007年版,第210—212页。

现阴阳对照则更是比比皆是,如鸟和鱼、龙和凤、龟和蛇、鹰和兔、三足乌和蟾蜍、青龙和白虎、仙界和阴界等。可以说在汉画像中所体现的阴阳五行观念的图像占了绝大部分,因此综合上面的分析比较来看,虽然不能说汉画像这种为丧葬制度服务的艺术完全体现了道教思想,但可以说它和道教的关系最密切。从汉画像所表现的本质内涵来看,其所体现的是一种信仰和追求,儒家所体现的只是一种行为准则的礼仪形式,一个表一个里。汉画像艺术的鼎盛期在东汉中后期,同时也是道教的诞生发展期,两者的相互关系在汉代丧葬制度中得到了充分体现。正是从春秋战国以来的道家、阴阳家合流,并与神仙家相结合,其间经历的几次求仙高潮,特别是秦始皇、汉武帝、王莽的狂热追求,以及谶纬神学的泛滥,最终在东汉催生出了中国本土宗教——道教,并在汉画像中得到了全面的体现,如果抽离掉升仙的表面化追求,其本质的形而上的哲学内核便是阴阳五行的观念系统。阴阳作为道教来说是其根本要义,作为汉画像来说便是为墓主的功利目的的形而上的指导原则和形而下的手段。

1. 阴阳五行与汉画像关系

对阴阳概念最早的表述,在《老子》里是:"道生一,一生二,二生三,三生万物。万物负阴而抱阳,冲气以为和。"这里的"二"据研究应是"阴阳"二气,也就是说,天地万物的一切运动变化都是由构成万物的气在运动过程中合二为一的结果,自然界的一切事物都存在着阴阳两个方面。宋代著名的理学家周敦颐在《太极图说》中对阴阳五行进行了概括:

> 五行,阴阳也。阴阳,太极也。太极,本无极也。五气之生也,各一其性。无极之真,二五之精,妙合而凝,乾道成男,坤道成女,二气交感,化生万物,万物生生,而变化无穷焉。

由上可知,阴阳理论的核心便是阴阳五气化生万事万物,而万事万物按性质可分阴阳五行。所谓阴阳观念实际上就是自然界相互对立统一的事物和现象高度概括后形成的一对基本因子,这一对基本因子相互依存、相互作用和彼此消长,是宇宙万物生命的动力之源。《说文解字》解释"阴"为:"水之南,山之北也"指山或谷的阴影面;"阳"为"高、明也"意为山的有日光的一面。"阴"令人联想起冷、雨、黑暗、冰、冬季、女性等;"阳"令人联想起光、热、夏季、男性等。由生理上的直观感受推而广之,使阴阳的内涵和外延有了极大的拓展,人们把与之相关的某种事物或现象所具有的类似的属性相比附,统统冠以阴阳的名号。一般而言,凡是活动的、外在的、向上的、温暖的都属于阳的范畴,代表与男性、父亲、强壮、明亮、正义等属性相关的事物;凡是安静的、内在的、下降的、寒冷的、阴暗的都属于阴的范畴,代表着女性、母亲、虚弱、黑暗、邪恶等属性关联的事物。[1]

表5.1 阴阳范畴举例表

阳	天	光	热	干	刚	南	上	右	圆	男	太阳	奇	主动
阴	地	暗	冷	湿	柔	北	下	左	方	女	月亮	偶	被动

两种对立的力量彼此作用而化生五气,五气相生相克化生万物,合而为阴阳,阴阳相合归于"一气",内丹家称之为先天一炁、真一祖气、太一真气。

依据以上阴阳模式,我们可以对汉画构成进行以下推演:天地大宇宙是阳,人体、墓室小宇宙是阴;对汉画像石墓而言,人间为阳,墓室为阴;墓室内的穹隆顶为天为阳,下边的方形室为地为阴;墓室东壁(室)、南壁(室)为阳,北壁(室)、西壁(室)为阴(一般而言);在汉画像图像系统内,表现天界、神仙的为阳,表现阴界的(如水、鱼)为阴;两对主神系统,伏羲、东王公为阳,女娲、西王母为阴;日和其中的三足乌为阳,月和其中的蟾蜍、玉兔为阴;象征雌雄相交的玄武、蛇为阳,龟为阴;对于众多的鸟和鱼的形象,以鸟为阳,鱼为阴(两鸟相对,两鱼相对下文另说);鹰啄兔中,鹰为阳,兔为阴;青龙为阳,白虎为阴;龙是阳,凤是阴;凤是阳,凰是阴;男人为阳,女人为阴,等等;不胜枚举。另外,在民俗观念中,猿或猴指代阳性。汉画像中的

---

[1] 于希贤:《法天象地》,中国电影出版社2006年版,第29页。

生物均处于运动状态（两对主神除外），如以动静分阴阳，则整个墓室的图像则体现阳性（两对主神属神仙，按道教说应是纯阳），空灵的墓室由墓主魂魄所居故为阴性。汉画中所表现的这众多的阴阳相对相合与五行相生相克化育了生机勃勃的生的世界。

2. 阴和阳在汉画像中的互动关系

阴阳相互间的关系有并存、相合、相化等。

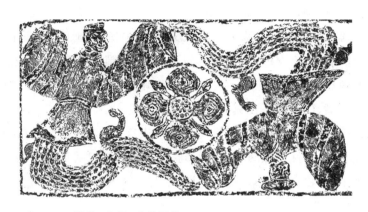

图 5.5　伏羲、女娲、莲花画像

资料来源：汤池编，《中国画像石全集》第 4 卷，山东美术出版社 2000 年版，图 154。

其一，阴阳并存。这是从生物上两性结合的生理现象体会出来的。《吕氏春秋·正月纪》《淮南子·本经训》等都有天气下降、地气上升、天地和合而万物化生等的表述。《吕氏春秋·审分览·君守》中："以阳召阳，以阴召阴"是相引的现象；"至阴肃肃，至阳赫赫，两者交接成和而万物生焉。众雄而无雌，又何化之所能造乎？"这是异类相合。代表阴和阳的两种物体具有一定的空间距离，但从宏观上看又都统一于同一时空框架中。如武梁祠西壁与东壁上雕刻的西王母和东王公；永元四年绥德四十里铺田鲂墓后室门左右立柱，左立柱内格顶端刻一人身蛇尾向右、手执矩，右立柱内格顶端刻一人身蛇尾向左、手执规；徐州白集祠堂西壁第一层锐顶部分刻有西

汉画像中道教因素研究

王母及其侍从,东壁图像第一层锐顶部分刻有东王公及其侍者;安徽宿州褚兰镇墓山孜1号墓顶藻井部位刻有形象颠倒的伏羲、女娲绕莲花(图5.5);南阳汉墓出土一幅日月同辉图,画像左侧刻有日轮,内有金乌飞翔,右侧刻有月轮及相连三星,月内有蟾蜍,日月之间有云气相连。

在汉画像中还有许多阴阳图表现的是相同的图像,却是两两相对的(其中也有两两相对的可能是同性,故文章中所列举的均以《中国画像石全集》中图的注释为准)。1972年,山东沂水县韩家曲出土的《羽人饲凤、乐舞百戏画像》中画面上半部分内圈,一羽人手持琅玕饲食雌雄双凤,雌凤左右还有凤雏数双。在山东临淄有一东汉羊头、朱雀、鱼画像,画面中部为一羊头,额部刻有十字穿璧,羊头下为对鱼,左右为雌雄朱雀相对,若依据朱雀而言两鱼也应是一对阴阳。另外在江苏邳州白山故子墓出土的画像石上刻有一对嘴、两爪相握比翼而立,应为比翼鸟的图像。睢宁墓山2号墓前室画像中,其下屋内刻有一男一女对坐,表现"在天愿做比翼鸟,在地愿为连理枝"这一内涵。在两两相对的同一生物中,按汉代流行的阴阳观念,一般体现了"万物莫不有对"的这一说法,但个别的如门上的铺首门神等体现了同一性的并置,故不可一概而论。

其二,阴阳相合。此种代表阴阳的图像是以身体的交接为其显著特点。两对主神之一的伏羲、女娲通常是相向而立,下部尾相交,这是汉画像中伏羲、女娲出现较多的组合形式。相关的形式有的是一次相交,有的是多次相交,呈缠绕状。典型的伏羲、女娲相交形象在武梁祠西壁画像中锐顶下第一行最右边一格,左刻女娲手拿规,右刻伏羲手拿矩,下边尾部相交,这是一种最常见的形式。还有的如徐州汉画像石馆收藏的一幅伏羲、女娲画像,其下部呈四次相交(图5.6)。在滕州市博物馆收藏的一幅双龙画像和睢宁县博物馆藏的一幅仙人、凤鸟、白虎画像上,我们可以看到双龙、双凤相交是以身相交的画面。另外还有更复杂的相交,体现的形式是两龙或四龙纠集交缠在一起。1973年山东省苍山县城前村出土的城前村墓前室北中立柱正面画像上两龙三次盘结,头皆向上;淮北市博物馆藏二龙穿璧、异兽画像上层二龙交错穿过五璧,龙首昂扬回头;山东苍山博物馆藏城前村墓门中立柱正面像(图5.7),画面为四龙盘结缠绕,头皆向上,体现了另一种阴阳相交的状态。连理树所表现的是一种同一树干而枝屈曲缠绕紧密相连,在山东石刻艺术博物馆藏的一幅楼阁、人物、车骑出行画像中有此图像。还有一种是两树干上面枝相缠绕。另外阴阳相交的形式还有两头相交合共一头,或两头共一身,如由龙组成的"虹"和两兽共一头等各种阴阳相交的图像。

图5.6 徐州汉画像石馆藏伏羲、女娲画像

资料来源:作者摄。

图5.7 山东苍山博物馆藏城前村墓门中立柱正画像

资料来源:焦德森编,《中国画像石全集》第3卷,山东美术出版社2000年版,图109。

其三,阴阳相化。汉画像图像中鱼表示阴或阴界,鸟表示阳。《春秋·考异邮》中说:"鸟鱼者阴中阳,阳中阴,皆卵生以类翔。故鱼从水,鸟从阳。凡飞翔羽翮柔良之禽兽,皆为阳。阳气仁,故鸟哺公。"《庄子·逍遥游》云:"北冥有鱼,其名为鲲。鲲之大,不知其几千里也。化而为鸟,其名为鹏。"庄子在这篇寓言里描述了由鱼到鸟阴阳化生的故事,在汉画像中也有许多刻画鸟啄鱼或鹰啄兔的形象。微山两城镇出土的水榭、人物画像中下层水中有鱼、鳖,有一鱼鹰在啄鱼,据研究此图可能表现了由鱼到鹰的阴阳转化意义。在临沂市博物馆藏有两幅画像,下部刻画的均是鹰啄兔,也应当具有上述的意义。在东王公、人面鸟、鹰、兔画像中,各形象依此向上,似乎由兔(月精)—鹰(阳鸟)—人面展翅鸟—戴山形冠的东王公形成由阴到阳的转变。有鸟啄鱼、鹰啄兔的图像在鲁南、苏北发现较多,其所体现含义应具有阴阳相互化生的意蕴。

3. 汉画像中的五行

五行在汉画像中发现较少。1988年7月在南阳麒麟岗发掘了一座东汉画像石墓,在前室顶部有一天文画像(图5.8)。此图共分三个部分:中间部分是《淮南子·天文训》所说的"五星",即"东方木也,其帝太皞,其兽苍龙;南方火也,其帝炎帝,其兽朱鸟;中央土也,其帝黄帝,其兽黄龙;西方

图5.8 河南南阳麒麟岗天象图

资料来源:王建中编,《中国画像石全集》第6卷,河南美术出版社2000年版,图128。

金也,其帝少昊,其兽白虎;北方水也,其帝颛顼,其兽玄武",中央的神兽黄龙变成了中央天神黄帝;第二部分在青龙之右,有人首龙尾怀抱日轮的伏羲,在白虎之左有一人首蛇躯女娲,怀抱一月轮;第三部分为北斗和南斗,北斗由七颗星组成,南斗由六颗星组成。第一和第二部分完整体现了阴阳五行的观念,第三部分宣扬了早期道教中南斗主生、北斗主死的这一说法。[1]四川彭州市出土一幅龙车图,画中有三螭拉一云气车在空中飞,车下及后方画有五颗星,这五颗星和云气并置,象征着天地之气交织演化。

关于五行的刻画,在河南洛阳金谷园新莽壁画墓前室顶部有一"五行"图(图5.9)。该墓室上部呈穹隆状,最上边正中刻五个球状突起以示五行,在五行以外穹窿状内壁上则满绘彩色云气纹。依据阴阳五行理论,天

图5.9　河南洛阳金谷园新莽壁画墓前室

资料来源:王绣、霍宏伟,《洛阳两汉彩画》,文物出版社2015年版,第93页。

---

[1] 曾宪波、刘文平:《由汉画试析早斯道教的主要来源》,载《中国汉画学会第九届年会论文集》,中国社会出版社2004年版,第72—73页。

(穹隆)地(方形室)为阴阳二气,二气演化为室顶五行象征五气,五气化生万事万物。该墓建于王莽统治时期,而此时期正是阴阳五行在汉代的滥觞期。五行相生相克在武梁祠中有具体的体现。在武梁祠右壁上层区域最右边一组刻画了十一位传说中的帝王,伏羲女娲阴阳交合诞生了一个小人,以喻人类的开端,五帝的顺序依次是黄帝、颛顼、喾、尧和舜,在汉代人看来他们代表着美德,表示五行相生的说法。最后两位禹和桀表示一个朝代从善的开始到恶的结束,如依据巫鸿先生所认为的下层中间是位理想中贤明的汉代君主的话[1],那么祠中壁画内容就表现了有德君主对无德君主的代替,这体现了五行相克的原理。

汉画像艺术的观念框架主要来自阴阳五行和天人感应的思想。墓室实际上就是一个人造宇宙,是对汉代人所认为的天地宇宙的形式上的模拟,在其上通过日、月、星、云、太一神或天降祥瑞等天象符号来代表天,然后依次由上而下环列四壁、楣额、梁柱等部位,并刻画了众多的神、仙、祥禽瑞兽、圣人、名士、现实生活图景等,给我们勾画了一个亦真亦幻的神奇世界,躺在墓室中的主人则相伴着这一切。在这些人、神、仙、怪所构成的图像系统中蕴含着浓厚的道教色彩。这首先体现在对生命的永恒追求。道家将生命延长进行绝对化追求,如慕仙、寻仙,寻找那人人渴望的不死之药,以此希望不朽。因此需将墓主的灵魂置于这一不变的宇宙模拟体中。在汉画像艺术中,各种图像符号或非物质的呈现以阴阳交互、五行生克推动着宇宙的循环往复,使得生命才能生生不已。属于阴性的形魄(灵魂),在这满壁风动、充满阳性生命活力的感召下才能获得再生或永生的源泉和动力。只有把墓主人、墓室、宇宙等统一在汉代人所建立的阴阳五行观念系统中,才能了解汉代人的苦心孤诣,也才能令现代人真正理解其本质意义。

---

[1] [美]巫鸿著,柳扬、岑河译:《武梁祠:中国古代画像艺术的思想性》,生活·读书·新知三联书店2006年版,第163页。

二、汉画像中道教长生久视的追求

（一）汉画像中道教神仙世界

恩格斯在《反杜林论》中说："一切宗教都不过是支配着人们日常生活的外部力量在人们头脑中幻想的反映。在这种反映中，人间的力量采取了超人间力量的形式。"[1]神仙信仰作为一种历史悠久的中国本土信仰，对中国民众的生活方式、思想观念和行为方式有着巨大的影响。尤其是在神仙信仰作为道教的中心目标之后，对中国人的生活影响就更为巨大。[2]正如一位日本学者所说："要理解中国人无论如何要首先理解道教。"[3]神仙信仰便是道教的最根本教义，是人们对自由、快乐、长生的一种虚幻的反映，是对社会力量和自然力量的神化，并成为人们的信仰和追求。最初将道家与道教进行整理并加以系统化的是梁朝刘勰的《灭惑论》，他提出了道家三品说："案道家立法，厥品有三：上标老子，次述神仙，下袭张陵。"[4]另有北周道安的《二教论》也本着这三品来区别道家道教的品格，书中说："一者老子无为；二者神仙饵服；三者符箓禁厌。就其章式，大有精粗。粗者厌人杀鬼；精者练尸延寿。更有青箓，受须金帛，王侯受之，则延年益祚；庶人受之，则轻健少疾。"[5]汉代人将长生享乐的自然追求转变成神仙方术，张陵又将其宗教化为天师道。因此以上三品已没有了明显的区别，如把道教里的内容概括一下，则是道家清静无为自然；神仙重炼养服食；张陵用符箓章醮。

---

[1] 恩格斯：《反杜林论》，人民出版社1970年版，第311页。
[2] 干春松：《神仙信仰与传说》，中国人民大学版社1992年版，第84页。
[3] ［日］橘朴：《道教和神话传说——中国的民间信仰》，中野江汉序评文引橘朴语。
[4] 《大正藏》卷五十二。
[5] 《大正藏》卷五十二。

如同巫鸿在武梁祠中发现了祠堂中的画像内容和布局是武梁依据司马迁《史记》各个部分进行的对应设计。[1]在汉画像艺术中，我们也发现了和上述三品道相关的内容。虽然汉画像这种艺术形式有时间性、地域性等因素造成的发展不平衡，但我们在其中总能或多或少地发现"前道教"[2]或"模糊道教"[3]的深刻影响。汉画像艺术中的神和仙所体现的是"前道教"和"早期道教"阶段诸神仙。既有秦汉及先秦时神仙信仰阶段的神仙，也有一部分淘汰转化或产生出新的为"精确道教"所确认的神仙。道教神灵往往给人以杂乱无章、数目众多之嫌。道教诸神大约有数百种，三清尊神为道教最高神，他们是玉清元始天尊、上清太上大道君（灵宝天尊）、太清太上老君（道德天尊）。另有次于三清的四御；有星君、斗姆、五岳尊神和河海之神；有独具特色的器官神；有民间俗神；有主管阴司的神灵；有功臣烈士变成的神灵；还有模仿佛教造出的道教神。道教就像一个大葫芦，凡是能为其所用的皆收入囊中。神、仙在道教中往往是同一含义，越往后神和仙越不分。其实神和仙是两个不同的概念，《说文解字》云："仙，长生仙去。从人从山"。《释名》曰："老而不死曰仙"。仙的意思由此可知是迁往山中长生不死的人。"神"在《说文解字》中云："天神引出万物者也。"神是用来沟通天地的，简言之，由天而人是神，由人而天谓仙，神是先天存在不以人的意志为转移的，仙则是后来修炼得来的。在道教的信仰范畴中，两者通属于"道"，在道教信仰者看来，天地万物皆由"道"化而来，所以神和仙有时分得并不那么分明。

1. 道教神仙

在以神仙信仰为主题的汉画像艺术中，升仙内容是全国几大汉画像发现区的重要构成部分。汉画中刻画着众多的天帝（太一）、东王公、西王母、

---

[1] [美]巫鸿著，柳扬、岑河译：《武梁祠：中国古代画像艺术的思想性》，生活·读书·新知三联书店2006年版，第238—249页。
[2] 韩秉方：《关于道教创立过程的新探索》，载《世界宗教研究》1999年版，第125页。
[3] [美]巫鸿著，郑岩等译：《礼仪中的美术·序》，生活·读书·新知三联书店2005年版，第7页。

雷公、电母、风伯、雨师、河伯、仙人、羽人等,另有四神、三青鸟、九尾狐、开明兽等众多仙界鸟兽。其中,天帝(太一)、东王公、西王母、风伯、雨师等神仙被早期道教吸收并成为主要神灵。在前道教和早期道教中,天帝即"太一"或"太乙"。汉武帝时方士谬忌奏《祠太一方》曰:"天神贵者太一,太一佐曰五帝。"汉武帝据此在长安立坛,又于甘泉宫"画天、地、太一诸鬼神",[1]由此可以看出,"太一"在西汉时已成为统帅阴阳四方的一个中央主神。在陕西户县朱家堡东汉墓出土镇墓瓶上铭文为:"大天一(太一),主逐□恶鬼□□。"[2]这体现了墓葬中对早期"太一"信仰的利用和吸收。在汉画像石中,对"太一"的描绘见于南阳市麒麟岗发掘的一座大型汉代画像石墓顶石上。该顶石上正中为一头戴山形冠的太一神,其四周为朱雀、玄武、苍龙、白虎四神。左边雕伏羲捧日,右雕女娲抱月。顶石两端分别为北斗七星与南斗六星。[3]《史记·天官书》载:"斗为帝车,运于中央,临制四乡,分阴阳,建四时,皆系于斗。"山东武梁祠后石室第四层刻有天帝出行图,画面中的天帝"太一"雍容华贵,头戴高冠,坐于斗车,面向前方巡视天庭(图5.10)。另有一幅出土于南阳市王庄汉墓的天帝出行图,画面上部三神人拉一五星车,车上一驭一尊二人,尊者为天帝,下部刻有四雨师正泼水行雨,右边刻一巨人,赤身跪地,张口吹气,此神人则为风伯。在《楚辞·九歌·东皇太一》中对天帝"太一"进行了描述,"太一"在汉代人眼里已被奉为宇宙中最高的神灵受到顶礼膜拜。《淮南子·本经训》曰:"秉太一者,牢笼天地,弹压山川,含吐阴阳,伸曳四时,纪纲八极,经纬六合。"2世纪中叶,"太一"成为早期道教组织和道教经典中的尊神。《太平经》中把这个神祇和"道"联系起来称:"天地之道所以能长且久者,以其守气而不绝也……乃上从天太一也,朝于中极,受符而行,周流洞达六方八远,无穷时也。"东汉末年,张角的太平道奉"中黄太乙"神为最高尊神。天帝"太一"在《晋书·天文志》中则变成了:"太一,玉皇大帝,名耀瑰宝。"至宋代对道教的崇

---

[1]《史记·天官书》。
[2] 王育成:《东汉道符释例》,《考古学报》1991年第1期。
[3] 韩玉祥、李陈广:《南阳汉代画像石墓》,河南美术出版社1998年版。

信活动中,玉皇大帝的地位则高高在上,民间将其视作天上的皇帝、万神的最高统治者。其在此时的地位和南朝梁道士陶弘景的《真灵位业图》神仙谱系中的地位简直是天壤之别。

图5.10 天帝出行图

资料来源:蒋英炬编,《中国画像石全集》第1卷,山东美术出版社2000年版,图73。

  太一神作为宇宙间最高尊神,其形象主要反映在祠堂的室顶部,但有时是以无形象形式体现出来的,如武梁祠上斜坡顶代表天神所居之位是以天现祥瑞方式,在南阳众多的画像中则用日、月、星等来标示天帝太一的存在。因此无论祠堂、阙、墓室里的画像,直观体现的主要神仙无疑便是东王公和西王母了。

  陈履生先生在其《神画主神研究》中认为,伏羲、女娲和东王公、西王母是在汉画中最重要的两对主神,在汉代神画的塔式结构中,位于塔尖的伏羲、女娲和东王公、西王母占据了主神的地位。[1] 在这需要说明的是,伏羲、女娲是对人类传说中的始祖的神秘化,它们和后来的古代人似乎有着血脉延续,是古代人类历史发展的一个起点,一般将其称为始祖神,但在后来的道教神仙谱系中没有其位置却是令人费解,李发林先生将伏羲、女娲既归入神怪类又将其列入历史故事中。[2] 东王公、西王母是传说中的神仙,具有一定神力或法术,但它们和人间保持着一定的距离,和人类的历史不发生关系,只是高居于某处而具有永恒的意义。在前道教和早期道教阶段,西王母、东王公无疑是汉画像艺术中最重要的神仙之一。

  东王公和西王母作为汉画像艺术中神仙部分的仙界代表,其图像在全

---

[1] 陈履生:《神画主神研究》,紫禁城出版社1987年版。
[2] 李发林:《汉画考释和研究》,中国文联出版社1999年版,第196—197页和262页。

国汉画像石(砖)分布区均能找到(图5.11):巨大的身躯,肩生双翼,周围环绕着众多带翼神灵,突显出两位中心神祇的特殊身份和地位。东王公和西王母作为主要的阴阳对立统一的象征,在汉画中非常普遍,这同时也说明了汉代社会阴阳五行、谶纬神学、道教中的思想观念对汉代丧葬制度的深刻影响。东王公这个形象在汉以前文献提到的并不多,它和西王母在中国古代神话中具有的悠久历史和重要地位是不可相提并论的,东王公这个男神形象几乎是一个"镜像",其出现也不会早于2世纪。[1]

西王母最早的形象见于洛阳卜千秋墓室壁画。西王母端坐于云彩之上,东王公则不见踪迹。画面中阴、阳概念的体现是以半人半蛇的伏羲、女

图5.11 山东沂南北寨汉画像石

注:1.西王母,2.东王公。
资料来源:蒋英炬编,《中国画像石全集》第1卷,山东美术出版社2000年版,图182、图184。

---

[1] [美]巫鸿著,柳扬、岑河译:《武梁祠:中国古代画像艺术的思想性》,生活·读书·新知三联书店2006年版,第125页。

娲的形象出现,在壁画的两端还有太阳和月亮。汉代人对西王母似乎有着异乎寻常的热情,西王母在先秦众多典籍中常被提及,西汉时期作为一位西方之神被狂热崇拜,即使到了东汉时期在汉画像中作为阴阳的代表之一,在当时男尊女卑的社会观念下,西王母仍是一位高高在上的最重要的神祇,东王公似乎只是一个陪衬而已。在汉代,西王母除具有阴阳对偶属性外,在四川的画像中,还体现了超越阴阳的一元神的特性。[1] 在四川出土的东汉墓中及石棺、阙或摇钱树上,西王母总是独自出现,正面端坐于龙虎座上,从不与别的神相配对,西王母很可能在这一地区是被作为道教中的一位主神来崇拜的。[2] 四川作为道教最早创立的地方之一,天师道、五斗米道和民间巫鬼道相混杂,把道教与原始道教中女性崇拜相结合,因此出现了汉代社会中推崇男性,而汉墓艺术中却唯西王母独尊的现象,也就不感到奇怪了。

《集说诠真》云:"东王公为男仙之主,西王母为女仙之宗……长生飞化之士,升天之初,先觐西王母,后谒东王公。"文献显示西王母的特征至少在春秋战国和汉代早期还没有定型,到西汉中期西王母的内涵发生了重大变化,西王母具有了特殊的法力,且掌管着不死药。凡人若要升仙不死必须到她那儿得到不死药。《淮南子》是最早记载这种信仰的文献,其中讲羿到西王母处讨不死药的事。约在2世纪左右,西王母逐渐演变成昆仑神话体系中的主神,成为掌管不死药的西部仙界首领。在东汉,西王母崇高的地位使其成为人们顶礼膜拜的偶像。公元前3年,对西王母的崇拜发展成一场风行一时的群众性的宗教运动。西王母在汉代已被赋予了更多的功能,除了不死的象征,似乎已变成了一个超验的神祇和宗教崇拜的偶像。在汉画中有众多的西王母形象,如陕北绥德刘家沟出土的汉墓门横额上的画像内容分四层,在第四层左右两边刻日轮和月轮,正中为墓主人升天拜谒西王母,西王母戴胜端坐,玉兔、九尾狐、羽人、三足乌、蟾蜍、天狗等围绕在西王母旁边,墓主人则乘鸟拉的云气车,前往拜谒西王母,求赐长生不老药。

---

[1][2] [美]巫鸿著,郑岩等译:《礼仪中的美术》,生活·读书·新知三联书店2005年版,第472版。

西王母除了掌管不死药，汉代人还视其为"生育之神"，《焦氏易林》云："西见王母，拜谒百福，赐我嘉子。"对西王母境表现较全面的是大邑县文管所藏的一幅《西王母图》，砖中上部刻西王母戴胜，端坐龙虎座上，左右两女子分别持灵芝、嘉禾。下部有仙鹿、九尾狐、蟾蜍、玉兔捣药、五株灵芝草和一持节方士或道士正向西王母祈仙药的图案。

  关于西王母形象的发展有一个过程。早期形象是由原始的虎豹图腾演变而来。如《山海经·西山经》云："西王母其状如人，豹尾虎齿而善啸，蓬发戴胜，是司天之厉及五残。"随着西王母的宗教信仰不断高涨，其形象由半人半兽，逐渐变为端庄、约四十多岁、戴胜、肩生双翼的贵妇人的形象。在《汉武内传》中，西王母已被描绘成艳压群芳、众仙陪侍的仪态万方的女神，她曾把三千年才结一次的蟠桃赐给汉武帝。在《穆天子传》中，西王母完成了这种由神到仙的转变。东汉中期以后，在天师道、太平道和五斗米道盛行的地方，西王母已成为道教信仰的主神，此时的汉画中西王母的形象也是比较多的。在神仙谱系发展中，葛洪的《枕中书》把西王母说成是元始天王与太元圣母生的九光之女，并赐号太真西王母，统领女仙。西王母正式由民间神进入道教先天真圣的谱系，成为道教崇拜的主神中地位最高的女性神，到后来变成了王母娘娘，且被配成了玉皇大帝的配偶。《列仙全传·西王母传》的记载可以说明西王母在道教中的地位和作用：

  西王母者，九灵太妙龟山金母也，一号太虚九光龟台金母元君，乃西华之至妙，洞阴之极尊，在昔道气凝寂，湛体无为，将欲启迪玄功，化生万物，先以东华至真之气，化而生木公，木公生于碧海之上，芬灵之墟，以主阳和之气。理于东方，亦号曰东王公焉，又以西华至妙之气，化而生金母，金母生于神州伊川，厥姓侯氏，生而飞翔以主元，毓神之奥，于渺莽之中，分大道醇精之气，结气成形，与东王公共理二气。而养育天地，陶均万物矣。柔顺之本，为极阴之元，位配西方，母养群品，天上天下，三界十方，女子之登仙得道者，咸所隶焉。

东王公又名木公、扶桑大帝、东华帝君等,与西王母一道同为道教尊神。其起源于中国原始宗教对太阳神的崇拜。一般学者认为东王公是由太昊、伏羲演变而来。皇甫谧《帝王世纪》云:"太昊帝包牺氏……继天而生,首德于木,为百王先。帝出于震,未有所因,故位在东方。"东王公象征阳气之始,天下男子得道升仙者,悉为东王公所掌。《列仙传拾遗》说:"木公,亦云东王父,亦云东王公,盖青阳之元气,百物之先也。"东王公的爱好很奇特,整天就是和一群美貌仙女玩投壶游戏,每一轮投1200下,有投不中的,天就发出嘘嘘声,扔偏了接不着,天就发出笑声,并变成阵阵闪电。在绥德四十里铺出土的东汉画像石上,东王公在天柱之上,正与仙人作六博之戏。汉画中东王公和西王母的组合图像,有的是刻于同一画面中,有的则是刻在墓中或祠堂上两两相对的位置。东王公被创立于东汉的道教吸收利用,成为道教信奉的尊神。这样东王公由原始日神,经道教徒的加工变成了由元始天尊、太元圣母所生的总管男仙和仙级评定的先天仙尊。

2. 仙境

汉代及先秦对不死信念的追求是从寻找仙境开始的。这个被美化的幻想中的世界在东周的文献记载中大致分为三种:神仙界、远方异民之国和远古的世界[1]。神仙信仰在先秦时遍及中国各文化圈,方士们虚构的仙境影响最大的是西部昆仑山和东部三神山。

神仙的发展可分为天仙和地仙两种,地仙说分为山岳说和海岛说。山岳说以在西方的昆仑山为代表,海岛说以在渤海东的海中神山为代表。神仙住在山上源于古人的直观感受,山与天接,人死后灵魂升到天上,实际上住到了山上。神仙住山岳上比海上天上的说法要古老,到齐威宣王以后才有海上神仙的说法。但我们看先秦至秦汉求仙境似乎先从海上开始的。对齐威、宣、秦皇、汉武等来说,他们的注意力首先集中于寻求海上仙人、仙

---

[1] [美]张光直:《商周神话之分类》,《"中央研究院"民族学研究所集刊》第14期。

境。《史记·封禅书》云:"自威、宣、燕昭使人入海求蓬莱、方丈、瀛洲此三神山者,其传在渤海中,去人不远,患且至,则船引风而去。盖尝有至者,诸仙人及不死之药皆在焉。其物禽兽皆白,而黄金银为宫阙。未至,望之如云;及到,三神山反居水下。"武帝为了寻到蓬莱仙气,曾专门设立一个"望气佐"的官职,让其日复一日待在海边,等待蓬莱仙气的出现。至西汉中期以后,人们的注意力开始转向了西部的昆仑山寻找升仙的梦想。昆仑山的形状有多种,宋山祠堂画像石描绘了西王母端坐于一个顶部平坦、下部弯曲的蘑菇状宝座上,在《十洲记》中则被描绘成如盆状下窄上宽。在汉代文献记载中常见的是中间高两边低的三座山峰。如在沂南汉墓中室柱上,西王母端坐在三峰并峙的昆仑山上,其下由神龟背负。在此墓中,另一块画像石上刻画了另一种昆仑山的形状,三峰底部相连,顶部平,西王母坐中间,两边山上各坐一捣药兔子。成都市新都区新繁镇清白乡出土西王母画像砖中(图5.12),祥禽瑞兽和仙气缭绕一起营造了西王母仙境。昆仑山

图 5.12　四川成都新都区新繁镇清白乡出土西王母画像砖

资料来源:俞伟超、信立祥编,《中国画像砖全集》(四川卷),四川美术出版社 2005 年版,图 157。

之所以能如此吸引汉代人,是因为传说中该山上有"不死之药""不死之水""不死之树",据传该乐园方圆八百里,高万仞,地势险峻,凡人不易到达。除此以外,昆仑山上还有瑶池、蟠桃等醴泉圣果供神仙享用。这两处神仙乐园,一处在西部极高的山上,一处在极深的海洋之中。经历代的方士鼓吹,这些地方便成了仙境。随着道教的发展,逐渐综合昆仑山、三神山等早期仙界因素,建立了完备的宇宙结构(三十六天)和神仙世界(三岛十洲、三十六洞天、七十二福地)。

3. 升仙的交通工具

在汉人朴素的观念中,进入仙境必须有相应的交通工具,在众多的汉画像中较常见的是车马出行。虽然学界对车马出行图的功用有众多分歧,但其中有一种观点渐成为共识:即盛载着死者灵魂出行——升仙。山东嘉祥武氏祠后石室第二石中,对峙的双阙后面,墓主人的亡灵随着一丝云气出来,在羽人的导引下,乘上翼马所驾之车,升入到处是云气升腾,到处是带翼的仙人、神人和人首蛇躯神灵的天堂,最后来到了画面最上部的西王母身边。车马出行图作为重要的升仙工具的可靠依据在《列子·周穆王》中可以体现出来。周穆王听信他人的话,一意求仙:

不恤国事,不乐臣妾,肆意远游。命驾八骏之乘,右服骅骝而左绿耳,右骖赤骥而左白䩽。主车则造父为御,离蒢为右。次车之乘,右服渠黄而左逾轮,左骖盗骊而右山子。柏夭主车,参百为御,奔戎为右。驰驱千里,至于巨蒐之国。巨蒐氏乃献白鹄之血以饮王,具牛马之湩以洗王之足,及二乘之人。已饮而行,遂宿于昆仑之阿、赤水之阳,别日升昆仑之丘,以观黄帝之宫,而封之以诒后世。遂宾于西王母,觞于瑶池之上。西王母为王谣,王和之,其辞哀焉。乃观日之所入,一日行万里。王乃叹曰:"于乎!予一人不盈于德而谐于乐,后世其追数吾过乎!"

从商周起,车马仪仗是显赫社会地位的标志,是天子赏赐臣下的最高礼遇。在《礼含文嘉》中九赐第一位便是车马，车马在汉代人的眼中无疑是最好的灵魂升仙工具之一。

再者，有龙虎鹿"三蹻"。山东济宁南张东汉墓出土的一块画像石上两面刻系列图像（图5.13），其中有三人骑龙虎鹿"三蹻"，三神人骑玄武，三人奔月，三首怪兽等。《抱朴子》载："若能乘蹻者，可以周流天下，不拘河山。凡乘蹻道有三法：一曰龙蹻，二曰虎蹻，三曰鹿卢。"墓中所刻的三蹻图像与葛洪所说完全吻合，这表明汉代墓葬内容、信仰等和道教的密切关系。乘龙骑虎升仙是汉画中常见的升仙工具，《焦氏易林》云："骑龙骑虎，周游天下，为神人使。"我们在《史记·封禅书》上可看到："黄帝采首山铜，铸鼎于荆山下，鼎既成，有龙垂胡髯下迎黄帝。黄帝上骑，群臣后宫从上者七十余人，龙乃上去。"《列仙传》则有另一则故事："陶公，六安冶师，数行火，火一旦散上，紫色冲天。公伏冶求哀，须臾，朱雀止冶曰：'安公安公，冶于天通，七月七日，迎汝以赤龙。'至时，安公骑之东南上，城邑数万人(见之)，豫祖安送之皆辞决。"

河南洛阳卜千秋墓壁画四、五号砖画面上部绘一只三头鸟，翼上立一高髻垂鬓、身着长袍、怀抱三足乌的女子；下面绘一头部高昂的花斑蛇，蛇上站一戴冠、着袍、执弓的男子，周围是仙禽瑞兽。乘鸟和蛇的人物目的地则是前方戴胜的西王母，这组画像表现了墓主人夫妇引魂升天的场面，画面中三头鸟据研究可能是仙界的不死鸟离珠。《太平御览》引《庄子》曰："老子叹曰：吾

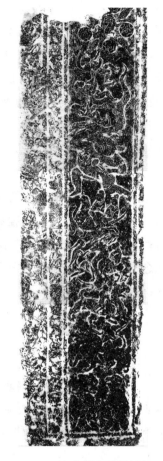

图5.13　济宁博物馆藏神怪、玄武、异兽画像

资料来源：赖非编，《中国画像石全集》第2卷，山东美术出版社2000年版，图9。

闻南方有鸟,其名为凤,所居积石千里,天为生食,其树名琼枝,高百仞,以璆琳琅玕为实。天又为生离珠,一人三头,递卧递起以伺琅玕。"蛇应是螣蛇。《荀子·劝学》:"螣蛇无足而飞。"[1]《说苑·杂言》:"螣蛇游于雾露,乘于风雨而行,非千里不止。"[2]此图表现了墓主夫妇乘载着三头鸟和螣蛇正向着西王母所在的仙界飞升。在商丘永城市酇城有一画像石,画中八人升仙,其中一人乘飞廉。在南阳麒麟岗出土一石,刻画了墓主人在飞龙和仙人的引导下乘云升仙。

升仙之路在汉代人的观念中应是一个遥远但又是可及的地方,若想达到这一仙境,须凭借特殊的交通工具。当时观念中最高级最快的莫过于骏马驾车,龙、虎、鹿、凤鸟、螣蛇等则是另一类具有神异特性的工具,特别是道教神仙观念中的"三跷",则会使墓主人的升仙进程如虎添翼。在这样的观念支配下,汉画像艺术中出现的这些神异之物应是当时人们升仙的最好选择。

4. 不死药

汉代人对仙人仙境的不懈找寻,实际上是要从仙人西王母那儿讨要仙药——不死药。在武梁祠西山墙画像中,西王母左边有羽人手拿一只糖葫芦或肉串。另外在其他汉画中常见有人支一架子,上放许多类似现代人烤羊肉串的场景,图中羊肉串与西王母旁的羊肉串形状一样。不死药是人人追求的仙药,但它到底是什么东西却没人说得出。对西王母居住的万神之山——昆仑山有这样的描述:

> 西海之南,流沙之滨……其下有弱水渊环之,其外有炎火之山,投物辄然。……此山万物尽有。[3]
> 开明东有巫彭、巫抵、巫阳、巫履、巫凡、巫相,夹窫窳之尸,皆操不

---

[1] 国学整理社编:《诸子集成》第2册,中华书局1954年版,第6页。
[2] 〔汉〕刘向:《说苑》,录于(明)程荣纂辑汉魏丛书,吉林大学出版社1992年版,第448—449页。
[3] 《山海经·大荒西经》。

死药以距之。[1]

在《山海经》《淮南子》中记载了昆仑山不仅是神仙的乐园,最重要的是山上有"不死之水""不死之树""不死之药""不死之果",饮之食之皆可不死。为西王母守卫不死药的是九头兽开明兽,凡人不易得。在西王母边为其采药、制药的是三青鸟、玉兔、蟾蜍等,汉以前已有了"兔出月"的观念,汉代神仙思想泛滥,使玉兔和西王母的不死药联系起来,因兔为"寿千岁,满五百则色白"的长寿者。汉画中为西王母捣药的玉兔常手执臼杵,捣药兔有一只或两只,两兔对捣最常见。由于蟾蜍为姮娥服不死药而变成月精,故它也成了不死的象征,于是有"蟾蜍三千岁""蟾蜍头生角,得而食之寿千岁"等说法。

嘉祥宋山画像石中有蟾蜍和玉兔对捣不死药。蟾蜍和玉兔相结合捣药的形象,说明了"采取神药若木端,玉兔捣成虾蟆丸"的含义。居"三危之山","赤首黑白"的"三足鸟"又名三青鸟,其职责"为西王母取食"。滕州辛庄一画像石中一三青鸟口含食物作飞翔状,飞向西王母;成都一画像砖上一鸟三足长喙,口中含食,立两足举一足。在昆仑之墟"上有木禾,长五寻,大五围"。传说中的嘉禾,是"为成王之时,有三苗贯桑而生,同为一穗,大几盈车,长几充箱"的野麦;山东苍山城前村画像中,西王母执嘉禾端坐;嘉祥宋山画像中,嘉禾生于玉兔、蟾蜍捣药的臼旁,执于仙人之手,以上列举与西王母的不死药均有关系。陈勤建认为西王母的不死药,从其功能分析应该是鸟做的。[2]向西王母索不死药的羿,本为鸟部落的羽人首领,祈不死药应与鸟有关。原始先民在互渗律原始思维支配下,认为只要服食或佩带某物,就能将该物的神奇功能转移到自己身上。如西王母身披双翼,头上戴胜形如一张开双翼的飞鸟,以及在其周围或其他汉画构成中的带翼羽人,身上长翅膀的飞廉、应龙、翼虎等,在后来的道教中修炼成仙的人称作

---

[1]《山海经·海内西经》。
[2] 陈勤建:《中国鸟信仰》,学苑出版社2003年版,第343页。

"羽化升仙",均是此种功能的比附。嫦娥吃不死药后飞升奔月的本领正是鸟的飞翔本领。据《玄中记》云:"殷帝太戊,使王英采药于西王母。"羿和太戊分别朝圣西王母,求取同是鸟类制成的不死药。另外在六国和秦汉时的方士早已讲求"不死药"的制法,其中的金余株,即是从金中得丹。当时丹是从朱砂中取汞(阳龙),从金类中的黑铅取银(银母、阴虎),银汞相合,取其精为金余株。后来的道教附会以阴阳五行说,以龙虎居坎离之位,水火交合则丹成。

据以上分析,我们可以大胆假设,西王母的不死药可能是以鸟身上的东西为主料,配以昆仑山上的嘉禾、不死树、叶、果、心和不死之水——丹水,再杂以三青鸟取来的其他什物,由寿过千岁的神物玉兔、蟾蜍捣合,再配以西王母的法术而成(图5.14)。其实说白了可能就是一味中药,可能延年益寿的中药配伍被巫觋、方士和道士神秘化了,在没有去魅的汉代人眼里成了灵丹仙药,谁得到它便可顿时"白日飞升"。在上层统治者超级神仙迷秦始皇、汉武帝一生的大部分时间,实际上都是在觅仙人、寻仙药上瞎

图 5.14　四川大邑县董场乡出土西王母画像砖

资料来源:俞伟超、信立祥编,《中国画像砖全集》(四川卷),四川美术出版社 2005 年版,图 160。

忙活。"上有所好，下必甚焉"，这股求仙热潮在方仙道、黄老道、谶纬神学、天师道、五斗米道、太平道、巫鬼道的鼓噪下，由上层刮到民间，由阳间吹到阴间（墓葬），因此在汉画像中表现死后的升仙渴望也是必然的结果。

（二）汉画像中道教养生术和理想家园

生命的自然存在是幸福和快乐的前提，死亡是人类痛苦、焦虑和失落的根源，神仙信仰便是出自对死亡的反抗和对自然生命的热切追求，长生不老是神仙信仰的最根本特征。在早期的神仙信仰中，从齐威王、齐宣王和燕昭王（约公元前4世纪至公元前3世纪）时，人们相信在深山海洋中存在着可使人长生的"不死药"，并出现了各种成仙方术，行使这些方术的方士集团称为"方仙道"。求仙活动在秦汉之际由于秦始皇、汉武帝的热衷达到了又一次高潮。人们狂热地探索着各种成仙的方法，后世的成仙法术在汉代基本确立了。至东汉时期，神仙信仰逐渐融入道教中，并成为中心教义，形成了求仙觅道的第三次高潮。

1. 道教养生术

自春秋战国至东汉的求仙活动中，可以看到这样一条发展轨迹：由早期的觅仙人、仙境，到寻不死药，到寻找能延年益寿的神奇之物（黄金、玉石、丹砂）吞食和冶炼等或养生术等。这只是其大概的各时期侧重发展状况，其实这几个方面有重合的部分，如李少君在给汉武帝施展法术迎接神仙下凡的同时，曾建议用黄金制造饮食器具延年益寿，并进"祠灶、谷道、却老之方"。晚周时方仙道就把房中术作为成仙方术之一。求仙证道发展至汉代已不仅仅是依靠神仙感遇授不死药获得，而是一种成仙意志修炼的行为，强调靠自己的努力，经种种修炼或服食金丹来成仙，人自身的原因变得逐渐重要起来。汉代神仙方术已建立起一套系统的体系，专门修道的方士，以修习金、仙药、黄白、玄素、行跷、变化、吐纳、导引、禁咒、胎息、符箓、内视存神、辟谷等见长。觅神不见，求仙不得，在这一狂热运动的同时并存的是各种修炼方术逐渐兴盛,以致后来道教徒提出了"我命在我不在天"的口号,这一套修炼的体系也被部分地表现于墓室壁画——汉代画像艺术中。

呼吸吐纳之术是吐纳、调息、胎息包括服气等呼吸功法的总称,通过口鼻呼吸天地之气以调节体能和神经系统。战国时的《行气铭》是最早讲行气之术的,另可见于《庄子》《素问》《灵枢》《难经》等战国文献。在南阳市西郊麒麟岗一座东汉后期汉画像石墓中有一仙人跽龟图(图5.15),画中一仙人手持仙草跽坐于神龟的背上,龟昂头伸颈爬行。龟在古人心中是长生不死的象征,有灵气,是天下至宝。据司马迁所记,龟能"行气导引"致长寿这一秘诀在南方民间广为流传。葛洪对此有深刻的认识,并在古代辟谷、服气的基础上演化成一种新的功法——龟息法。在《抱朴子·内篇佚文》中云:"城阳郤俭,少时行猎,堕空冢中,饥饿,见冢中先有大龟,数数回转,所向无常,张口吞气,或俯或仰。俭亦素闻龟能导引,乃试随龟所为,遂不复饥。"气,在道教哲学中是宇宙构成的唯一质料,天下一气,道教认为人体即是以气为本的。葛洪在《抱朴子·至理》篇中强调"夫人在气中,气在人中,自天地至于万物,无不需气以生存者也"。气的存在与人体生命紧密相连,道家内丹术便是对"气"来进行修炼,希望将后天之气逆天地演化,修炼成先天之气,希望能还丹成仙。《淮南子·墬形训》云:"食草者善走而愚,食叶者有丝而蛾,食肉者勇敢而悍,食气者神明而寿,食谷者智慧而夭,不食者不死而神。"因此有《论衡·道虚论》:"食气者寿而不死,虽不谷饱,亦以气盈。"行气之术在上层统治阶级热衷于服食仙药和希望神人召见得以长生不老的氛围中逐渐被信徒认可,受龟息法的影响,导引一直被作为吐纳之法的辅助功能。

所谓导引,就是一种把吐纳、调息和体操按摩等结合起来的健身术。导引一词始见于《庄子·内篇》:"吹呴呼吸,吐故纳新,熊经鸟申,为寿而已矣。此导引之士、养形之人,彭祖寿考者之所好也。"导引的特点是把肢体运动联系起来,内外结合以调整机体的不平衡,现代科学证明,它具有促进新陈代谢、强身健体的作用。导引术一直为求仙学道者所重视。葛洪在

《抱朴子·杂应》篇云:"龙导虎引,熊经龟咽,燕飞蛇屈鸟伸,天俯地仰。"古代由于医术不发达,治病主要靠两种办法,一种是"祝由"之术,主要是心理治疗作用;另一种就是行气导引术。河南南阳宛城区出土一画像石,其中刻画一人在做打拳姿势;四川新都一画像砖有两人在做相向搏击姿势(图5.16),左边之人弓着步,右边之人蹲马步。两人均拉开架势,准备拳术对

图 5.15 河南南阳麒麟岗仙人乘龟

资料来源:王建中编,《中国画像石全集》第 6 卷,河南美术出版社 2000 年版,图 132。

图 5.16 成都市新都区文物管理所藏手搏图

资料来源:俞伟超、信立祥编,《中国画像砖全集》(四川卷),四川美术出版社 2005 年版,图 104。

练,两人的声响惊飞了一群小鸟。在春秋战国时的各种典籍中有"技击""相搏"等记载,汉代已有了"武艺"的名称。这幅画像砖刻画的即是汉代武术对练的场面。从"陶唐氏之始",人民为了避寒,"故作为舞以宣导之",由此可知导引之源为避寒,后演变为道教中的一种强身体健体、修仙的一种方术。

在汉画像中还有众多的舞蹈、蹴鞠、杂技、斗剑等表现形式均与导引有密切的关系。如南阳汉画像石上,有的舞者挥着长袖,足前有两个稍大的圆球,这表现的就是蹴鞠游戏。蹴鞠为古时锻炼身体兼及娱乐的运动游戏,在汉代广为流行。弄丸也叫跳丸,是汉画像中常见的杂技表演,如《山东汉画像石选集》中的图24、34、37、47、114、503等均为弄丸的画面。在沂南北寨村、安丘董家庄汉画像中均有飞剑跳丸,在弄丸同时又飞剑,丸剑均在空中,显得惊险紧张。另外像投壶、斗剑、斗牛、舞蹈等,据专家考证均具有导引之意。"夫肢体关节本资于动用,经脉荣卫实理于宣通,今既闲居,乃无运役事,须导引以致和畅,户枢不蠹,其义信然。"[1]古人认为导气令和,引体令柔,有促进气血循环、经络贯通之健身功效。古代导引常以图谱来进行传授,马王堆帛书《导引图》即是一幅现存最早的导引姿式图。《导引图》分四列画在一幅横宽竖窄、长方形的帛上,此图共有44式,可大体分为三类:1.禽戏类;2.除病类 3.残缺题目。[2]比《导引图》发现略晚的张家山汉简《引书》有详细的文字说明,却没有图,《导引图》有图和图题,但没有文字说明,其基本导引术式共有36式。汉画中的行气、导引、房中术既是一种养生又是登仙不老之术,"古之仙者"行导引以却老。在《抱朴子·杂应》篇中所述"登峻涉险,远行不极之道",其中讲了龙跷、虎跷、鹿卢跷三种乘跷之法,据张光直先生分析,从方技学的分类考虑,仍属导引的一种。《吕氏春秋·古乐》云:"民气郁阏而滞著,筋骨瑟缩不达,故作为舞以宣导之。"古字巫舞相通,原始宗教中由巫舞发展来的导引术,被后来的道教继承。道教法事中不仅有敬神、祭神的舞蹈,而且由此演化出了禹步与各种

---

[1]《素问·移精变气论》。
[2] 李零:《中国方术正考》,中华书局2007年版,第281—283页。

导引治病法和升仙术。道教导引中的一些流派向技击术演化,形成道教内家拳。可以在早期汉画中的斗剑、技击、角抵等运动上找到其雏形。

自东汉以后,汉画中的西王母形象逐渐转变成正襟端坐的形象,比较典型的有嘉祥武梁祠中西王母、四川成都清白乡1号东汉墓出土西王母、四川绵阳河边东汉崖墓出土摇钱树座中西王母、山东滕州西户口画像石中西王母、山东微山县两城画像石中的西王母、韩国平壤出土漆盘图像上西王母等表现的均是静坐的形象,这和汉画中其他都是动的状态形成了强烈的动、静对比,动极复归于静、虚。内丹学理论认为,人体是一个小宇宙,天地未判之前,宇宙处于虚无状态,后在虚无中有一炁产生,此气由静生动,化生阴阳,产生万物和人类。神仙家们从这个宇宙人类生成模式发现了宇宙间唯一永恒的东西,便是虚,虚由静生。《素问·灵兰秘典论》云:"心者,君主之官也,神明出焉。"一个人只要恬淡虚无,虚极静笃,体内的精气就会内持而不耗散,外邪无可乘之机,病无从生。《淮南子·原道训》中说:"人生而静,天之性也。"明代万全《养生四要》发挥《内经》养生思想说:"心常清静而神安,神安则精神皆安,以此养生则寿,没世不殆。"养静体现在精神养静和形骸养静,心为形主,打坐调息便要心不妄动。静坐之法,主要是瞑目趺坐,以佛教中的趺坐——盘坐法为主。据李锦山先生考证,自东汉以后西王母的姿势由西汉时的侧身随意到正襟危坐式,与两汉间佛教传入有着重要的关系。[1]静坐之法主要是调身、调息、调心三调。调身指静坐的姿势;调息指调整呼吸;调心指去除杂念,不生妄想。闭目内视也是一种重要的养静之法。道教有一种练功法,养生者平时经常闭目内观,当功力达到一定的时候,眼睛内视自己的身体如同一个透明体,五脏六腑清晰可见,久之,便自得分明了,益于升仙长寿,此即是老子所谓的深根固柢、长生久视之道。[2]

---

[1] 李锦山:《西王母题材画像及其相关问题》,《中原文物》1994年第4期。李锦山认为:"细审西王母画像,无论其坐姿、神态甚至个别须弥宝座,均与佛教有某种联系,从而表明这类画像或许与西来佛教与道教融合的产物。"

[2] 胡孚琛、吕锡琛:《道学通论》,社会科学文献出版社2006年版,第170—179页。

图 5.17　泸州大驿坝 1 号墓仙人天禄与持丹人物画像石

资料来源：罗二虎，《汉代画像石棺》，巴蜀书社 2002 年版，第 118 页，图 121。

《神农本草经》把药分为上、中、下三品，是出自神仙家言。医道作为神仙方术的一种，其重要目的就在于寻找能使人长生不死的灵丹妙药。神仙家相信世上存在着"不死之药"，随着神仙信仰的发展，开始由虚幻的仙山神岛求药转向了人工炼制、修炼。葛洪按照丹药的"仙效"将其分为上、中、下三品："仙药之上者丹砂，次则黄金，次则白银，次则诸芝，次则五玉，次则云母，次则明珠，次则雄黄，次则太乙禹馀粮，次则石中黄子，次则石桂，次则石英……"上品仙药即是丹砂、金、银、珠、玉等金石矿物，其出发点是试图通过服食用金玉炼成的丹药达到"假求外物以自固"的目的。

金玉等物有坚固不易腐朽等特点，方士们便认为服食或使用这些材料做的器物，可以使人不朽。古代《玉经》云："服金者寿如金，服玉者寿如玉。"1968 年河北满城中山靖王刘胜墓中出土的金缕玉衣就是典型，在汉代墓葬中还好放入金玉类器物。中国古代方士很早就进行"不死药"的寻找，并逐渐由找天然药物转向人工炼丹。至汉武帝时，炼丹术已初具成效。关于仙丹的画面比较多，如嘉祥宋山出土的西王母、周公辅成王和公孙子都暗箭射颖考叔画像，画面分四层：第一层西王母正中坐于矮榻上，肩生双翼，面部已残，左侧一个有翼女子捧杯进献玉浆，二玉兔持臼捣药，玉兔左侧有二肩生双翼蛇尾仙人，西王母右侧一个女子捧三珠果，后有二肩生蛇尾仙人。邹城西南大故县村出土的仙树、凤鸟、羽人画像，画上有仙树一株，根部作双虎共头形，枝上有凤鸟，口衔联珠，旁有羽人饲之，树下二人正弯弓仰射。汉画中表现炼丹术的如泸州市大驿坝 1 号墓石棺棺身左侧的鼎与道士图,图左边一大鼎,附耳蹄足,圆身,上饰云气纹,右边为一个持节道士(方士),道士头后有背光,似受佛教影响;而棺身右侧(图5.17)是仙人天禄与持丹人物图,左刻有一天禄,前有一人持仙草饲之,右边刻有一人,着长袍,右手持一圆形物,当为鼎中所炼仙丹(不死之药)。图中鼎炉与古时道士丹炉相合,古代炼丹家将鼎炉想象为一个微型宇宙,《九转灵砂大丹资圣玄经》云:"大丹炉亦须含天地人三才、五神而造之。"鼎有三足以应三才,上下二合以像二仪,足高四寸以应四时,炉深八寸以配八节,下开八门以通八风,炭分二十四斤以生二十四气,阴阳颠倒、水火交争,上水应天之清气,下火取地之浊气。这个小宇宙与真实的天地"造化同途",便可以炼出仙丹。凡人服食仙丹,也可以和仙人一样长生不死了。中品药为五芝,其中灵芝亦称木灵芝,因其一年三花,所以又叫三秀,有一定的药用价值。由于道教思想的影响,天地神降的嘉禾和珍稀的灵芝往往会有长生神效,被古代方士视为仙草,食之可起死回生。大邑县董场乡西王母画像砖中,西王母两侧各有一个头梳双髻、肩生羽翼的女子,手中分别持灵芝和嘉禾。河南南阳卧龙区麒麟岗汉墓出土一个汉画像图,羽人肩生双翼,伸颈张口,手持灵芝,作腾跃状。

房中术或称秘戏,目前发现有秘戏图的汉画像石(砖)分布地域有江苏、安徽、山东、河南、四川、陕西等,汉画像主要四大分布区均有秘戏图发现。汉画像中对性的刻画依武利华先生的归纳大体分为四类[1]:

一是含蓄象征的图像,如以伏羲、女娲、双龙交尾、双鱼相对、凤鸟交颈、鹳鸟衔鱼等替代,交颈、交尾象征男女交合。

二是接吻图。马王堆帛书中《合阴阳》讲性过程分"戏道"和"接形"。前期的戏道是调情内容,古代房中术很重视这些动作。接吻是性活动的前奏,因此汉画中接吻图最常见。如现藏北京故宫博物院著名的四川彭山崖墓接吻图(高49厘米,宽43厘米)(图5.18),刻有一对男女拥抱接吻。另有一幅安徽灵璧九顶镇接吻图(纵111厘米,横45厘米),第三层

---

[1] 武利华:《汉画像石"秘戏图"研究》,载《中国汉画学会第九届年会论文集》,中国社会出版社2004年版。

刻一织女坐在织机上,一男子从后面搂抱织女,脸面相依,舌尖伸向织女的嘴唇。

三是直接对性生活的刻画。如山东平阴男女交媾图、四川汉画像砖性交图等(图5.19)。文献记载汉代已有秘戏图在宫廷和民间流传,张衡《同声歌》:"得充君后房,高下华灯光,衣解中粉御,列图陈枕张;素女为我师,仪态盈万方,众夫希所见,天老教轩皇,乐莫斯夜乐,没齿焉可忘。"

图 5.18　四川彭山崖墓接吻图

资料来源:高文编,《中国画像石全集》第 7 卷,河南美术出版社 2000 年版,图 21。

图 5.19　成都新都区藏野合图

资料来源:俞伟超、信立祥编,《中国画像砖全集》(四川卷),四川美术出版社 2005 年版,图 176。

四是性崇拜。人类性崇拜主要是女性生殖器崇拜和男性生殖器崇拜，随着社会的发展，男子在社会中的作用突显，推动了男性生殖器崇拜的发展。山东安丘董家庄汉画像石墓前中室之间方柱和后室正中方柱上雕有许多成对裸体人物两两相抱，画面中还有男性生殖器，这些形象的刻画应与男女性爱和繁衍或其他因素有关。

早在春秋战国的神仙家就有了房中、服食、行气三派仙道，房中术很早就被作为一种养生长生的方术。先秦时流传以彭祖和容成公命名的房中术，房中术在汉代更是非常流行，东汉时形成的道教把房中术纳入道教方术中。汉代掌握房中术的人是方士和巫师，方士以房中合气之术求长生不老，而巫师则在民间运用房中术疗病去疾。道教出现后，方士和巫师化为道士，房中术遂入道教。道教创立者张道陵祖孙在四川广以行气导引和房中术为人治病，深得民心。道教理论认为"万物负阴而抱阳"，阴阳相合是自然之道，天地之至道即阴阳和谐。阴阳和合正是万物生长和生命产生的源泉，道教文化的真谛实即阴阳交合之道。《养性延命录》称："男不可无女，女不可无男。若孤独而思交接者，损人寿，生百病。"道教认为性行为是符合天地阴阳变化规律的大事，"男女构精，万物化生"。阴阳构成了天地，男女雌雄等交替融合，衍生万物，男女之性就是阴阳交合的一种突出表现。人为自然中一部分，男女交合为天地阴阳变化的基本表现规律。先秦及两汉盛行的神仙方术，其本质内涵是神仙思想和长生不老的观念，深信凡人通过服食、导引、行气、房中术等修炼方法成为神仙。其中房中术是道教成仙术最重要的修炼方法之一。马王堆汉简记有容成公之学，名为《天下至道谈》，说明先秦秘传的容成道曾被视为天下最高的道，亦即老子之道。

汉画像中的众多秘戏图体现了当时道教的流行观念——追求神仙、长生不老，它被墓室主人带到了阴间，希望通过这一方术修炼达到永生的目的。

2. 理想家园

汉画像内容从西汉至东汉时期，以表现神仙题材为主，从东汉中期至末期,按一般分法,现实生活题材占了绝大部分,其中包括生活类如车骑出行、宴飨、讲学、田猎、楼阁建筑、武库、六博、斗鸡、建鼓、歌舞、拥彗、杂技、庖厨、养生等,生产类如耕地、磨地、除草、纺织、冶铁、采盐、酿酒、收割等。一般研究者受唯物论和艺术的现实主义创作法影响,认为文艺作品是现实生活的反映。如果依此来推论,逆着推演可以很容易得出墓主人实际生活状态,如此一来,似乎一切变得简单起来,但是如果看一下最常见的几种题材所引起的争议,便知情况并非如此简单。从20世纪50年代以来,中外学者即开始围绕数个母题展开了热烈讨论,包括"车马出行图""升鼎图""水陆攻战图""中心楼阁拜谒图"等,学者们运用不同的理论和方法对图像意义进行阐释,相互间的分歧也因此产生。

占主流的一种解释理论被称为"历史特殊论",这种观点认为汉墓和祠堂的画像表现的是某个特定的历史人物与事件,与墓主人的生活、思想和背景密切关联。[1]他们把"出行图"看作墓主人官宦地位的反映;"水陆攻战图"是对死者生前某次杰出事件的追忆;"中心楼阁"被认为是墓主人生前日常生活的写照等。1897年沙畹提出"水陆攻战图"是纪念某个中国将领在西北边陲的战绩,索珀认为"胡汉战争图"是商代武丁征服南方的事迹。[2]土居淑子(Dio Yochiko)于1965年提出"攻战图"起源于公元14年吕母在山东的起义。[3]反对者提出了这类画面乃是汉代墓葬中流行的题材,并非为特定的祠堂、墓室设计。在一个埋葬死者的区域,其画像内容却以现实生活和升仙为主,这里便存在两个观念:死和生,或者说所谓的死,似乎是一种重生。人由此世界的今生,经过大限来到彼世界——阴间、幸福家园、仙境,[4]这是一个永享生命、生活在生的世界,是对于生的永久渴求。作为中国古代本土宗教的代表——道教,其神仙信仰,浅言之是相信神仙实有且可以修炼而成,深言之则是对待生命的一种态度,是由道家的

---

[1] [美]巫鸿著,柳扬、岑河译:《武梁祠:中国古代画像艺术的思想性》,生活·读书·新知三联书店2006年版,第6页。
[2] 邢义田:《画为心声:画像石、画像砖与壁画》,中华书局2011年版,第316—317页。
[3] [日]土淑居子:《武氏祠堂画像石"水路交战图"的解释》,《史林》1965年版,第48:3。
[4] [美]巫鸿著,郑岩等译:《礼仪中的美术》,生活·读书·新知三联书店2005年版,第205—210页。

贵己重生思想构成的观念主体。《吕氏春秋·贵生》引子华子说:"全生为上,亏生次之,死次之,迫生为下。"并阐发子华子"全生"观点说:"所谓尊生者,全生之谓。所谓全生者,六欲皆得其宜。所谓亏生者,六欲分得其宜也。亏生则于其尊之者薄矣。其亏弥甚者也,其尊弥薄。所谓死者,无有所以知,复其未生也。所谓迫生也,六欲莫得其宜也,故曰迫生不若死。"此外阐发"贵生""全生"之说的篇章还有如《本生》《重己》《情欲》《审为》等。汉初编撰成的《淮南子》也频繁推阐贵生养神之说。秦汉时的道家"贵生说"由于方仙道的发展,一方面促使这种思想观念信仰化并得到巩固,另一方面使此种学说演变成具体的操作方法。先秦及秦汉道家由"贵生""全生"而求其性命顺适的安身立命立道,从学理上揭示了神仙信仰未能揭示的文化意蕴,神仙信仰则承载了道家的一种可能形式,二者互为表里。可以说生命观念是道教理论的核心观念。道教把整个宇宙看作生生不息恒常流动的大生命,万物皆有灵,自然的持久变化为宇宙生命之源。一切物质现象又都是生命现象,各类生命现象以自然永恒的"道化"规律互相发生转化,转化符合道的运动的目的性,从道始,又回归道。

  汉画像表现,现实生活内容可体现两个方面特点。

  一是表现题材的普泛性。如全国各地出土发现的一万多块画像石,其内容如车马出行,胡汉战争,宴飨、升鼎、田猎、拜谒等各类生产生活场面普遍分布,但这不能作为墓主人身份地位的完全推断。如武梁祠中众多的车马出行图,而武梁只是隐于乡间的一位处士。因此,并不完全是某些学者解释的其为世俗生活特别是死者生前生活的真实反映。林巳奈夫统计的战国时代的画像纹与汉画现实内容有较多重合的主题。[1]将众多表现现实生活内容的画面置于墓中,其所要表达的实际上是表现道教生生不已的生命意识。

  二是现实生活、历史故事和神仙世界的混置。我们一般将汉画内容分为天上、仙界、人间、地下,其实这只是一种理想式的一厢情愿,实际上很多

---

[1] [日]林巳奈夫:《刻在石头上的世界》,商务印书馆2010年版,第2页。

画面将所谓现实生活中神、人、动物等是杂处在一起的。顺帝永和二年（137年）微山两城祠堂侧壁（纵90厘米，横92厘米）画像中的一株连理枝，上有羽人、凤鸟、人首鸟身者、飞鸟，树下有两男子张弓仰射，一女子牵马。江苏徐州洪楼出土祠堂天井画像，右上角是两人执手话别，向左依次为河伯出行、雷公出行、象奴驯象等画面。武梁祠中将左下角武梁与上自三皇五帝下至先秦至秦汉表示忠、孝、节、义等儒家道德规范的典型人物共置一处。现实生活和历史故事的交织，信立祥先生将其归为一类。历史是每一个现在，是时间之链上的一环。[1]

在众多汉画像中，天界、仙界、历史、现实常是处于并置或杂处，似乎没有一条明显的界限，在墓葬环境中的这种设计体现了汉代人生死观念的转变，也是原始灵魂不死观念的再阐释。古代王侯、方士、道士执着寻找的长生之道是无限地延长生命，"求仙于生时"的方法一是食仙药，二是进入仙境。古人认为死亡并不是生命的终结，死亡是由于身体和灵魂的分离引起的。面对死亡，秦汉时的人理性地对待这一问题，灵魂不灭的信念又使他们深切地关注自己的死后世界。承认生死大限的存在，又试图超越它，这是汉代墓葬艺术的基础。当一个汉代人在生的时候如果视死亡为一种悲剧，则会竭力用各种手段去延长生命，当这一悲剧不可避免，人们又找到了生死界限的平稳过渡的理论。[2] 如道教将仙人分为三类，按《仙经》云："上士举形升虚，谓之天仙；中士游之名山，谓之地仙；下士先死后蜕，谓之尸解仙。"[3] 尸解仙的发明即是对现实中不可避免的死亡的一种安慰，并在墓葬中设计了理想化的来世。理想的来世即生活的镜像：理想的现实生活——一个汉代人所应拥有的社会地位、财富、舒适的生活等，其升仙的思想、活动也被纳入地下。汉代人将活着时的历时性（现实和历史）场景和思想中认为的天界、仙界置入墓葬环境中作了共时性的设置，使天界、仙界、历史、现实和阴间共处一处，为了使人死后灵魂永生，墓葬设计者通过

---

[1] 信立祥：《汉代画像石综合研究》，文物出版社2000年版，第118页。
[2] [美]巫鸿著，郑岩等译：《礼仪中的美术》，生活·读书·新知三联书店2005年版，第205—210页。
[3] 《抱朴子·内篇·论仙》。

各种手段来达到此目的:(1)墓葬型制的吻合——人、墓型、宇宙,天圆地方;(2)阴阳合气——大量代表阴阳的东西进行交感;(3)升仙求药——乘龙、骑马、骑鹿、骑鸟等;(4)养生和服食丹药。墓主人死后的理想世界将天界、仙界、历史、现实和阴间打通,彼此融为一体,死者到底生活在哪个境呢?很明显,比照现实中理想的生活状态,汉画中设计的便是亦仙幻亦现实的理想来世,这个"幸福家园"是超越死亡,是对生命无限的一种渴求。汉画像所处的墓葬环境虽不是宗教活动场所,但是因为当时社会、个人和民间思想信仰受到早期道教的深刻影响,使汉画像艺术深深体现了道教"长生久视""生生不已"的生命哲学观。

三、汉画像中道教祈禳的愿望

(一)汉画像中道教祈祥巫术

战国至秦汉时期,人们把行使神仙方术的人称为"巫觋""方士",这些人声称自己能通神飞升成仙,其中采用的许多手段均与巫术有关。两汉间对"方士"的称呼逐渐改为"道士"。虽然自战国时巫觋的地位开始衰落,但在民间仍有极大的影响势力。秦汉间,不论是宫廷还是民间的婚丧嫁娶及各种重大活动都有方士、道士活跃的身影,在丧葬环节更是离不开他们的主持。在汉画像中出现的这些道士形象,其主旨便是帮助升仙及禳除不祥等。在四川南溪县长顺坡砖室墓3号石棺右侧画像中的仙人半开门图,门口有一着宽衣长袍、手持节杖的人在向门内仙人祈求不死药(图5.20)。

节在汉代是使者执行朝廷任务的凭信,具有一定权威性。道士身份就像使者,可以往来于人、神、仙之间,此图中道士驾着神鹿来到西王母跟前帮助墓主求赐仙药,很显然,这种神通便是一种巫术。在大邑县董场乡出土的羽人画像砖,中间一穿交领衫者,头戴树枝,身插羽毛,极似一位正在

图 5.20　四川南溪县长顺坡砖室墓 3 号石棺右侧像

资料来源：罗二虎，《汉代画像石棺》，巴蜀书社 2002 年版，第 93 页，图 88。

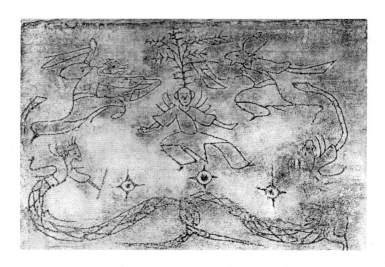

图 5.21　四川大邑县董场乡伏羲女娲画像砖

资料来源：俞伟超、信立祥编，《中国画像砖全集》四川卷，四川美术出版社 2005 年版，图 176。

降神作法的方士或道士（图 5.21）。葛洪在《神仙集》中说："有召神劾鬼之法，又使人见鬼之术。"[1]在古代文献和汉画中可知汉代道士在丧葬环节中已相当活跃。[2]在梁代刘勰的道家三品中，下品称为下袭张陵、道安

---

[1]《抱朴子·内篇·论仙》。
[2] 罗二虎：《汉代画像石棺》，巴蜀书社 2002 年版，第 199—200 页。

《二教论》亦云："……三者符箓禁厌。"在道教中第三品便是祈禳方术。在天师道、太平道、五斗米道中我们可以发现其相似的地方。张陵于顺帝时客于蜀，学道于鹤鸣山中，造作符书，以符水疗病，传行气、导引、房中等术。太平道师持九节杖为符祝，令病人叩首思过，以符水给病人喝，病好了就是信道，不好，便是不信的验证。张修融天师道与巫鬼道一体，以《三官手书》为人祈祷治病，使病人出五斗米，故称五斗米道。由此可以看出汉代道教主要流行于下层民众中，已具有严密完整的宗教组织系统，在修持方术上，仍保留有大量驱鬼祈祷的巫术性质。

1. 汉画像的巫术性质

为丧葬制度服务的汉画像艺术，主要任务是为墓主升仙长生禳除不祥而制，在其中自觉或不自觉地体现了道教的精神、思想和手段，正如鲁迅先生所说："中国本信巫，秦汉以来，神仙之说盛行，汉末又大畅巫风，而鬼道愈炽。"[1]在众多画面中，则体现了道教的修持方术和巫术。

在以往学界对汉画图像意义的界定中常出现很多歧义，正如朱青生先生所说的，"疑斧现象"和"虱轮现象"，每个解读者从自身角度出发，进行揣测假想或无限夸大。最常见的几大母题如：(1)中央拜谒图；(2)车马出行图；(3)桥上战斗图；(4)泗水捞鼎图；(5)庖厨图等，均有不同的见解。[2]如何解决这一问题，近些年部分专家提出了许多研究方法，[3]希望对此能有所突破。由于汉画像依附于墓葬建筑中，它是汉代丧葬制度的产物，而且汉画像体现了前教道和早期道教的民间性（在其中则保留了大量的巫术），因此运用巫术原理解读分类汉画像内容可以使许多问题有一个合理的说法。

中国古代巫术凭借浓厚的民间信仰基础参与了传统中国文化品格的

---

[1] 《鲁迅全集》第9卷，人民文学出版社1981年版，第43页。
[2] 陈亮《武氏祠研究综述》，见《中国汉画学会第九届年会论文集》下，中国社会出版社2004年版，第239—240页。
[3] 如巫鸿提出汉画的研究应注重在仪式中揭示意义；朱青生提出了在各种器具和装置在特定环境中所体现的意义。

塑造,在中国文化底层一直涌动着巨大的巫术暗流,这股暗流平时潜伏着,一旦遇到合适的时机,它便泛起至文化之河的表面,掀起阵阵迷乱的狂潮。道教是中国土生土长的宗教,是由阴阳五行学说、黄老学说、民间鬼神信仰和民间方士构建的非常驳杂的宗教体系,因为道教的创建主要是由巫师完成的,因此道教从开始就包含着大量的巫术因素。[1] 早期道士和巫觋几乎没什么区别,《太平经》的前身《太平清领书》就被说成是:"其言以阴阳五行为家,而多巫觋杂语。"最早的道教组织——天师道、太平道、五斗米道皆以"鬼道教民",以"符水咒说"为人治病,或采用"造作符书"等巫术手段,把驱鬼降妖、祈福禳灾视为自己的使命。虽然巫术不能等同于道教法术,但巫术却是道教体系的重要组成部分。道教的最终目标是成仙,是一种否定死亡、不断同死亡抗争的宗教,是对生命和现实利益的肯定,是为了实现"无死入圣"的目的。为了达到这一目的,巫觋开始研究祈福禳灾、祛病延年、长生不死的各种法术。道教体系是在完全继承古代巫觋、大量吸收民间巫术并在巫术广泛流行的基础上创立的。在升仙的社会氛围中,充满着对现实幸福的功利追求,在他们的脑中已将理想的现实生活和仙境相等同。长生成仙的目标促进了道教中包括巫术在内的各种技艺的发展,它所体现的是一种对成仙不老的技术热情,或者说是巫术热情。

中国古代巫术依据的原理主要是两种观念:一是关于操纵控制超自然的观念,二是同类事物相互感应的观念。[2] 英国著名民族学家弗雷泽在《金枝》一书中对此类巫术作了细致的分析。他将超时间和超距离的相互感应的巫术统称为"交感巫术",其形成有两大原理:"相似律"原理(由此产生的巫术叫"顺势巫术"或"模拟巫术")和"接触律"原理(由此产生的巫术叫"接触巫术")。道教中的巫术主要有两大部分,一是升仙(信念和修炼),二是禳除,与汉画中巫术大体相同。汉画中所体现的巫术性质如果依据以上巫术原理,从广义上则可以认定,整体汉墓建筑包括附属的汉画像及陪葬物品均是一种巫术行为,如坟丘和所谓宇宙结构式的墓室,这是属

---

[1] 胡新生:《中国古代巫术》,山东人民出版社1998年版,第78—80页。
[2] 同上,第24页。

于形体的模拟；汉画中的升仙、现实生活是对人间的慕仙和理想现实场景的模拟；祥瑞和辟邪则运用了超自然神力或和交感巫术相结合的原理等。限于篇幅，本章将狭义的巫术限定在祥瑞和避邪及现实生活、升仙中的部分图像上。因此根据巫术实用功利目的，汉画内容和意义便可分为升仙、理想生活、祥瑞和辟邪四部分。

2. 祈祥的巫术表现

祥瑞即表示着吉祥如意。在汉代，祥瑞表达有多种含义，其中一种是与政治密切相关的祥瑞：凤凰来仪、黄龙出水、宝鼎再现、醴泉突涌等现象是政治清明的表现，就是天下太平的象征，[1]此类祥瑞是"受命之符是也"[2]。这些瑞应之象被视为上天继续庇佑汉代统治者的证据。在西汉初年武帝时只可见不过十种祥瑞，到了章帝则出现了二十九种祥瑞，其中包括麒麟、凤凰、黄龙、青龙、白虎、大尾狐、白鹿、甘露、瑞禾、白云、白兔、赤鸦、三足乌、灵鱼、白雀、连理树、明珠、灵芝、神鼎等。[3]武梁祠屋顶刻有了四五十种祥瑞图，其根据应是汉代流行的叫"瑞图"的祥瑞图籍，这种"祥瑞"图籍在汉代社会流行了三百多年，武梁祠上的祥瑞图像即是当时祥瑞观念的表现。值得一提的是汉代的祥瑞观念并不仅仅是统治阶级玩弄政治的一种权谋，而是汉代社会既强烈又普遍的现象。墓葬环境主要是表达个人升仙长生愿望的地方，用祥瑞来营造仙境，是当时最重要的一种道具，也是汉代方士或道士将现实中流行的祥瑞用来作为巫术的功用。

汉画像中的祥瑞主要有动物、植物、云气等，在许多情况下这些祥瑞图形参差并置在汉画像中。收录于《山东汉画像石选集》的图125、图126、图127是邹城市高庄乡金斗山出土的一批画像石，我们可以将其组合为一座祠堂。图125是后壁，画面上的祥瑞有大鳖，羽葆上爬着两只羊，左侧车顶

---

[1] 张从军：《黄河下游的汉画像石艺术》下，齐鲁书社2004年版，第415页。
[2] 《春秋繁露·符瑞》。
[3] 《宋书》。

有一兽直立似熊,右侧车顶一龙头虎身兽,后有两只飞翔的大鸟。图 126 是西壁,上是西王母,依次下是九尾狐、龙、鹿、熊、独角虎身怪兽以及龟,周边是云气缭绕。图 127 是东壁,上部是东王公,下部是独角翼虎、龙、大鸟、双人头怪兽、象和虎头怪及周围的云气缭绕,构筑了一片仙境、人间不分彼此的永生之境。江苏睢宁县旧朱集九女墩墓门楣上刻羽人、祥禽瑞兽和双龙缠绕;西门扉上刻凤鸟,下刻铺首;东门扉上有仙人戏凤,下刻人、铺首衔环;中室壁和前门正中刻祥禽瑞兽、龙、鱼、鸟。其他部位均有祥禽瑞兽图像(图 5.22)。另外表现祥瑞图像比较密集的还有元嘉元年邳州燕子埠缪宇墓、铜山洪楼祠堂、熹平四年铜山茅村墓、徐州白集祠墓、元嘉元年苍山城前村墓、沂南汉墓等。其他墓、祠、阙、棺等汉墓构成物件上均在不同部位装饰了大量祥瑞类图像,它们所表达的巫术意义在汉代神仙信仰影响下历三百多年的发展,既有稳定性又有变异性。生命永生是一个大主题,为了升仙营造一个仙境氛围,以此感召神至,正如汉武帝封禅泰山时散放的远方异物。这些祥禽瑞兽、云气、神异之物穿插雕刻在神界、仙界、现实、阴界,向我们昭示着墓主人似乎已生活在这样一个永恒宇宙世界或者说神人一体的世界。

在汉画中除了常见的祥禽瑞兽外还有一些特殊的图形符号,它们作为灵异之物兼具其他巫术功能,如宝鼎、胜、式盘、摇钱树、灶、井等频繁出现,其必然表达某种功用。汉画中表现升鼎的有西王母前置鼎、升鼎或衔鼎,鼎旁立人。关于鼎与升仙的关系在《史记·封禅书》中记载道:"黄帝采首山铜,铸鼎于荆山下。鼎既成,有龙盘垂胡髯下迎黄帝。黄帝上骑,群臣后宫从上者七十余人,龙乃上去"。[1] 由此可知,汉代人认为鼎可助人升天。另外道教中外丹的烧炼,鼎是重要的炼丹工具,[2]汉画像中鼎的形象应是表达墓主升仙的巫术祈求。"戴胜"作为西王母的象征是一种普遍共识,胜纹样式一般两边是三角形,中间一圆形。胜一般戴在西王母头上,有时则刻于墓中门柱、门楣上,如四川彭山江口崖墓 1、2、3 号墓中。胜纹代表仙

---

[1] 《史记·封禅书》。
[2] 罗二虎:《汉代画像石棺》,巴蜀书社 2002 年版,第 196—197 页。

界,作为一种神异图像,表达了汉代人死而复生、生命永恒的巫术愿望。在山东安丘董家庄墓中壁龛上,四川中江白果乡神仙洞崖墓壁龛上,四川宜宾、泸州的石棺上等都能看到这一神秘符号。[1]胜纹作为仙界的象征,其具体来源和意义还有待进一步考证。

  中国古代有一种古老的游戏叫"六博"(陆博),盛行于先秦两汉,现在已经失传。目前已出土与六博有关的实物有:(1)战国秦汉时六博棋具;(2)汉博局镜(规矩镜或 TLV 镜);(3)汉画中的六博图;(4)汉六博俑;(5)汉六博人像铜镇等。[2]汉画中博弈的棋即"式盘"或"式图"。先秦两汉流行的宇宙模式是天圆地方"盖天说"。大地是向四面八方的延伸平面,天穹下掩而与地平面相切,其俯视平面图可以看作方圆叠合的平面,式即是这种理解的模拟。[3]式是宇宙的抽象二维模拟,汉墓结构则是三维立体式的模拟。古人发明这个模型,主要是借它做神秘推算,以便沟通天人、人神。六博在秦汉是流行的娱乐形式,在汉画中也是常见的主题。六博是人间的游戏,但古籍上和汉画中常见仙人之间的博弈。《风俗通义·正央》:"武帝与仙人对博,棋没石中。"式图代表着宇宙模拟同时还具有祈祥的神秘含义,[4]西田狩夫和周铮曾提到一博局铭文:"左龙右虎掌四方,朱雀玄武顺阴阳,八子九孙治中央,刻娄(镂)博局去不羊(祥)。"摇钱树这种图形实物在汉墓中主要分布于四川地区,其他地方则少见。摇钱树上刻画的西王母形象常和佛的形象相混,何志国认为这是汉代人对财富的赤裸索求。[5]四川茂汶出土一摇钱树,枝上部是西王母和两侧阙形天门,天门外有一人正担着方孔圆钱离去,表明此人所得之钱是从天门之树上所得。[6]摇钱树除代表求财心理外,钱的外圆内方的宇宙模拟和西王

---

[1] 顾森:《渴望生命的图式》,载《中国汉画学会第十届年会论文集》,湖北人民出版社 2006 年版,第 12 页。
[2] 李零:《中国方术正考》,中华书局 2007 年版,第 132 页。
[3] 同上,第 101 页。
[4] 同上,第 138 页。
[5] 何志国:《论汉魏摇钱树的格套化与商品化》,载《中国汉画学会第九届年会论文集》,中国社会出版社 2004 年版,第 237 页。
[6] 张善熙等:《"天门"图像钱树初探》,《中华文化论坛》1999 年第 3 期。

母、佛等大神的存在,其更多应表达的是天人、人神相通相感,求吉纳福的巫术观念。

汉墓中的仓、灶、井、厕,作为明器模型是非常普遍的陪葬器物。在汉画中以图像形式表现较多,对这些物像意义的争议也较大。这几种和汉代人日常生活最密切的东西,除了表示阴间实用功能外,还与灶、井、厕等的神异功能有关(图 5.23)。自原始灶具出现以后,灶神的观念及崇拜意识便产生了。灶是灶神居住之所,《论语·八佾》有"媚于奥""媚于灶"。至汉代,祭祀灶神风气更盛,少君曾言于武帝:"祠灶则致物,致物而丹沙可化黄金",于是天子开始亲自祠灶。"灶者,养生之本。"[1]《后汉书·阴识传》云:"宣帝时阴子方者至孝有仁恩,腊日晨炊而灶神形见。……至阴识三世而繁昌,故以后常以腊日祀灶,而荐黄羊焉。"灶可养生,可长寿,可通神,荫子孙,灶在汉墓中以明器和画像的形式大量出现也就是正常现象了。井在墓葬中出现也具有特殊的巫术意义。《淮南子·墬形训》云:"黄龙入藏生黄泉。黄泉之埃上为黄云。"黄泉、黄云相接,汉代人认为是跨龙升天。[2]"旁有九井玉横,维其西北之隅……疏圃之池,浸之黄水。黄水三周复其原,是谓丹水,饮之不死。"在昆仑山上嘉禾旁还有九口井,其西北角悬着受不死药的玉横。人死归九泉、黄泉当是这里。从《庄子·秋水》"彼方趾黄泉而登大皇"来看,黄泉是一个登天的阶梯。黄水又名丹水,后来道士的不死药即名为"丹",此二者必然有某种内在的联系。古传黄帝之胄来自昆仑,人死归到祖先处,所以鬼(归也)归于黄泉。后来神仙思想发展,九泉变为仙乡,泉的具体形象则以井体现,在汉代人看来,井便与昆仑仙乡不死水相关联而具有神奇的功能了。

汉画像中的祥瑞动植物和其他物品,有些比较明显如龙、凤、麒麟、鹿、羊等,有些则比较隐晦如摇钱树、灶、井等,或抽象图如式图、胜等,给后人的研究带来一定的难度,但如果从巫术角度来看,可以说凡是能给人带来吉祥美好的东西都应是具有祥瑞性质的。

[1]《汉书·五行志》。
[2] 周学鹰:《徐州汉墓建筑》,中国建筑工业出版社 2001 年版,第 98—99 页。

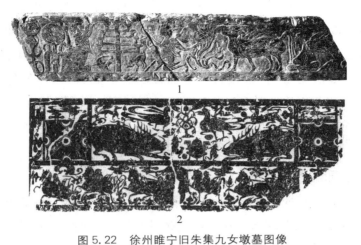

图 5.22　徐州睢宁旧朱集九女墩墓图像

注：1.睢宁旧朱集九女墩墓门楣图像，2.睢宁旧朱集九女墩墓壁图。
资料来源：汤池编，《中国画像石全集》第 4 卷，山东美术出版社 2000 年版，图 111—112。

图 5.23　山东嘉祥宋山汉画像石庖厨图

资料来源：蒋英炬编，《中国画像石全集》第 1 卷，山东美术出版社 2000 年版，图 90。

（二）汉画像中道教辟邪巫术

一般世俗观念认为，不仅阳宅会遭到冥冥中的凶魅邪祟干扰，阴宅同样有游魂野鬼的侵袭。为了保卫死者的地下安全，便借助巫术手段，在墓室内布置镇墓御凶厌胜之物以辟除不祥。[1] 中国古代攻击鬼魅邪祟的巫术基本上属于借用超自然神力的巫术,因为鬼魅无形,无法接触到实物,因此古人主要借助神灵、巫师和各种灵异之物的神奇力量来驱鬼除邪。古代常用的解禳活动常用祓、禳、诘、解除、厌劾、厌胜、辟、镇、禁等术语表示[2]。如汉代人传说喜欢吃死者肝脑的恶鬼"罔象"最怕虎和柏树,因此时人有"墓上树柏,路头(立)石虎"的风俗,就是镇压邪魅的一种巫术方法。

1. 辟邪配置的方位

依据巫术功能,我们将汉画内容概括为祈祥、求福、升仙、长寿以及保卫墓主、安全、驱鬼除邪等。由于这些辟邪担当护卫的重任,因此镇墓祛魅的神灵之物便被安置在墓中最要冲的部位,如门扉、门楣、门柱、墓室后室后壁上,以及墓室中其他一些重要部位。门扉上最常见的是铺首衔环、白虎、熊、力士,其上常置凤鸟、龙等;门柱上多置门吏、神荼、郁垒、方相氏等;门楣多配置祥禽瑞兽等。汉代四神多被刻在墓室的墓顶、墓门、墓柱上。《三辅黄图》曰:"苍龙、白虎、玄武、天之四灵以正四方。"四神纹在汉代十分流行,其和方向有关,用于瓦当上镇四方,在墓中也起到辟邪求福的作用。其实这些辟邪图像在汉画中的方位配置并不是固定不变的,除了在以上部位配置外还穿插进汉画像的其他部位,这只能视具体情况而定。如铜山茅村汉墓后室东壁门北图像左下刻一铺首衔环,其意义应当与方位有关。石棺画像上御凶辟邪图像,如铺首,有的在棺盖后端,如成都市郫都区新胜2、3号砖室墓1号石棺;有的在棺盖前端,如石羊上村王晖砖室墓石棺;驱鬼图分布在石棺一侧,如新津县宝子山崖墓5号、6号崖棺上等。庙阙和墓阙都是为祭祀鬼神所设的"神道阙",墓阙与地下墓室以及地上祠堂是一组互为表里的丧葬性建筑。[3] 画像表现的重点是人与神祇间的关系,因此铺首和祥禽瑞兽作为护卫墓主安全与祈祥的重要神物也是必不可少的,

---

[1] 李锦山:《汉画像石反映的巫术习俗》,《故宫博物院院刊》2007年第10期。
[2] 胡新生:《中国古代巫术》,山东人民出版社1998年版,第28页。
[3] 信立祥:《汉代画像石综合研究》,文物出版社2000年版,第294页。

但作为重要辟邪图像,其位置不太确定。山东嘉祥武氏阙西阙北面一铺首衔环贯穿三、四两层;东阙北面第三层刻铺首衔环和二神兽,东阙西面第一层刻铺首衔环。从阙上铺首等辟邪放置来看,似无一定之规。

2. 显性图像辟邪巫术

从东汉时期墓葬中解除瓶上的文字和道符来看,在时人的心目中,死后的阴间世界是充满恶鬼的可怕世界,为了克服对死亡和死后世界的恐惧,人们设计了死后的各种墓中生活状态:一方面为墓主营造理想生活空间——永久的理想家园;另一方面为安全考虑辟除镇压墓室外的恶鬼,避免阴间恶鬼骚扰死者魂魄。因此在墓中刻绘众多铺首、方相或放置实物镇墓兽、解除瓶、刚卯、印章、灵符等各种辟邪之物。[1]

汉画中最常见的辟除邪恶的有铺首衔环、神荼、郁垒、蚩尤、蹶张、龙虎等。铺首一般被刻画成虎或熊的样子,秦汉时人们认为自然界中最凶猛的动物莫过于这两种,依据鬼怕恶人或动物凶猛的原理,将这种兼具熊、虎特性的图像放置墓室门户或室内易被鬼魅侵扰的地方,则鬼怪不敢入侵。铺首图像的构成一般将虎或熊的最凶恶的部分如眼睛、牙齿和牛角以及山形冠中间的桃形符进行异物同构。[2] 铺首嘴咬或鼻挂的圆环应是玉璧,璧在古人心中是通天神物,环下常系一丝带(图5.24)。在这类图像组合中体现了巫术的两个基本原理:眼睛、牙齿、牛角是动物最厉害的部分组合,属于交感巫术中的模拟巫术[3];桃形符则和汉代人身上佩桃印、门户上插桃枝、挂桃板驱鬼辟邪有关。玉璧下边系的丝带较少引起人们的注意,其也应是辟邪的一种灵物,虽然暂无法确定其颜色,但从其辟邪的功能,可以推断是古代流行久远的朱丝驱邪术的延续。春秋时晋国大臣荀偃曾"以朱丝系玉二珏"向河神祝祷。成书于西汉初年的《公羊传》记载了救日的一种

---

[1] 王育成:《东汉道符释例》,《考古学报》1991年第1期;王育成:《南李王陶瓶朱书与相关宗教文化问题研究》,《考古与文物》1996年第2期。
[2] 张从军:《黄河下游的汉画像石艺术》,齐鲁书社2004年版,第236页。
[3] [英]弗雷泽著,徐育新等译:《金枝》,中国民间文艺出版社1987年版,第19—21页。

图 5.24 山东临沂青龙白虎铺首衔环

资料来源：赖非编，《中国画像石全集》第 2 卷，山东美术出版社 2000 年版，图 1—图 2。

方法：用朱丝把社神牌位捆起来。何休注解说："……朱丝营（萦）之，助阳抑阴也。"红色属阳，用红线把凝聚着阴气的社主捆起来，可以助阳气击退阴气。东汉时每逢五月五日便以"朱萦、五色印为门户饰，以止恶气"。受朱丝辟邪的影响，后来的巫师、道士常用红布作为辟邪灵物，民间术士至今仍习用它做辟邪灵物。桃形符、玉璧、朱丝、山形冠经历代发展，最终演变成具有超自然力量的神圣灵物。这些灵物和凶猛铺首组合在一起被放置在门户、楣、墓室后壁等重要部位，对鬼魅产生了强大的震慑威力。

关于汉画中方相氏、蹶张、蚩尤、力士、兵器等这几种辟邪图像的论述目前已较多[1]，其意义多和辟邪有关，所需补充说明的有以下两点：

其一，方相氏的身份。方相氏本属于保卫国家安全的官员，其起源据《云笈七签》辑唐王瓘《轩辕本纪》云："帝周游行时，元妃嫘祖死于道，帝祭

---

[1] 朱青生：《将军门神起源研究——论误解与成形》，北京大学出版社 1998 年版；张从军：《黄河下游的汉画像石艺术》，齐鲁书社 2004 年版，第 246—395 页。

之以为祖神。令次妃嫫母监护于道,因以嫫母为方相氏。""嫫母,黄帝时极丑女也……今之魌头是其遗像。"[1]方相氏是西汉时期政府专设的一个官职,其职务是在国家遭遇灾难时,领相关人员举行傩礼,每年定期三次,另一职务是入墓驱邪。到汉代方相氏已退出政府职务,但其驱邪功能不变。《周礼·夏官》提到方相氏由"狂夫"四人组成。"狂夫"指疯狂、凶猛的男子,方相氏在傩礼中的表现非常狂怪。在浚县辛村周墓出土完整方相十四面、戈数十柄。戈的锋内两端或折或飞于东西两阶,可以想象当时驱傩之狂暴。从这里可以总结出方相氏一些情况,从驱邪功能上看方相氏就是巫师。巫的身份在古代演变如下:(1)最早的巫师(祭司)出现(五六千年前新石器时代晚期);(2)宗、祝(西周);(3)巫祝、巫师(战国);(4)方士、道士(秦汉)。巫的地位由极崇高逐渐跌落至民间,成为为人禳灾辟邪、预测吉凶、修炼丹药的术士。表现驱傩除魅内容较典型的,有在济宁发现的方相氏与神虎除魅画像、禳解画像、驱邪逐鬼画像等。表现驱傩逐疫画像较典型的,有沂南北寨画像石和武氏祠后室石刻等。[2]

图 5.25　武氏祠左石室顶前坡西段画像

资料来源:蒋英炬编,《中国画像石全集》第1卷,山东美术出版社2000年版,图88。

其二,对于几种辟邪图像中的兵器。在临沂汉墓后室北壁承过梁隔墙东西两翼,对称刻有方相氏:东面呈蹲立状,左手握桃杖,右手挥舞作驱妖状;西面双手操长钺作挥击状。山东沂南画像石墓与和林格尔壁画墓中门上刻绘手操桃苅的神荼郁垒像。武氏祠后室中有一方相氏,蒙熊皮戴假

---

[1]〔唐〕佚名辑:《雕玉集》卷十四《丑人篇》,商务印书馆1936年版。
[2] 参见朱锡禄《武氏祠汉画像石》,山东美术出版社1986年版。

面,头上弓弩,手足操执剑、戟、刀、勾等兵器,其他人则拿着刀、符瓶、铲、桃符枝、剑、杖、桃梗等器物作扑打状(图5.25)。在以上列举的几幅有关方相氏辟邪的图中使用的辟邪物有狰狞的头、剑、刀、桃符、桃板、桃梗等,其中用桃木辟邪一直是中国古代巫术体系中最庞大的分支之一。因为木质材料不易保存,在汉墓中难以见到桃木类的辟邪物,但看一下沂南汉墓中室门柱方相氏画像(张从军认为是蚩尤)和另一幅墓门中立柱蹶张拉的如同玩具似的弓弩、刀、剑,我们推断其可能是桃木做的桃弧棘矢。汉代方士认为,用七支桃枝当箭,用桃弓依次射出后重新捡回,将桃枝与四块青石埋于院四角,家中不会遭殃。[1] 在东汉大傩仪式上,方相氏带领一群童子边击鼓边放箭,他们的弓箭也是桃弧棘矢。[2] 用弓箭射击鬼怪是古代巫术中的重要法术,此种巫术一般不用实物弓箭而是特别的道具,用桃木制弓、用酸枣枝制作箭,称为"桃弧棘矢"。据说楚国先王熊绎曾把桃弧棘矢作为贡品送给周天子[3],可见此种辟邪灵物在古人心中的分量。元嘉元年邳州燕子埠缪宇墓前室南横额图像下层右边有一人正引弓、仰射,弦中无弓。在模拟巫术中,有时只需做一下模拟动作,也同样起到巫术效果,在另外一些拉弓而射的图中多是有箭的。汉画中还有较多描绘武库的画面,如沂南汉墓前室南壁中段武库,徐州白集墓中西壁北图像下层武库等,兵器架上陈列了刀、枪、剑、戟、叉等古代常见兵器。兵器是战争杀戮的利器,将其和战神蚩尤、蹶张、力士、执棨戟门吏、神荼、郁垒等威猛雄壮之士放置在墓中的重要部位可以起到辟邪、威吓、禳除阴间鬼魅的作用。

3. 隐性图像辟邪巫术

由于有一些图像置于一般分类法中的历史故事、现实生活中,如孔子见老子、胡汉战争、水陆攻战、二桃杀三士、纺织图、拥彗持便面等,其意义常作表面化的解释,但所引起的歧义也较多。近年来有研究者从为墓主服

---

[1]《太平御览》卷五十一《引淮南万毕术》。
[2]《后汉书·礼仪志》。
[3]《左传·昭公十二年》。

务的功能角度来研究则有新的阐释，即所有墓葬都不是以表现为目的，而是围绕墓主人冥界享用或死后升仙的功利性旨趣。张文靖从辟邪镇墓功能角度对"荆轲刺秦王""二桃杀三士""完璧归赵""周公辅成王"和"孔子见老子"进行论证，得到了全新的解释。[1]汉画中许多反复出现的图像它们到底想表现什么？是直接反映汉代社会状况？还是墓主理想生活状况？或者其他更深意蕴？下文将从辟邪巫术角度对其他相关图像进行分析。

（1）圣人和孝子。依据汉画内容的功用来划分可确定为升仙、生活在理想家园和为安全而进行的各种辟邪。刻画圣人和孝子，可以认为是理想世界的行为楷模，但从大量汉画中所表现的比例来看，反映圣人、孝子的题材极为少见，且作为私人性空间永享生命的快乐远比伦理束缚重要得多。周公、老子、孔子等圣人在汉代人眼里实际上已离神仙界很近，已进入超凡入圣的境地，依墓中为主人服务的功利性质，依据当时民间观念——鬼惧圣人，把他们置于画像中当具有震慑作用。汉代人认为孝可以通神明，《后汉书·列女传》记载："赤眉散贼经诗里，驰兵而过，曰：'惊大孝必触鬼神。'时岁荒，贼乃遗诗米肉，受而埋之，比落蒙其安全。"[2]东汉时，人们认为儒家经典如《孝经》具有驱鬼除魅的神力。《风俗通义·怪神》中记载着郅夷诵《六甲》《孝经》《易本》以御鬼魅的事。在汉墓中出土的《周易》《孝经》，马王堆出土的其他帛书和圣人孝子等在汉代人看来具有巫术性质，这些人、器物被时人认为凝聚着超常的法力而具有辟邪功能。

（2）胡汉战争和桥头攻战。在山东临沂、枣庄等汉墓门楣或其他部位常见有刻画战斗场面。如汶上孙家村画像上层刻画的是骑兵搏杀，下层是献俘场面。诸城前凉台孙琮墓中的髡钳图被认为是其生前任汉阳太守时处置羌族战俘的情景。苍山前姚汉画像描绘了车马过桥并发生激烈战斗的场面，值得注意的是在桥两端分别立有两杆，上端饰有如铺首头上的桃形符。"兵"有三种含义：（1）军人；（2）兵器；（3）战争。兵在古代和"凶"是

---

[1] 张文靖：《论汉代墓室画像石中三个历史题材的辟邪镇墓功用》，载《中国汉画学会第九届年会论文集》，中国社会出版社2004年版，第284页。
[2] 《后汉书·列女传》第七十四。

同义,有战争就有杀戮,将有凶杀的场面置于墓中,依据以凶制凶的巫术法,可以起到辟邪目的。在一般汉代人的墓中放置这一图像,我们有理由怀疑它和墓主人的人生经历有什么关系,它所具有的功能可能就是儆示一切敢于侵犯墓主的邪恶鬼怪。

（3）纺织图、持便面、拥彗持茅图。这几种图像在汉画中也是比较常见的。纺织画像一般分布在山东、徐州、皖北一带,比较有名的如铜山洪楼祠堂后壁左下石图像(图5.26)、宿州褚兰胡元壬祠堂后壁图像等。单独看是汉代纺织场景的现实反映,但若整石画面看,其周围场景安排则有祥禽瑞兽、击鼓通神、星相图等交融在一起,那么它的意义就不可能是表面化呈现。古代祭礼中人们常在放置祭品的几案上搭一块三尺新布当"道布"。新布作为巫术灵物,源于周人祭祖时须找一位同姓族人装成祖先直接享用祭品,扮演先人的用手抓食,满手油污需一块手巾随时擦拭,"道布"即是为这位"先人"准备的,用干净的新布无非是为讨好神灵。丧礼中用的麻布有斩衰、大功、小功几个等级,"大功"又称为"功布",是用七升至九升麻线织成。功布的巫术功用在丧礼中表现最明显。在四川中江民主乡八村七社塔梁子3号崖墓一图中前绘两个跽坐似在做功的人,后绘一人左手持便面,右手持一匹布朝二人走来(图5.27)。新织的麻布比较洁净,常被用于

图5.26　铜山洪楼祠堂后壁左下石图像

资料来源:汤池编,《中国画像石全集》第4卷,山东美术出版社2000年版,图46。

图 5.27　四川中江民主乡塔梁子 3 号崖墓题记

资料来源：刘章泽、李昭和，《四川中江塔梁子崖墓发掘简报》，《文物》2004 年第 9 期，图 11。

祭祀丧葬活动中，因此人们便认为它沾染了神性而具有了辟邪除凶功能，演变到后来新布便被当成了辟邪灵物。[1] 两汉时用新织布辟除邪祟在民间普遍流行，人们常把新布条缝于衣襟或挂在门上，认为以此就可以避瘟疫和兵器伤害。东汉学者应劭认为汉代人"取新断织系户"与五彩线等属同一现象。瘟疫流行时人们常从新织布最后一截剪一小块用于辟邪。应氏在《风俗通义》云："今家人织缣新，皆取着后嫌（缣）绢二寸许系户上，此其验也。"[2] 新布演化成辟邪灵物与白茅演变过程相似。如：安徽出土的建宁四年宿州褚兰镇胡元壬墓，其前室墙基图像最左边刻有两人均右手持

---

[1] 胡新生：《中国古代巫术》，山东人民出版社 1998 年版，第 218—219 页。
[2]《太平御览》卷二三。

三枝白茅状东西(图5.28);永元四年绥德四十里铺四魴墓门右立柱上边刻有一人持茅旌。茅即茅草,南北朝以前,这种茅草一直被术士当作驱鬼除邪的工具。《周易·大过》有"藉用白茅,无咎"的爻辞。古代人们常用白茅制品向神灵祭献美酒佳肴,久之他们便认为白茅与神灵间有某种联系,而沾染上了神的灵性和威力,白茅便被当成能通神之物和辟除邪恶的武器。春秋时,人们用白茅制作旗帜称"茅旌",茅旌除具有旗帜功能,还有辟邪开道的意义。山西离石马茂庄左表墓室门侧图像中的导骑和车骑手中均持茅旌,胡元壬墓中画像两持白茅者导从、铜山茅村墓后室北壁上层图中左边两导从肩扛茅旌等,均表现以茅旌为先导,说明其有辟邪开路的功效。秦简《日书·诘篇》说人无故受到伤害,用白茅加黄土遍洒四周鬼即逃去。汉武帝相信方士栾大的异术,授予他"天道将军"玉印,仪式在夜间举行,武帝的使者身穿羽衣,站在白茅之上,栾大也着羽衣,站在白茅上面接受玉印。汉代是各种巫术交流荟萃的时代,包括白茅等各种辟邪法术都得到了充分的发展。[1]

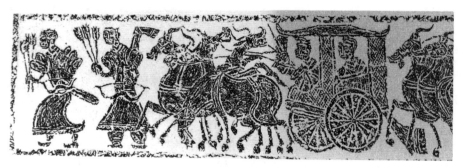

图5.28 宿州褚兰镇胡元壬墓前室墙基图像(局部)

资料来源:汤池编,《中国画像石全集》第4卷,山东美术出版社2000年版,图162。

便面是汉代人使用的扇子,彗即扫帚。便面和彗在汉画中常见,仆从、侍者等持便面为主人服务或主人自持,如建宁四年宿州褚兰镇胡元壬墓前

---

[1] 胡新生:《中国古代巫术》,山东人民出版社1998年版,第132—133页。

室西壁墓门南侧图像一层、三层和四层的人物大部分持便面，一层右两人持似毛刷物（可能为白茅制），四层左边一人持彗（图5.29）。南阳市七孔桥汉墓有一小吏双手拥彗，侧身而立。南阳市另一汉墓有一图为女侍者拥彗，回首侧身欲行。此类图像在汉画中也很多，依汉画中巫术观念，我们认为都表达了辟邪目的。颜师古注："便面，所以障面，盖扇之类也。不欲观人，以此自障面，则得其便，故曰便面，亦曰屏面。"扇子主要功能是扇凉，通过挥扇既带来凉风又可扇去不洁之物。由现实生活之功能，进而将其置入墓室内以之比附扇除阴间邪气。拥彗所以扫地也。却，即而行也。"表达了洒扫清洁恭请光临的意思。先秦时巫师常用工具有两种：一是桃棒，另一则是萑苇扎成的笤帚。两物配合用则称为"桃茢"。唐人孔颖达认为桃茢是一件器具，即用桃棒做成的萑苇笤帚。西周春秋时君王去大臣家吊唁，由巫师持茢引导开路，进入死者家后，巫师先用桃棒和笤帚在尸体周围挥拂，以扫除死者的凶邪之气保证君主的安全。[1]发展至汉代，在汉画中为我们保留了众多拥彗图像，它和便面具有同样的功能（图5.30）。秦汉以后，桃茢组合已不像先秦时那样流行了，但笤帚被作为驱除邪恶的工具未变。宋人黄休复讲过道士雍法志用棕帚为人扫病的故事，清人袁牧在《朝野佥载》中记载用笤帚扫除走尸的传说。[2]这些均反映了古代人对笤帚扫除邪魅的巫术迷信。

在众多汉画图像中还有很多图像及其组合按常规理论解释不通，如屋上放置鲤鱼、野外交合一般于桑树下、牛耕图、连理枝树、凤鸟衔三星珠等众多困扰汉画研究者的图像。假如将这些图像重置于当时的社会背景中，特别是汉代民间观念、丧葬习俗、生死观等便会发现，其实汉画中的内容设置无论升仙祈祥还是辟邪禳灾，均受巫术影响较大。通过文献可以看出秦汉时期是巫风大盛的时代，鲁迅先生曾说，汉末巫风盛行，鬼道更炽烈，[3]而巫术又和道教关系最密切，早期道教正是在巫术基础上建立起来的。研

---

[1]《仪礼·士丧礼》《周礼》《礼记·檀弓下》《礼记·丧大记》。
[2]《子不语》。
[3]鲁迅：《中国小说史略》，人民文学出版社1973年版，第29页。

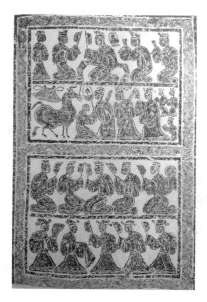

图 5.29 宿州褚兰镇胡元壬墓前室西壁墓门南侧图像

资料来源:汤池编,《中国画像石全集》第 4 卷,山东美术出版社 2000 年版,图 158。

图 5.30 江苏睢宁门吏汉画像

注:1.门吏,2.门吏。

资料来源:汤池编,《中国画像石全集》第 4 卷,山东美术出版社 2000 年版,图 130、图 132。

究汉画宗教因素另一不容忽略的问题是考古发掘出的镇墓文、镇墓瓶、符箓咒语、刚卯、道士常用印、铜镜、厌胜钱、宝剑等器物及文字。将这些早期方相氏、方士、道士在墓中进行巫术作法的灵物与上文所论述的汉画中辟邪灵物相参照,可以看出原始道教、民间道教、早期道教三者在相继发展或并存阶段对巫术的吸收利用。因此,汉画中也体现了大量"模糊道教"与"精确道教"中的某些巫术因素。

四、结语

汉画像艺术以丰富的手法、多样的形式和内容在中国古代艺术中具有独特的艺术魅力。以现代人的眼光来看,它是一种美术样式,但如果将其还原至汉代的社会和墓葬环境中,它的职能主要是为墓主服务的,是墓葬建筑的一部分,它是汉代人包括墓主(生时)、墓主亲属和一个区域乃至一个时代人的世界观、人生观、生死观、宗教思想及民风民俗等在墓葬制度中的反映。诚如巫鸿先生对马王堆1号汉墓帛画的概括:墓葬是多种愿望和多种信仰的综合汇集,[1]这同样适用于汉画像艺术。通过比较全国四大汉画产区的图像,包括祠、墓、棺、阙和其他零散画像石等可以得出这样的结论:羽人、祥禽瑞兽、除凶辟邪怪兽、力士等,这些人和物设置的目的都是为升仙作准备,这在早期的升仙图案中特别明显。东汉中期以后的变化是,人间生活内容占绝对数量,这向人们昭示着一个信息:即由仙至人的回归。通过上文的分析我们可以得出,影响汉画内容的主要因素是道教,这时的道教发展与汉画像的产生、发展以及与秦汉时升仙思想的发展轨迹相应相随,最后在东汉中后期合流,并在墓葬建筑中的器物和汉画像上得以全面体现。道教的宗旨即神仙信仰,它和汉画主旨相吻合,不过汉画为了达到升仙目的,可以说运用了当时所能想到的各种法术,如修炼服药、天人宇宙模拟、天人感应、去西王母仙境讨仙药、施用辟邪巫术等。到东汉时,升仙逐渐理性,所谓仙人即永久生活在理想现实生活中的人,说到底是对理想家园的渴望。在汉代不论是贵族还是平民,对死的畏惧,对长生的向往,通过汉画这种形式作为一种心理补偿,不失为一剂安慰药。

---

[1] [美]巫鸿著,郑岩等译:《礼仪中的美术》,生活·读书·新知三联书店2005年版,第101页。

《列女传》与汉画像列女图的图文关系

刘丽娜

西汉刘向编纂的《列女传》以教化女性言行举止为主要目的,通过文本传播达到宣扬女德标准、规范女性行为的效果;而汉画像中列女图像结合列女传说与《列女传》原有图像,形成新的绘图体系,二者相互渗透,使得影响范围扩大,影响效果加强,并形成了图文结合的传播形式。

本章首先从有记载的列女图切入,考证列女图的早期形态,结合不同时代女德标准的演变,研究列女图与《列女传》联合后表现出的特性;着重分析现存的具有代表性的山东嘉祥武氏祠列女图画像石及内蒙古格林和尔汉墓列女壁画对《列女传》文本的图像表现,从场景的取舍选择、画面构图的安排及文本意境的体现等多方面来反映出列女图独特的教化作用和视觉美感,同时通过分析列女图所传达的图像思想,总结出列女图与《列女传》图文关系之间的互补、互释。

研究发现,汉画像列女图选取文本中近于高潮的情节为画面表现场景,构图以外部轮廓表现及内部线条刻画为主要特征,具有很强的美学价值与心理暗示作用。同时列女图结合《列女传》对个人知识体系的影响,能够有效地做到强化印象、增强思想认知的目的,属于优势传播形式。

这种图文结合的多重形式的传播,能够保证思想传达效果的最大化,对于当时社会集体意识的形成具有明显促进作用,对于当下建立社会集体意识也具有一定的启发性。

一、列女图像与汉代女德的形成发展

"列女"一词源于刘向,"列"在其所著《列女传》中是罗列之意,在他的另一部著作《战国策》中又赋予了"列女"刚烈节义的意思。如《战国策·韩策二》:"非独政之能,乃其姊者亦列女也。"[1]这个故事是讲,韩国杀手聂政形迹暴露后,毁容自尽以免连累家人,聂政姐姐却不惧为弟认尸,以自己的性命为代价来显扬聂政的名声,世人赞其"列女也"。看来,"列女"一词从开始就有指代重义轻生、贞节仁智女子的含义。本文所说的"列女"兼顾罗列和贞烈两重意义,但是偏重贞烈、节义的女性。自刘向《列女传》开辟为女子立传的先河后,每朝每代的文人史官都延续了将列女事迹录书入册的传统,尤其突出了那些有教化作用的女性形象,故清代学者章学诚曾说:"然后世史家所谓列女,则节烈之谓。"[2]流传至今,列女一词已经演变成世人对品行高尚女子的美称,是一种约定俗成的叫法。

在列女故事上千年的传播历程中,文字无疑是最常见的载体。此外,考古出土的大量列女题材图像,似乎正用象征性的符号语言证明着图像在列女文化传播中的重要地位。亚里士多德认为,诗(文学)和绘画都是源于模仿的艺术,所以,《列女传》和列女图像都是依照列女事迹本身而产生的艺术形式。根据文献记载,先秦时期,列女图像已经存在,并在文字未统一、教育未普及时,发挥着独具优势的教化作用,这些早期的列女图像也促进着列女故事文本的汇整,成为刘向编纂《列女传》的来源之一。与此同时,刘向不仅对列女传说进行文字上的加工分类,还将与之匹配的列女图像进行编排和补充,形成了系统规范的列女图。后人以此为蓝本,创作了大量关于列女传的图像,其中最接近刘向,最具有影响价值的要数汉画像中的列女图。汉画像列女图具有数量多、分布广、系统性强、说教作用明显

---

[1] 何建章:《战国策注释》,中华书局1990年版,第1035页。
[2] 〔清〕章学诚撰,叶瑛校注:《文史通义校注》,中华书局1985年版,第829页。

等特点,是研究列女图和《列女传》图文互释关系的重要参考。

总体来看,列女图和《列女传》相对独立,又盘根错节,它们在发展中趋于统一,变成为封建社会伦理秩序服务的思想工具,反映出封建社会早期妇女地位的演变。即使后期文本印刷兴起,平民中识文断字者增多时,列女图像也并未消失,它们或与文本并驾齐驱,或依附于文本而继续发挥作用。

(一)列女图像的渊源

1. 岩画中的女神像

学界已经证明,列女题材图画并非伴随刘向《列女传》而产生,在先秦的古图画中已经出现。这和先民"观物取象"的原始思维有着必然联系。"所谓观物取象,是一种通过形象符号来反映、认识、解释、理解现象世界的过程,具有直观性。"[1]所以距今约一万年前,中华大地上已经出现了描绘于岩石崖壁上抽象图案(图6.1)。

图6.1 内蒙古曼德拉山人物岩画(早期铁器时代)

资料来源:王雅生,《曼德拉山岩画集》,甘肃人民出版社2005年版,第22页。

---

[1] 邵学海:《先秦艺术史》,山东画报出版社2010年版,第7页。

此时女性形象已经出现在岩画之中,郦道元《水经注》对于岩画记载道:"悬崖之侧,列壁之上,有神像若图,指状妇人之容,其形上赤下白,世名之曰'圣女神',至于福应愆违,方俗是祈。"[1]我国南方和北方两大系古代岩画中,都出现了人物题材,多刻于深山幽谷的僻静之处,用于人们举行祭祀仪式。郦道元所见的"圣女神"应该解释为"太元圣女"或其他女性的神灵,葛洪《枕中书》称:"元始天王,开天辟地……游行空中,见圣女太元,喜其贞洁,即化成青光投入其口。圣女孕十二年,始化生于背膂之间,言语行动常有彩云护体。"[2]神话传说中,太元圣女所孕的乃是东王公和西王母。但是中国的神话体系中,人和神在源头上是界限模糊的,中国的原始宗教中是将祖先当作神灵一样来崇拜的,道教中也宣扬凡人可以修道成仙,仙人可以化身到凡间普度众生,比如传说老子是太上老君的化身,位列至高神三清尊神之第三位。所以,圣女的概念也就不单指神人,刘向《列女传·齐宿瘤女》:"今日出游,得一圣女。"[3]这里的"圣女"应该解释为有圣德的女性。前人既然有女神岩画膜拜像,那么后世绘制俗世中的优秀女子,用以说教也不足为奇了。

2. 壁画中的列女像

《孔子家语·观周》记载:"孔子观乎明堂,睹四门墉有尧、舜之容,桀、纣之像,而各有善恶之状、兴废之戒焉。又有周公相成王,抱之负斧扆南面以朝诸侯之徒焉。"[4]这是有关中国壁画的最早记载。周庙壁画中关于"周公相成王"的记载证明了读图说事时代的来临,看来,早在西周时,历史故事的图像就已经出现在周室宗庙里,伴随着尧舜、桀纣事迹的,就肯定少不了有虞二妃的仁爱之像和妺喜、妲己的魅惑之像。这些贤妃、孽嬖的壁画日后必将会影响刘向《列女传》的创作,成为书中不可或缺的题材。无独

---

[1] 王国维校:《水经注校》,上海人民出版社1984年版,第301页。
[2] 石衍丰:《〈枕中书〉及其作者》,载《宗教学研究》1986年第10期。
[3] 《列女传补注》,第265页。
[4] 王国轩、王秀梅译:《孔子家语》,中华书局2009年版,第90页。

有偶,孙作云在《天问研究》一书中提及,屈原在《天问》中"仰见图画"所见的乃是楚地王室宗庙的壁画,这些壁画中包括简狄、姜嫄的形象,而"契母简狄""后稷母姜嫄"正是刘向《列女传》之《母仪》篇中的代表故事。除了著名女性的图像外,春秋战国时期为普通女性作画也已经很普遍,张彦远《历代名画记》卷四记载:"敬君者,善画。齐王起九重台,召敬君画之。敬君久不得归,思其妻,乃画妻对之。齐王知其妻美,与钱百万,纳其妻。"[1]齐国画家敬君因为思念妻子,而为妻子作画,齐王从画中能够看出敬君妻的美丽,并出钱夺之,说明敬君绘制的女性人物已经具象化,不再只是充当故事角色的一个轮廓,女性图像有了自己的美学价值。

3. 列女图像画在汉代的兴起

进入西汉,列女图画作品在内容上更丰富,流传范围更广,绘制载体也更多样。汉景帝的儿子鲁恭王刘余的宫殿壁画上就有著名的列女故事图画,王延寿在《鲁灵光殿赋》中这样描述:"上及三后,媱妃乱主。忠臣孝子,烈士贞女,贤愚成败,靡不载叙。恶以诫世,善以示后。"唐朝李善对"三后"注释为:"皆画其形也。三后,夏、殷、周也。""昔夏桀,妹喜有宠而亡夏;殷辛,妲己有宠而亡殷;周幽,褒姒有宠,周于是乎亡。"对"贞女",李善解释为:"贞女,梁寡、昭姜之等。"[2]可见,列女故事在西汉初年已经以图像的形式广为流传。在《列女传》成书前,汉代妇女多通过观图形式来接受列女事迹的教化洗礼,这一现象在贵族、皇室女性中尤为盛行。据史书记载,汉成帝要与班婕妤同辇而行,婕妤推辞道:"妾观古图画,贤圣之君,皆有名臣在侧;三代末主,乃有嬖女。今欲同辇,得无近似之乎?"[3]太后闻之赞扬道:"古有樊姬,今有班婕妤。"班婕妤拒与帝王同辇的故事也被视为女行典范,被载入《续列女传·辩通篇》,到北魏时还出现在屏风画上(见图6.2),当年的看画人也成了后人画列女的主角。其实班婕妤对于列女图画的推

---

[1] [日]冈村繁译注,俞慰刚译:《历代名画记译注》,上海古籍出版社2002年版,第229页。
[2] 参见陈丽平《刘向列女传研究》,中国社会科学出版社2010年版,第54、57页。
[3] 《汉书》卷九十七。

崇不只这一处,成帝鸿嘉三年,班婕妤被赵氏姐妹陷害退出东宫,而作《自悼赋》:"陈女图以镜监兮,顾女史而问诗。悲晨妇之作戒兮,哀褒、阎之为邮;美皇、英之女虞兮,荣任、姒之母周。"[1]从"陈"字可推断,班婕妤所看的列女图画是易见易搬的物件,再根据《汉书·叙传》记载汉成帝"时乘舆輂坐张画屏风,画纣醉踞妲己,作长夜之乐"[2],便可八九不离十地判断出班婕妤所观之图是屏风画。看来,当时的列女题材绘画已经走下祠堂殿壁,绘制于室内陈设和生活用具之中。据史料考证,在班婕妤被废近十年后,大概是汉成帝元延三年,生于汉昭帝元凤二年、卒于汉成帝末年的刘向才完成《列女传》。[3]

图 6.2　山西大同北魏司马金龙墓出土彩漆屏风画,班婕妤辞同辇图

资料来源:山西省大同市博物馆、山西省文物工作委员会,《山西大同石家寨北魏司马金龙墓》,《文物》1973 年第 3 期,图版 12。

以上足以说明《列女传》成书前,有虞二妃、周氏三母、孽嬖三后、契母简狄、后稷母姜嫄、梁寡高行、楚昭贞姜等故事已经出现在古图画中,这些

---

[1]《汉书》卷九十七。
[2] 同上。
[3] 参见钱穆《汉刘向、歆父子年谱》,台湾商务印书馆 1987 年版,第 1 页。

《列女传》与汉画像列女图的图文关系　　333

列女图代表了母仪、贞顺、贤明、孽嬖不同类别的典型,日后成为刘向搜集列女事迹的来源之一。零散分布的这些列女图画,更为刘向创作与文配套的《列女图》提供了参照。

(二) 系统化的刘向《列女图》

《汉书·楚元王传》记载:"向睹俗弥奢淫,而赵、卫之属起微贱,逾礼制。向以为王教由内及外,自近者始。故采取《诗》《书》所载贤妃贞妇,兴国显家可法则,及孽嬖乱亡者,序次为《列女传》,凡八篇,以戒天子。"[1]汉成帝时,政治危机四伏,后宫荒淫奢侈,当时社会上的男女礼制和道德标准遭到严重践踏,担任领校中五经秘书的刘向,一心辅佐成帝,却屡被外戚迫害,朝班上的不得志迫使刘向转而在校书中针砭时弊,以古鉴今,他按照自己的思想加工已有的列女事迹,著成《列女传》。《列女传》包含《母仪》《贤明》《仁智》《贞顺》《节义》《辩通》《孽嬖》七篇,东汉班昭补写的《续列女传》被后人列为第八篇。这些列女事迹绝大部分来源于已有文字记载的古籍,如《阿谷处女》出自《韩诗外传》,《鲁季敬姜》《密康公母》出自《国语》,《齐太仓女》出自《史记》,《齐女徐吾》改编自《战国策》,《秦穆公姬》《晋赵衰妻》等改编自《左传》,刘向在整理这些古籍时也加入了自己的思想和创作,所以《列女传》在内容细节及表达形式上与以往的文本存在差异。

刘向在借鉴文本的同时,还不忘发挥图像的直观感染力,他继承了已有的列女故事图,自己再按照文本补充了一部分图像,形成了系统地与《列女传》配套的《列女图》,学界称之为刘向《列女图》。刘向《列女图》现在已经失传,但是从文献中仍能探寻其概况。班固《汉书·艺文志》中以小注形式记载:"列女传、颂、图。"班固认为最初的《列女传》《列女颂》和《列女图》是相伴而生,同时并存的。自古以来的读图传统,使得《列女图》可以独立地表达故事、劝诫教化,而且,对于文化水平不高的人群来说,图比文有更

---

[1]《汉书》卷三十六。

好的传播效果,所以在当时《列女图》和《列女传》是并驾齐驱的地位。刘向在《别录》中也提及:"臣向与黄门侍郎歆所校《列女传》,种类相从为七篇,以著祸福荣辱之效、是非得失之分,画于屏风四堵。"[1]从中,我们可以总结出刘向《列女图》的三个特点:

1.《列女图》独立于《列女传》,两者虽表达一个主体,但是存在形式是分离的。

2.刘向《列女图》起初是以屏风为载体。《列女传·王回序》曰:"故有《母仪》《贤明》《仁智》《贞顺》《节义》《辩通》《孽嬖》等篇,而各颂其义,图其状,总为卒篇,传如《太史公记》,颂如《诗》之四言,而图为屏风云。"[2]由此可知,以屏风作画是西汉绘画的主要方式之一,画列女于屏风上也迎合了女性受众的要求,因为女儿家的闺房中总少不了屏风做遮挡,她们便可以常常把屏风上的《列女图》收入眼底,日省月试,以贤妃贞妇为榜样,以臭名孽嬖为警钟,规范自己的行为。

3.刘向《列女图》的画者和画面内容问题。刘向完成《列女传》时年近七十,[3]这样一个老人很难有精力从事劳神费眼的绘画工作,刘向应该不是《列女图》的画者。史料记载,汉元帝经常按女图来召幸妃子,宫中养了多名画师。

> 画工有杜陵毛延寿,为人形,丑好老少必得其真。安陵陈敞,新丰刘白、龚宽,并工为牛马飞鸟众势。人形好丑,不逮延寿。下杜阳望亦善画,尤善布色。樊育亦善布色……[4]

由此推断,刘向《列女图》最有可能是由像毛延寿这样的画匠所绘,但是当时画匠地位卑微,所以著录这样绘画的文献几乎不注明作者名字。再

---

[1]《初学记》卷二十五。
[2] 张涛:《列女传译注》,山东大学出版社1990年版,第350页。
[3] 参见陈丽平《刘向列女传研究》,中国社会科学出版社2010年版,第390页。
[4]《西京杂记》卷二。

者,屏风列女图除了有教化作用,作为摆设本身还要有一定的审美功能,所以要求绘画者必须精心设计画中的人物、场景、布局关系,使不大的画幅既能讲清故事,又不失美感。由此看来,非功底深厚的专业画匠不能胜任这项任务,列女图像的艺术价值也更加突出。

  由于刘向《列女图》已经无迹可寻,在这里只能从相关文献来推测刘向《列女图》的画面内容。东汉初年的列女屏风图在女性造型上已经相当成熟,《东观汉记》曰:"宋弘尝燕见,御坐新施屏风,图画列女,帝数顾视之,弘正容言曰:未见好德如好色者。上即为撤之。"[1]这段话是讲,东汉初年的宋弘批评光武帝常沉迷于屏风画上美好的女子外形,像好色之徒。这起码说明,屏风画中的列女形象鲜活逼真,否则光武帝不会被女色所吸引,同样可以推断,距此前仅有三十多年的刘向《列女图》也应该是栩栩如生、形态灵动的。魏晋时流行作诗论画,曹植就针对列女图画提到:"见淫夫妒妇莫不侧目;见令妃顺后,莫不嘉贵。是知存乎鉴戒者,图画也。"[2]在《画赞》中,曹植更是对令妃顺后图不惜笔墨地歌颂,例如《赞班婕妤》:"有德有言,实惟班婕。盈冲其骄,穷其厌悦。在夷贞艰,在晋正接。临飙端干,冲霜振叶。"[3]曹植在字里行间洋溢着强烈的感情,这种情绪主要产生于画面内容本身对他产生的强大冲击力。所以,无论是魏晋列女图画,还是刘向的《列女图》,都必然会注重画中人物的感染力。这种挖掘主要通过两种形式来实现:一是把人物置于一定的情节布局中,凸显其行为精神;另一种,就是只画列女一人像,从风姿仪态上塑造其不凡气质,并配上适当的文字说明。这基本形成了刘向《列女图》和后世创作列女图的程式套路。

  综上所述,刘向《列女图》改变了先秦时期列女图像分散、零碎的局面,形成了一个完整的绘画系统,它和《列女传》一起成为中国古代图文互释的典范。这一传统影响了后世的列女图创作,刘向《列女图》的诸多技法也被后人所保留。

---

[1] 〔东汉〕刘珍等撰,吴树平校注:《东观汉记校注》,中华书局2011年版,第78页。
[2] 〔清〕严可均辑:《全三国文》卷十七,中华书局1958年版,第1145页。
[3] 同上,第1149页。

（三）两汉女德标准的演变

画由心生，图说百态。列女图是当时妇德的凝练表现，同时也影响着舆论导向。汉代是我国礼教形成的重要时期，汉代的妇德女行有着时代性、多元化的标准。在这个动态的历史发展进程中，妇女观也不断演变，逐渐形成了为封建礼教服务的评价标准。

1. 汉承秦制妇女地位高

西汉初年在礼仪制度上沿袭了战国和秦朝的传统，在这时的社会体系中，女性的地位很高。最能表现这点的，要数汉承秦制的"尚主"制度，"尚主"制度是秦朝为保障皇族女性特权而设立，汉朝沿用后，赋予了刘氏女性和贵族女性更高的社会角色。班固在《汉书·高帝纪》载道："女子公主，为列侯食邑者，皆佩之印，赐大第室。"[1]荀爽对这一制度概述为"以妻治夫，以卑临尊"[2]，可见当时皇族女子不但在政治、经济上有得天独厚的恩赐，在家庭关系上也有着绝对的主动权，汉代多位太后干涉皇权和长公主谋反事件是对"尚主"制度最集中的体现，成为破坏男权专制的隐患，为统治阶级对女德标准和女子地位的重新定义埋下了根源。

除了皇族贵族女性拥有很高的地位外，平常家庭的女性地位也不低，夫妻双方是相对平等的。在婚姻自由上，西汉妇女有一定的选择权，卓文君与司马相如雪夜私奔、当垆卖酒的故事可谓是平常女儿追求结婚自由的典范。除了结婚，西汉女性在离婚问题上也有自主权，《汉书》中有段朱买臣妻子要求离婚的故事，"买臣不能留，即听去"[3]，即女子要求离婚，丈夫并无权利阻止。《仪礼·丧服传》记载："夫死、妻稚、子幼，子无大功之亲，

---

[1]《汉书》卷三十六。
[2] 高二旺：《论汉代妇女贞节礼教的定型》，《江汉论坛》2011年第8期。
[3]《汉书》卷六十四。

与人适之。"[1]所以从这段文字可以判断,西汉在改嫁问题上表现出极大的自由度。史料记载,汉初年的皇室妇女可以改嫁、再嫁,甚至皇上的遗孀除了皇后外,都能出宫另嫁。汉文帝登基时就将汉惠帝遗留下的妃嫔遣散出宫,只留张嫣皇后一人守宫,以显仁厚。

虽然西汉早期妇女地位相对于后世来说比较高,但那时的妇德标准也具有普遍性。贾谊的《新书·礼》就有这样的记载:"夫和妻柔,姑慈妇德,礼之至也。"[2]柔顺、慈爱、道德好、有礼节是他对优秀妇女的评价标准。这里他没有提到妇女的贞节观,但从自由的婚姻制度可以看出,汉早期的伦理风俗中,没有一女终身只能侍一夫的强制规定,到汉武帝时仍然认可"夫死无男有更嫁之道"的说法。但是,这种宽松的贞节观是相对而言的,司马迁在《史记·秦始皇本纪》中记载:"有子而嫁,倍死不贞。防隔内外,禁止淫泆,男女絜诚。"[3]这段话虽是说秦朝的,其中观点在汉初仍然盛行。以上可见,汉初规定,婚姻生活中的忠贞是男女双方共同维护的,但对女子的规定更加苛刻些,有子嗣的妇女要守寡,否则就是不贞。

2. 刘向对女德标准的多元化定义

汉初皇族女权摄政的弊端日益显著,到汉武帝时,一系列思想理论开始对女性的地位进行调整,首屈一指的要数董仲舒的阴阳学说,他提出:"阳贵而阴贱,天之制也。"[4]"君臣父子夫妇之义,皆取阴阳之道。君为阳,臣为阴;父为阳,子为阴;夫为阳,妻为阴。"[5]这就是"三纲"说。之后,儒家礼制在上层建筑中占据统治地位,《礼记》中"妇人,从人者也:幼从父兄,嫁从夫,夫死从子。夫也者,夫也,天也者,以知帅人者也"[6]的"三从"思想和"九嫔掌妇学之法,以教九御妇德、妇言、妇容、妇功,各帅其属而以

---

[1]《十三经注疏》。
[2]〔汉〕贾谊撰,阎振益校注:《新书校注》,中华书局 2000 年版,第 215 页。
[3]《史记》卷六。
[4]《春秋繁露》。
[5] 同上。
[6] 杨天宇:《礼记译注》,上海古籍出版 2004 年版,第 323 页。

时御叙于王所。"[1]的"四德"思想也被重提。刘向《列女传》就是这种背景下应运而生,他借古说今,用前代的礼制故事来具体化当时的观点。

虽然西汉有男尊女卑的说法,但是当时女子还没有沦为男子的附庸,所以刘向《列女传》并未一味打压女子的主观能动性,而是呈现了一个多元化的女性评价体系。《列女传》的几个篇章有倾向性地传达出女子的为母之道、为妻之道、为女之道,把女德分为个人才华和道德品质两个方面:在个人才华方面,《母仪篇》《贤明篇》《仁智篇》《辩通篇》记载了五十多位才智过人的女性。有三迁住所、育儿成才的邹孟轲母,有慧眼识才、辅佐夫君的楚庄樊姬,还有胆识过人、善谋能辩的齐钟离春。这类女子各有所长,共同的特点就是凭借自身能力帮助男子,或有所成就,或躲避祸害,她们的事迹在《列女传》中占据了多半部分的篇幅,是刘向主要推崇的妇女观。在道德品质方面,《贞顺篇》《节义篇》和《孽嬖篇》从正反两方面加以展现。以守贞自残的梁寡高行和救父舍命的京师节女为代表的贞节派女子,与淫逸奢侈、惑君亡国的三代妖后形成了鲜明的对比。在刘向爱憎分明的叙述中,可以看出他对女子道德评价的标准是礼制。在古礼的外衣下,他对女子贞节观的要求比以往的观念更加严厉,在以往的风俗中,女子只要求婚内守贞,如亡夫无子则可以改嫁,而刘向所列女子是一醮不改,即只嫁一次,如果丈夫死了,则无论有无子嗣都要守寡终生。可见,刘向提倡的礼制是他改造后的新礼制,是为当时统治阶级制约女性权利、削减女性地位而服务的,这一层面的妇女观和其他篇章中睿智聪慧的女性形象有所抵触,《列女传》隐藏的矛盾也正是刘向多元评价标准的必然结果。

综上所述,刘向的《列女传》体现了西汉晚期多元的女德标准,在母仪、贤明、仁智、贞顺、节义等美德中,只要符合一个就可以立传入书。但是在多元性里,也有侧重的标准,刘向对贞节观的强化定义,成为东汉女德标准转变的萌芽。

---

[1] 李奕主编:《经部·周礼》,学苑音像出版社2004年版,第16页。

3. 东汉妇德新体系

两汉之际,后妃、外戚干政的势头愈演愈烈,为了控制这一局面,精英阶层引经据典地提出红颜祸水论,再加上这时迅速发展起的谶纬学说,一起为重构女性角色提供了条件。前期刘向《列女传》在民间的普及,也为东汉大儒们加强封建礼教提供了舆论铺垫。同时,随着经济的发展、家庭的负担相对减轻,女子的日常活动也由外转内,女子在家庭中的经济地位和决策地位相应降低。以上种种原因,导致了东汉妇德标准的演变。

如果说,董仲舒提出的"三纲五常"是君臣关系、夫妻之道的规范,也仅限于上层阶级,并未普及,男尊女卑的思想更是没被皇室所接受。到了刘向《列女传》,以男子为中心的妇女观形成,但是评价标准多元包容,即使贞节观被强化,也只是停留在道德层面,没有形成大气候。而到了东汉,统治阶级借用《列女传》对贞节观的导向,将贞顺节义观演变为评价妇德的唯一标准,而抹杀了妇女在才能仁智方面的行为。代表的论著有《白虎通义》和《女诫》。《白虎通义》是打着对儒家经典的解读,将男尊女卑的观念理论化、官方化。它首先确立了女子必须低位于男子的合法性,认为这一地位是天经地义的。其次,强调三从概念,借用"阳倡阴和,男行女随"[1]的观点,从理论上剥夺了女性独立存在的合理性,使得女性必须要依附于男性。《白虎通义》标志着东汉女性新价值观的形成,代表着官方对妇德评价的标准。而将这一标准从理论带入现实,从上层带入民间的是班昭的《女诫》。

班昭是民间女子德育的先行者,她一方面对刘向《列女传》作注,加快了《列女传》通俗化、普及化的程度,即使文化水平不高的女子通过注释也能学习领会。相传,《列女传》的第八卷《续传》也是班昭补写的,她的思想对当时的妇女起到了广泛教化作用。另一方面,班昭撰写《女诫》,起初以教育自己女儿为目的,开了女子家训的先河,后来被发展为整个封建社会女性的言行规范,具有教科书似的示范作用。《女诫》中有很多观点是对女性地位进一步地削弱,并且将这些理论和日常生活联系到一起,提出了具

---

[1]〔清〕陈立撰,吴则虞点校:《白虎通义疏证》,中华书局1994年版,第452页。

有实践性的行为规则。比如,她提出:"《礼》,夫有再娶之义,妇无二适之文,故曰夫者天也。天固不可逃,夫固不可离也。行违神祇,天则罚之,礼义有愆,夫则薄之。"[1]这是对贞节观的进一步强调,并明确表明女子不能改嫁,否则是违礼逆天的。在夫妻相处中,她的观点是:"妇不贤,则无以事夫。夫不御妇,则威仪废缺;妇不事夫,则义理堕阙。"[2]女子在家庭里要无条件地顺从丈夫,一切要以夫家为重。最后她把这种阴卑恭敬的女性观发展为对后世影响深远的"四德"观,她在周礼"四德"的基础上对妇德、妇言、妇容、妇功做出具体规定:"清闲贞静,守节整齐,行己有耻,动静有法,是谓妇德。择辞而说,不道恶语,时然后言,不厌于人,是谓妇言。盥浣尘秽,服饰鲜洁,沐浴以时,身不垢辱,是谓妇容。专心纺绩,不好戏笑,洁齐酒食,以奉宾客,是谓妇功。此四者,女人之大德,而不可乏之者也。"[3]为了解释自己的观点,她又提出:"夫云妇德,不必才明绝异也。""妇功,不必工巧过人。"[4]等观点,完全否定了女子在才能上的表现。班昭作为当时的知识女性却提出女子无才便是德的观念,无疑是矛盾的,但不管她出于何种目的,男尊女卑的行为准则确实成为束缚妇女身心的枷锁。班昭之后,女性礼制教育蔚然成风,各种家训、地方志、史书都把女德作为重要内容,而且把女子贞节行为作为突出表现。据统计,史书记载两汉时期贞节烈妇共54人,除去西汉2人外,东汉有52人。[5]从《后汉书》《东观汉记》《华阳国志》中,涌现了大量为了守节而自杀自残的女子。至此,女子评价标准已经不同于刘向提倡的多样性,《列女传》中只作为一个章节的贞节观被无限地放大,成了东汉晚期妇德评价的唯一标准。

　　从西汉到东汉,妇女地位逐渐下降,女子的自我意识也逐渐丧失,女德评价标准由多元向单一的贞节观演变。这种变化不可避免地表现在艺术题材的选择上,母仪、贞顺、节义类的列女故事顺理成章地成为东汉画像石最主要的表现内容。

---

[1][2][3][4] 成晓军主编:《慈母家训》,重庆出版社2008年版,第196页。
[5] 参见陈丽平《刘向列女传研究》,中国社会科学出版社2010年版,第478页。

二、汉画像中的列女图

刘向《列女传》和《列女图》产生后,列女题材的画像创作一时兴起。据文献记载,这一时期的列女图画以屏风画和画像石为主,屏风画是摆设物件,融入日常生活中,画像石多存在于祠堂、墓室、棺盖中,在丧葬和祭祀中扮演重要角色。由此可见,从生到死,从地上到地下,列女图无不存在于汉代人的世界,体现着他们的世界观和人生观。特别是汉代有视死如生的传统观念,注重厚葬,所以用于陪葬的汉画像石更加具有汉代文化的代表性,它们从数量上到技法上都体现出汉代艺术的巅峰,汉画像除了装饰作用,还有更为深远的象征意义。所以汉画列女图是汉人妇女观的具象化、生动化。这些已经出土的汉画像,为研究列女图提供了最早的实物参考。

(一) 列女汉画像的时空分布

经考证,"汉画像石大致产生于西汉武帝以后,衰落或消亡于东汉末年,其间经历了约三百年的发展过程。因各地条件不同和历史发展的不平衡,汉画像石出现和兴盛的时期也有不同"[1]。"据不完全统计,迄今为止,在全国范围内发现和发掘的汉画像石墓已超过二百座,汉画像石阙二十余对,包括图面已复原的石祠堂在内的汉画像石祠十余座,用汉画像石雕刻技法雕造的摩崖造像群一处,汉画像石总数已超过一万块。"[2]就时间来说,汉代画像石主要发展时期为汉武帝及汉昭帝、汉宣帝时期,这时候的画像石具有数量繁多、题材丰富、内容精美的特点。至东汉中期,随着经济的衰落与礼法的式微,丧葬、祭祀制度受重视程度下降,画像石的发展也相应地受到阻碍。至东汉末年,画像石的发展进入停滞期。从空间上来

---

[1] 蒋英炬、杨爱国:《汉画像石与画像砖》,文物出版社2001年版,第19页。
[2] 信立祥:《汉画像石综合研究》,文物出版社2000年版,第13页。

说,因为经济文化因素的关系,汉画像的分布呈现出一定的规律性:以山东、江苏、安徽、河南河北等中东部地区为主要画像石集中区,其画像石具有数量多,雕刻绘画技法成熟的特征;山西、陕西北部及四川境内为西汉后期及东汉初期开始大规模出现画像石的地区,其画像石具有明显的地方特色;此外,天津武清、甘肃、浙江海宁等一些地区也零散发现汉画像石,但数量与价值都远不及上述地区。[1]

汉代列女画像作为汉画像的附属,在时空分布上与汉画像整体时空分布基本吻合,但又具有自身特点。目前已知的汉代列女画中,以东汉时期山东嘉祥武氏祠堂(图6.3)与内蒙古和林格尔墓的壁画(图6.4)最为集中。

其中武氏祠有《列女传》相关壁画10幅(图6.5)即太姒十子图、无盐丑女图、梁节姑姊图、齐义继母图、京师节女图、梁高行图、鲁秋洁妇图、鲁义姑姊图、楚昭贞姜图、王陵母图。

图6.3 山东嘉祥武梁祠原景

资料来源:巫鸿,《武梁祠:中国古代画像艺术的思想性》,生活·读书·新知三联书店2005年版,图1。

---

[1] 参见朱青生主编《中国汉画研究》,广西师范大学出版社2006年版,第23—34页。

图 6.4 内蒙古和林格尔汉墓墓室内景

资料来源：陈永志、黑田彰主编，《和林格尔汉墓壁画孝子传图辑录》，文物出版社 2009 年版，第 44 页，图 1。

图 6.5 山东嘉祥武氏祠部分列女图

资料来源：蒋英炬编，《中国画像石全集》第 1 卷，山东美术出版社 2000 年版，图 50。

和林格尔墓已经辨别的相关壁画 24 幅（图 6.6），即"高行处梁（梁寡高行）""鲁漆氏女""费义妇""后稷母姜嫄""契母简狄""王季母大（太）姜""文王母大（太）任""武王母大（太）姒""卫姑（定姜）""秋胡子妻""周主忠妾""许穆夫人""曹僖妻""孙叔敖母""晋扬（羊）叔姬""晋范氏母""邹孟轲母""鲁之母师""齐田稷母""齐桓管姬""秦穆姬""楚昭越姬""盖将之妻""代赵夫人"。[1] 在汉代列女壁画中占据比例最大。

此外，山东莒县东莞镇出土的汉代石阙上也有几幅列女图像，东汉右荆州刺史李刚墓、陕西绥德呜咽泉村石墓、河南唐河县针织厂汉墓均有列女故事的图像或文字记载，四川地区新津、彭山、绵阳、梓潼四处均出土"秋

---

[1] 参见盖山林主编《和林格尔汉墓壁画》，内蒙古人民出版社 2007 年版，第 8—9、69—70 页。

图 6.6　和林格尔汉墓列女壁画

资料来源：陈永志、黑田彰主编，《和林格尔汉墓壁画孝子传图辑录》，文物出版社 2009 年版，第 16 页，图 1。

图 6.7　四川新津崖墓石函秋胡戏妻图

资料来源：高文编，《中国画像石全集》第 7 卷，河南美术出版社 2000 年版，图 202。

胡戏妻图"，其中图 6.7 所示为新津崖墓石函的"秋胡戏妻图"，另外，新津崖墓的石棺还有"梁寡高行图"。

整体来说，列女传画像出现时间主要集中在东汉前期与中期，分布主要集中于山东与四川、内蒙古三大地域。影响的人群以汉民为中心，向少数民族辐射。

（二）列女汉画像对《列女传》的再现

前文已经提到,汉代列女图作为宣传儒家礼法的工具,具有鲜明的教化作用,因此在题材选择中,具有明显的取舍性,具体表现为强调母仪、节义类女子,弱化辩通、才智类女子。与这样的取舍相对应的,便是画像石类型的不对等性。

1. 母仪类

母性风范在汉代画像石中占据重要的地位,原《列女传》母仪类一章选入15篇,计18人,她们大多在汉画像石中得以体现。

武氏祠中,有一幅"太姒生子图",表现周文王王后太姒生十子的故事,这与《列女传》中《周室三母》一文联系密切。和林格尔墓则分别有"后稷母姜嫄""契母简狄"(见图6.8)"王季母太姜""文王母太任""武王母太姒"

图 6.8 和林格尔汉墓 姜嫄、简狄人物图
资料来源:陈永志、黑田彰主编,《和林格尔汉墓壁画孝子传图辑录》,文物出版社 2009 年版,第 20 页,图 1。

"卫姑定姜""邹孟轲母""鲁之母师""齐田稷母"等题材的画像,对应《列女传》的《弃母姜嫄》《契母简狄》《周室三母》《卫姑定姜》《邹孟轲母》《鲁之母师》《齐田稷母》等篇章。此外山东莒县东莞汉墓还有"禹妻""汤妃"榜题的单个人像,可以对应《列女传》的《启母涂山》《汤妃有㜪》。

在母仪类故事中,对于"太姒生子"这一情节在山东武氏祠及内蒙古和林格尔墓两地具有表现,而对史前传说性质更为浓重的娥皇、女英、涂山氏等人物故事则表现单薄,这是东汉时期社会认识进一步提高,人们整体的先民崇拜观念由虚幻个体向具体人物转变的表现,而传说人物姜嫄、简狄等的出现,则是农业社会中重农思想的体现之一。

2. 贤明类

贤明类的人物,在武氏祠画像中未得以出现,山东沂南北寨子村汉墓有一幅"齐桓卫姬图"(见图6.9),和林格尔墓有"齐桓管(卫)姬图""秦穆姬图"两幅画像,山西绥德呜咽泉村石墓有一幅"楚庄樊姬图"(见图6.10),分别对应《列女传》的《齐桓卫姬》《秦穆公姬》和《楚庄樊姬》。

图6.9 沂南北寨子村墓 齐桓卫姬图

资料来源:蒋英炬编,《中国画像石全集》第1卷,山东美术出版社2000年版,图211。

图 6.10　绥德呜咽泉 楚庄樊姬图
资料来源：汤池编，《中国画像石全集》第 5 卷，山东美术出版社 2000 年版，图 188—189。

贤明类女子在汉代画像中的较少表现,原因之一为贤明传中描述的女子事迹多为一般性生活场景,不具备典型场景与事件,不利于图像的构成与表达;另外,贤明女子强调个性,却不利于父权制社会的专制统治,所以没得到广泛宣传。

3. 仁智传

仁智类型女子中,目前可考证的汉代画像为内蒙古和林格尔墓内出土的"鲁漆室女图""许穆夫人图"(见图 6.11)"曹僖妻图""孙叔敖母图""晋羊叔姬图""晋范氏母图"六幅画像,他们分别对应《列女传》的《鲁漆室女》《许穆夫人》《曹僖氏妻》《孙叔敖母》《晋羊叔姬》《晋范氏母》。

仁智类女子出土地区集中于汉代北方边界,数量虽然不少,但表现的人物缺乏独立性,内容上侧重以妻、母形象衬托出夫、子的事迹,这与东汉时期儒家思想的教化作用密切相关。

4. 贞顺类

贞顺类中,山东嘉祥武氏祠堂发现"梁寡高行图""楚昭贞姜图",分别对应《列女传》的《梁寡高行》与《楚昭贞姜》。另外新津崖墓石棺和内蒙古和林格尔墓也有画像"梁寡高行图"。

目前发现的汉画像中,贞顺题材表现数量上很少,但是存在具体题材突出的现象。《梁寡高行》除了多处出现外,还在四川新津崖墓中作为列女图中唯一的一幅画作出现,具有一定的典型意义。

5. 节义类

节义是列女图的主要题材之一,上文已经分析《列女传》中,其"列女"取意侧重于贞节刚烈之意,这类女子多通过舍弃亲情、健康乃至生命的形式换取"义",是《列女传》重点刻画的形象,《列女传》对于这类女子的赞赏程度非常高,有"杀身成仁,义冠天下"等语。受文本影响,同时为符合教化的需要,汉代画像石中对节义类女子形象的表现相对突出。

据已有资料显示,山东嘉祥武氏祠堂出土相关画像五幅:"秋胡戏妻图""梁节姑姊图""齐义继母图""京师节女图""鲁义姑姊图",他们分别对应《列女传》中《鲁秋洁妇》《梁节姑姊》《齐义继母》《京师节女》《鲁义姑姊》。内蒙古和林格尔墓画像中可辨别的有"秋胡戏妻图""周主忠妾图""代赵夫人图"(图6.12)"盖将之妻图"(图6.13)"楚昭越姬图"(图6.14)五幅相关画作,分别对应《鲁秋洁妇》《周主忠妾》《代赵夫人》《盖将之妻》《楚昭越姬》。此外,四川地区新津、彭山、绵阳、梓潼四处均出土"秋胡戏妻图"。

图6.11 和林格尔汉墓 许穆夫人图

资料来源:陈永志、黑田彰主编,《和林格尔汉墓壁画孝子传图辑录》,文物出版社2009年版,第26页,图13。

图 6.12 和林格尔汉墓 代赵夫人图

资料来源:陈永志、黑田彰主编,《和林格尔汉墓壁画孝子传图辑录》,文物出版社 2009 年版,第 29 页,图 30。

图 6.13 和林格尔汉墓 盖将之妻图

资料来源:陈永志、黑田彰主编,《和林格尔汉墓壁画孝子传图辑录》,文物出版社 2009 年版,第 29 页,图 19。

图 6.14 和林格尔汉墓 楚昭越姬图

资料来源:陈永志、黑田彰主编,《和林格尔汉墓壁画孝子传图辑录》,文物出版社 2009 年版,第 29 页,图 19。

汉代画像中,节义类女子得到了突出表现,尤其典型形象更是广为流传,比如秋胡妻这一人物可谓是贯穿中国南北,只要有列女图的墓穴崖壁就有秋胡戏妻的刻画。这一现象与画像的宣传教化目的密切相关,与东汉末期儒家思想提倡的人伦纲常观念也联系密切,是思想、文本、画像相互联系,共同作用于社会集体意识的集中表现。

6. 辩通类

辩通类画像中,有山东嘉祥武氏祠堂"无盐丑女图",其与《齐钟离春》相对应,是目前已知仅有的辩通类画像。

7. 续列女传

相传《续列女传》为东汉班昭所著,对刘向的前七章进行了补充,并续写了一些刘向后世的列女故事,比如"班女婕妤""明德马后"是西汉末年和东汉时期杰出的女性代表。续传由于成文较晚,所以在同时代的汉画像中未得到广泛体现,唯有武氏祠的"王陵母图"(图6.15)和续传中的《王陵之母》对应。到了北魏时,还有司马金龙墓出土的漆画屏风画中有班婕妤图,已距画像石流行的时代晚了近300年。

图6.15　山东嘉祥武氏祠画像　王陵母图

资料来源:蒋英炬编,《中国画像石全集》第1卷,山东美术出版社2000年版,图50。

整体来说,目前已经发现且辨别出的列女类汉画像,以祠堂及墓地为主要出土地,主要集中在山东嘉祥武氏祠堂与内蒙古和林格尔墓两大场所,其他地区偶有单幅作品出现;作品以画像石为主要形式,除四川新津、彭山少数几处用于棺椁之上,其余石材主要作用为装饰性石壁。画像石中的列女图像明显受到刘向《列女传》和《列女图》的影响,这些画像常常按照《列女传》划分的篇章,成类型出现,既有系统性又具有明显的指向性,如武氏祠中的列女图以节义贞顺题材为主,和林格尔以母仪为主,对于智勇、辩通等有能力的女性表现得相对较少,对于原作中意为反面讥讽作用的孽嬖类几乎没体现。

(三) 列女汉画像的寓意

1. 精神核心——节、义

封建社会没有专门的学校对女子进行教育,但女性需要掌握必要的思想道德规范与礼仪礼节,以便规范自身行为,同时相夫教子。这样的需求使得很多规范引导妇女思想的书籍、图像等作品应运而生。西汉刘向整理撰写的《列女传》便是最早专门针对妇女教育的书籍。《列女传》通过选取皇室或民间较有知名度的人物为典型,以其事件为案例,配以评价,表现男权社会中男性希望妇女所具有的品质。

先秦时期,儒家思想已经提倡"忠、孝、节、义"的道德标准,其中"节"具有气节的含义,具体行为包括"富贵不能淫,贫贱不能移,威武不能屈"的处世气节,还包括妇女德行的品评,如"贞洁"等,与儒家学说的"三纲五常""三从四德"相呼应。这些观念在那时虽未成体系,但已形成对妇德观念模糊的解释。

到了春秋末期,为保持社会秩序的安定,统治者对妇德的要求不再满足于奉养姑婆,忠于丈夫、教养子女这些一般性行为,进而大力弘扬儒家思想的"节、义"。同时,规范妇女具体行为的观点也应运而生。

《礼记·内则》规定女子"在父母姑舅之所,有命之,应'唯'敬对。进退、周旋慎齐；升降、出入揖逊。不敢哕噫、嚏咳、欠伸、跛倚、睇视，不敢唾洟，寒不敢袭，痒不敢搔。"[1]这种已经具体规定到打嗝、打喷嚏、打哈欠的条文使女性失去了自由表达思想与需要的权利。《大戴礼记·本命》则进一步巩固男性统治地位，加强对女子的约束，"妇有七去：不顺父母去，无子去，淫去，妒去，有恶疾去，多言去，窃盗去。"[2]无子、恶疾、多言这都属于可以被休弃的理由。这些看似不公平的规定，在典范的作用下，配合国家荣誉性奖励及铭传后世的诱惑，成为女子主动用于规范自身行为的条款。《列女传》更是以文本教化的方式，使这种能够获得荣誉的事迹广为流传，促进其逐渐转化为社会公共意识，进一步达到降低女性地位、剥夺其话语权的作用。

所以在这种社会大环境下，表现妇德的画像相应出现，并呈现出侧重于"节义"的趋势。

汉代重孝，重丧葬反映的是存活者对于逝去的人最大程度的尊敬，而祭祀场所的设置及礼仪制度则是对先祖的最高崇拜。在这样的思想影响下，墓穴及祭祀场合呈现出的列女画像便不再简单地具有装饰性作用，而是经过严格取舍后保留的、能够表达时代集体认知的，具有典型意义的作品。山东嘉祥武氏祠作为祭祀先人的场所，以十幅列女画像反映出东汉对于女德的注重，而其中仅"无盐丑女"（图6.16）属于辩通类，剩下的都可从属于贞

图6.16　山东嘉祥武氏祠画像无盐丑女图，瞿中溶摹版

资料来源：瞿中溶，《汉武梁祠画像考》，国家图书馆出版社2004年版，图12。

---

[1] 杨天宇：《礼记译注》，上海古籍出版社2004年版，第334页。
[2] 李奕主编：《经部·大戴礼记》，学苑音像出版社2004年版，第234页。

顺节义类。这种画像取材上的倾向性,是时代思想影响艺术表现的范例。

关于时代思想与艺术的对应关系,丹纳提出著名的"种族、环境、时代"三动因公式。他认为"种族"是文艺的"内部主源","环境"是文艺的"外部压力","时代"是文艺在"内部主源"与"外部压力"下发生作用的"倾向"。[1] 种族是一个民族艺术所表现出的根本特性,艺术记录的便是民族各个时代的模型。关于环境因素对于艺术创造的影响,丹纳以绘画史及雕塑史为案例,认为国家的政策、风俗习惯及精神气候影响艺术,是其具有时代风格的重要因素。对于艺术创作的时代动因,丹纳认为其包括政治事件、宗教信仰及民俗风气,他们决定了艺术选取的思维视角。

关于绘画类艺术与时代精神的具体联系,丹纳归纳为:"我们先要研究这一段内部的,成为先决条件的历史,以便说明外部的终极的历史。我先要给你们分析种子,就是分析种族及其基本性格,不受时间影响,在一切形式一切气候中始终存在的特征;然后研究植物,就是研究那个民族本身及其特性,这些特性是由历史与环境加以扩张或限制,至少加以影响和改变的;最后再研究花朵,就是说艺术,尤其是绘画,那是以上各项因素发展的结果。"[2]

这种将时代作为绘画类艺术的后天的、外部的力量的结论,论证了汉代列女画具有"节义"化选择倾向与当时社会环境的关系。可以说,东汉时期出现大量表现节义精神的列女画,是对时代精神的映衬,彼时的妇德观念,已经从原有的忠孝思想转为节义思想,节义甚至已经有了成为时代妇德思想核心的趋势。

2. 墓主人的用意

我国古代对丧葬制度极为重视,其中一方面是因为古人受朴素的生死观念及鬼神观念影响,将死作为极其神秘的一件事情,认为死可以复生,故通过墓穴布置再现其生前的场景,希望可以随时复活,继续享乐。现在已

---

[1] 参见[法]丹纳著,傅雷译:《艺术哲学》,人民文学出版社1983年版,第4—6页。
[2] 同上,第147—148页。

经挖掘的山顶洞人墓葬,其周围有赤红色铁粉装饰,伴有当时先进的石器及贝壳等饰物陪葬,是这种思想的最初反映。先秦文学中同样具有死而复生的描述,《左传》曾记载:"晋人获秦谍,杀诸绛市,六日而苏。"[1]这些儒家经典对死而复生事迹的记录,无疑加强了汉人对于再生的信仰。

古人重视丧葬制度的另一个原因是"礼"的观念的影响,儒家思想的核心便是"仁孝",配合汉代举孝廉的官员选举制度,汉人将对于孝的理解与操作发挥到极致,这不仅表现在对父母生前的奉养,更表现在其死后的厚葬。《荀子·礼论》规定"丧礼者,以生者饰死者也,大象其生以送其死也。故事死如生,事亡如存"[2]。《潜夫论》载"终没之后,乃崇饬丧纪以言孝"[3],《后汉书·光武帝记》也记载当时的丧葬有"世以厚葬为德,薄终为鄙"[4]的社会思想。

此外,汉代自汉武帝以后,国家富足,经济快速发展,手工业技艺提高,这为丧葬制度的迅速发展提供了必要的社会条件;罢黜百家、独尊儒术的提出,则为丧葬制度的发展提供了思想与理论的支持。自汉昭帝以后,皇室贵族传统的土质开山为穴的坟墓结构开始向小规模的、石质结构的墓穴转变,原有的易于受潮毁坏的壁画也相应地变为绘于石壁并涂以色彩的形式,汉代画像石便是在这样的条件下兴起。

通过对已经发现的汉代墓穴、祠堂及石刻的整理,画像石具有多种类型的题材,共同传达墓主人的思想。如图 6.17 所示,山东嘉祥武侯祠壁画便有神话祥瑞、车马出行及孝子列女等多个题材的内容交相辉映。

对于画像内容所传达意义的考证,赵宪章、朱存明认为:"汉画像是汉民族集体无意识的图像呈现,表现为一种宇宙象征主义的图式。这一图式不仅表现为人与现实世界的生活图景,而且表现为人对死后世界的理想建构。"[5]中国原始画像起源于简单的、具有象征意义的符号,且先秦时期有

---

[1]〔春秋〕左丘明撰,杨伯峻校:《左传》,岳麓出版社 1988 年版,第 125 页。
[2] 林宏星:《〈荀子〉精读》,复旦大学出版社 2011 年版,第 261 页。
[3] 李宓主编:《经部·潜夫论》,学苑音像出版社 2004 年版,第 9 页。
[4]《后汉书》卷一。
[5] 赵宪章、朱存明:《美术考古与艺术美学》,上海大学出版社 2008 年版,第 122 页。

图 6.17 山东嘉祥武氏祠画像不同种类壁画题材

资料来源：蒋英炬编，《中国画像石全集》第 1 卷，山东美术出版社 2000 年版，图 49。

记录的图像一般为探索宇宙星象的星宿图，在墓室中绘于穹顶，是墓主人或其后人依循社会丧葬仪式，将逝者灵魂引入宇宙仙境的一种精神寄托。发展至汉代，以画像表现精神寄托的形式得以延续，表现内容则从"宇宙象征主义的图式"发展为各种形式画像的集中表现，"表现为一种'天地相通'的巫术观、'天人合一'的哲学观、'天人感应'的历史观、'尊天听命'的命运观、'不死升仙'的宗教观、'天谴祥瑞'的吉凶观、'天道自然'的审美观，等等"。[1] 以此为依据，列女画像出现于墓室及祠堂的主要意义，在于表现墓主人的人生观及当时社会的道德观。

刘向《列女传》具有"以著祸福荣辱之效、是非得失之分"[2]的目的，主要根据《列女传》创作的列女图，同样具有规范和教化作用。将列女图置于墓室或祠堂中，显然属于强化女德标准的具体行为，他们希望通过画像的

---

[1] 朱存明：《汉画像宇宙象征主义图式及美学意义》，《文艺研究》2005 年第 9 期。
[2] 《初学记》卷二十五。

形式,为家族及后世的女性树立学习典范,进一步加强对女性的束缚,巩固社会统治,达到墓主人死生如一的目的。另一方面,墓室及祠堂作为先祖安寝的地点,具有庄重神圣的意味,其中的装饰性画像,尤其是祠堂中的壁画,应着重强调其对于子孙后代的警示意义。最后,在重视厚葬的汉代,列女题材画像能够进入墓室与祠堂,并占有一席之地,表现出墓主人明确的立场和思想的归属。

3. 东汉末年社会意义

列女画主要通过引导人们思想,规范人们行为,影响社会整体认知的方式,产生社会意义。

关于艺术与意识的关系,可以借助弗洛伊德的精神分析学说进行解释。弗洛伊德着重研究人类潜意识的作用,他将潜意识系统比作一个大前房,在这个房间内,有各种精神兴奋的个体拥挤其中。和这个房间相连的,是一个类似于接待室的小房间,它就是意识。在这两个房间的门口,有一个守卫,他负责考察各种精神兴奋,对于他不赞成的因素,则不允许进入接待室。而关于潜意识与意识的联系,他认为:"潜意识内的兴奋不是另一个房子的兴奋能够察觉的,拥挤于潜意识内的精神兴奋如果不能够通过审查进入意识,那么他们就是被压抑的,而只有经过审查,通过意识的注意,才能够成为意识。"[1]这样的说法将思想作为一个多层次的复杂系统,解释了人类艺术活动中潜意识的存在,并有助于分析艺术对于人类意识及潜意识的作用。

弗洛伊德认为,艺术是潜意识重伪装的精神兴奋元素,他们通过艺术的形式,走向文明与文化。而接受者在艺术审美的过程中,"能够通过自己受压的内驱力的作用,以审美次序及和谐达到潜意识意识化的效果"[2]。就是说,图像等艺术能够通过诱发受众的潜意识因素,达到影响其意识的效果。

---

[1] 参见[奥地利]弗洛伊德著,高觉敷译《精神分析引论》,商务印书馆1984年版,第233—235页。
[2] 参见[美]M·李普曼编,邓鹏译《当代美学》,光明日报出版社1986年版,第420页。

基于以上分析，列女图能够影响受众思想的结论得以证实。关于其在东汉末年的社会意义，则需要结合当时社会的人本主义、以礼治国、天人合一等思想进行分析。

首先，作用于人本主义思想，束缚人性。东汉末年的人本主义思想主要表现为将关注对象从天、神、仙等转向社会人生，强调人的价值与作用。这是一种社会的进步，而这种进步也使统治者发现了人的力量的威胁，因而其在统治中实行"仁政"的同时，也在有意识地控制人们的思想观念。这种控制主要体现在加强人们的自觉性、自主性，强调尊严和责任。而对于自尊与自觉的过度强调，加之儒家思想的"礼、义、节、气"观念的作用，极易造成对于人性的过度约束。《列女传》推崇以死伤守贞，便是一种约束人性思想的宣扬，列女图则是受其影响，以绘画的形式对其进一步地强化与演绎，作用于人的视觉与思想，影响时代精神。

其次，以礼治国的思想与列女图教化作用的相互需求。礼原指人与人或人与国之间的交往方式，经过儒家思想的改造，在汉代发展为一种社会思想，这种思想被统治者作为理想化的社会状态推崇实施，便转化为一种社会集体精神。礼制精神的核心在于强调社会秩序，具体便是君臣、父子、夫妻的社会关系。贾谊在《新书·礼》中强调："君惠臣忠，父慈子孝，兄爱弟敬，夫和妻柔，姑慈妇听"[1]便是秩序之美，这与列女图呈现的社会典范一脉相承，共同建立规范有序的伦理道德。

以礼治国的思想在汉代正式出现，汉儒在推崇这种思想的同时，需要借助一定的手段达到宣扬目的。《列女传》在这样的情况下产生，又因为"女子无才便是德"与"妇不干政"的思想影响，女子不适合以手捧诗书的方式学习妇德，所以男性更倾向于以图像教化女性的方式。因此汉画像列女图充当着重要的教化工具作用，此外，汉代一批绘于团扇、丝帛、屏风等媒介上的列女画与汉画像一起，推动礼制思想的传播。

最后，天人合一的思想影响。天人合一思想是儒家思想发展到汉代所

---

[1]〔汉〕贾谊撰，阎振益校注：《新书校注》，中华书局2000年版，第215页。

提出的,使人类行为符合自然规律的一种思想观念。《白虎通义·天地》:"精者为三光,粗者为五行。五行生情性,情性生污中,污中生神明,神明生道德,道德生文章。"[1]这样的思想表达出天生万物、主宰人伦的观念。在强调天人合一的同时,也在强调人的作用,强调人对规律的遵循:"言行者,欲言为天行气之义也。地之承天,犹妻之事夫,臣之事君也。谓其位卑。卑者亲事,故自周于一行,尊于天也"。[2]这种思想需要统治者及知识分子以切实的言行事迹来为大众做出规范。列女图的出现正是起到了这种规范性的作用,其对于女性从属性地位的定位,符合天人观念中"妻从夫""位卑"的思想,是顺应天人观念的必然选择。

三、《列女传》和列女汉画像的互释

(一) 图文对应

1. 文中的画面感

作为记录工具,文字具有通过不同表达方法来达到还原画面、营造氛围的特征。这使得读者在阅读文本的时候,可以摆脱时间与空间的束缚,臆想事件发生时的场景,形成特定的画面感。这种画面感以共同的文本为参照,在读者构图中具有一定的共通意象,同时因为这样的画面通过读者臆想的方式实现,又具有很大的随意性与主观性。

前文已经考证,在刘向编写《列女传》前,已经有零散的列女故事流传于民间或资料记载中,刘向在前人基础上,加之自身收集整理,完成《列女传》。因而《列女传》相对来说具有一定时间跨度,在故事的表现手法上存在差异,通过文本传达的画面感也有所区别,本文尝试以几篇具有代表性

---

[1] 向晋卫:《白虎通义思想的历史研究》,人民出版社 2007 年版,第 45 页。
[2] 同上,第 63 页。

的传记,分析《列女传》所形成的文本画面的一般特性。

（1）形象场景模糊的泛化描写。这样的描写以《列女传·周室三母》表现较为明显。《周室三母》是母仪篇中人物较多、描写详细、事件丰富的作品。其中记载了周初太姜、太任、太姒三位女性形象,每位女性都有代表性的人格和事迹。"太姜者,王季之母,有吕氏之女。太王娶以为妃。生太伯、仲雍、王季。"这种对于女性身份的简要介绍是《列女传》全书的开篇方式,使读者在一开始就能将其与具体历史事件、历史人物进行必要联系。《列女传》继而述其"贞顺率导,靡有过失",是对其整体品行的概括,"太王谋事迁徙,必与太姜"则是对具体事件的叙述,"君子谓太姜广于德教"[1]一句则以评论的方式总结人物,起到对描写的概括与规范作用。从对太姜的描写中,可以看出《列女传》对这类形象的塑造主要集中在德行描写上,其参与的事件非常笼统,无对其相貌的描写,不涉及具体场景的描写。这样粗泛的描写方式使相应的文本画面感极其模糊（见图6.18）,在《列女

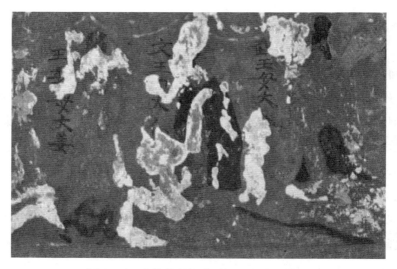

图6.18 和林格尔汉墓壁画 周室三母图

资料来源：陈永志、黑田彰主编,《和林格尔汉墓壁画孝子传图辑录》,文物出版社2009年版,第21页,图3。

---

[1]《列女传补注》,第14页。

传》中,主要用于描绘年代久远、事迹不详而在有一定名望的人物,如启母涂山、汤妃有新、周氏太姒等均属于此类描写。

（2）具体言行及典型场景描写。

《列女传·梁寡高行》便是通过对梁高行具体的言行描写,刻画了贞节而刚烈的女子形象。对于梁王之聘,高行曰：

> 妾夫不幸早死,先狗马填沟壑,妾宜以身荐其棺椁。守养其幼孤,曾不得专意。贵人多求妾者,幸而得免,今王又重之。妾闻:"妇人之义,一往而不改,以全贞信之节。今忘死而趋生,是不信也。见贵而忘贱,是不贞也。弃义而从利,无以为人。[1]

这大段的语言描写,描述出梁高行丈夫去世,自身哀伤欲相随而因幼子苟活于世,虽多被求娶而坚守贞节不改的事迹,表现了她忠贞与慈爱的形象,加之"援镜持刀以割其鼻"的具体动作描写,一幅陈述身世不幸却坚守道义、为礼法不惜牺牲的场景呼之欲出(见图6.19)。这样语言与动作相结合的描写是《列女传》中主要人物的描写方式,通过语言的表述与动作的塑造,体现出人物形象与性格特征,制造出鲜明强烈的画面感。

图6.19　山东嘉祥武氏祠汉画像石　梁寡高行图

资料来源:蒋英炬编,《中国画像石全集》第1卷,山东美术出版社2000年版,图50。

---

[1]《列女传补注》,第176页。

《鲁秋洁妇》是具体场景描写的典型代表。鲁秋胡子"见路旁妇人采桑",乃出言戏之,"若曝采桑,吾行道,愿托桑荫下,下赍休焉"而"妇人采桑不辍"。[1] 这样以采桑为主要场景,言行之间穿插这一话题的形式,使事件场景具有明确性(图 6.20),为具体文本画面的塑造提供了必要的依据。

图 6.20　彭山崖墓石函画像石　秋胡戏妻

资料来源:高文编,《中国画像石全集》第 7 卷,河南美术出版社 2000 年版,图 203。

(3) 外貌等细节描写。

《列女传》涉及外貌的描写并不多,尤其对于以美色见长的人物,多以"美""佳"等较为抽象的词一语带过,但也有个别人物外貌描写非常详细,代表之一便是无盐丑女钟离春。钟离春"其为人极丑无双,臼头深目,长指大节,卬鼻结喉,肥项少发,折腰出胸,皮肤若漆"[2]。这样从头发、眼睛、身材到皮肤的具体描写,在整部《列女传》中属于唯一一例。通过语言的描述,无盐丑女的形象明确地得以表述,文本画面的明晰性达到极致。(见图 6.21)

---

[1]《列女传补注》,第 207 页。
[2] 同上,第 260 页。

图6.21　山东嘉祥武氏祠画像石　无盐丑女图

资料来源：蒋英炬编，《中国画像石全集》第1卷，山东美术出版社2000年版，图50。

《列女传》文本在对于人物形象的刻画中，主要为以上几种方式，使人物形象及对应场景具有普泛化与具体性两种倾向。

2. 画面的取舍选择

"语言的本性是指涉事物或表达思想，因此以语言为媒介的文体更适合叙事与论说；图像的本性是视觉直观，因此以图像为媒介的艺术就表现为视觉形象的客体展示。"[1]所以图、文的本性决定了两者在表达上的特点。周宪进一步阐述了两者在对立中的竞争，他认为："相对于文本抽象性和联想性强烈的特征，画像以直观的画面感和具体情节表述见长，具有更为强烈的视觉冲击力。较之于话语文化，图像文化则明显趋向于感性，它摒弃了理性主义的说教，转向感性的快乐，排除了形式主义原则，并把符号与日常生活现成物等同起来。"[2]这使得图像在思想与意识的

---

[1] 赵宪章：《传媒时代的"语—图"互文研究》，《江西社会科学》2007年第9期。
[2] 参见周宪《"读图时代"的图文"战争"》，《文学评论》2005年第6期。

传播中,具有更优越的效果。同时,因为图像具有篇幅限制,相比于文本不受限制的叙述,图像更多的是通过一个或几个典型人物形象、场景表现事件。

图像的这种特性在汉代列女画像中同样有所表现,画像砖根据《列女传》文本画面感表现方式的不同,选取故事发展的不同进度作为整个故事的代表。

对于《列女传》中描写人物形象及场景比较模糊的故事,汉画像一般通过静止状态的人物形象来体现。如《列女传·周室三母》中,人物形象及场景都比较泛化,对于这类故事的处理,和林格尔墓壁画以依次静立的周室三母(图6.18)为表现内容,传达其代表的精神风貌,这是中国古代绘画中常见的人物表现形式,多用于玄幻传说人物、事迹不详或事迹繁多的人物,以及地位尊崇的人物,如汉画中的静坐于山上的西王母形象,尧舜等上古先贤静立像,孔子和弟子静态像(图6.22)等。

图6.22　邹城孟庙藏　孔门弟子图

资料来源:赖非编,《中国画像石全集》第2卷,山东美术出版社2000年版,图67。

这样通过单幅图片刻画整体人物形象的方式,既解决了文本及故事传说中事迹不详的弊端,同时具有庄严肃穆的效果,对于圣贤列女等尊崇思想的建立有积极作用。

对于情节薄弱故事的表达,汉画像还会选取某一角色,结合文本内容,创造性地构建画面。代表图为山东嘉祥武氏祠的"太姒十子图"(图6.23)。

图 6.23　山东嘉祥武氏祠 太姒十子图
资料来源：蒋英炬编，《中国画像石全集》第 1 卷，山东美术出版社 2000 年版，图 58。

　　太姒者，武王之母，禹后有莘姒氏之女，仁而明道。文王嘉之，亲迎于渭，造舟为梁。及入，太姒思媚太姜、太任，旦夕勤劳，以进妇道。太姒号曰文母，文王治外，文母治内。太姒生十男：长伯邑考、次武王发、次周公旦、次管叔鲜、次蔡叔度、次曹叔振铎、次霍叔武、次成叔处、次康叔封、次聃季载。太姒教诲十子，自少及长，未尝见邪僻之事。及其长，文王继而教之，卒成武王周公之德。君子谓太姒仁明而有德。诗为"大邦有子，伣天之妹，文定厥祥，亲迎于渭，造舟为梁，不显其光。"又曰："太姒嗣徽音，则百斯男。"此之谓也。[1]

　　通过文本可以看出，《列女传》对于太姒的描述并无典型事迹与场景，其品德中，具有一般母仪类女子贤良的特征，此外便是子嗣众多。古代以子嗣众多为女子之另一重要品德，显然，武氏祠画像以此为依据，创造性地刻画了太姒与十子的图像：

　　左方一男一女并排坐，身向右，女戴分瓣花冠，男戴前平后高的冠。他们回头向左看，左方一戴花冠女子手端食盘走来。坐着的两人头中间有一题榜为"文王"。由此可知坐的男子为周文王，女子即文王王后太姒。他们右方有十人站立，面向文王夫妇。这就是太姒生的十个孩子。靠近文王的是伯邑考，榜题其名。第二人是周武王姬发，但榜和上半身均已剥落。据《两汉金石记》载，原榜为"口王发"，应为武

---

[1]《列女传补注》，第 15 页。

王发？第三人榜题为"周公旦"。第四人、第五人、第六人和第七人均只剩下半身。据《两汉金石记》，可知清代尚可见"蔡叔度"一榜。现第八人有"霍叔度"的题榜，第九人有"康叔封"的题榜，第十的题榜是"聃季载"。后面这四人的身材都比较矮，第十人还是个儿童。这十人之后，还有两人，一个是头戴分瓣花冠的妇女，肩上似扛有节一样的垂髦，她的头前有题榜曰"乳母"。她身后还有一人，是手执板、头戴前平后高帽子的男子。[1]

可见其以《列女传》"太姒生十男"这句为图像依据，形象地描绘了文王、太姒及十男共处的场面，图主要以"子"来衬托出"母"的功绩，恰好与刘向把太姒放在母仪篇的安排相吻合，属于在文本基础上的拓展与发挥。

此外，对于笼统人物的刻画，除了"太姒生十子"加法式的表现外，同样属于母仪篇的"启母涂山"和"汤妃有㜪"则是减法表现的例子。在文本中"启母涂山"表述夏禹、夏启、涂山氏三人，"汤妃有㜪"中有殷商、仲壬和外丙二子、汤妃、九嫔等多人；而在汉画像中则被简化为如图 6.24 所示："前四人自左至右依次榜题为'禹妻''夏禹''汤王''汤妃'后一人无题。"[2]这类组合虽然没有突出母以子贵的主题，但是夏禹和汤王的搭配更具辨识度，将涂山氏和汤妃母仪天下的形象衬托得更加庄严。

图 6.24　山东莒县东莞汉墓 启母、汤妃图

资料来源：焦德森编，《中国画像石全集》第 3 卷，山东美术出版社 2000 年版，图 140。

---

[1] 朱锡禄：《武氏祠汉画像石中的故事》，山东美术出版社 1996 年版，第 72 页。
[2] 焦德森编：《中国画像石全集》第 3 卷，山东美术出版社 2000 年版，第 123 页。

对于文本《列女传》中有具体言行及场景的描写,汉画像往往以此为依据绘图,使在不脱离文本描绘范畴的基础上,与文本互为补充。武梁祠画像的"梁寡高行图",便以"聘"为突出场景,表现梁王派使者向高行行聘的场面。见图6.19所示:

  梁高行头戴首饰,坐于垂帷之下,面向梁王派来的奉金者,左手持匕首,右手持铜镜。梁高行对面为奉金妇女,跪坐,双手捧金,欲献与梁高行。梁高行身后,有一个手持便面的侍女站立。奉金者后面,有一个戴冠男子,肩上扛一件像幢的圆物,当是节,此人当是使者。他面向梁高行身后一辆有四维的双马拉的轩车,车辕朝外。图上三处题榜:梁高行、奉金者、使者。[1]

这种以文本所载事件为蓝本,综合表现事情发展某一阶段的图像选取方式,具有意境突出的美学特征,同时情节鲜明,辨识度高,对于文本及故事提示性强。

对于场景特征明显的故事,汉画像往往以文本营造的场景为主要构图参考,如图6.25所表现的《鲁秋洁妇》。

  画上,鲁秋胡头戴汉代一般官吏用的前高后低的斜顶冠,上身前倾,正在调戏一个妇女。那妇女左手握桑枝,正采桑不辍。桑树下,放着一个盛桑叶的小筐。鲁秋胡头前一榜曰:鲁秋胡,秋胡妻。[2]

这一场景展现出两人在相认前的一段接触,从人物肢体的构图关系来看,表现出各自的品格态度,为最后秋胡妻舍生取义的行为做好铺垫。

在多个人物的场景表现中,汉画像也会参考文本安排布局,以便突出情节性。如王陵母图(图6.15):

---

[1] 朱锡禄:《武氏祠汉画像石中的故事》,山东美术出版社1996年版,第32页。
[2] 同上,第33页。

图 6.25 山东嘉祥武氏祠画像秋胡戏妻图

资料来源：蒋英炬编，《中国画像石全集》第 1 卷，山东美术出版社 2000 年版，图 51。

画上，右起一人手执棨戟，另一手揪住面前的妇人。此妇女头前一榜，题曰："王陵母"。上三人均面向左。妇人面前一人，头戴斜顶高冠，右手举一节。他身后一辆马拉的轺车，单马停立，车有四维，御者坐车上。[1]

《列女传》中对于这个场景的描述为："项羽与汉为敌国，得陵母，置军中。陵使至，则东向坐陵母，欲以招陵。陵母既而私送使者，泣曰：'为老妾语陵，善事汉王。'"[2]图中使节面向右与文中"东向坐陵母"的方位一致，文图契合，王陵母被楚军挟持，上身前倾，若有嘱咐的姿态也与她年迈体衰、悲痛交加的情况相符合，同时，她下半身稳定的三角形造型，有一种庄重刚烈的象征寓意，表现出她伏剑自杀的决心。

对于《列女传》中人物描写细致入微的故事，画像石则摒弃对于人物形象的过分刻画，仍旧以故事发展的典型事件为绘画主体，如武氏祠的齐钟

---

[1] 朱锡禄：《武氏祠汉画像石中的故事》，山东美术出版社 1996 年版，第 64 页。
[2] 《列女传补注》，第 339 页。

离春图(图6.21):

> 画上二人,钟离春站在左方面向右,头戴五梁花冠。齐王站在右方,面向左,头戴斜顶高冠,佩剑、右手前伸。题榜曰:无盐丑女钟离春,齐王。[1]

这样的安排显然是弱化了文本中对无盐女丑貌的描写,突出了她感动齐王的事迹。

整体来看,列女汉画像可分为静态整体人物形象与具有情节性的人物场景两类。情节性人物展现在表现情节时,通常选取文本中具有典型意义的情节,如"梁高行图"的拒聘,"秋胡戏妻"的调戏场景,图画表现即为本文事件进展的高潮部分,并未出现对于事情结局的刻画。笔者个人认为,回避事情结局的原因之一便是《列女传》的故事结局相对来说具有悲剧性,无论是梁高行还是鲁秋胡妻,其解决或死或伤,具有暴力与血腥的因素,不适合儒家的"仁"的思想,同时不利于妇女贞洁观念的传播。另外,对于故事的表现集中在高潮部分,具有一定的美学意义。因为画作只能从某一角度表现顷刻之间的事情,但其意义却在于使观看者看到图片后,能够通过长期反复地把玩思索,得出感悟性的结论。因而其在选取表现角度时,需要考虑作品怎样能够产生最大的思想感悟与共鸣。这便不适合以故事结局为图像表述画面,阻断进一步的思索,相反地,选取高潮部分,舍弃开始及结局,这如现代影视产品节选最精彩的部分吸引观众的宣传片,能使受众产生探索其原因及结果的欲望,达到宣传的效果。

3. 物象造型对文本的表现手法
(1) 极度概括的形象轮廓模式。

轮廓是形象最为本质、突出的特征,是塑造形象的关键所在。著名画

---

[1] 朱锡禄:《武氏祠汉画像石中的故事》,山东美术出版社1996年版,第59页。

家卢禹光曾如此表述轮廓画:"观历代人物画家,其大成功者,总在于突破了人体的外轮廓线,超越了这条神秘线便到达艺术的彼岸。"[1]汉代人物画像中,大量运用轮廓造型艺术手法,以线条勾勒出人物形象的轮廓,这占据了人物整体造型的主要部分。

在汉代壁画中,画像主要通过彩绘线条表现出人物形象的整体轮廓,线条圆润细腻,转折自然流畅,具有粗细变化,借此表现出人物轮廓不同部位的特征,这一特征在和林格尔汉墓壁画中具有显著表现,如图6.26所示的彩绘图。

图6.26 和林格尔汉墓壁画彩绘人物、马

资料来源:陈永志、黑田彰主编,《和林格尔汉墓壁画孝子传图辑录》,文物出版社2009年版,第50页,图16。

在汉画像石造型中,人物轮廓主要用阴线刻的手法表现,平面阴线刻在勾刻出人物轮廓后加入些微点缀便完成。凹面阴线刻、凸面阴线刻与阴线刻相结合的雕刻技法是通过线条描绘出人物轮廓形象的同时,以画面的高低起伏加强轮廓的表现力。这样的表现手法在山东嘉祥武氏祠画像中

---

[1] 卢禹光:《中国一百神仙图》,新世纪出版社1997年版,第213页。

图 6.27 山东嘉祥武氏祠 石刻人物图

资料来源：蒋英炬编，《中国画像石全集》第 1 卷，山东美术出版社 2000 年版，图 91。

具有明显体现，具体效果如图 6.27 所示。

剪影式的简洁线条是以轮廓表现人物造型的主要方式。一般以一根连续的线条或较长的线条描绘人物造型，一气呵成，保证了形象的完整性与概括性。列女图除了突出人物脸部及手足线条外，其躯干轮廓在表达出人物姿势的基础上，力求做到最简化，这与我国古代人物造型方式具有一定的联系，与汉代追求大气干练的审美风尚也有很大的相关性。这种简洁、清晰、生动的外轮廓造型与《列女传》的叙事方式相结合，对于列女形象的突出起到了重要作用。

列女画中站立的人物通常采用直筒瓶式与花瓶式表现手法。直筒瓶表现人物身体轮廓线条变化不明显,尤其是人物中下部,以直线形式直接体现,这在"太姒生十子图"(图6.23)中表现最为集中,除端坐的文王及太姒外,十子均以直筒瓶式形象的站姿出现,刻画出人物严谨恭敬的态度的同时,也表现出对于历史人物的尊重。此外,"秋胡戏妻图"(图6.25)中的秋胡妻,"齐义继母图"中的继母(图6.28),"无盐丑女图"(图6.21)中的钟离春等形象也具有这样的表现方式,她们姿态收敛,下肢放置于汉代特有的宽大衣裳中,形成具有恭敬意味的、形象简洁大方的造型,通过造型表达出人物心理世界,完成对于文本概念的诠释。

图6.28　山东嘉祥武氏祠 齐义继母图

资料来源:蒋英炬编,《中国画像石全集》第1卷,山东美术出版社2000年版,图50。

花瓶式表现手法指通过类似于花瓶的、具有圆润弧度的线条来表现人物形象的方式,汉画中通常用这样的方式表现女性,尤其是容貌美丽的女性站立时的形象,"楚昭贞姜图"中站立于贞姜身后的两名侍女便是通过这样的形式来表现的(图6.29),这样以侍女的美丽间接表达出贞姜的品貌之美,为她最后宁为玉碎不为瓦全的结局增添了几分悲惋。

对于坐姿,通常采用类似于中国酒坛的宽底式轮廓形象表达。如武氏祠"太姒生十子图"(图6.23)中的太姒与文王,均是正面坐,手足收拢于衣服轮廓中的方式呈现,表现出其姿态与身份的相符性。"梁高行拒王聘图"(图6.19)中的梁高行,以侧面跪坐的方式表现,双腿收拢而使人物下部呈

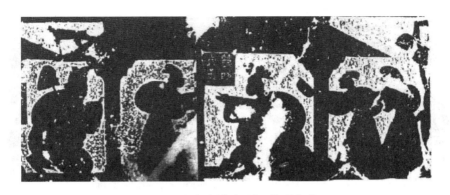

图 6.29　山东嘉祥武氏祠 楚昭贞姜图

资料来源：蒋英炬编，《中国画像石全集》第 1 卷，山东美术出版社 2000 年版，图 50。

现突出状，表现出梁高行品行的端庄持重。"楚昭贞姜图"中贞姜同样是跪坐的姿态，整体形象呈现上窄下宽的酒坛状。这样造型在列女图中通常用于表现稳重而身份尊贵的女子，以符合文本对于其身份与性格的刻画。

另外，对于一些武将或士兵形象的线条塑造，通常采用类似"青蛙式"轮廓，人物手足舞动的姿势与青蛙具有很大的相似性。如"梁节姑姊图"（图 6.30）中玩耍孩子的形象，"鲁义姑姊图"（图 6.31）中士兵形象的表现

图 6.30　山东嘉祥武氏祠 梁节姑姊图

资料来源：蒋英炬编，《中国画像石全集》第 1 卷，山东美术出版社 2000 年版，图 50。

图 6.31　山东嘉祥武氏祠　鲁义姑姊图

资料来源：蒋英炬编，《中国画像石全集》第 1 卷，山东美术出版社 2000 年版，图 50。

等。这类形象的塑造与列女端庄稳重的形象形成对比，起到对于主要表现人物性格进一步强化的作用。

此外，以轮廓表现人物形象的时候，具有构图简洁、服饰夸张等特点。容易出现几何构图，如山东嘉祥武氏祠中"京师节女图"（图 6.32）中京师节女的身体由几何图形构成，外部场景也是应用弧线、直线组合而成。

（2）线条对于语言的表现。

线条是构成绘画最基本的元素之一，在图像中，线条主要表现为构成图像轮廓与刻画图像内部特征两方面，并形成自身的艺术价值，表现出文本宣扬的或创作者隐含的语言结构。

汉画像的线条以曲线为主，纵观列女图画像，人物及事物轮廓或细节的刻画几乎全部以曲线或曲面为主，没有尖锐的线条转折出现，这对于塑造内敛有力的人物形象、刻画庄重的场景非常有利（图 6.33），与《列女传》严谨的风格及教化作用相对应。

线条在人物形象整体轮廓中，通过高低起伏、弯曲变化的线条带来视觉的张力，结合轮廓造型的艺术价值，共同勾画出人物的韵律美。汉代列女图的线条在勾勒外形轮廓的同时，还通过婉转、圆润的弧线构架出列女及其他人物的具体细节。这样的画像表现方式在和林格尔列女图壁画中表现得最为明显。所有能辨别的列女图壁画，均具有线条流畅、整体线条走向与人物体形轮廓相契合的特征。并且通过线条的增减叠加，

图 6.32　山东嘉祥武氏祠画像京师节女图

注：《金石索》木版摹刻本。
资料来源：蒋英炬编，《中国画像石全集》第 1 卷，山东美术出版社 2000 年版，图 50。

图 6.33　山东长清孝堂山祠壁画

资料来源：蒋英炬编，《中国画像石全集》第 1 卷，山东美术出版社 2000 年版，图 44。

变化出衣服褶皱与人物走势姿态。在整体构图中，注重线条与场景的协调，保证画面美感（图 6.34）。相对于和林格尔汉墓壁画线条明确的特征，以武氏祠为代表的画像石在这方面具有明显不足，人物内部线条只能表现在眼睛、头饰及配饰的简略刻画中，这与石头等材质难于雕刻具有一定的相关性。

图 6.34　和林格尔汉墓部分列女图画像

资料来源：陈永志、黑田彰主编，《和林格尔汉墓壁画孝子传图辑录》，文物出版社 2009 年版，第 8 页，图 1。

（3）图对意境的美学表现。

汉画像继承了中国传统绘画的写意特点，同时结合了汉代注重写实的艺术要求，因而具有很高的艺术欣赏价值，这种价值在汉代列女图中同样有所表现。

首先，多视角表现人物形象。汉代的画像中，已经开始应用多视角表现人物形象与立体、透视方法刻画形象。如山东嘉祥武侯祠中的列女图画像石，在表现中，通过人物正面、侧面及七八分面等多个角度表现人物面部表情及形象。"太姒十子图"（图 6.23）便是典型代表，其人物刻画中，太姒与文王为正面视角，呈现七分面，其左边侍女为侧面表现，而站立诸子则是正面与侧面相互交织的表现。在河南唐河县出土的"鲁义妇图"（图 6.35）中，对于鲁义妇的刻画属于二维平面刻画，而对于马的表现则属于三维立体的方式，创意性地表现出马的四肢。这样多角度的画面表现方式，使画面真实性增加的同时，增强了艺术表现力，具有了更高的美学价值。

其次，注重人物神韵的表达。相对于小说能够详细地通过表情、动作等刻画人物性格与心理活动，绘画则只能通过不同技法的运用达到人物神韵的传达。在传达人物性格时，通常运用肢体形态变化与面部表情的不同来表现。肢体语言是表现人物整体风范的主要应用方式之一，汉画像中，

图 6.35　河南唐河县南关(针织厂内)出土鲁义妇图
资料来源：王建中编，《中国画像石全集》第 6 卷，河南美术出版社 2000 年版，图 8。

很多图像对于人物面部并无具体刻画，如列女图"梁高行拒王聘图""鲁义姑姊图""京城节女图"等，其人物神韵及具体意境的创造主要通过肢体动作的刻画来完成。关于肢体与表述的作用，中央美术学院钱绍武曾在讲座中提出，在不能通过刻画详细的面部表情来传情时，很多绘画选择通过头部与颈部的不同位置关系达到同样效果。如一般低头的形象表示哀伤、内敛、羞怯等情绪，而昂首则通常表示兴奋。汉代列女图中，"秋胡戏妻图"（见图 6.25）中，秋胡妻子回首侧望，头微抬，颈部加长表现，左手前伸执箩筐，右手防备姿势收于身前的肢体动作，清楚地表现出她的厌恶与防备，刻画出调戏的场景与被调戏者的心态。人物神韵的传达除了通过肢体语言外，还有一种方式便是面部表情的勾勒，汉画像对于人物面部的特写很少，但是仍旧存在一些生动、鲜明的表情描写，还以"秋胡戏妻图"中的秋胡妻子为例，画像创造性地加入了人物眼睛的刻画，以眼睛尾部大幅度上扬的方式，表现出秋胡妻子的愤怒。

最后，营造富于节奏与动感的境界。文本对于故事的描述具有动态性，但绘画或雕塑本身是静止的，通过静止的画面传达出节奏感与运动的效果，这是艺术作品"境"的核心表述。汉画像这方面的创造主要有两种方式：形象的动态造型与巧妙的构图布局。在列女图中，运用这两种方式共同创造了其动态的形象世界。如"鲁义姑姊图"（图 6.31）中以跑动的士兵,离地的马蹄等表现出动态的节奏,"梁节姑姊图"(图 6.30)中通过刻画蔓延的火势,奔走救火的梁节姑姊及身后劝阻拉扯的人,表现出火势的危急及梁节姑姊的奋不顾身。

  汉代画像石是集合了雕塑艺术、版画艺术、造型艺术及文本艺术的综合性艺术形式,各种艺术形式和谐共处,共同成就了汉代画像的艺术成就。以汉代列女图为例,画像石等形式的列女画像融合了雕刻艺术的质感与视觉造型技巧,配合运用石刻特有的石头材质肌理,发挥了浮雕、线条等手段,使所表现的列女画具有了凹凸起伏的变化,形象突出,视觉张力强烈,与文本意境对应明显。壁画等注重绘画艺术的作品,应用了人物形象的整体表达方式,关注整体与部分的关系,形象与性格的关系,静态图像与动态人物性格的关系,通过多种造型艺术的综合运用,做到了本文与绘画艺术的和谐统一。

(二) 图文间隙

1. 图文本身效果差异

  关于图像学与艺术、文本的关系,图像学研究代表人物潘诺夫斯基认为图像可以通过三个层次的理解达到与艺术对应的关系:"第一个层次是前图像学的描述,主要通过关注平面图像中的'自然意义',并由可识别出来的物品(例如数、建筑物、动物、人)和事件(餐饮、战役、列队行进等)构成。"[1]这是对图像进行解读的基础,图像观察者必须具备"对不同历史条件下使用各种形式来表现对象和事件的方法的洞察"[2]的能力。"第二个层次是进行严格意义上的图像分析。主要是对图像'常规意义'进行分析(将图像中晚餐识别成最后的晚餐,或把战役识别为滑铁卢战役)。"[3]这是结合特定的创作背景及历史事件,明确图像表述的主题。最后,对图像

---

[1] [英]彼得·伯克著,杨豫译:《图像证史》,北京大学出版社 2008 年版,第 43 页。
[2] [美]欧文·潘诺夫斯基著,傅志强译:《视觉艺术的含义》,辽宁人民出版社 1987 年版,第 48 页。
[3] [英]彼得·伯克著,杨豫译:《图像证史》,北京大学出版社 2008 年版,第 43 页。

进行研究和解释,通过图像的"本质意义",找到图像与文本、民族、时代、阶层乃至宗教的对接点。图像研究能够使文化的价值具体化,同时使图像、艺术及文本紧密联系。在对于图像的分析中,贡布里希将视觉心理学引入图像分析中,以"模仿物""替代物""象征物"的关系解释了人类绘制图像的初衷、视觉效果与社会意义。[1] 这样的研究视角为列女图与《列女传》的关系提供了新的切入点,也为研究《列女传》及列女图的不同提供了可能。

汉代《列女传》与列女图分别对应文本与图像两种不同表达方式,文本与图像自身在表达中具有不同的效果。文本以文字为载体,通过文字的堆积形成语言,作用于人类集体的社会认知心理,产生固定的意义。因为文字具有书写的不限制性,所以表达上具有时间与空间的自由性,以《列女传》中《邹孟轲母》为例,在文本叙述中,孟母因居所不宜而三迁住所,直至孟子明理成才,这使得事情有了纵向的时间轨迹与立体的空间的变化。同时,文本具有对话描写、动作描写及心理描写等不同的表达手段,能够通过不同的手法刻画人物形象。相对于文本的这些优势,图像在表达中则有了局限性,受制于绘画篇幅的限制,一般故事只能通过一幅或多幅图表现,现在发现的列女画主要以单幅图像表现为主,静态的场景展现切断了故事发展的前后联系,即使配上题榜辅助解释,阅读者仍旧需要在了解故事的基础上解读,这使得列女图相对失去了意义上的独立性,必须依赖原有列女传说或《列女传》才能顺利达到传达思想的目的。还是以《邹孟轲母》为例,如图 6.36 所示:

在白描式画面之外,只能配上"邹孟轲母"寥寥几字来说明人物身份,所以不借助外部故事背景的图像,无法产生预想的感染力。此外,文本表达还具有感情色彩强烈的特征,在《列女传》中,主要通过事件叙述后的"颂"表达这样的感情取舍,如《列女传·梁寡高行》中的颂,以"贞专精纯"表现出作者对于梁高行品行的认可与赞扬,《列女传·殷纣妲己》则通过"妲己配纣,惑乱是修,纣既无道,又重相谬"[2] 等语句,表现明显的贬斥。

---

[1] 参见范景中《艺术与人文科学·贡布里希文选》,浙江摄影出版社 1989 年版,第 46—65 页。
[2] 《列女传补注》,第 285 页。

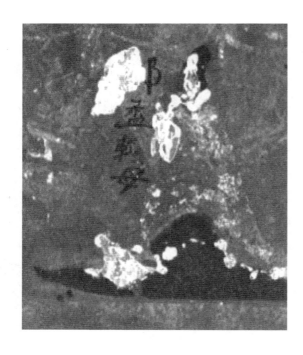

图 6.36　和林格尔汉墓壁画
　　　　邹孟轲母图

资料来源：陈永志、黑田彰主编，《和林格尔汉墓壁画孝子传图辑录》，文物出版社 2009 年版，第 22 页，图 6。

这样类似于评论式的具有明显感情色彩与取舍倾向的表达，是图像无法完成的。

相对于文本表述，图像的优点在于鲜明的画面感。文字与图像作为艺术的"形"，共同点在于表达思想这一核心。根据格式塔心理学的观念，任何我们看到的文字、图画、意象、颜色都是"形"，他们属于自然而然地观察到的经验，共同具备格式塔的基本特点，而每个格式塔作为独立的组织或者结构，不同水平的格式塔伴随着不同水平的感受。列女画相较于《列女传》具有鲜明的形象性，更直观的视觉效果和更简洁明了的形式，属于"优格式塔"。列女图通过视觉，而产生的形象记忆效果高于文本，就是说通过对列女图的观摩，阅读者对列女的感知与记忆高于单纯的文本阅读。

整体来看，图像与文本在表述过程中各具优势，文本侧重于形象思维的表述，图像则以视觉效果的表达为关键，具体到列女图与《列女传》的图文效果差异，则文为"肌理"，图像为"外形"，文的表述具有建构认知体系的作用，但不具备直观可见的形象，图像在此基础上，刻画了文本表述缺失的形象，使其以直观的视觉效果呈现在受众面前,却存在单一性与依附性的缺陷。

2. 文本的流变和补充

整体来看,图像与文本是两种不同的事件阐释方式,图像是一种文本的绘画,相当于人物或景物的照片,具有景象再现的视觉冲击效果,文本则是对于故事的细节及意义的刻画,能够揭示事件中细微的感情。[1] 图像具有表述文本的功能,同时具有在其基础上进行流变与衍生的能力,因为图像的作用不仅在于刺激视觉神经,还能在一个人已获得经验的基础上,结合个人需求与心理状态,产生新的意义,这是视觉主动性及创造力的无意识表现。[2]

基于这样的理论,列女图在以《列女传》为基础进行创作,其整体意义的表述离不开《列女传》提供的故事背景,但其传达的视觉效果,则能够在文本的基础上,加入受众自身的心理状态,产生新的解读。这种解读在大时代背景下进入公众认知的范畴,则形成了图像自身的,超越于文本之外的价值与意义。

以列女图"秋胡戏妻图"为例,其取材于《列女传·鲁秋洁妇》:

> 洁妇者,鲁秋胡子妻也。既纳之五日,去而官于陈,五年乃归。未至家,见路旁妇人采桑,秋胡子悦之,下车谓曰:"若曝采桑,吾行道远,愿托桑荫下餐,下赍休焉。"妇人采桑不辍。秋胡子谓曰:"力田不如逢丰年,力桑不如见国卿。吾有金,愿以与夫人。"妇人曰:"嘻!夫采桑力作,纺绩织纴,以供衣食,奉二亲,养夫子。吾不愿金,所愿卿无有外意,妾亦无淫泆之志,收子之赍与笥金。"秋胡子遂去,至家,奉金遗母,使人唤妇至,乃向采桑者也,秋胡子惭。妇曰:"子束发修身,辞亲往仕,五年乃还,当所悦驰骤,扬尘疾至。今也乃悦路傍妇人,下子之粮,以金予之,是忘母也,忘母不孝。好色淫泆,是污行也,污行不义。夫

---

[1] 参见[美]卡里儿著,吴啸雷译《艺术史写作原理》,中国人民大学出版社2004年版,第7—10页。
[2] 参见[美]阿恩海姆著,滕守尧译《艺术与视知觉》,中国社会科学出版社,1984年版,第58—61页。

事亲不孝,则事君不忠,处家不义,则治官不理。孝义并亡,必不遂矣。妾不忍见,子改娶矣,妾亦不嫁。"遂去而东走,投河而死。君子曰:"洁妇精于善。夫不孝莫大于不爱其亲而爱其人,秋胡子有之矣。"君子曰:"见善如不及,见不善如探汤。"秋胡子妇之谓也。诗云:"惟是褊心,是以为刺。"此之谓也。

  颂曰:秋胡西仕,五年乃归,遇妻不识,心有淫思。妻执无二,归而相知,耻夫无义,遂东赴河。[1]

  文本主要以语言及动作描写的方式,表达出秋胡妻的贞洁,桑田调戏只是秋胡妻最终投河的引子,真正的原因则在于秋胡妻通过调戏、晚归等事件总结出秋胡不忠不孝不义的人格缺陷,得出不忍见此行为而不能改嫁,只有一死的结论。文本表达的重点在于秋胡妻对秋胡行为的指责,以对比的方式表现出秋胡子形象的卑劣及秋胡妻的高尚。对于秋胡子形象的处理,文中以"吾有金,愿以与夫人","秋胡子遂去","秋胡子惭"等句表现出其性格及心理,批判的重点在于"夫不孝莫大于不爱其亲而爱其人",将其归于不孝与不义,而未提及见色起意的"淫"。

  列女图"鲁秋胡戏妻图"中,表现场景为桑园(图 6.25),秋胡妻身前有浓郁桑树一株,树低矮而主干弯曲,秋胡子妻于树前执箩筐回首,眼角上扬面容严厉,怒意明显,身后为上身略前倾似询问状的秋胡子,其肩荷包袱类物品,脸略侧向右方,隐有含笑状。就图像选取场景看,这是在文本片段截取的基础上,加入了个人的想象与经验总结。文本中,"妇人采桑不辍",而图像中却是妇人手执箩筐,同时回首声色严厉地进行指责。可见妇人的"回首指责"便是作者创作时自身经验的加入,通过这样的方式,加强了妇人立场的坚定性与指责力度的强硬性。

  正是这样的推向表述作用,将秋胡妻以死明志的事件提前到了桑田调戏,使其由诱因变为直接因素,传达给受众的思想侧重点由文本的无法忍

---

[1]《列女传补注》,第 207—208 页。

受"不仁不孝不义"转化为对于贞洁的坚守,对于女子所起到的教化作用也由文本的"识人"与"守义"变为"守节"。这样的图像展示方式,符合了图像艺术本身对于绝对的、永恒的"美"的追求,同时也是"美的事情"相对的、易变的,通过不同载体具有不同表现形式的"理式"展现。

3. 主旨的单一凸显

汉代列女图的创作,并非单独满足审美的需求,更重要的在于其教化意义,图像制作本身也不像今天一样作为独立的艺术形式出现,而且因为古代对于绘图行业的忽视,图像制作者被淹没于历史的尘埃中,这使得对于图像的分析不得不依赖于文本的资料。[1] 所以在分析图像时,需要结合人类学的方法,既要看到图像上的人,更要看到图像后的人,看到单独的图像表达的意义,与所处时代的整体思想观念的关系,在这样的双重关系中寻找艺术与历史的轨迹。

关于艺术与现实的关系研究,柏拉图认为:图像是对现实外形的模仿,艺术家便是一个"外形制造者",因为艺术家模仿的对象是现实存在的客观事物,而不是理式本身,这使得艺术家不得不通过对现实的模仿间接的实现对于理式的表达,客观事物具有不同的外形,但他们的作用理式却只有一个,通过艺术家不同景物模仿的"殊像"研究,能够总结出以理式为作用基础表现出来的"共像"。[2]

假设东汉的列女传画像为各具特点的"殊像",则通过表现出的"共像"的研究,能够总结出其背后的单一理式,也就是其创作主旨。

列女图的创作主旨是基于社会整体认知,发挥典型女性的标榜与教化作用,而形成的象征意义。"太姒十子图"(图 6.23)中表现周文王与太姒及十子的和谐共处局面,体现出母亲贤德则家庭和谐、国家安定的思想;"鲁秋胡妻图"表现秋胡在桑树下调戏妻子的场景,表现出女性不贪恋富贵,忠于丈夫的贞洁观念;"无盐丑女图"(图 6.21)通过刻画丑女钟离春与

---

[1] 参见胡绍宗《中国早期制像艺术》,人民美术出版社 2011 年版,第 15—17 页。
[2] 参见柏拉图著,朱光潜译《文艺对话集》,人民文学出版社 1963 年版,第 69—73 页。

齐王会面的场景,体现钟离春的胆识才智出众。"齐桓卫姬"(图6.9)再现卫姬劝谏齐桓公止战休兵的场景,表现出贤妃明理通达的个人素养。这些图片在传达具体的、有差别的思想的同时,还共同表现出同一主题,即宣传女性德行标准。

(三)图文观照中共同体现的儒家思想

《列女传》通过对"惟若母仪,贤圣有智""惟若贤明,廉正以方""惟若仁智,豫识难易""贞顺,修道正进""惟若节义,必死无避"。[1]的宣传,能够在男性主导的社会中产生正面的作用,基于这样的意义,《列女传》的思想需要进一步强化与宣扬,于是以此为蓝本的列女图应运而生。列女图在视觉层面对女性思想进行潜移默化的教育,强化了列女传的宣传教化作用。一图一文,两者看似独立,又自然联合,在图文关照中,共同勾勒出汉代女性思想的价值体系,表现出儒家正统的封建礼制。

1. 体现女性从属地位

纵观整个汉代,大儒们都在强调女子对于男性、家庭、社会的绝对服从。董仲舒把"妻不奉夫之命"视为"不奉顺于天者",这样的女子,"其罪如此,其命当绝"。[2]发展到东汉时期,班固在《白虎通·三纲六纪》中进一步补充:"夫妇者,何谓也？夫者,扶也,以道扶接也；妇者,服也,以礼屈服也。""夫有恶行,妻不得去者,地无去天之义也。"[3]这些儒家经典从上层建筑的层面规定了女性的从属地位,这一思想在《列女传》和列女图中表现明显。

(1)标题及题榜对女性名字的弱化。

名字作为个人独特的标识,是区分于群体人群的特征之一。独立的名

---

[1] 张涛:《列女传译注》,山东大学出版社1990年版,第1—2页。
[2] 《春秋繁露》。
[3] 向晋卫:《白虎通义思想的历史研究》,人民出版社2007年版,第72页。

字不仅能够体现人格的独立与自由,更能表达出个体的品行气质。而封建社会剥夺了女性拥有独立名字的权利。《列女传》中,共讲述一百二十四名女子,每一故事标题的女性并不以独立名字出现,而是夹杂其他修饰,以丈夫名、号为修饰的,如"有虞二妃""齐桓卫姬""柳下惠妻",以儿子名号为修饰的如"契母简狄""启母涂山""孙叔敖母",以氏族姓氏为修饰的如"周室三母",以国家名号为修饰的如"齐女傅母""鲁漆室女""鲁义姑姊",这类称呼以男性或国家为主要修饰词,加之"母""妻""姬"等关系词来表述出人物的身份,意在宣传这些杰出女性与男性的依附关系,表述出"母凭子贵""夫荣妻贵"的封建思想。以《列女传》为文本的列女图在画像中,以题榜的方式标明人物,其题榜内容整体与《列女传》人物称呼相对应,通过视觉效果,进一步加深女性对于男性的依附关系。

(2) 图文叙述中女性主体地位的偏差。

《列女传》以女性为主要人物,通过讲述他们的事迹表现出个人的独特品质,但在故事结构中,女性在故事中并不占据主体地位,呈现出一定的偏差。如在《母仪传》一类人物中,故事人物具有向其子倾向的趋势;在《贤明传》一类人物中,则主要通过丈夫的事迹表现出妻子的过人之处;《列女传》重点表现的贞顺与节义类人物同样以男性的行为为先决条件,体现女子在此基础上表现出的品质。这样的现象一直到《孽嬖传》一类人物终止,与其他篇章人物不同的,《孽嬖传》以女子的个人言行品质为影响事件发展的关键因素,将故事的悲剧走向和男性人物的罪行全都归错到女性头上,带有明显的歧视性。

这样弱化女性功绩、强化女性罪行的叙述方式,是儒家男尊女卑思想的再次体现,这也体现在列女图中,以《列女传》为蓝本的列女图在构图上并没有突出女性的中心形象,而是呈现女性和男性二分画面的布局,如"秋胡戏妻图"(图 6.25)。更有甚者,让配角或场景占据大部分,而有意地缩小女性在画面中的比例,如"鲁义妇图"(图 6.35)。

2. 体现儒家要求女性具有的德行品质

文学作品的《列女传》"在潜移默化的艺术感染中完成其政治教化作用。文学将道德准则与行为规范融于创作当中,以感悟的形式启发人们的认识,从而自然地使人们生成辨别是非、区别善恶的能力与标准"。[1] 与《列女传》对应的,是列女图宣传范围的扩大与宣传人群的普及。

（1）良母形象的体现。

我国古代依靠血缘关系组成的宗法制家庭,对孩子的教育,尤其是启蒙教育主要是母亲的责任,因而母亲的角色对于孩子个人成长十分重要。《列女传》通过"卫姑定姜,送妇作诗","孟子之母,断机示焉","魏芒慈母,扶养假子","田稷之母,责子受金"等事件,赞扬了这些合乎礼教的母亲形象,在社会大众的视野中形成榜样效应。

同样,在已经出土的汉代壁画及画像石中,这类女子普遍具有体态端庄、表情慈爱的特征。如其姿势是站立的,则表现为身体直立、手臂收拢与身体两侧或端置于身前;如坐姿则为正坐,四肢收拢无异态。

（2）贤妻形象的体现。

作为妻子,女子需要尽职尽责地侍奉丈夫,《列女传·蔡人之妻》记载:"蔡人之妻者,宋人之女也。既嫁于蔡,而夫有恶疾。其母将改嫁之,女曰:'夫不幸,乃妾之不幸也,奈何去之？'"[2] 这样不离不弃地照顾丈夫,将丈夫视为一切的人物形象,是儒家思想中对于女子"贞顺"的要求。

女子在坚持"贞顺"的同时,还需要坚守"节义"。《列女传·楚昭贞姜》（图6.29）记载:"王出游,留夫人渐台之上而去。王闻江水大至,使使者迎夫人,忘持其符,使者至,请夫人出,夫人曰:'王与宫人约令,召宫人必以符。今使者不持符,妾不敢从使者行。'"并且坚决地表明:"贞女之义不犯约,勇者不畏死,守一节而已。妾知从使者必生,留必死。然弃约越义而求生,不若留而死耳。"[3] 这则《楚昭贞姜》将女子贞顺节义的概念推向更高

---

[1] 李莉:《刘向文学思想浅探》,《甘肃联合大学学报》（社会科学版）2005年第3期。
[2]《列女传补注》,第148页。
[3] 同上,第164页。

层次,从对于夫妻关系的坚守发展到对于言行细节的坚持。贞姜不见信符则不出高台,并不惜以死捍卫封建规范,在现在看来有其封建迂腐的一面,在当时社会则是值得提倡的义举,对于儒家纲常思想的巩固有着明显的推动作用。

(3) 其他形象的体现。

作为宣传教化类文本,《列女传》及列女图在表现贤妻良母形象的同时,还多元化地表现了其他类型的女子形象。

《列女传·鲁义姑姊》(图6.31)以"见军走山,弃子抱侄,齐将问之,贤其推理"[1]表现出在"情"与"义"之间的选择,类似的还有《列女传·梁节姑姊》(图6.30)"梁节姑姊,据义执理,子侄同内,火大发起。欲出其侄,辄得厥子,火盛自投,明不私己。"[2]这类事迹在于教化女子博爱无私,舍生取义。《列女传·齐钟离春》(图6.21)中"无盐之女,干说齐宣,分别四殆,称国乱烦,宣王从之,四辟公门,遂立太子,拜无盐君"[3],及《列女传·齐太仓女》中"缇萦讼父,亦孔有识。推诚上书,文雅甚备。小女之言,乃感圣意,终除肉刑,以免父事"[4]讲述的是女子以智取胜,最终达到自身价值与社会价值的统一。这在一定程度上契合了儒家宣传的"智",再配合列女图,发挥了积极向上的榜样作用。

四、图文并茂对列女文化的影响

文字具有作用于人内心深处的效果,能够唤醒人精神的觉醒,它的本质是一种工具,是语言的媒介,语言的本性是指涉事物或表达思想。因此《列女传》具有叙述与论说功能,以叙述的方式讲述事件,以颂的形式表现

---

[1]《列女传补注》,第199页。
[2] 同上,第218页。
[3] 同上,第261页。
[4] 同上,第278页。

作者观念。这种文本方式以阅读为途径,唤醒读者潜意识中的礼教思想,将其与具体事件结合,强化礼教的约束作用,转化为行为规范。

相对于文本,"图像具有视觉直观的特性,因此以图像为媒介的艺术就表现为视觉形象的客体展示"[1]。同时"图像会影响我们对世界的感受"[2],作为一种视觉感受,图像在特定的文化中具有一定的常识属性,是具有历史与文化特性的符号,图像能够唤起人们相应的经济、文化及意识形态的联想,这是其"符号"象征性的表现之一。在具有"符号"象征性的同时,图像作为一种艺术表述方式,具有物体美感,即图像通过构图、光影、明暗等效果的表述,能够清晰明确地表达需要描绘的物体,并向观看者传达物体所具有的自然效果,这是图像多个部分和谐作用的结果。因为愉悦性的物体美及独特的象征性,使图像具有了通过描绘物体传达特定思想,改变受众观念的作用,也就是教化作用。

通过图文配合传播,在中西方古代都已经有很多应用,利用文本或口头传说在受众思想中形成的思维定式,配合图像的提醒作用,强化口头或书面信息的传达,使故事场景和人物形象具体化,这是基于口头传说或文本故事而绘制的图像的主要功用,这些图像不能够作为独立的资料存在,而是和原有故事相互配合,完成需要传达的思想。拉辛说:"各部分并列的事物既然是绘画所特有的题材,所以绘画,而且只有绘画,才能模范物体美。诗人既然只能把物体美的各因素先后承续地展出,所以他就完全不去为美而描写物体美。"[3]对于这类图像来说,观众能够一眼看到图像的各个组成部分,因此要求以本文为基础的图像将文本、场景、人物等主要构成要素能够同时合理地并列于画面中,组成绘画题材,在通过模仿物体美而表现出美感的同时,加强对于文本的诠释与再现。关于图像与文本的互证关系,彼得·伯克曾说:"文学形象与视觉形象有时是相互独立或者半独立

---

[1] 赵宪章:《传媒时代的"语—图"互文研究》,《江西社会科学》2007年第9期。
[2] [英]彼得·伯克著,杨豫译:《图像证史》,北京大学出版社2008年版,第53页。
[3] [德]莱辛著,朱光潜译:《拉奥孔》,人民文学出版社1979年版,第111页。

发展的。"[1]基于文学基础上的图像是一部可视的叙事史,它通过对文学的补充,还原历史的细节,使历史更清晰明确。图像在诠释文本及传说的同时,与传说本身具有一定的差异性,如关于"曾母断机杼",文本对于"断机杼"一语带过,而在图像(图 6.37)则成为集中表现的画面,对于场景、人物动作及表情都做了细致的刻画,具有情节侧重性。这是情感倾向作用的外化,是在文本理解的基础上,融入时代特征与个人情感的体现。

图 6.37　山东嘉祥武氏祠曾母投杼图

资料来源:蒋英炬编,《中国画像石全集》第 1 卷,山东美术出版社 2000 年版,图 49。

单纯的文本及传说能对人的行为观念产生影响,却不能树立具体的模范性榜样,基于文本的图像解决了具体形象泛化的问题,树立了文本中具体的外在形象,而这样有机的配合,达到思想行为与外在形象的双重教化作用。

《列女传》与列女图的配合符合文本与图像的互证关系。《列女传》的分类中,不以美貌取人,而是通过言行品质决定人物取舍,表述中也是通过"贤""德""贞""节""智"等抽象类形容词表达所选取女子特有的品格特征,这类内在精神的描述强调人物品质的同时,缺乏形象的准确刻画。列女图的出现弥补了这方面的不足,基于《列女传》的列女图具备了《列女传》故事的文本内涵与人物的品格特质,通过固定形象传达了社会统治层对于列女

---

[1] [英]彼得·伯克著,杨豫译:《图像证史》,北京大学出版社 2008 年版,第 185 页。

形象的理解或是统治阶级希望妇女拥有的外在形象。受众在接受《列女传》传达的贤孝贞洁女子行为规范的同时，通过列女图揣摩想象中的人物形象，进而在脑海中明确了贤德女子所应具备的外形与气质，并有意识地去模仿，使自身言行符合教化需求，这就是图文并茂传播对教化的加深作用。

综上所述，刘向根据教化作用的需要收集整理《列女传》，通过叙述古今贤德女子与奸佞女子的事迹，形成对比鲜明的指示意图，赞扬了贤德女子宜室宜家，且能兴国兴邦的积极作用，贬低了孽嬖祸国殃民的卑劣品行，这种表述方式作用于读者的潜意识，潜移默化地成为影响受众行为的规范。

在《列女传》影响下发展起来的汉代列女图，主要以画像石及壁画的形式见于世人，且表现出明显的取舍性特征，这是政治、经济、文化影响的结果。在这些纷繁多样的画面内容下，蕴含着共同的画面思想，那就是文本《列女传》所宣扬的儒家思想。

通过图文互释关系可以得知，《列女传》作为列女图的创作文本，具有思想导向性作用，影响到列女图画面的取舍及构图布局，是正确理解列女图的前提条件，列女图不能脱离《列女传》而独立存在。另一方面，列女图具有图像艺术特有的美感与直观性特点，能够明确地表示出文本叙述的人物形象与场景，对于事件的理解和人物形象的认知起到辅助作用，能够在受众了解《列女传》文本后，起到补充情节与强化记忆的作用。

《列女传》与列女图在思想表达中具有各自的优势，而两者的有机结合能够取长补短，更为明确地表现出列女形象，加强儒家思想的传达，加强教化作用，最终达到维护父权制社会权利，约束女性言行，强化封建统治的目的。

后记

此书是汉画像系列研究论著中的一种，它的特点是从艺术学的角度对汉画像进行的研究，体现了对作为艺术作品的汉画像的认知与欣赏。

对汉画像的探讨，我曾经认为从古到今可以归纳为四种研究范式，就是：金石学的、考古学的、文化学的与艺术学的。当然在现代人文学科愈分愈细的情况，在诸种哲学思潮形成一种意识与方法的主导倾向时，对汉画像的解读，可能会随着时代的变迁而变迁，随着人精神世界关注问题的转型而转型。作为汉代遗留下的文物，汉画像当然反映了汉代人的思想观念、宗教信仰与审美特征；然而，考古学把它挖掘出来以后，呈现在现代社会的人们的面前，它就成了一个新的事件，对它的解读又必然带有今天现代性的观念性质，我们的研究不可能超出我们思想的限度。

古代没有一门艺术的学科，汉画像也不是为了纯艺术的观念而创造的。但是汉画像又的确是一种艺术作品，因为它是汉代的能工巧匠按照审美的观念和艺术创作的方式雕纹刻画创造出来的，其中包含了汉代人现实生活与理想信念的方方面面。对它作艺术学的解读，就是今天艺术学研究的一个重要问题。对汉画像的艺术学式的研究可以从许多方面展开，如研究它的创作过程、研究它作为艺术品的构成、研究它的收藏与传播、研究汉画像的内容与汉代社会现实的关系等等。我们这里收录的六篇论文，只是六个专题的研究，其他的研究还有待将来。

第一个专题是对汉画像中的"羊形象"进行的研究。羊是人类最早驯化的动物之一，在人类的生存中起着重要的作用，汉字中"美""善""祥""羲"都与羊有关，所以在汉画像中，羊图像既包含有"吉祥"的文化内容，又是中国人审美观念的一部分。

第二个专题是对陕北榆林地区汉墓墓门画像进行的研究。榆林地区的汉画像有自己的区域性特征，其最大的特征在于汉画像大部分都装饰在以墓门为中心的区域。墓门作为从生的世界进到一个以死亡为中心的世界的时空转折点，其图像承载着复杂的文化功能，论文分析了其不同图像的艺术配置的价值与意义，是从整体上来看待艺术品所具有的结构性功能的探索。

第三个专题，是对徐州现在保存完好的贾汪白集汉墓画像配置所做的研究。作者从第一手材料出发，从艺术设计视角入手，探讨了其26幅图像的设计、配置与建筑的关系。白集汉墓不仅保存有墓室画像，而且保存有墓门外的祠堂，从中我们可以看到墓室画像与祠堂画像的关系。

第四个专题是研究汉画像石线刻类技法的艺术风格的。汉画像石的雕刻技法有拟绘画与拟浮雕两种，拟绘画的主要表现形式即是线刻。该研究细致研究了阴线刻、阳线刻、减地平面刻等艺术手法的相同、相异、相反、相成，及其形成的不同的艺术风格，是对汉画像艺术表现进行的"纯形式"的研究。

第五个专题是研究汉画像中的道教因素。道教是中国形成的民族宗教，这种宗教在汉代形成与发展的过程中，对汉画像艺术产生了极重要的影响，这种影响通过独特的艺术形式表现出来，该专题分析了汉画像的艺术图像、符号中所表现的道教内容。

第六个专题研究了《列女传》与汉画像列女图的图文关系。在研究中采用了"图文"分析的新方法，从语言与图像的不同艺术表现手法上，分析了文字记载与图像展现的汉代的女性形象，对探讨汉代的妇女观起到了推动作用。在研究方法上，它把文学研究与艺术研究相结合，并在审美的价值上进行了沟通。

此书的出版得到生活·读书·新知三联书店领导的大力支持，特此表示感谢。我的夫人宫慧玲多年来默默地做好后勤工作，没有她的辛勤努力，此书的出版是不可想象的。责任编辑成华对全书进行了精心编辑，改正了许多错讹，校正了一些引文，使本书更加规范。江苏师范大学的领导、文学院的领导对此书的出版给予了大力支持，我的学生兰芳帮助打印部分文稿，我的研究生李新、李臣、高梦晴、薛栋、赵常玉等在文字校对、图像处理、引文校对等方面做了一些工作，特此一并表示感谢。

朱存明
2017.12.22